KB261833

17대 총선 현장 리포트

13인 정치학자의 참여관찰

17대 총선 현장 리포트

13인 정치학자의 참여관찰

책을 내면서

　한국정당학회가 2004년도 최대 연구사업으로 13명의 회원들이 전국 10여 개의 선거구 현장을 직접 관찰하면서 17대 총선의 선거운동 과정을 심층적으로 분석하였다. 우리나라 선거연구에서 많이 알려지지 않은 '참여관찰(participatory observation)'이라는 방법론을 채택한 배경은 우리나라 유권자, 정당, 후보 등이 어떤 생각과 태도를 가지고, 어떻게 움직이는지를 직접 현장에서 보고, 듣고, 관찰하여 생생한 정보와 데이터를 수집하여 새로운 이론을 개발하려는 것이다. 지금까지 한국의 선거연구는 주로 서구의 이론을 활용하여 우리의 선거과정이나 결과를 분석하는 경향이 있었는데 이 연구는 이에 대한 반성에서 출발하였다. 앞으로 이런 노력이 계속되어 한국의 선거현장에서 수집한 정보를 기초로 새로운 이론을 개발하여, 이 이론이 보편적인 설명력을 가질 수 있기를 기대한다.

　이번 참여관찰 연구사업은 2004년 초부터 사전 준비를 철저히 하였다. 2월 18일 1차 워크숍에서 박철희와 김용호가 각각 일본과 한국 선거의 참여관찰 경험을 발표한 후 참여관찰 방법론, 연구 주제, 가설, 대상 등을 논의하였다. 먼저 참여관찰의 대상을 보면 대도시 5곳(서울 중랑구, 광진구을, 부산 북·강서구을, 대구 수성구갑, 대전 중구), 중소도시 3곳(고양시 덕양구갑, 목포, 진주), 도농 복합 지역 1곳(남원·순창) 등을 포함하여 전국적으로 골고루 선거구를 선정하였다. 이를 지리적으로 보면 수도권 3곳(서울 중랑구, 광진구을, 고양시 덕양구갑), 충청권 1곳(대전 중구), 영남권 3곳(부산 북·강서구을, 대구 수성구갑, 진주), 호남권 3곳(목포, 남원·순창, 김용철의 경우 광주·전남 전체) 등으로 비교적 고르게 분포되어 있다. 한편 각 연구자가 선정한 참여관찰의 주제를 보면 각 정당의 후보경선 현장, 여성과 신진 후보 관찰, 인물과 정책 대결 양상, 미디어의 영향, 온라인-오프라인 선거운동 비교, 지역주의와 소지역주의 현상, 세대·계층·여성의 참여와 투표행태, 탄핵 이슈의 영향, 선거이슈 관리, 승리나 패배 요인, 노무현 효과, 선거제도 변화의 영향 등으로 매우 다양하였다. 이러한 구상 아래 한국정당학회 소속 15명의 정치학자들이 2004년 2월 중순부터 4월 중순까지 약 2개월에 걸친 참여관찰을 수행한 결과, 최종적으로 13편의 논문이 마련되었다. 이 논문들을 5개의 큰 주제, 즉 탄핵 이슈, 지역주의, 선거제도 변화의 영향, 인터넷 선거운동, 종합 정리 등으로 묶었다. 각 주제별로 논문의 핵심 주장을 간략하게 요약해 보면 다음과 같다.

제1부에서는 "탄핵 이슈와 선거현장"이라는 제목 아래 박명호(고양

시 덕양구갑), 송기도(전북 남원·순창), 김영태(전남 목포)의 논문을 실었는데, 이들은 한결같이 탄핵 이슈가 이번 선거에서 압도적이었다는 점을 강조한다. 박명호는 경기도 고양시 덕양갑 선거구를 관찰한 결과 고속철도 차량기지인 행신역을 고속철도의 시발역으로 만들자는 지역 현안이나 후보의 특성 등은 유권자의 관심을 별로 끌지 못한 채, 탄핵 이슈가 유권자의 선택에 결정적인 영향을 미친 것으로 파악하였다. 그런데 젊은 유권자들은 탄핵 반대와 열린우리당 지지가 많은 편이고 나이 많은 유권자들은 탄핵 찬성이나 한나라당 지지가 많은 것을 볼 때, 민주화 이후 한국 선거를 지배해 온 지역주의 균열구조 외에 세대가 새로운 갈등구조로 등장하고 있다고 주장한다. 송기도는 전북 남원·순창을 중심으로 각 후보들이 선거이슈를 어떻게 개발하고 관리하고 대응하는가를 집중적으로 관찰하였는데, 이번 총선의 경우 정책적 이슈나 개인적 이슈가 탄핵이라는 대형 정치이슈에 묻혀버린 결과 총선이 대선처럼 치러졌다고 주장한다. 총선에서 흔히 제기되는 지역사업이나 후보 자질론 등이 유권자들에게 전혀 호소력을 발휘하지 못하였다고 분석하고 있다. 그런데 전남 목포의 경우 조금 다른 양상을 보여주었다. 이 지역을 참여관찰한 김영태는 탄핵이 다른 선거쟁점을 압도한 것은 사실이지만, 탄핵 외에 지역주의와 인물요인이 복합적으로 작용했다고 주장한다. 특히 탄핵, 그리고 열린우리당과 민주당의 분당 등으로 인해 과거 이 선거구를 지배해 온 지역주의가 상대적으로 약화되었다. 또 후보자 요인이 선거과정 전반을 지배하지는 못했지만 최종적인 당락에 영향을 준 결과 민주당 후보가 승리하였다고 분석하였다.

제2부에서는 이번 총선 과정과 결과에 나타난 "지역주의의 변화와 지속" 양상을 심층적으로 분석한 유재일(대전 중구), 하세헌(대구 수성구갑), 강경태(부산 북·강서구을)의 논문을 실었다. 유재일의 글을 읽어 보면 대전에서 열린우리당이 모든 의석을 차지한 배경을 알 수 있다. 그가 대전 중구를 중심으로 관찰한 바에 의하면, 지난 16대 대선 이래 충청 지역에서 자민련과 김종필의 영향력이 약화되는 가운데 열린우리당의 신행정수도 이전 공약이 노무현 대통령에 대한 탄핵 이슈와 함께 이 지역의 지역주의를 변화시켰다는 것이다. 즉, 과거 이 지역 출신 지도자나 정당에 대한 지지를 의미하는 연고주의적 지역주의가 신행정수도 이전이라는 경제적 이익을 매개로 한 새로운 형태의 지역주의로 변모하였다. 한편 대구 지역주의에 도전하였다가 패배한 민주당 대표 조순형의 선거운동을 심층적으로 분석한 하세헌은 과연 그의

패배가 지역주의 때문인가, 선거운동 방식의 잘못인가 하는 질문을 시사하고 있다. 그가 보다 적극적인 선거운동 방식을 채택했다면, 비록 지역주의의 높은 벽을 허물고 당선되지는 못했겠지만 적어도 득표율은 조금이라도 높아졌을 것으로 보았다. 그는 오로지 개인적인 '지명도로서 승부하는 전략' 아래 길거리에서 유권자들을 만나는 것이 최대의 선거운동이었다. 필자는 그럼에도 불구하고 그가 얻은 12.2%는 지역주의를 해소하려는 유권자의 열망을 반영하고 있다고 평가하였다. 우리들은 지역주의의 높은 벽을 뚫지 못한 또 하나의 사례를 만나게 된다. 강경태는 한나라당의 아성인 부산 북·강서구을에서 열린우리당 후보가 지역주의를 극복하지 못하고 패배한 원인을 심층적으로 분석하였다. 필자는 열린우리당 후보의 패인으로 경선 경쟁자의 지지를 얻지 못한 점, 탄핵의 효과를 표로 전환시키지 못한 점, TV 토론의 우세를 표로 연결시키지 못한 점, 과거 노 대통령 출마 지역임에도 불구하고 약한 후광효과(coattail effect), 상대 후보의 막강한 조직력 등을 들고 있다.

제3부는 "제도변화와 선거과정"으로 윤종빈(서울 중랑구), 이현출(서울 광진구을), 윤성이(경남 진주)가 정치관계법의 변화가 미친 정치

적 효과를 분석하고 있다. 이번 총선의 또 다른 특징은 총선을 불과 20여 일 앞두고 이루어진 선거법을 비롯한 정치관계법의 대폭적인 개정이었다. 법정 지구당 폐지, 기업의 정치자금 기부행위 금지, 예비후보제와 1인 2투표제의 도입, 합동유세나 정당유세 대신 TV 토론 및 인터넷 등 미디어 선거운동의 강화, 포상금 50배와 과태료 50배 등 선거법위반에 대한 제재 강화, 선거비용에 대한 규제 강화, 고액 정치자금 기부자의 신상 공개 등 엄청난 제도적 변화가 있었다. 윤종빈은 서울 중랑구를 중심으로 이번 총선이 얼마나 공정한지를 관찰하였다. 그는 과거에 비해 상대적으로 깨끗하고 불법 선거운동이 많이 줄어들었다고 평가하였다. 또한 선거법을 비롯한 정치관계법의 획기적인 개정이 후보자와 유권자의 의식을 전환시켜 선거문화를 크게 변화시킨 것으로 분석하였다. 그럼에도 불구하고 필자는 이번 총선에 나타난 문제점을 지적하고 있는바, 앞으로 정당에 대한 선거보조금 대신 선거공영제의 확대, 경선제도의 엄격한 관리, 지구당 폐지 재고 등이 필요하다고 주장하고 있다. 한편 이현출은 지구당 폐지 이후 선거운동의 변화 양상에 관심을 가지고 서울 광진을 선거구를 관찰하였다. 열린우리당의 김형주 후보는 감정적 유대조직으로 지역시민단체와 노사모, 국민의 힘

등 자발적 자원봉사자를 중심으로 선거를 치른 결과, 탄핵과 반추미애 정서에 힘입어 승리하였다. 반면 민주당의 추미애와 한나라당의 유준상 후보는 기존의 지구당조직 대신 과거의 핵심 당직자 중심으로 이익적 유대조직에 의존했으나 실패하였다. 한편 민노당의 이해삼 후보는 노동자·농민을 위한 정당이 필요하다는 정신적 유대조직에 의존하여 주로 진성 당원 중심으로 선거운동을 전개하였다. 앞으로 지구당조직 없이 선거구에서 당원관리, 정당활동, 선거운동 등을 어떻게 해나가느냐 하는 것이 각 정당의 최대 과제로 등장하였다. 윤성이는 경남 진주의 참여관찰을 통해 탄핵 사태와 선거제도 변화가 유권자들로 하여금 후보보다 정당 위주의 선택을 하도록 만들었고, 정당 위주의 선택이 결국 지역주의 현상을 가져왔다고 보았다. 새 선거법이 후보나 정책을 알릴 수 있는 방법이나 수단, 채널을 크게 축소한 결과, 인물이나 정책 대결 대신 지역정당 간의 경쟁을 부추겼다고 주장한다.

　제4부에서는 "인터넷 선거운동"을 분석한 김용철과 정연정의 논문을 실었다. 김용철은 광주·전남 지역 20개 선거구 90명의 후보들을 대상으로 인터넷 선거운동 양상을 분석하였는데, 16대 총선에서는 후보자 중 3분의 1 정도가 홈페이지를 개설하였으나 이번 17대 총선에

서는 3분의 2 정도가 개설한 점에서 알 수 있듯이 인터넷 선거운동의 중요성이 증가하였다. 그러나 아직 네티즌들의 자발적인 참여가 저조한 편인데, 예를 들면 네티즌 설문조사 결과 후보의 홈페이지를 방문한 네티즌이 전체 응답자의 25~31% 정도에 불과하였다. 한 가지 희망적인 것은 홈페이지를 방문한 네티즌의 40.5%가 홈페이지 방문이 후보자를 이해하는 데 도움이 되었다고 판단한 점이다. 앞으로 이들이 다음 선거에서도 후보자의 홈페이지를 방문할 가능성이 높은 것이다. 정연정은 16대 총선에 비해 17대 총선에서 인터넷 선거운동에 대한 인식이 높아졌으나 형식적인 사이트 개설과 실제 활용 사이에 괴리가 여전히 존재하는 것을 발견하였다. 홈페이지 개설은 전제 후보자 중에서 84%를 차지하지만 실제 활용은 62.6%에 불과하였다. 그리고 유권자들의 게시판 참여를 분석하기 위해 3명의 후보자(대전 서을, 대구 동갑, 서울 서대문갑) 홈 페이지를 조사한 결과 1개 지역을 제외하고는 정책 및 후보자에 대한 자발적인 지지를 발견하였다. 특히 탄핵이나 노인폄하 발언 등 중앙정치의 주요 의제가 지방 후보자의 게시판에 그대로 반영된 경우도 있었지만, 그렇지 않은 경우가 더 많았다.

마지막으로 이번 총선 과정과 결과를 종합적으로 분석하는 2편의 논문을 실었다. 이준한은 투표율 증가 요인과 유권자의 선택에 영향을 미친 요인을 분석하였다. 그는 이번 총선에서 그동안 하강추세에 있던 투표율이 반등한 원인은 주로 '1인 2투표제의 도입'이라는 가설을 제시하였다. 다른 연구자들이 주장하는 20대와 네티즌의 영향, 인터넷의 효과, 탄핵 이슈, 정동영의 실언, 박근혜와 추미애의 여풍 등이 투표율 증가에 영향을 미치지 않았을 것이라는 점을 실증적으로 밝히려고 노력하였다. 한편 유권자의 선택에 영향을 미친 요인으로 지역주의, 세대, 이념 등을 들면서 지역주의가 약화되면서 대신 세대와 이념 등의 중첩된 갈등구조가 나타나고 있다고 진단하였다. 한편 이번 총선에 나타난 유권자의 재편성(voter realignment)이 지역주의, 세대, 이념 면에서 뚜렷하고 지속적이지 않기 때문에 '중대선거(critical election)'라고 평가하기는 어렵다고 주장한다. 김용호는 17대 총선과 민주화 이후 4번의 총선(1988년, 1992년, 1996년, 2000년)에 나타난 정당과 후보와 유권자의 행태를 비교분석하였다. 17대 총선의 후보공천 과정을 보면 해방 이후 16대 총선까지 지속되었던 중앙당의 최고지도자와 그 측근을 중심으로 한 하향식 공천방식이 사라졌다는 점이 가장 큰 변화라고 할 수 있다. 이번 총선을 앞두고 각 정당이 새로운 공천방식으로 당원이나 유권자가 참여하는 경선, 여론조사, 예비후보 토론회 등 다양한 방식을 도입하였다. 한편 정당과 후보의 선거운동 과정을 보면 선거법 개정 등으로 인해 대규모 유세, 연고주의, 동원 중심의 전통적인 선거운동 방식이 약화되고 거리 연설, 미디어, 인터넷, TV 토론 등이 새로 도입되었다. 유권자 투표행태를 보면 민주화 이후 투표율의 하향추세가 반등되었고, 탄핵이라는 거대 이슈로 인해 정당투표가 강하였고, 새로 도입된 1인 2투표제의 경우 상당한 분리 투표(split voting)가 이루어졌으며, 지역주의 투표 현상이 지속되는 가운데 세대투표가 지난 대선에 이어 계속되었다. 이번 총선결과의 정치적 의미는 3김 중심의 "권위주의 계승 정당체제"의 종말, 민주화 이후 최초의 단점정부(unified government) 출현, 40년 만의 진보정당의 원내 진출, 정치권의 세대교체 등을 보여주었다는 것이다.

이 책은 한국정당학회가 기획한 세 번째 단행본이다. 1996년 윤정석 회장이 신명순, 심지연 교수의 지원 아래 15명의 회원들이 『한국정당정치론』(법문사)을 펴냈고, 2003년에 심지연 교수가 이 책을 수정 보완하기 위해 15명의 새로운 필진을 모아 『현대 정당정치의 이해』(백산서당)를 출판하였다. 이 두 권의 책은 교과서용이었으나 이번 세 번째 책은 13명의 회원이 주로 '참여관찰'이라는 공통의 방법론을 사용하여 2004년 17대 총선을 집중적으로 분석한 연구서라는 차이점이 있다. 그동안 여러 가지 준비 소홀이나 미비점이 있었지만, 이 연구사업에 적극적으로 참여해 주신 13분의 필자들에게 감사드린다. 또 올해 정당학회 상임이사로 수고하고 계신 분들과 이 참여관찰 연구사업을 위해 협조해 주신 장훈, 박철희 교수 등의 노고가 없었다면 이 연구가 알차게 이루어지지 못했을 것이다. 특히 이 사업의 실무 책임자로 끝까지 수고를 아끼지 않으신 윤종빈 교수에게 한 번 더 감사드린다. 마지막으로 이 연구사업에 재정지원을 해준 중앙일보사와 중앙선거관리위원회 관계자들에게 정중한 사의를 표하고자 한다. 출판계 사정이 어렵지만 푸른길 출판사가 선뜻 출판을 맡아주어서 우리들의 연구결과가 빛을 보게 되어 여간 기쁘지 않다. 앞으로 보답할 길이 있기를 바란다.

2004년 9월
필자들을 대신해서
한국정당학회 회장 김용호

차례

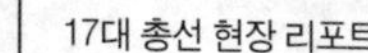

탄핵 이슈와 선거현장 │ 제1부

탄핵 이슈와 선거현장 │ 제1부

제1장 탄핵 역풍과 수도권 신도시의 총선 :
고양시 덕양(갑)

박명호

1. 머리말

1987년 절차적 민주주의(procedural democracy)가 회복된 이후 다섯 번째 선거인 제17대 총선을 통해 한국 정치는 민주화 2기에 진입하였다. 지난 2002년의 대통령 선거를 계기로 시작된 3김 정치 식의 민주화 1기 마무리가 이번 총선을 통해 완결된 것이다. 이번 총선은 정치권의 세대교체와 세력교체를 가져왔고, 이는 정치 리더십의 변동 그리고 리더십 유형의 변화로 이어질 수 있는 단초를 제공했다. 이러한 결과는 그 동안 우리 정치를 지배해 온 지역주의 균열 구조의 근본적 재편과 대체에 따른 것으로 이해할 수도 있다. 따라서 한국 정치는 17대 국회의 구성과 함께 이전과는 다른 형태로 진행될 가능성이 높아졌다.

총선결과를 요약하면 열린우리당의 대승, 한나라당의 선전, 민주노동당의 대약진 그리고 민주당과 자민련의 몰락이다. 무엇보다 이번 총선을 통해 민주화 이후 처음으로 여대야소(與大野小)의 단점정부가 출현하였고 열린우리당-한나라당의 양당 구도가 만들어졌다. 특히 열린우리당은 원내 제3당에서 과반의 원내 제1당으로 부상하였다. 또한 민주당과 자민련의 참패는 한국 정치의 역동성을 다시 한 번 보여주는 사례였다. 영남 지역을 사실상 한나라당이 독식한 상황에서 열린우리당이 과반의 원내 제1당이 된 것은 수도권과 20~30대 젊은층의 지지 때문으로 추정된다. 더욱이 투표자 10명 중에서 5명은 지지 후보의 결정에 탄핵 가결이 영향을 미쳤다고 응답하여(조선일보 2004. 4. 20.) 탄핵 역풍의 영향력이 선거 결과를 결정한 것으로 보인다.

대통령에 대한 국회의 탄핵 소추 의결이 총선의 쟁점으로 부각되면서 서울 서북부 신도시 지역인 고양시가 새삼 주목을 받았다. 왜냐하면 탄핵 주도자(홍사덕 의원)와 반(反)탄핵의 상징(유시민 의원)이 있었기 때문이다. 물론 홍사덕 대(對) 유시민의 '빅매치'는 성사되지 않았지만, 지역 유권자들이 후보 및 정당을 선택하는 데 대통령 탄핵의 영향은 상당할 것으로 예상되었다. 이런 의미에서 대통령 탄핵을 둘러싼 정치적 공방과 유권자들의 판단은 고양시, 특히 덕양(갑) 선거구의 관찰을 통해서 보다 선명하게 확인할 수 있을 것이다. 덕양(갑) 선거구는 '노빠주식회사 대표이사'로서의 상징성을 갖는 열린우리당 유시민 후보와 보수 신문의 기자 출신 소장 신인 조희천 한나라당 후보의 맞대결이 펼쳐진 지역이다. 덕양(갑) 선거구의 국회의원 총선거 과정에 대한 관찰을 통해 전국적으로 부각된 쟁점인 대통령 탄핵의 영향력을 검증할 수 있을 것으로 기대된다.

이를 위해 우선 고양시 덕양(갑) 선거구의 특성을 정치, 경제 그리고 사회적 부문으로 나누어 살펴보고자 한다. 다음으로, 한나라당 후보의 공천 과정과 지역구 출마 후보 4인에 대해 소개할 것이다. 이를 바탕으로 선거 과정을 열린우리당과 한나라당을 중심으로 검토한 다음, 덕양(갑) 선거구의 선거 결과를 지역구와 정당 투표로 나누어 설명하고자 한다. 마지막으로 유권자들과의 직접 면담 방식을 사용하여 대통령 탄핵 쟁점의 선거에의 영향력을 검증하고자 한다.

2. 덕양(갑) 선거구의 특성

1) 정치적 특성 – 역대 선거결과의 분석

고양시 덕양(갑) 선거구의 총선 과정과 결과를 분석하기 전에 우선 해당 지역구의 특성을 검토할 필요가 있다. 여러 가지 특성 중에서 우선 고양시 덕양(갑) 선거구의 정치적 특성을 이해하기 위해 2000년 이후 이곳에서 치러진 대통령 선거, 국회의원 선거 그리고 지방선거의 결과를 구체적으로 살펴보면 아래와 같다.

① 대통령 선거

우선 2002년 16대 대통령 선거를 보면, 덕양(갑) 선거구의 선거인 수는 화정1동이 31,423명으로 덕양(갑) 선거인의 23.94%로 가장 많은 선거인 수를 나타냈으며, 화정2동(31,423명, 18.02%), 관산동(15,917명, 12.13%), 성사1동(15,801명, 12.04%) 등이 1만 5천 명 이상의 선거인 수를 보여 덕양(갑) 선거구의 9개 동 중 4개 동이 66.13%로 전체 선거인 수의 3분의 2 정도를 차지하는 것으로 나타났다. 그리고 고양동(14,464명, 11.02%), 주교동(12,804명, 9.75%) 등 2개 동이 1만 명이

<표 1> 덕양(갑) 선거구의 제16대 대통령 선거 결과

단위 : 명 (%)

동명	선거인 수	투표자 수	유효투표수						계	무효 투표수	기권수
			후보자별 득표수								
			한나라당	민주당	하나로	민주 노동당	사회당	호국당			
			이회창	노무현	이한동	권영길	김영규	김길수			
주교동	12,804 (9.75)	8,238 (64.34)	3,434 (41.68)	4,359 (52.91)	34 (0.41)	337 (4.09)	6 (0.07)	13 (0.16)	8,183 (99.33)	55 (0.67)	4,566 (35.66)
원신동	3,082 (2.35)	2,101 (68.17)	1,026 (48.83)	979 (46.60)	18 (0.86)	56 (2.67)	2 (0.10)	2 (0.10)	2,083 (99.14)	18 (0.86)	981 (31.83)
흥도동	4,264 (3.25)	2,787 (65.36)	1,369 (49.12)	1,256 (45.07)	28 (1.00)	93 (3.34)	2 (0.07)	4 (0.14)	2,752 (98.74)	35 (1.26)	1,477 (34.64)
성사 1동	15,801 (12.04)	10,621 (67.22)	4,293 (40.42)	5,761 (54.24)	30 (0.28)	458 (4.31)	8 (0.08)	7 (0.07)	10,557 (99.40)	64 (0.60)	5,180 (32.78)
성사 2동	9,862 (7.51)	7,365 (74.68)	3,546 (48.15)	3,455 (46.91)	24 (0.33)	291 (3.95)	11 (0.15)	9 (0.12)	7,336 (99.61)	29 (0.39)	2,497 (25.32)
고양동	14,464 (11.02)	9,562 (66.11)	4,030 (42.15)	5,032 (52.62)	50 (0.52)	366 (3.83)	10 (0.10)	11 (0.12)	9,499 (99.34)	63 (0.66)	4,902 (33.89)
관산동	15,917 (12.13)	9,983 (62.72)	4,226 (42.33)	5,213 (52.22)	40 (0.40)	418 (4.19)	7 (0.07)	13 (0.13)	9,917 (99.34)	66 (0.66)	5,934 (37.28)
화정 1동	31,423 (23.94)	22,912 (72.91)	11,244 (49.07)	10,670 (46.57)	60 (0.26)	836 (3.65)	12 (0.05)	20 (0.09)	22,842 (99.69)	70 (0.31)	8,511 (27.09)
화정 2동	23,656 (18.02)	18,463 (78.05)	8,368 (45.32)	9,267 (50.19)	30 (0.16)	737 (3.99)	13 (0.07)	10 (0.05)	18,425 (99.79)	38 (0.21)	5,193 (21.95)
합계	131,273 (100.00)	92,032 (70.11)	41,536 (45.13)	45,992 (49.97)	314 (0.34)	3592 (3.90)	71 (0.07)	89 (0.09)	91,594 (99.52)	438 (0.48)	39,241 (29.89)

출처 : 중앙선거관리위원회.

넘는 선거인 수를 나타냈으며, 성사2동(9,862명, 7.51%), 흥도동(4,264 명, 3.25%) 등이 1만 명 미만의 선거인 수를, 원신동에서는 3,082명으 로 덕양(갑) 선거구 선거인 수의 2.32%를 보여 가장 적은 선거인 수를 보였다.

　한편, 투표율은 70.11%로 나타나 전국 투표율(70.8%)보다 다소 낮았다. 동별 투표율을 살펴보면, 화정2동(78.05%), 성사2동(74.68%), 화정1동(72.91%) 등 3개 동에서는 전국의 투표율(70.8%)과 덕양(갑) 선거구 투표율(70.11%)보다 높은 것으로 나타난 반면, 관산동에서는 62.72%로 가장 낮은 투표율을 보였으며, 주교동(64.34%), 홍도동(65.36%), 고양동(66.11%), 성사1동(67.22%), 원신동(68.17%) 등 6개 동에서는 60%대의 낮은 투표율을 보였다.

　투표 결과를 살펴보면, 민주당 노무현 후보가 49.97%로 가장 높은 득표율을 보였으며, 그 다음으로는 한나라당 이회창 후보(45.13%), 민주노동당 권영길 후보(3.90%), 하나로 국민연합 이한동 후보(0.34%), 호국당 김길수 후보(0.09%), 사회당 김영규 후보(0.07%) 순으로 나타났다. 당선자인 민주당 노무현 후보는 투표자 92,032명의 49.97%인 45,992명의 지지를 받은 것으로 나타났다. 특히, 덕양(갑) 선거구 중 성사1동에서 54.24%(5,761명)로 가장 높은 지지율을 보였으며, 주교동(52.91%, 4,359명), 고양동(52.62%, 5,032명), 관산동(52.22%, 5,213명), 화정2동(50.19%, 9,267명) 등에서 덕양(갑) 선거구의 노무현 후보 평균 지지율(49.97%)보다 높은 지지를 받았으나, 홍도동(45.07%, 1,256명), 화정1동(46.57%, 10,670명), 원신동(46.60%, 979명), 성사2동(46.91%, 3,455명) 등에서는 덕양(갑) 선거구의 노무현 후보 평균 지지율(49.97%)보다 낮은 지지를 받은 것으로 나타났다.

　반면, 한나라당 이회창 후보는 투표자 92,032명의 45.13%인 41,536명의 지지를 받은 것으로 나타났다. 특히, 덕양(갑) 선거구 중 홍도동에서 49.12%(1,369명)로 가장 높은 지지율을 보였으며, 화정1동(49.07%,

〈표 2〉 덕양(갑) 선거구의 제15대 대통령 선거 결과

단위 : 명 (%)

| 동명 | 선거인 수 | 투표자 수 | 유효투표수 | | | | | | | 계 | 무효 투표수 | 기권수 |
| | | | 후보자별 득표수 | | | | | | | | | |
			한나라당 이회창	국민회의 김대중	국민신당 이인제	민주 승리21 권영길	공화당 허경영	바른 정치聯 김한식	한국당 신정일			
주교동	11,342 (9.26)	8,666 (76.41)	2,949 (34.03)	3,582 (41.33)	1,898 (21.90)	66 (0.76)	9 (0.10)	11 (0.13)	11 (0.13)	8,526 (98.38)	140 (1.62)	2,676 (23.59)
원신동	3,240 (2.64)	2,515 (77.62)	915 (36.38)	936 (37.22)	600 (23.86)	12 (0.48)	4 (0.16)	3 (0.12)	8 (0.32)	2,478 (98.53)	37 (1.47)	725 (22.38)
흥도동	4,241 (3.46)	3,242 (76.44)	1,196 (36.89)	1,091 (33.65)	854 (26.34)	26 (0.80)	1 (0.03)	4 (0.12)	14 (0.43)	3,186 (98.27)	56 (1.73)	999 (23.56)
성사 1동	14,596 (11.91)	11,416 (78.21)	4,290 (29.39)	4,733 (41.46)	2,081 (18.23)	160 (1.40)	7 (0.06)	11 (0.10)	12 (0.11)	11,294 (98.93)	122 (1.07)	3,180 (21.79)
성사 2동	9,466 (7.73)	7,883 (83.28)	3,374 (42.80)	3,011 (38.20)	1,333 (16.91)	81 (1.03)	9 (0.11)	8 (0.10)	4 (0.05)	7,820 (99.20)	63 (0.80)	1,583 (16.72)
고양동	15,811 (12.90)	12,869 (81.39)	3,987 (30.98)	4,980 (38.70)	3,399 (26.41)	145 (1.13)	32 (0.25)	29 (0.23)	29 (0.23)	12,592 (97.85)	277 (2.15)	2,942 (18.61)
관산동	11,798 (9.63)	8,980 (76.11)	3,049 (33.95)	3,440 (38.31)	2,232 (24.86)	90 (1.00)	7 (0.08)	19 (0.21)	12 (0.13)	8,849 (98.54)	131 (1.46)	2,818 (23.89)
화정 1동	28,925 (23.61)	23,743 (82.08)	10,625 (44.75)	9,414 (39.65)	3,143 (13.24)	321 (1.35)	16 (0.07)	28 (0.12)	9 (0.04)	23,556 (99.21)	187 (0.79)	5,182 (17.92)
화정 2동	23,118 (18.87)	19,648 (84.99)	8,152 (41.49)	8,326 (42.38)	2,757 (14.03)	244 (1.24)	8 (0.04)	17 (0.09)	5 (0.03)	19,509 (99.29)	139 (0.71)	3,470 (15.01)
합계	122,537 (100.00)	98,962 (80.76)	38,537 (38.94)	39,513 (39.93)	18,297 (18.49)	1145 (1.16)	93 (0.09)	130 (0.13)	104 (0.11)	97,810 (98.84)	1,152 (1.16)	23,575 (19.24)

출처 : 중앙선거관리위원회.

11,244명), 원신동(48.83%, 1,026명), 성사2동(48.15%, 3,546명), 화정
2동(45.32%, 8,368명) 등에서 덕양(갑) 선거구 이회창 후보 평균 지지
율(45.13%)보다 높은 지지를 받았으나, 성사1동(40.42%, 4,293명), 주

교동(41.68%, 3,434명), 고양동(42.15%, 4,030명), 관산동(42.33%, 4,226명) 등에서는 이회창 후보 평균 지지율(45.13%)보다 낮은 지지를 받은 것으로 나타났다.

〈표 2〉는 1997년 15대 대통령 선거 결과이다. 2002년 대통령 선거와 같이 덕양(갑) 선거구 선거인 수는 화정1동이 28,925명으로 덕양(갑) 선거인의 23.61%로 가장 많은 선거인 수를 가졌고, 화정2동(23,118명, 18.87%), 고양동(15,811명, 12.90%) 등에서는 1만 5천 명 이상의 선거인 수를 보여 덕양(갑) 선거구의 9개 동 중 3개 동에서 55.38%로 전체 선거인 수의 2분의 1 이상을 차지하는 것으로 나타났다. 그리고 성사1동(14,596명, 11.91%), 관산동(11,798명, 9.63%), 주교동(11,342명, 9.26%) 등 2개 동에서 1만 명이 넘는 선거인 수를 나타냈으며, 성사2동(9,466명, 7.73%), 흥도동(4,241명, 3.46%) 등에서는 1만 명 미만의 선거인 수를, 원신동에서는 3,240명으로 덕양(갑) 선거구 선거인 수의 2.64%를 보여 가장 적은 선거인 수를 보였다.

한편, 투표율은 80.76%로 나타나 전국 투표율(80.7%)과 비슷한 것으로 나타났다. 동별 투표율을 살펴보면, 화정2동(84.99%), 성사2동(83.28%), 화정1동(82.08%), 고양동(81.39%) 등 4개 동에서는 전국의 투표율(80.7%)과 덕양(갑) 선거구 투표율(80.76%)보다 높은 것으로 나타난 반면, 관산동에서는 76.11%로 가장 낮은 투표율을 보였으며, 주교동(76.41%), 흥도동(76.44%), 원신동(77.62%), 성사1동(78.21%) 등 5개 동에서는 80% 미만의 투표율을 보였다.

투표 결과를 살펴보면, 한나라당 이회창 후보가 39.94%로 가장 높은 득표율을 보였으며, 그 다음으로는 국민회의 김대중 후보(39.93%), 국민신당 이인제 후보(18.49%), 국민승리21 권영길 후보(1.16%), 바른 정치연합 김한식 후보(0.13%), 한국당 신정일 후보(0.11%), 공화당 허경영 후보(0.09%) 순으로 나타났다. 당선자인 국민회의 김대중 후보는 투표자 98,962명의 39.93%인 39,513명의 지지를 받은 것으로 나타났다. 특히, 덕양(갑) 선거구 중 화정2동에서 42.38%(8,326명)로 가장 높은 지지율을 보였으며, 성사1동(41.46%, 4,733명), 주교동(41.33%, 3,582명) 등에서 덕양(갑) 선거구 김대중 후보 평균 지지율(39.93%)보다 높은 지지를 받았으나, 홍도동(33.65%, 1,091명), 원신동(37.22%, 936명), 성사2동(38.20%, 3,011명), 관산동(38.31%, 3,440명), 고양동(38.70%, 4,980명), 화정1동(39.65%, 9,414명) 등에서는 김대중 후보 평균 지지율(39.93%)보다 낮은 지지를 받은 것으로 나타났다.

반면, 한나라당 이회창 후보는 투표자 98,962명의 39.94%인 38,537명의 지지를 받은 것으로 나타났다. 특히, 덕양(갑) 선거구 중 화정1동에서 44.75%(10,625명)로 가장 높은 지지율을 보였으며, 성사2동(42.80%, 3,374명), 화정2동(41.49%, 8,152명) 등에서 덕양(갑) 선거구 이회창 후보 평균 지지율(39.94%)보다 높은 지지를 받았으나, 성사1동(29.39%, 4.290명), 고양동(30.98%, 3,987명), 관산동(33.95%, 3,049명), 주교동(34.03%, 2,949명), 원신동(36.38%, 915명), 홍도동(36.89%, 915명) 등에서는 이회창 후보 평균 지지율(38.94%)보다 낮은 지지를 받은 것으로 나타났다.

② 국회의원 선거

2000년 16대 국회의원 선거 덕양(갑) 선거구 선거인 수는 화정1동이 31,002명으로 덕양(갑) 선거인 수의 24.69%로 가장 많은 선거인 수를 가졌고, 화정2동(23,826명, 18.97%) 등에서는 1만 5천 명 이상의

<표 3> 덕양(갑) 선거구의 제16대 국회의원 선거 결과

단위 : 명 (%)

동명	선거인 수	투표자 수	유효투표수					무효 투표수	기권수
			후보자별 득표수				계		
			한나라당	민주당	자민련	민국당			
			이국헌	곽치영	이영희	안병용			
주교동	12,184 (9.70)	5,945 (48.79)	2,246 (37.78)	3,034 (51.03)	428 (7.20)	177 (2.98)	5,885 (98.99)	60 (1.01)	6,239 (51.21)
원신동	3,173 (2.53)	1,805 (56.89)	638 (35.35)	914 (50.64)	195 (10.80)	37 (2.05)	1,784 (98.84)	21 (1.16)	1,368 (43.11)
흥도동	4,298 (3.42)	2,381 (55.40)	887 (37.25)	1,145 (48.09)	271 (11.38)	43 (1.81)	2,346 (98.53)	35 (1.47)	1,917 (44.60)
성사1동	14,771 (11.76)	7,276 (49.26)	2,897 (39.82)	3,710 (50.99)	431 (5.92)	191 (2.63)	7,229 (99.35)	47 (0.65)	7,495 (50.74)
성사2동	9,714 (7.74)	5,647 (58.13)	2,431 (43.05)	2,659 (47.09)	351 (6.22)	168 (2.98)	5,609 (99.33)	38 (0.67)	4,067 (41.87)
고양동	14,060 (11.20)	7,096 (50.47)	2,539 (35.78)	3,477 (49.00)	819 (11.54)	179 (2.52)	7,014 (98.84)	82 (1.16)	6,964 (49.53)
관산동	12,538 (9.99)	6,120 (48.81)	2,254 (36.83)	3,137 (51.26)	495 (8.09)	156 (2.55)	6,042 (98.73)	78 (1.27)	6,418 (51.19)
화정1동	31,002 (24.69)	16,625 (53.63)	7,596 (45.69)	7,941 (47.77)	717 (4.31)	282 (1.70)	16,536 (99.46)	89 (0.54)	14,377 (46.37)
화정2동	23,826 (18.97)	13,783 (57.85)	5,790 (42.01)	7,016 (50.90)	589 (4.27)	302 (2.19)	13,697 (99.38)	86 (0.62)	10,043 (42.15)
합계	125,566 (100.00)	66,678 (53.10)	27,278 (40.91)	33,033 (49.54)	4,296 (6.44)	1,535 (2.30)	66,142 (99.20)	536 (0.80)	58,888 (46.90)

출처 : 중앙선거관리위원회.

선거인 수를 보여 덕양(갑) 선거구의 9개 동 중 2개 동에서 43.66%로 전체 선거인 수의 5분의 2 이상을 차지하는 것으로 나타났다. 그리고 성사1동(14,771명, 11.76%), 고양동(14,060명, 11.20%), 관산동

(12,538명, 9.99%), 주교동(12,184명, 9.70%) 등 4개 동에서 1만 명이 넘는 선거인 수를 나타냈으며, 성사2동(9,714명, 7.74%), 흥도동 (4,298명, 3.42%) 등에서는 1만 명 미만의 선거인 수를, 원신동에서는 3,173명으로 덕양(갑) 선거구 선거인 수의 2.53%를 보여 가장 적은 선거인 수를 보였다.

한편, 투표율은 53.10%로 나타나 전국 투표율(57.2%)보다 4% 이상 낮은 것으로 나타났다. 동별 투표율을 살펴보면, 성사2동(58.13%), 화정2동(57.85%) 등 2개 동에서는 전국의 투표율(57.2%)보다 높은 것으로 나타났으며, 원신동(56.89%), 흥도동(55.40%), 화정1동(53.63%) 등 3개 동에서는 덕양(갑) 선거구 투표율(53.10%)보다 높은 것으로 나타난 반면, 주교동에서는 48.79%로 가장 낮은 투표율을 보였으며, 관산동(48.81%), 성사1동(49.26%), 고양동(50.47%) 등 4개 동에서는 덕양(갑) 선거구 투표율인 53.10%보다 낮은 투표율을 보였다.

투표 결과를 살펴보면, 민주당 곽치영 후보가 49.54%로 가장 높은 득표율을 보였으며, 그 다음으로는 한나라당 이국헌 후보(40.91%), 자민련 이영희 후보(6.44%), 민국당 안병용 후보(2.30%) 순으로 나타났다. 당선자인 민주당 곽치영 후보는 투표자 66,678명의 49.54%인 33,033명의 지지를 받은 것으로 나타났다. 특히, 덕양(갑) 선거구 중 관산동에서 51.26%(3,137명)로 가장 높은 지지율을 보였으며, 주교동(51.03%, 3,034명), 성사1동(50.99%, 3,710명), 화정2동(50.90%, 7,016명), 원신동(50.64%, 914명) 등에서 덕양(갑) 선거구 곽치영 후보 평균 지지율(49.54%)보다 높은 50% 이상의 지지를 받았으나, 성사2동(47.09%, 2,659명), 화정1동(47.77%, 7,941명), 흥도동(48.09%, 1,145명), 고양동(49.00%, 3,477명) 등에서는 곽치영 후보 평균 지지율

〈표 4〉 덕양(갑) 선거구의 제16대 국회의원 재선거 결과

단위 : 명 (%)

동명	선거인 수	투표자 수	유효투표수								무효 투표수	기권수
			후보자별 득표수						계		
			한나라당	개혁당	하나로 연합	민주 노동당	사민당	무소속			
			이국헌	유시민	문기수	강명용	김기준	이영희			
주교동	12,942 (9.67)	2,932 (22.65)	1,140 (38.84)	1,209 (41.19)	266 (9.06)	103 (3.51)	34 (1.16)	162 (5.52)	2,914 (99.28)	18 (0.61)	10,010 (77.35)
원신동	3,068 (2.29)	911 (29.69)	299 (32.82)	243 (26.67)	229 (25.14)	23 (2.52)	30 (3.29)	83 (9.11)	907 (99.56)	4 (0.44)	2,157 (70.31)
흥도동	4,286 (3.20)	1,277 (29.79)	499 (39.08)	402 (31.48)	231 (18.09)	24 (1.88)	14 (1.10)	101 (7.91)	1,271 (99.53)	6 (0.47)	3,009 (70.21)
성사 1동	16,032 (11.98)	3,765 (23.48)	1,381 (36.68)	1,629 (43.27)	387 (10.28)	171 (4.54)	64 (1.70)	116 (3.08)	3,748 (99.55)	17 (0.45)	12,267 (76.52)
성사 2동	10,084 (7.54)	3,002 (29.77)	1,260 (41.97)	1,316 (43.84)	168 (5.60)	77 (2.56)	64 (2.13)	108 (3.60)	2,993 (99.70)	9 (0.30)	7,082 (70.23)
고양동	14,663 (10.96)	3,570 (24.35)	1,172 (32.83)	1,410 (39.50)	502 (14.06)	68 (1.90)	65 (1.82)	328 (9.19)	3,545 (99.30)	25 (0.70)	11,093 (75.65)
관산동	16,479 (12.32)	3,271 (19.85)	1,200 (36.69)	1,251 (38.25)	435 (13.30)	82 (2.51)	72 (2.20)	214 (6.54)	3,254 (99.48)	17 (0.52)	13,208 (80.15)
화정 1동	31,848 (23.81)	8,208 (25.77)	3,655 (44.53)	3,793 (46.21)	260 (3.17)	147 (1.79)	189 (2.30)	142 (1.73)	8,186 (99.73)	22 (0.27)	23,640 (74.23)
화정 2동	24,366 (18.22)	6,340 (26.02)	2,343 (36.96)	3,253 (51.31)	130 (2.05)	151 (2.38)	257 (4.05)	193 (3.04)	6,327 (99.79)	13 (0.21)	18,026 (73.98)
합계	133,768 (100.00)	33,276 (24.88)	12,949 (38.91)	14,506 (43.59)	2,608 (7.84)	846 (2.54)	789 (2.37)	1,447 (4.35)	33,145 (99.61)	131 (0.39)	100,492 (75.12)

출처 : 중앙선거관리위원회.

(49.54%)보다 낮은 지지를 받은 것으로 나타났다.

반면, 한나라당 이국헌 후보는 투표자 66,678명의 40.91%인 27,278명의 지지를 받은 것으로 나타났다. 특히, 덕양(갑) 선거구 중 화정1동

에서 45.69%(7,596명)로 가장 높은 지지율을 보였으며, 성사2동
(43.05%, 2,431명), 화정2동(42.01%, 5,790명) 등에서 덕양(갑) 선거구
이국헌 후보 평균 지지율(40.91%)보다 높은 지지를 받았으나, 원신동
(35.35%, 638명), 고양동(35.78%, 2,539명), 관산동(36.83%, 2,254명),
홍도동(37.25%, 887명), 주교동(37.78%, 2,246명), 성사1동(39.82%,
2,897명) 등에서는 이국헌 후보 평균 지지율(40.91%)보다 낮은 지지를
받은 것으로 나타났다.

한편, 2003년 4월 16대 국회의원 재선거를 보면, 덕양(갑) 선거구 선
거인 수는 화정1동이 31,848명으로 역시 덕양(갑) 선거인 수의 23.81%
로 가장 많은 선거인 수를 나타냈으며, 화정2동(24,366명, 18.22%), 관
산동(16,479명, 12.32%), 성사1동(16.032명, 11.98%) 등에서는 1만 5
천 명 이상의 선거인 수를 보여 덕양(갑) 선거구의 9개 동 중 4개 동에
서 66.33%로 전체 선거인 수의 3분의 2 이상을 차지하는 것으로 나타
났다. 그리고 고양동(14,663명, 10.96%), 주교동(12,942명, 9.67%), 성
사2동(10,084명, 7.54%) 등 3개 동에서 1만 명이 넘는 선거인 수를 나
타냈으며, 홍도동(4,286명, 3.20%) 등에서는 1만 명 미만의 선거인 수
를, 원신동에서는 3,068명으로 덕양(갑) 선거구 선거인 수의 2.29%를
보여 가장 적은 선거인 수를 보였다.

한편, 투표율은 24.88%로 나타나 16대 국회의원 선거 투표율인
53.10%의 절반에도 못 미치는 것으로 나타났다. 동별 투표율을 살펴
보면, 홍도동(29.79%), 성사2동(29.77%), 원신동(29.69%), 화정2동
(26.02%), 화정1동(25.77%) 등 5개 동에서는 덕양(갑) 선거구 투표율
(24.88%)보다 높은 것으로 나타난 반면, 관산동에서는 19.85%로 20%
미만의 가장 낮은 투표율을 보였으며, 주교동(22.65%), 성사1동

(23.48%), 고양동(24.35%) 등 4개 동에서는 덕양(갑) 선거구 투표율인 24.88%보다 낮은 투표율을 보였다.

투표 결과를 살펴보면, 개혁당 유시민 후보가 43.59%로 가장 높은 득표율을 보였으며, 그 다음으로는 한나라당 이국헌 후보(38.91%), 하나로 국민연합 문기수 후보(7.84%), 무소속 이영희 후보(4.35%), 민주노동당 강명용 후보(2.54%), 사민당 김기준 후보(2.37%) 순으로 나타났다. 당선자인 개혁당 유시민 후보는 투표자 33,276명의 43.59%인 14,506명의 지지를 받은 것으로 나타났다. 특히, 덕양(갑) 선거구 중 화정2동에서 51.31%(3,253명)로 가장 높은 지지율을 보였으며, 화정1동(46.21%, 3,793명), 성사2동(43.84%, 1,316명) 등에서 덕양(갑) 선거구 유시민 후보 평균 지지율(43.59%)보다 높은 지지를 받았으나, 원신동(26.67%, 243명), 흥도동(31.48%, 402명), 관산동(38.25%, 1,251명), 고양동(39.50%, 1,410명), 주교동(41.19%, 1,209명), 성사1동(43.27%, 1,629명) 등에서는 유시민 후보 평균 지지율(43.59%)보다 낮은 지지를 받은 것으로 나타났다.

반면, 한나라당 이국헌 후보는 투표자 33,276명의 38.91%인 12,949명의 지지를 받은 것으로 나타났다. 특히, 덕양(갑) 선거구 중 화정1동에서 44.53%(3,655명)로 가장 높은 지지율을 보였으며, 성사2동(41.97%, 1,260명), 흥도동(39.08%, 499명) 등에서 덕양(갑) 선거구 이국헌 후보 평균 지지율(38.91%)보다 높은 지지를 받았으나, 원신동(32.82%, 299명), 고양동(32.83%, 1,172명), 성사1동(36.68%, 1,381명), 관산동(36.69%, 1,200명), 화정2동(36.96%, 2,343명), 주교동(38.84%, 1,140명) 등에서는 이국헌 후보 평균 지지율(38.91%)보다 낮은 지지를 받은 것으로 나타났다.

③ 지방선거

2002년 제3회 동시지방선거의 경기 도지사 선거를 보면, 덕양(갑) 선거구 선거인 수는 화정1동이 31,797명으로 덕양(갑) 선거인의 24.33%로 가장 많은 선거인 수를 나타냈으며, 화정2동(23,734명, 18.16%), 성사1동(15,842명, 12.12%) 등에서는 1만 5천 명 이상의 선거인 수를 보여 덕양(갑) 선거구의 9개 동 중 3개 동에서 54.61%로 전체 선거인 수의 2분의 1 이상을 차지하는 것으로 나타났다. 그리고 관산동(14,684명, 11.24%), 고양동(14,434명, 11.05%), 주교동(12,749명, 9.76%) 등 3개 동에서 1만 명이 넘는 선거인 수를 나타냈으며, 성사2동(9,970명, 7.63%), 홍도동(4,321명, 3.31%) 등에서는 1만 명 미만의 선거인 수를, 원신동에서는 3,133명으로 덕양(갑) 선거구 선거인 수의 2.40%를 보여 가장 적은 선거인 수를 보였다.

한편, 투표율은 41.34%로 나타나 제3회 동시지방선거 투표율인 48.8%보다 7% 이상 낮은 것으로 나타났다. 동별 투표율을 살펴보면, 성사2동(46.81%), 고양동(44.55%), 화정2동(43.44%) 등 3개 동에서는 덕양(갑) 선거구 투표율(41.34%)보다 높은 것으로 나타난 반면, 관산동(36.99%), 성사1동(38.87%), 원신동(39.20%), 주교동(39.76%), 홍도동(39.97%), 화정1동(40.86%) 등 6개 동에서는 덕양(갑) 선거구 투표율인 41.34%보다 낮은 투표율을 보였다.

투표 결과를 살펴보면, 한나라당 손학규 후보가 57.10%로 가장 높은 득표율을 보였으며, 그 다음으로는 민주당 진념 후보(36.91%), 민주노동당 김준기 후보(5.11%) 순으로 나타났다. 당선자인 한나라당 손학규 후보는 투표자 54,011명의 57.10%인 30,838명의 지지를 받은 것으로 나타났다. 특히, 덕양(갑) 선거구 중 원신동에서 60.18%(739

<표 5> 덕양(갑) 선거구의 제3회 동시지방선거 결과 – 경기도지사

단위 : 명 (%)

| 동명 | 선거인 수 | 투표자 수 | 유효투표수 | | | | 무효 투표수 | 기권수 |
| | | | 후보자별 득표수 | | | 계 | | |
			한나라당 이국헌	민주당 곽치영	자민련 이영희			
주교동	12,749 (9.76)	5,069 (39.76)	2,766 (54.57)	1,894 (37.36)	331 (6.53)	4,991 (98.46)	78 (1.54)	7,680 (60.24)
원신동	3,133 (2.40)	1,228 (39.20)	739 (60.18)	407 (33.14)	71 (5.78)	1,217 (99.10)	11 (0.90)	1,905 (60.80)
흥도동	4,321 (3.31)	1,727 (39.97)	1,004 (58.14)	617 (35.73)	84 (4.86)	1,705 (98.73)	22 (1.27)	2,594 (60.03)
성사1동	15,842 (12.12)	6,158 (38.87)	3,317 (53.86)	2,372 (38.52)	404 (6.56)	6,093 (98.94)	65 (1.06)	9,684 (61.13)
성사2동	9,970 (7.63)	4,667 (46.81)	2,750 (58.92)	1,660 (35.57)	218 (4.67)	4,628 (99.16)	39 (0.84)	5,303 (53.19)
고양동	14,434 (11.05)	6,430 (44.55)	3,621 (56.31)	2,326 (36.17)	386 (6.00)	6,333 (98.49)	97 (1.51)	8,004 (55.45)
관산동	14,684 (11.24)	5,431 (36.99)	3,111 (57.28)	1,920 (35.35)	331 (6.09)	5,362 (98.73)	69 (1.27)	9,253 (63.01)
화정1동	31,797 (24.33)	12,992 (40.86)	7,757 (59.71)	4,662 (35.88)	519 (3.99)	12,938 (99.58)	54 (0.42)	18,805 (59.14)
화정2동	23,734 (18.16)	10,309 (43.44)	5,773 (56.00)	4,077 (39.55)	415 (4.03)	10,265 (99.57)	44 (0.43)	13,425 (56.56)
합계	130,664 (100.00)	54,011 (41.34)	30,838 (57.10)	19,935 (36.91)	2,759 (5.11)	53,532 (99.11)	479 (0.89)	76,653 (58.66)

출처 : 중앙선거관리위원회.

명)로 가장 높은 지지율을 보였으며, 화정1동(59.71%, 7,757명), 성사
2동(58.92%, 2,750명), 흥도동(58.14%, 1,004명), 관산동(57.28%,
3,111명) 등에서 덕양(갑) 선거구 손학규 후보 평균 지지율(57.10%)보

<표 6> 덕양(갑) 선거구의 제3회 동시지방선거 결과 – 고양시장

단위 : 명 (%)

| 동명 | 선거인 수 | 투표자 수 | 유효투표수 | | | | | 무효 투표수 | 기권수 |
| | | | 후보자별 득표수 | | | | 계 | | |
			한나라당 강현석	민주당 김성수	미래연합 황교선	무소속 이치범			
주교동	12,749 (9.76)	5,067 (39.74)	2,013 (39.73)	1,537 (30.33)	977 (19.28)	455 (8.98)	4,982 (98.32)	85 (1.68)	7,682 (60.26)
원신동	3,133 (2.40)	1,230 (39.26)	468 (38.05)	320 (26.02)	379 (30.81)	52 (4.23)	1,219 (99.11)	11 (0.89)	1,903 (60.74)
흥도동	4,321 (3.31)	1,727 (39.97)	605 (35.03)	494 (28.60)	514 (29.76)	93 (5.39)	1,706 (98.78)	21 (1.22)	2,594 (60.03)
성사1동	15,842 (12.12)	6,156 (38.86)	2,447 (39.75)	2,013 (32.70)	985 (16.00)	644 (10.46)	6,089 (98.91)	67 (1.09)	9,686 (61.14)
성사2동	9,970 (7.63)	4,667 (46.81)	2,122 (45.47)	1,346 (28.84)	734 (15.73)	428 (9.17)	4,630 (99.21)	37 (0.79)	5,303 (53.19)
고양동	14,434 (11.05)	6,434 (44.58)	2,586 (40.19)	1,945 (30.23)	1,286 (19.99)	512 (7.96)	6,329 (98.37)	105 (1.63)	8,000 (55.42)
관산동	14,684 (11.24)	5,432 (36.99)	2,299 (42.32)	1,602 (29.49)	1,050 (19.33)	408 (7.51)	5,359 (98.66)	73 (1.34)	9,252 (63.01)
화정1동	31,797 (24.33)	12,995 (40.87)	6,292 (48.42)	3,724 (28.66)	1,393 (10.72)	1,494 (11.50)	12,903 (99.29)	92 (0.71)	18,802 (59.13)
화정2동	23,734 (18.16)	10,314 (43.46)	4,814 (46.67)	3,260 (31.61)	774 (7.50)	1,401 (13.58)	10,249 (99.37)	65 (0.63)	13,420 (56.54)
합계	130,664 (100.00)	54,022 (41.34)	23,646 (43.77)	16,241 (30.06)	8,092 (14.98)	5,487 (10.16)	53,466 (98.97)	556 (1.03)	76,642 (58.66)

출처 : 중앙선거관리위원회.

다 높은 지지를 받았으나, 성사1동(53.86%, 3,317명), 주교동(54.57%, 2,766명), 화정2동(56.00%, 5,773명), 고양동(56.31%, 3,621명) 등에 서는 손학규 후보 평균 지지율(57.10%)보다 낮은 지지를 받은 것으로 나타났다.

　반면, 민주당 진념 후보는 투표자 30,838명의 36.91%인 19,935명의 지지를 받은 것으로 나타났다. 특히, 덕양(갑) 선거구 중 화정2동에서 39.55%(4,077명)로 가장 높은 지지율을 보였으며, 성사1동(38.52%, 2,372명), 주교동(37.36%, 1,894명) 등에서 덕양(갑) 선거구 진념 후보 평균 지지율(36.91%)보다 높은 지지를 받았으나, 원신동(33.14%, 407명), 관산동(35.35%, 1,920명), 성사2동(35.57%, 1,660명), 흥도동(35.73%, 617명), 화정1동(35.88%, 4,662명), 고양동(36.17%, 2,326명) 등에서는 진념 후보 평균 지지율(36.91%)보다 낮은 지지를 받은 것으로 나타났다.

　고양시장 선거의 경우, 투표율은 41.34%로 나타나 제3회 동시지방선거 투표율인 48.8%보다 7% 포인트 이상 낮은 것으로 나타났다. 지방선거에 대한 도시 지역 유권자들의 낮은 관심도를 보여주는 것이다. 동별 투표율을 살펴보면, 성사2동(46.81%), 고양동(44.58%), 화정2동(43.46%) 등 3개 동에서는 덕양(갑) 선거구 투표율(41.34%)보다 높은 것으로 나타난 반면, 관산동(36.99%), 성사1동(38.86%), 원신동(39.26%), 주교동(39.74%), 흥도동(39.97%), 화정1동(40.87%) 등 6개 동에서는 덕양(갑) 선거구 투표율인 41.34%보다 낮은 투표율을 보였다.

　투표 결과를 살펴보면, 한나라당 강현석 후보가 43.77%로 가장 높은 득표율을 보였으며, 그 다음으로는 민주당 김성수 후보(30.06%), 미래연합 황교선 후보(14.98%), 무소속 이치범 후보(10.16%) 순으로 나타났다. 당선자인 한나라당 강현석 후보는 투표자 54,022명의 43.77%인 23,646명의 지지를 받은 것으로 나타났다. 특히, 덕양(갑) 선거구 중 화정1동에서 48.42%(6,292명)로 가장 높은 지지율을 보였으며, 화정2동(46.67%, 4,814명), 성사2동(45.47%, 2,122명) 등에서 덕양(갑) 선거구 강현석 후보 평균 지지율(43.77%)보다 높은 지지를 받았으나, 홍도동(35.03%, 605명), 원신동(38.05%, 468명), 주교동(39.73%, 2,013명), 성사1동(39.75%, 2,447명), 고양동(40.19%, 2,586명), 관산동(42.32%, 2,299명) 등에서는 강현석 후보 평균 지지율(43.77%)보다 낮은 지지를 받은 것으로 나타났다.

반면, 민주당 김성수 후보는 투표자 54,022명의 30.06%인 16,241명의 지지를 받은 것으로 나타났다. 특히, 덕양(갑) 선거구 중 성사1동에서 32.70%(2,013명)로 가장 높은 지지율을 보였으며, 화정2동(31.61%, 3,260명), 주교동(30.33%, 1,537명), 고양동(30.23%, 1,945명) 등에서 덕양(갑) 선거구 김성수 후보 평균 지지율(30.06%)보다 높은 지지를 받았으나, 원신동(26.02%, 320명), 홍도동(28.60%, 494명), 화정1동(28.66%, 3,724명), 성사2동(28.84%, 1,346명), 관산동(29.49%, 1,602명) 등에서는 김성수 후보 평균 지지율(30.06%)보다 낮은 지지를 받은 것으로 나타났다.

2002년 지방선거에서 새로 도입된 것이 정당투표에 의한 비례대표 광역의원의 선출이다. 비례대표 광역의원의 경우도 투표율은 상당히 낮았다(41.34%). 동별 투표율을 살펴보면, 성사2동(46.73%), 고양동(44.55%), 화정2동(43.46%) 등 3개 동에서는 덕양(갑) 선거구 투표율(41.34%)보다 높은 것으로 나타난 반면, 관산동(37.00%), 성사1동(38.85%), 원신동(39.26%), 주교동(39.82%), 홍도동(39.94%), 화정1동(40.84%) 등 6개 동에서는 덕양(갑) 선거구 투표율인 41.34%보다 낮은 투표율을 보였다.

투표 결과를 살펴보면, 한나라당이 53.74%로 가장 높은 득표율을

<표 7> 덕양(갑) 선거구의 제3회 동시지방선거 결과 – 비례대표 광역의원

단위 : 명 (%)

동명	선거인 수	투표자 수	유효투표수								무효 투표수	기권수
			후보자별 득표수						계		
			한나라당	개혁당	하나로 연합	민주 노동당	사민당	무소속			
주교동	12,749 (9.76)	5,077 (39.82)	2,579 (50.80)	1,641 (32.32)	235 (4.63)	173 (3.41)	275 (5.42)	37 (0.73)	4,940 (97.30)	137 (2.70)	7,672 (60.18)
원신동	3,133 (2.40)	1,230 (39.26)	688 (55.93)	368 (29.92)	78 (6.34)	25 (2.03)	43 (3.50)	7 (0.57)	1,209 (98.29)	21 (1.71)	1,903 (60.74)
흥도동	4,321 (3.31)	1,726 (39.94)	944 (54.69)	529 (30.65)	99 (5.74)	41 (2.38)	60 (3.48)	18 (1.04)	1,691 (97.97)	35 (2.03)	2,595 (60.06)
성사 1동	15,842 (12.12)	6,154 (38.85)	3,041 (49.42)	2,122 (34.48)	204 (3.31)	182 (2.96)	411 (6.68)	67 (1.09)	6,027 (97.94)	127 (2.06)	9,688 (61.15)
성사 2동	9,970 (7.63)	4,659 (46.73)	2,653 (56.94)	1,430 (30.69)	114 (2.45)	126 (2.70)	242 (5.19)	29 (0.62)	4,594 (98.60)	65 (1.40)	5,311 (53.27)
고양동	14,434 (11.05)	6,430 (44.55)	3,306 (51.42)	2,077 (32.30)	253 (3.93)	256 (3.98)	283 (4.40)	76 (1.18)	6,251 (97.22)	179 (2.78)	8,004 (55.45)
관산동	14,684 (11.24)	5,433 (37.00)	2,957 (54.43)	1,664 (30.63)	222 (4.09)	164 (3.02)	259 (4.77)	45 (0.83)	5,311 (97.75)	122 (2.25)	9,251 (63.00)
화정 1동	31,797 (24.33)	12,986 (40.84)	7,392 (56.92)	3,907 (30.09)	246 (1.89)	612 (4.71)	629 (4.84)	66 (0.51)	12,852 (98.97)	134 (1.03)	18,811 (59.16
화정 2동	23,734 (18.16)	10,315 (43.46)	5,466 (52.99)	3,507 (34.00)	206 (2.00)	502 (4.87)	495 (4.80)	41 (0.40)	10,217 (99.05)	98 (0.95)	13,419 (56.54)
합계	130,664 (100.00)	54,010 (41.34)	29,026 (53.74)	17,245 (31.93)	1657 (3.07)	2081 (3.85)	2697 (4.99)	386 (0.71)	53,092 (98.30)	918 (1.70)	76,654 (58.66)

출처 : 중앙선거관리위원회.

보였으며, 그 다음으로는 민주당(31.93%), 민주노동당(4.99%), 녹색평
화당(3.85%), 자민련(3.07%), 사회당(0.71%) 순으로 나타났다. 한나라
당은 투표자 54,010명의 53.74%인 29,026명의 지지를 받은 것으로 나

타났다. 특히, 덕양(갑) 선거구 중 성사2동에서 56.94%(2,653명)로 가장 높은 지지율을 보였으며, 화정1동(56.92%, 7,392명), 원신동(55.93%, 688명), 흥도동(54.69%, 944명), 관산동(54.43%, 2,957명) 등에서 덕양(갑) 선거구 한나라당 평균 지지율(53.74%)보다 높은 지지를 받았으나, 성사1동(49.42%, 3,041명), 주교동(50.80%, 2,579명), 고양동(51.42%, 3,306명), 화정2동(52.99%, 5,466명) 등에서는 한나라당 평균 지지율(53.74%)보다 낮은 지지를 받은 것으로 나타났다.

반면, 민주당은 투표자 54,010명의 31.93%인 17,245명의 지지를 받은 것으로 나타났다. 특히, 덕양(갑) 선거구 중 성사1동에서 34.48%(2,122명)로 가장 높은 지지율을 보였으며, 화정2동(34.00%, 3,507명), 주교동(32.32%, 1,641명), 고양동(32.30%, 2,077명) 등에서 덕양(갑) 선거구 민주당 평균 지지율(31.93%)보다 높은 지지를 받았으나, 원신동(29.92%, 368명), 화정1동(30.09%, 3,907명), 관산동(30.63%, 1,664명), 흥도동(30.65%, 529명), 성사2동(30.69%, 1,430명) 등에서는 민주당 평균 지지율(31.93%)보다 낮은 지지를 받은 것으로 나타났다.

2) 사회경제적 특성

① 행정구역상의 특성

고양시 덕양(갑) 선거구에 속하는 9개 동의 면적을 살펴보면, 고양동이 24.38㎢로 가장 넓은 것으로 나타났으며, 그 다음으로는 관산동(15.71㎢), 원신동(12.66㎢), 흥도동(12.02㎢), 주교동(5.44㎢), 화정1동(2.42㎢), 화정2동(1.83㎢), 성사1동(1.80㎢), 성사2동(0.79㎢) 순으로 나타났다. 하지만 이와 같은 면적의 차이가 각 동별 거주 주민의 수와

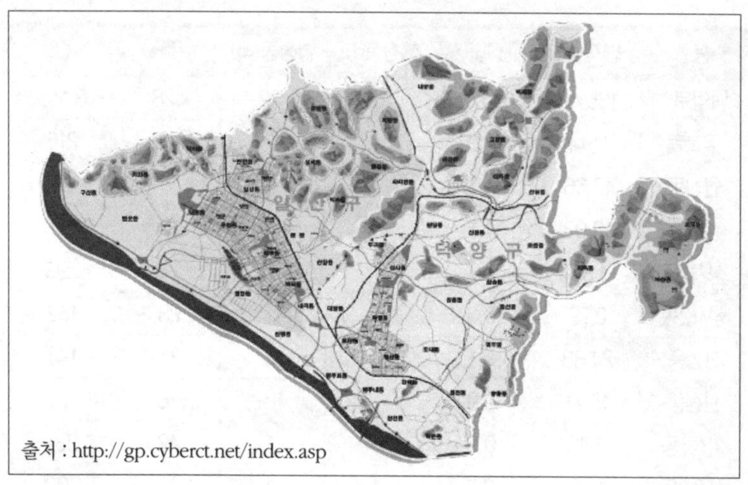

는 상관없었다. 이러한 현상은 다음의 각 동별 도시화 정도 또는 특성을 보면 알 수 있다.

② 인구분포상의 특성

덕양구의 인구는 380,711명으로 고양시 인구(865,077명)의 44.01%이며, 덕양(갑) 선거구의 인구는 174,284명으로 덕양구 인구(380,711명)의 45.78%이다. 고양시의 남녀 인구비는 남자가 429,347명(49.63%), 여자가 435,730명(50.37%)으로 여자가 남자보다 6,000여명(0.74%) 많은 것으로 나타났다. 그러나 덕양구 인구 380,711명 중 남자가 190,562명(50.05%), 여자가 190,149명(49.95%)으로 남자가 다소 많은 것으로 나타났다. 반면, 덕양(갑) 선거구의 전체 174,284명 중 남자가 86,432명(49.59%), 여자가 87,852명(50.41%)으로 여자가 다소 많아, 고양시 전체의 남녀 구성과 유사한 것으로 나타났다.

<표 8> 고양시 덕양(갑) 선거구의 행정구역(2003년 현재)

동명	면적(㎢)	구성비(%)	행정동(리)	법정동(리)	통	반
덕양구 *	165.42	61.9	18	32	428	3,143
주교동	5.44	2.0	1	2	25	216
원신동	12.66	4.7	1	2	7	33
흥도동	12.02	4.5	1	3	10	50
성사1동	1.80	0.7	1	2	28	293
성사2동	0.79	0.3	1	1	23	152
고양동	24.38	9.1	1	4	25	145
관산동	15.71	5.9	1	3	28	121
화정1동	2.42	0.9	1	1	42	331
화정2동	1.83	0.7	1	1	35	300
덕양(갑) *	77.05	28.8	9	19	223	1,641

참고 : * 구성비는 고양시 전체대비.
출처 : www.goyang.gyeonggi.kr(2004년 4월 30일 검색).

보다 구체적으로 덕양(갑) 선거구의 남녀 인구비를 동별로 살펴보면, 원신동의 경우, 남자가 2,218명(53.71%), 여자가 1,834명(46.29%)으로 남자의 비율이 가장 높은 동으로 나타났으며, 흥도동(남자-53.59%, 2,907명-, 여자-46.41%, 2,518명-), 관산동(남자-50.64%, 12,616명-, 여자-49.36%, 12,298명-), 주교동(남자-50.10%, 9,350명-, 여자-49.90%, 9,314명-) 등에서 남자의 비율이 여자의 비율보다 높은 것으로 나타났다. 반면, 화정1동의 경우, 여자가 23,846명(51.44%), 남자가 22,508명(48.56%)으로 여자의 비율이 가장 높은 동으로 나타났으며, 성사1동(여자-50.77%, 11,458명-, 남자-49.23%, 11,110명-), 화정2동(여자-50.74%, 19,280명-, 남자-49.26%, 18,720

〈표 9〉 고양시 덕양(갑) 선거구의 인구분포(2003년 현재)

단위 : 명 (%)

동명	합계	성별		연령별					
		남	여	0~14	15~29	30~39	40~49	50~64	65 이상
고양시	865,077 (100.00)	429,347 (49.63)	435,730 (50.37)	208,721 (24.13)	160,794 (18.59)	189,698 (21.93)	157,659 (18.22)	90,596 (10.47)	57,609 (6.66)
덕양구*	380,711 (44.01)	190,562 (50.05)	190,149 (49.95)	87,623 (23.02)	72,644 (19.08)	86,785 (22.80)	64,189 (16.86)	43,289 (11.37)	26,181 (6.88)
주교동	18,664 (10.71)	9,350 (50.10)	9,314 (49.90)	4,246 (22.75)	3,580 (19.18)	4,214 (22.58)	3,019 (16.18)	2,173 (11.64)	1,432 (7.67)
원신동	3,962 (2.27)	2,128 (53.71)	1,834 (46.29)	577 (14.56)	903 (22.79)	624 (15.75)	724 (18.27)	691 (17.44)	443 (11.18)
흥도동	5,425 (3.11)	2,907 (53.59)	2,518 (46.41)	758 (13.97)	1,108 (20.42)	828 (15.26)	1,041 (19.19)	1,055 (19.45)	635 (11.71)
성사1동	22,568 (12.95)	11,110 (49.23)	11,458 (50.77)	5,156 (22.85)	4,440 (19.67)	5,895 (26.12)	3,339 (14.80)	2,201 (9.75)	1,537 (6.81)
성사2동	14,397 (8.26)	7,093 (49.27)	7,304 (50.73)	3,226 (22.41)	2,835 (19.69)	3,103 (21.55)	2,623 (18.22)	1,607 (11.16)	1,003 (6.97)
관산동	24,914 (14.30)	12,616 (50.64)	12,298 (49.36)	5,047 (20.26)	5,086 (20.41)	5,248 (21.06)	4,066 (16.32)	3,461 (13.89)	2,006 (8.05)
화정1동	46,354 (26.60)	22,508 (48.56)	23,846 (51.44)	11,311 (24.40)	9,053 (19.53)	10,689 (23.06)	7,885 (17.01)	4,723 (10.19)	2,693 (5.81)
화정2동	38,000 (21.80)	18,720 (49.26)	19,280 (50.74)	11,129 (29.29)	5,770 (15.18)	10,002 (26.32)	6,551 (17.24)	2,780 (7.32)	1,768 (4.65)
덕양(갑)**	174,284 (45.78)	86,432 (49.59)	87,852 (50.41)	41,450 (23.78)	32,775 (18.81)	40,603 (23.30)	29,248 (16.78)	18,691 (10.72)	11,517 (6.61)

참고 : * 구성비는 고양시 전체대비.　** 구성비는 덕양구 전체대비.

출처 : www.goyang.gyeonggi.kr(2004년 4월 30일 검색).

명-), 성사2동(여자-50.73%, 7,304명-, 남자-49.27%, 7,093명-) 등
에서 여자의 비율이 남자의 비율보다 높은 것으로 나타났다.

덕양(갑) 선거구의 연령별 인구비를 살펴보면, 0~14세의 인구가 전체 인구 174,284명 중 41,450명으로 23.78%를 차지해 가장 많은 것으로 나타났으며, 그 다음으로는 30~39세(23.30%, 40,603명), 15~29세(18.81%, 32,775명), 40~49세(16.78%, 29,248명), 50~64세(10.72%, 18,691명), 65세 이상(11,517명) 순으로 나타나, 덕양(갑) 선거구가 신도시의 성격을 띤 지역임을 알 수 있다. 특히 0~14세의 인구와 30~39세의 인구가 20%를 넘는 인구비를 보임에 따라 결혼 10년 미만의 가족이 주를 이루는 것으로 판단된다.

덕양(갑) 선거구의 동별 연령별 인구비를 살펴보면, 주교동의 경우, 0~14세(22.75%, 4,246명), 30~39세(22.58%, 4,214명), 15~29세(19.18%, 3,580명), 40~49세(16.18%, 3,019명), 50~64세(11.64%, 2,173명), 65세 이상(7.67%, 1,432명) 순으로 나타나, 덕양(갑) 전체의 연령별 구성비와 유사한 것으로 나타났다. 또한 성사1동과 성사2동, 화정1동과 화정2동의 경우도 0~14세의 비율이 각각 22.85%(5,156명), 22.41%(3,226명), 24.40%(11,311명), 29.29%(11,129명)로 가장 높게 나타났고, 그 다음으로는 30~39세(각각 26.12%-5,895명, 21.55%-3,103명, 23.06%-10,689명, 26.32%-10,002명), 15~29세(각각 19.67%-4,440명, 19.69%-2,835명, 19.535-9,053명, 15.18%-5,770명), 40~49세(각각 14,80%-3,339명, 18.22%-2,623명, 17.01%-7,885명, 17.24%-6,551명), 50~64세(각각 9.75%-2,201명, 11.16%-1,607명, 10.19%-4,723명, 7.32%-2,780명), 65세 이상(각각 6.81%-1,537명, 6.97%-1,003명, 5.81%-2,693명, 4.65%-1,768명) 순으로 나타나 덕양(갑) 전체의 연령별 구성비와 유사한 신도시형 인구구성을 보이고 있다.

원신동의 경우, 15~29세의 비율이 22.79%(903명)로 가장 높게 나타났으며, 그 다음으로는 40~49세(18.27%, 724명), 50~64세(17.44%, 691명), 0~14세(14.56%, 577명), 65세 이상(11.18%, 443명) 순으로 나타나 50세 이상 고령인구의 비율이 30%(17.44%+11.18%)에 육박하는 것으로 나타났다. 또한 홍도동의 경우도 15~29세의 비율이 20.42%(1,108명)로 가장 높게 나타났으며, 그 다음으로는 50~64세(19.45%, 1,055명), 40~49세(19.19%, 1,041명), 30~39세(15.26%, 828명), 0~14세(13.97%, 758명), 65세 이상(11.71%, 635명) 순으로 나타나, 50세 이상 고령인구의 비율이 31.16%(19.45%+11.71%)로 농촌지역의 인구구성을 보이고 있다.

한편, 관산동의 경우, 30~39세의 비율이 21.06%(5,248명)로 가장 높게 나타났으며, 그 다음으로는 15~29세(20.41%, 5,086명), 0~14세(20.26%, 5,047명), 40~49세(16.32%, 4,066명), 50~64세(13.89%, 3,461명), 65세 이상(8.05%, 2,006명) 순으로 나타나, 주교동, 성사1동, 성사2동, 화정1동 및 화정2동의 신도시적 특성인 0~14세와 30~39세의 인구비가 40%를 넘고, 원신동과 홍도동에서 나타난 50대 이상 고령인구의 비율이 20%~30%인 것으로 나타나, 신도시적 특성과 농촌지역의 특성이 혼재된 특성을 보이고 있다.

17대 국회의원 선거의 243개 지역구는 대체로 동일 행정구역(군, 구)에 속한 9개 내외의 동으로 구성되어 있다. 이는 기초행정단위를 중심으로 국회의원 선거 지역구를 편성하게 한 선거법에 따른 결과이다. 덕양(갑) 선거구 역시 9개의 동으로 구성되어 있다. 각 동마다 나름의 지역적 특성과 이에 따른 인구학적 속성을 가지고 있기도 하다. 각 당의 선거 관계자들의 경험과 진술을 토대로 덕양(갑) 선거구 9개 동의 특성을 살펴보면 다음과 같다. 우선, 주교동과 성사 1동 지역은 원당으

구분	전국	덕양(갑) 선거구
인구대비 유권자 비율	73.6%	79.73%
유권자의 수	(전국 선거구 평균) 146,530명	138,950명
남 자*	49.1%	49.59%
여 자*	50.9%	50.41%
20대	22.1%	28.60%
30대	24.9%	29.22%
40대	22.8%	21.04%
50대 이상	30.1%	21.14%

참고 : * 구성비는 고양시 전체대비.

출처 : www.goyang.gyeonggi.kr (2004년 4월 30일 검색).

로 불리는 지역을 중심으로 한 구(舊)도심지역이다. 도시화가 진행되면서 중소형 아파트 단지가 들어섰으나 동시에 개인주택과 다세대주택 등도 상당수 차지하고 있다. 관산동의 경우도 마찬가지이다. 고양동의 경우도 여타 지역에 비해 자연부락의 비중이 상대적으로 높은 것으로 알려져 있다. 나아가 원신동과 흥도동의 경우 전형적인 농업지역이라고 할 수 있으며 자연부락이 대다수를 이룬다. 한나라당 관계자들은 이들 지역에서의 한나라당 지지가 상대적으로 높은 것으로 파악하고 있었다. 세대와 정치적 성향의 상관관계를 볼 때, 이들 지역에 젊은층보다는 나이 많은 세대가 상대적으로 많이 거주하고 있는 것과 관련 있어 보인다. 이상의 6개 동은 나머지 성서2동과 화정1, 2동에 비해 규모도 크다. 하지만 동별 유권자의 수를 보면 상당히 다른 모습이다. 즉, 대단위 아파트 밀집지역인 3개 동(성사2동, 화정1, 2동)의 유권자

수가 덕양(갑) 선거구 전체 유권자의 47.7%를 차지하고 있다. 또한 이들 지역에 상대적으로 젊은 층이 많이 거주할 것으로 보아야 할 것이며 이들이 선거결과를 결정한다고 해도 과언이 아닐 것이다. 이러한 현상은 〈표 10〉의 유권자 분포를 보면 더욱 명확해진다.

덕양(갑) 선거구의 유권자 분포의 특성을 살펴보면, 전체 인구에서 유권자가 차지하는 비율이 79.73%로 전국의 인구대비 유권자 평균 비율 73.6%보다 다소 높은 것으로 나타났다. 그러나 덕양(갑) 선거구의 유권자 수는 138,950명으로 전국 243개 선거구의 평균 유권자 수인 146,530명의 94.83% 수준인 것으로 나타났다. 덕양(갑) 선거구 유권자의 성별 구성비를 살펴보면, 남자가 49.59%, 여자가 50.41%로 여자가 다소 많은 것으로 나타났으며, 이는 전국 유권자의 성별 구성비(남자-49.1%, 여자-50.9%)와 유사한 것으로 나타났다. 덕양(갑) 선거구 유권자의 연령별 구성비를 살펴보면, 30대가 29.22%로 가장 높게 나타났으며, 그 다음으로는 20대(28.60%), 50대 이상(21.14%), 40대(21.04%) 순으로 나타났다. 이는 전국 유권자의 연령별 구성비와 비교해 볼 때, 20대와 30대의 유권자가 5~6%가량 많은 반면, 40대는 1%가량, 50대 이상은 8% 이상 적은 것을 알 수 있다.

3. 공천과정과 후보자

1) 각 당의 공천과정

경기 서북부에 위치한 고양시는 신도시 건설로 대규모 주거단지가 조성되며 많은 인구가 유입되었다. 4개의 선거구를 갖고 있는 고양시는 이번 총선에서 한나라당과 열린우리당의 최대 접전지역으로 관심을 모았다. 양당은 공천과정에서도 고양시 전체를 겨냥한 모습이었다. 한나라당이 거물 정치인(홍사덕) - 여성 의원(김영선) - 신인 유망주(조희천) - 지역 일꾼(김용수)의 구도라면, 열린우리당은 여성 관료(한명숙) - 시민단체 활동가(김두수) - 노무현 사단(유시민) - 신인 유망주(최성)의 조합으로 맞섰다(조선일보 2004. 3. 28.). 여기에 고양시 서북쪽의 파주까지 5개 선거구가 열린우리당과 한나라당의 맞대결 구도 속에 치열한 경쟁을 벌였다. 선거결과는 3대 2로 열린우리당이 앞섰다. 서울에서 먼 지역일수록(파주와 일산을) 한나라당이 승리했고 서울과 가까울수록 열린우리당이 승리했다. 양당 모두 이 지역을 수도권, 특히 서울 서북부와 경기 북부 지역의 승부를 좌우할 중요한 곳으로 인식했었다. 따라서 각 당 나름대로 공천에 상당한 신경을 쓴 것이 사실이다.

덕양(갑) 선거구의 경우, 열린우리당의 유시민 후보는 공천심사위원회로부터 단일 후보로 추천되어 지역구 후보가 되었다. 유시민 후보는 열린우리당과 노무현 대통령을 사실상 상징하는 후보이다. 그는 열린우리당의 '정서적 이데올로그'이자 '노빠 옹호자'이다. 나아가 유시민 후보의 노무현 옹호는 종교적 수준이라 그는 '노빠주식회사의 대표이사'로서 노무현의 '영혼의 쌍둥이'라고까지 불렸다(한겨레신문 2004. 2. 27.).

유시민 후보에 맞설 전략 카드로 한나라당은 '소장파 그룹의 경선 이벤트'를 시도했다. 2000년 16대 총선과 2003년 재선거에 출마했던 한나라당 후보가 불출마함에 따라 여러 명의 후보들이 이 지역 출마를 저울질했다. 결국 중앙당에서 자격심사를 통해 최종 3명의 후보를 선정하여 여론조사를 실시했으나 결론을 내지 못했다. 따라서 당료 출신의 부대변인, 변호사 그리고 기자 출신의 신인 후보가 경선을 통해 후보를 선정하기로 했다. 사실 17대 총선과정에서 유행처럼 나타난 것이 상향식 후보자 공천이었다. 하지만 실제 상향식 공천이 이루어진 경우는 많지 않다. 243개 전 지역구에 후보자를 낸 열린우리당의 경우 전체의 34.6%(84개 지역구)만 상향식 공천으로 출마 후보자를 선정하였다. 한나라당의 경우는 더 심했다. 후보자를 낸 218개 지역구 중에서 단 15개 지역에서만 상향식으로 후보를 선정했다. 그 15개 지역구 중 고양시 덕양구의 2개 선거구가 해당되었다. 덕양(갑) 선거구 한나라당 후보의 선정과정을 보다 구체적으로 보면 다음과 같다.

한나라당의 덕양(갑) 선거구 후보 경선은 총선을 한 달여 앞둔 2004년 3월 7일 고양시 민방위 훈련장에서 실시되었다. 중앙당에서 제시한 가이드라인에 따라 2,000명으로 구성된 선거인단은 한나라당 당원 200명과 일반 유권자 중에서 선정되어 참여의사를 밝힌 1800명으로 이루어졌다. 이 중 687명이 투표에 참여하였다. 34.4%의 투표율이다. 한나라당의 경우 경선에 의해 후보를 선정한 대다수 지역구의 투표율은 35%대였다. 덕양(갑) 지역도 경선이 실시된 15곳의 평균 투표율과 비슷하게 나타났다. 전반적으로 낮은 투표율이다. 이는 전국적 관심의 대상이 되는 대통령 후보를 선정하는 경우와 일개 지역의 국회의원 후보를 선정하는 것에 대한 유권자들의 관심 정도가 다르기 때문이다. 동시에 상향식 공천이라는 명분과 원칙에만 매몰되어 충분한 준비를 하지 못한 탓이기도 하다. 예를 들면, 덕양(갑) 선거구의 선거관리위원의 한 관계자는 "중앙당에서 1만 명의 선거인 명부를 내려 보냈는데,

이 중 50%는 '부재중'이었고 20%는 '결번'이었다"고 했다. 그나마 후보 선출에 참여 가능한 선거인단 명부가 각 후보 진영에 전달된 시점은 경선을 불과 4일 앞두고였다. 그리고 바로 다음날부터 공식 선거운동이 개시되었으니 경선후보들이 실질적이고 합법적인 선거운동을 할 수 있는 시간은 3일 동안이었다. 따라서 경선 후보자들이 자신들을 알릴 수 있는 방법은 한 차례 유권자들에게 전달되는 홍보책자와 전화를 통한 홍보뿐이었다. 이러다 보니 경선에 참가한 한 후보는 "중앙당의 후보심사 과정에서 토론이 딱 한 차례 이루어졌을 뿐, 인물과 정책을 비교 검토할 수 있는 교차 검증은 어디에도 없었다"며 경선에 의한 후보 선출방식에 회의를 표시하기도 했다. 경선과정에 대한 낮은 참여와 후보들의 홍보수단 부족은 상향식 후보 공천제도의 정착을 위해 앞으로 보완되어야 할 것이다.

더불어 경선투표에 참여한 선거인단의 연령분포도 특이하게 보였다. 지난 2002년 대통령 선거와 2004년 국회의원 선거에서 확인된 것 중의 하나가 세대와 정치적 지지의 상관관계이다. 즉, 기성세대일수록 한나라당에 대한 지지가 상대적으로 높고 젊은 세대일수록 반대로 열린우리당 또는 민노당에 대한 지지가 상대적으로 높게 나타난다는 것이다. 같은 맥락에서 한나라당의 후보경선에 참여한 선거인단, 특히 경선 당일 투표장에 나와 직접 한 표를 행사한 사람들의 연령분포가 관심을 끌었다. 전체적으로 보면, 투표장에 나온 대부분의 선거인단은 이른바 5060세대로 보였다. 이는 선거인단의 구성을 위해 사용한 전화번호부에 등재된 번호가 대부분 50대와 60대이고, 젊은 유권자들이 경선 투표보다 일요일의 휴식을 택했기 때문으로 보인다. 실제로 선거인 명부에 20대는 한 명도 없었다고 한다. 투표장을 찾은 30

<표 11> 덕양(갑) 선거구의 지역구 후보

구분	조희천	안형호	유시민	정경화
정당	한나라당	새천년민주당	열린우리당	민주노동당
기호	1	2	3	4
공천과정	경선	5인 여론조사 경선	단일후보	지역자체경선
나이	34	47	44	33
학력	서울대학교 정치학과	서울대학교 기계공학과	서울대학교 경제학과	동명여고
최종학력	서울대학교 정치학 석사	대졸	독일 마인츠요하네스 구텐베르크대학교 대학원 경제학 석사	고졸
주요경력	• 조선일보 편집국 사회부, 경제부, 정치부 기자 • 현재, 덕양 행복한 미래 연구소 소장	• (사)한국환경운동 본부 부총재 • 도시환경연구소장	• 1980년 517계엄 포고령 및 집시법 위반 혐의로 구속 • 1984년 서울대 학원 프락치사건 관련 투옥 • 2003년 고양시 덕양(갑) 국회의원 - 개혁국민정당	• 민주노총 서울본 부 총무부장, 조 직부장 • 2003년 민주노 동당 일산(갑)지 구당 부위원장 • 현재, 민주노동당 중앙당 파견대의원
출신지역	서울	경기 고양	경북 경주	서울
병역	미필	군필	군필	비대상
전과	없음	없음	1	1
재산신고(천원)	133,500	292465	118,541	88,500
납세실적	18,022	10,558	11,201	5,015
체납액	0	0	0	0
특기사항	낙천, 낙선 비대상	좌동	좌동	좌동

대도 극히 드물었다. 덕양(갑) 선거구의 경우 2030세대는 전체 유권자의 절반이 넘는 57.82%에 달한다. 여기에 40대까지 더하면 전체 유권

자의 78.86%를 차지한다(〈표 10〉 참조). 이런 상황에서 해당 지역 유권자의 선호를 적극 반영한 후보의 선출이 이루어졌다고 보기는 어려웠다. 결국 경선을 통해 한나라당의 덕양(갑) 후보는 결정되었다. 선거 결과를 보면, 1위 249표, 2위 228표 그리고 3위 206표였다. 박빙의 승부로 1위와 3위의 표차가 43표 그리고 1위와 2위의 표차가 21표에 불과했다.

2) 지역구 후보

4명의 후보가 출마한 덕양(갑) 선거구의 경우, 사실상 '노무현 지킴이'를 자처하는 열린우리당 유시민 의원과 '젊은 피'를 앞세운 한나라당의 30대 조희천 후보의 맞대결 양상이 처음부터 끝까지 이어졌다. 민주노동당의 지역구 후보는 당선권에서 멀어져 보였고, 민주당 후보는 탄핵의 역풍으로 별다른 영향을 미치지 못했다.

유시민 후보는 국회의 탄핵과정에서 보였듯 반(反)탄핵의 상징으로 인식되었고 이번 선거를 탄핵에 대한 국민적 심판으로 보고 있었다. 이에 반해 조희천 후보는 수구 보수적이고 노쇠한 이미지를 갖고 있는 한나라당에는 일견 어울리지 않는 듯한 젊은 후보이다. 30대의 나이에 조선일보 기자 출신이라는 경력이 유권자들에게 일정한 선입견을 주는 것으로 보였다. 유시민-조희천 대결 양상에 나머지 두 후보가 추격하는 모습을 보인 덕양(갑) 선거구의 지역구 후보를 비교하여 보면 〈표 11〉과 같다.

4. 선거과정

　탄핵안 가결 직후만 해도 각종 여론조사 결과는 열린우리당의 싹쓸이를 예고했다. 특히 수도권 지역의 경우 압승 예상이 지배적이었다. 하지만 선거전이 중반을 넘기면서 판세에 변화가 일어나기도 했다. 특히, 선거 막판에 터진 당시 열린우리당 정동영 의장의 노인 폄하 발언 등의 변수까지 겹쳐 한나라당의 회복세가 점점 뚜렷하게 나타나기도 했다.

　수도권의 경우 전체 선거구(243)의 45%인 109석이 걸려 있어 총선의 최대 승부처였다. 특히 광역시도 중에서 최대의 의석(49)을 가진 경기도는 선거결과를 결정할 곳이었다. 하지만 경기도를 포함한 수도권은 역대 선거에서 항상 박빙의 승부를 보여 주었다. 지난 16대 총선 당시 97개 선거구 중 25개 선거구가 3000표 이내에서 승패가 갈렸다. 10표 차 이내로 희비가 엇갈린 곳이 두 곳(서울 동대문을. 경기 광주)이었다. 전통적으로 한나라당은 서울의 강남벨트(서초, 강남, 송파)와 경기도 남부지역(성남 분당, 용인, 과천, 의왕)에서 강세를 보였다. 반면 서울 강북지역과 경기북부지역은 민주당(또는 이번 총선의 열린우리당)의 우세가 계속된 곳이었다. 더욱이 탄핵의 역풍은 열린우리당의 우세를 강화시키는 역할을 했다.

　고양시는 서울 강남권의 영향 하에 있는 분당과는 달리 2000년 16대 총선에서 민주당이 전 지역을 석권하는 등 민주당 강세지역이었다. 한마디로 반(反)한나라당 정서가 강한 곳이다. 선거가 시작되기 전부터 열린우리당의 우세가 예상되었던 것이다. 그러나 탄핵 가결 직후와는 달리 시간이 지나면서 '노풍(老風)'과 '박근혜 바람'에 힘입어 한나라당 후보들이 상승세를 타고 박빙의 접전을 벌이기도 했다. 특히 한나라당세가 상대적으로 강한 일산 갑·을에서 한나라당은 국회부의장을 지낸 홍사덕 후보와 재선의 김영선 의원이 인물론을 앞세워 국면 반전을 시도했었다. 최대 관심 지역의 하나인 일산 갑은 '일산의 강남' 으로 불릴 정도로 중산층 밀집지역이다. 이 지역에서는 열린우리당 한명숙 후보가 큰 차이로 홍사덕 후보에 우세하게 선거전을 치렀다. 그러나 서민층이 많이 살고 있는 고양시 덕양(갑)은 열린우리당 유시민 후보의 우세가 이어졌고, 일산의 서민층 최다 밀집지역인 고양시 덕양(을) 역시 같은 당 최성 후보가 오차범위 내에서 앞선 가운데 4년 동안 지역을 다져온 한나라당 김용수 후보와 접전을 벌이고 있는 것으로 알려지기도 했다(동아일보 2004. 4. 10.). 이런 현상은 무엇보다도 대통령 탄핵에 대한 역풍으로 보아야 할 것이다. 같은 맥락에서 유시민 의원이 출마한 덕양(갑) 선거구의 경우 그 영향력은 더 강력했다고 보아야 할 것이다.

사실 이러한 현상은 총선거 전에도 충분히 예상할 수 있었다. 왜냐하면 국회의 탄핵안 통과 전후에 실시된 각종 여론조사에서 상당수의 국민들이 탄핵에 반대하면서 대통령의 사과를 요구했기 때문이다. 한 조사에 의하면 응답자의 36%는 국회가 대통령을 탄핵할 수는 있지만 16대 국회는 그럴 자격이 없다고 하고, 30%의 응답자는 아예 국회는 대통령을 탄핵할 수 없다고 주장했다. 25%의 응답자만이 국회가 대통령을 탄핵할 수 있다고 대답했다. 또 응답자의 64%는 선거법 위반이 탄핵의 사유가 되지 않는다고 생각하고 있으니 탄핵의 후폭풍은 거셀 수밖에 없었다(2004년 3월 26일 리서치 앤 리서치 전국 여론조사). 선거 이후 투표자를 대상으로 한 조사에서도 같은 현상을 보였다. 즉, 지지 후보의 선정에 가장 많은 영향을 준 것은 탄핵 가결(51.1%)이라는 결과가 나와 이를 뒷받침했다(조선일보 2004. 4. 20.).

역대 선거에서 수도권은 총선 전체의 판세를 결정할 승부의 분수령이었다. 따라서 항상 관심의 대상이었다. 대통령 탄핵은 수도권 중에서 고양시에 대한 일반적 관심을 더욱 증가시켰다. 이는 탄핵 주도자(홍사덕 후보)와 탄핵 반대의 선봉(유시민 후보)이 출마했기 때문이었다. 선거 전에 예상됐던 두 후보 간의 맞대결은 성사되지 않았다. 그럼에도 고양시 거주 유권자들뿐만 아니라 전국적 관심을 받기에 충분했다. 왜냐하면 탄핵의 영향에 대한 유권자들의 표심을 읽을 수 있는 바로미터로서 기능할 수 있기 때문이었다.

예상대로 덕양(갑) 선거구에서도 탄핵의 역풍은 상당했다. 대통령 탄핵안이 국회에서 가결된 직후 해당 지역구의 후보나 관계자들을 만나보면 이는 더욱 분명해졌다. 2004년 3월 16일 현재의 모습이다. 덕양(갑)의 유시민 의원 선거사무소 건물엔 "저지하자 탄핵 쿠데타"라는 격문이 붙어 있었다. 사무실에서 만난 관계자는 "표심(票心)의 변화를 짜릿하게 느끼고 있다. 중간지대에 있던 주민들이 우리 쪽으로 결집하는 양상이 뚜렷하다"고 주장했다. 하지만 유시민 의원은 신중한 반응이었다. "전국적 쟁점의 영향이 없진 않겠지만 기본적으로 지역선거"라고 했다. 한나라당 사람들은 다소 당혹스러운 표정이었다. 한나라당 선거사무소 관계자는 "감성을 자극하는 방송의 편향보도가 상황을 악화시켰다"고 주장했다. 조희천 후보는 "열린우리당의 세 결집에 위기감을 느낀 한나라당 쪽 지지자들도 결집되고 있다"며 "이번 선거가 친노 대 반노 세력의 대결임을 부각하겠다"고 했다. 민주당은 이 선거구에서 아직 후보가 확정되지 않았다. 지역구 관계자는 "밖에 나가 민주당 애기를 꺼내기가 어려운 상황"이라고 어려움을 토로했다. 그는 특히 호남 출신 표심의 향배를 걱정했다. 열린우리당 쪽은 당장이라도 선거를 했으면 하는 마음이었고, 야당 쪽은 탄핵 바람이 빨리 지나가기를 바라는 눈치였다(중앙일보 2004. 3. 16.).

사실 이런 현상은 선거기간 내내 계속되었고 후보들의 선거운동에도 영향을 미쳤다. 유시민 후보 측은 "탄핵안 가결 후 지지층 결속으로 자원봉사자와 후원금이 폭주하고 있다"고 주장하며 승리를 장담했었다. 유 후보는 그동안 집중적인 TV 출연 등으로 인지도를 높여왔으며 수시로 자신의 지역구를 떠나 다른 지역 후보들 지원 유세도 다니고 있을 정도였다(조선일보. 2004. 4. 9.). 반면, 조희천 후보는 "선거전이 중반으로 접어들며 '반유시민 표'와 한나라당 지지층 결집으로 분위기가 바뀌고 있다"면서 4월 11일 박근혜 대표의 지역 방문을 계기로 역전이 가능할 것이라고 주장했다. 동시에 조희천 후보는 지역문제로 선거쟁점을 유도하였다. 즉, 조 후보는 "유 후보는 지역 현안 해결엔 등한시했다. 지역 일꾼을 뽑아 달라"고 호소하는 방식의 선거운동을 폈다(조선일보 2004. 4. 9.). 한마디로 열린우리당 후보는 탄핵 역풍 속에 상대적으로 쉬운 선거전을 치루는 것이었고 한나라당 후보는 가능한 탄핵 문제보다는 지역현안 해결과 지역발전 문제를 중심으로 선거전을 펼치려는 양상이었다.

역대 우리나라의 국회의원 선거를 보면 유권자들은 후보를 선택하는 과정에서 후보 개인의 자질과 관련된 부분을 상당히 고려하는 것으로 알려져 왔다. 즉, 15대 총선의 경우 유권자의 23%는 정당을 고려하였으나 44%의 유권자들은 인물을 우선하였다.[1] 이러한 현상은 16대

---

1) 김종림, 이남영. 1997. "투표자들은 후보자를 어떻게 선택하는가" 의정연구 제3권 1호 참조.

총선에서도 이어졌다. 예를 들면 투표를 일주일 앞두고 이루어진 조사에 의하면 투표할 때 후보자의 인물과 능력을 고려하겠다는 응답이 61.3%이고 소속 정당은 10.4%에 지나지 않았다(동아일보 2000. 4. 8.). 이렇듯 우리나라의 국회의원 선거는 대체로 인물대결의 양상을 나타냈다.

하지만 17대 총선의 양상은 이전이 모습과 다르게 나타났다. 공식 선거운동이 시작된 이후 처음보다 인물대결의 양상이 강화되는 모습을 보였으나 이전 선거에 비해 전반적으로 후보자 관련 쟁점이 유권자에게 많은 영향을 미치지 못했다. 즉, 유권자들이 지지 후보를 선정하는 기준으로 인물과 능력을 꼽은 경우가 46.2%에 머물렀으나 소속정당을 고려하겠다는 응답은 21%에 이르렀다(한국일보 2004. 4. 14.). 이러한 변화는 소속정당을 고려하는 경우가 지난 총선에 비해 배 이상 증가한 것이다. 선거 후의 조사에서도 후보자의 소속정당을 고려한 유권자가 인물요소를 고려한 유권자보다 많은 것으로 나타났다. 즉, "후보자의 정당이 마음에 들어서 투표하게 됐다"는 응답이 34%였고 인물 때문에 선택했다는 응답은 27%에 머물렀다(연합뉴스. 2004. 5. 2.).

과거의 예와 비교할 때 소속정당을 고려하는 정도가 늘어나고 상대적으로 후보자 개인 관련 요인의 영향력이 줄어든 원인은 국회의 대통령 탄핵 소추에서 찾을 수 있다.[2] 즉, 탄핵이라는 정치적 쟁점이 후보 관련 쟁점과 여타의 정책적 쟁점을 압도하는 양상이 이번 총선에서 지배적이었다는 것이다. 총선 이후 이루어진 조사에서도 선거 전의 조사

---

2) 선거 이후 조사에서는 정당(44.4%)과 인물(43.1%)을 거의 비슷하게 고려하는 것으로 나타나기도 했다(조선일보 2004. 4. 20.). 하지만 과거의 예와 비교하면 정당에 대한 고려 정도가 상당히 높아진 것은 분명하다.

와 같은 현상이 발견되었다. 한마디로 과거 선거에서 나타났던 유권자들의 인물 위주 후보 선택에 상당한 변화가 있었다. 대신 탄핵이라는 정치적 쟁점이 막강한 영향력을 행사했다. 예를 들면 이번 총선에서 압승을 거둔 열린우리당을 지지하는 사람의 95.1%가 탄핵에 반대하는 것으로 조사됐다. 반면 한나라당 지지자의 대다수(64%)는 탄핵을 지지했다(한국일보 2004. 4. 21.). 이는 탄핵 쟁점이 선거기간 내내 후보선택의 중요한 기준으로 작용했음을 의미하는 것이며 더욱이 반(反)탄핵의 핵심이라고 할 수 있는 덕양(갑) 선거구에는 더 많은 영향을 미친 것으로 보아야 할 것이다.

5. 선거결과의 분석

1) 지역구 투표 결과

우선 투표율을 살펴보면, 유권자 138,950명 중에서 84,039명이 투표에 참가하여 투표율 60.85%를 기록하였다. 이는 전국 평균 투표율 60.6%를 약간 상회하는 것이다. 이번 총선의 투표율을 대도시와 일반 시도로 구별하여 볼 때 대도시의 투표율이 일반 시도보다 높게 나타났다(대도시 61%; 일반 시도 60.3%). 이러한 현상은 투표참여에 관한 일반적 이해에 배치되는 것이다. 즉, 도저촌고(都低村高) 현상이 사라지고 대도시 지역의 투표율이 상대적으로 높게 나타난 것이다. 이렇게 된 원인의 하나는 20~30대 젊은층의 투표참여가 증가한 것에서 찾을 수 있다(한국일보 2004. 4. 21.). 지역별 또는 도시화 수준에 따른 투표

<표 12> 덕양(갑) 선거구 선거결과 – 지역구 후보

동명	선거인 수	투표자 수	유효투표수					무효 투표수	기권수
			후보자별 득표수				계		
			한나라당	민주당	열린 우리당	민주 노동당			
			조희천	안형호	유시민	정경화			
주교동	13,344 (9.60)	7,246 (54.30)	2,562 (35.36)	649 (8.96)	3,484 (48.08)	510 (7.04)	7,205 (99.43)	41 (0.57)	6,098 (45.70)
원신동	3,146 (2.26)	1,827 (58.07)	786 (43.02)	133 (7.28)	791 (43.30)	98 (5.36)	1,808 (98.96)	19 (1.04)	1,319 (41.93)
흥도동	4,292 (3.09)	2,386 (55.59)	1,098 (46.02)	191 (8.01)	973 (40.78)	99 (4.15)	2,361 (98.95)	25 (1.05)	1,906 (44.41)
성사1동	16,008 (11.52)	9,064 (56.62)	2,986 (32.94)	700 (7.72)	4,499 (49.64)	831 (9.17)	9,016 (99.47)	48 (0.53)	6,944 (43.38)
성사2동	9,957 (7.17)	6,509 (65.37)	2,565 (39.41)	574 (8.82)	2,897 (44.51)	436 (6.70)	6,472 (99.43)	37 (0.57)	3,448 (34.63)
고양동	14,444 (10.40)	7,902 (54.71)	2,687 (34.00)	731 (9.25)	3,912 (49.51)	517 (6.54)	7,847 (99.30)	55 (0.70)	6,542 (45.29)
관산동	18,714 (13.47)	9,944 (53.14)	3,602 (36.22)	842 (8.47)	4,753 (47.80)	682 (6.86)	9,879 (99.35)	65 (0.65)	8,770 (46.86)
화정1동	31,928 (22.98)	20,351 (63.74)	8,419 (41.37)	1,541 (7.57)	9,253 (45.47)	1,050 (5.16)	20,263 (99.57)	88 (0.43)	11,577 (36.26)
화정2동	24,339 (17.52)	16,811 (69.07)	6,093 (36.24)	1,415 (8.42)	8,234 (48.98)	999 (5.94)	16,741 (99.58)	70 (0.42)	7,528 (30.93)
합계	138,950 (100.00)	84,559 (60.86)	31,324 (37.04)	7,011 (8.29)	40,288 (47.64)	5,416 (6.40)	84,039 (99.39)	520 (0.61)	54,391 (39.14)

출처 : 중앙선거관리위원회.

율을 비교하여 보아도 덕양(갑) 선거구의 투표율은 일반 시도의 평균 투표율을 약간 상회하는 것으로 대도시 지역의 투표율에 거의 다다랐다. 인구 100만에 육박하는 준(準)광역시인 고양시의 경우 대도시 지역으로 구분할 수도 있어 대도시 지역의 투표율 변화 추세와 같은 양상을 보였다고 하겠다. 물론 이는 집합적 자료를 바탕으로 한 추론에 불과하다. 개인 단위에서 측정된 자료 또는 유권자 조사를 통하여 구체적으로 검증되어야 할 것이다.

지역구에 출마한 주요 후보의 득표율을 비교하여 보면, 한나라당 후보의 득표율(37.3%)은 당의 전국 득표율(37.9%)과 비슷하지만 같은 당의 경기 지역 평균 지역구 득표율(40.7%)에는 미치지 못하고 있다. 고양시 지역은 2000년 이후의 각종 선거결과를 보면 2002년의 지방선거를 제외하면 대체로 반(反)한나라당 정서가 우세했던 곳이다. 이는 이 지역이 상대적으로 과거 민주당과 이번 총선의 열린우리당의 기반임을 말하는 것이다. 열린우리당 후보가 같은 당의 전국 평균 득표율(41.9%)과 경기 지역 평균 지역구 득표율(45.7%)보다 높게 얻은 것이 이를 증명한다. 이는 후보 개인에 대한 지지도 상당하다는 것을 의미하는 동시에 탄핵 역풍으로 이해할 수 있을 것이다. 나름의 이미지로 전국적 인물로 유권자에게 알려지는 것이 지역선거에서도 중요하다는 의미이다. 나머지 두 후보의 경우도 모두 같은 당의 전국 및 경기 지역 평균 득표율 이상을 획득하여 나름의 선전을 펼쳤지만 당선권과는 거리가 있었다.

2) 정당투표 결과

이번 총선에서 처음 도입된 정당투표의 결과를 보면, 한나라당의 경우 34.9%를 획득하여 경기 지역 평균 정당득표율과 비슷하다. 하지만 같은 당의 전국득표율(37.9%)에는 미달하였다. 수도권에서 전반적으

〈표 13〉 덕양(갑) 선거구 선거결과 – 정당투표

동명	한나라당	민주당	열린 우리당	자민련	통합21	희망 2080	공화당	구국 총연합	기독당
주교동	2,390	444	2,965	134	18	4	7	0	145
원신동	755	109	688	38	6	0	3	0	33
흥도동	1,055	129	819	,39	10	1	2	0	36
성사1동	2,817	530	3,707	120	26	2	9	1	166
성사2동	2,424	390	2,318	103	18	5	6	1	114
고양동	2,614	517	3,303	141	24	4	3	0	103
관산동	3,427	585	3,900	157	31	6	4	1	154
화정1동	7,863	1,260	7,264	292	61	8	2	1	299
화정2동	5,610	1,109	6,537	248	66	10	1	2	200
합계	29,501	5,265	32,758	1,304	268	56	42	8	1,270

동명	노년권입 보호당	녹색 사민당	민주 노동당	민화당	사회당	합계	무효표수	기권수
주교동	11	20	1,021	12	11	7,182	66	6,069
원신동	1	2	174	1	3	1,813	18	1,315
흥도동	2	6	236	4	6	2,345	43	1,904
성사1동	9	30	1,563	10	11	9,001	65	6,942
성사2동	6	19	1,060	6	8	6,478	37	3,442
고양동	14	35	1,059	11	8	7,836	75	6,533
관산동	13	42	1,502	21	7	9,850	100	8,764
화정1동	38	59	3,100	11	16	20,274	81	11,573
화정2동	20	60	2,868	9	4	16,744	73	7,522
합계	126	280	12,861	88	79	83,906	658	54,386

참고 : 선거인 수와 투표자 수는 지역구 후보 투표와 동일.

출처 : 고양시 덕양구 선거관리위원회.

로 부진을 면치 못한 선거결과에 따른 양상으로 보인다. 하지만, 열린우리당의 경우에는 한나라당과 정반대의 모습을 보였다. 즉, 덕양(갑)에서 얻은 열린우리당의 정당투표 득표율(38.7%)은 같은 당이 전국적으로 얻은 정당득표율과 거의 유사하나 경기 지역에서 얻은 평균 정당득표율(40.2%)에 미치지 못한다. 하지만 민주노동당의 정당득표율(15.2%)은 전국적 단위의 정당득표율(13.0%)과 경기 지역 평균 정당득표율(13.5%)에 모두 앞서고 있다. 이는 유권자의 33%는 분할투표를 했다(조선일보 2004. 4. 20.)는 선거 후 조사와 맥을 같이 하는 것으로 젊은층의 고학력 유권자들이 기존 정치권에 대해 갖고 있던 반감을 탄핵 반대와 진보세력 의회 진입의 형식으로 표현한 것으로 해석된다.

6. 맺는말

지금까지 덕양(갑) 선거구의 특성, 출마 후보, 선거과정 그리고 선거결과를 검토하였다. 한마디로 대통령 탄핵과 이에 따른 정치적 평가가 선거기간 내내 주요한 쟁점이었고, 결국 선거결과를 결정한 곳이 덕양(갑) 선거구이다. 이는 공식 선거운동 기간 동안 만날 수 있었던 유권자들의 반응을 통해서 현장에서도 확인할 수 있었다.[3] 상당수의 유권자들이 이번 총선의 최대 쟁점을 대통령 탄핵으로 인식했고, 따라서 개혁 대(對) 반(反)개혁의 구도가 만들어졌다. 따라서 유권자들의 지역구 후보 선택과 정당투표에 상당한 영향을 미친 것으로 보인다. 대체로

---

3) 이는 과학적 조사에 의한 것이 아닌 필자의 직접 면담에 의한 결과이기 때문에 일반화하는 데 위험이 있음을 밝혀 둔다.

젊은 층에서 탄핵에 대한 반대와 열린우리당 지지가 많은 것으로 나타났다. 이번 총선거를 통해 우리는 그 동안 한국의 정치과정을 지배해 온 지역주의 균열구조가 해체되고 새로운 갈등구조가 등장하고 있음을 확인하였다. 앞으로 정당체계의 변동을 가져올 새로운 균열구조로 주목받고 있는 것 중의 하나가 세대이다. 한마디로 세대에 따라 정치적 태도와 선택에 상당한 차이가 있다는 것이다. 이런 측면에서 나이가 많을수록 한나라당에 대한 지지가 상대적으로 많은 것으로 보고 있다. 물론 세대에 따라 대통령 탄핵에 대한 평가가 서로 다르기도 했다. 하지만 일반적 통념과 다른 사례도 발견할 수 있었다. 노인정에서 만난 80대의 할머니는 "탄핵은 말도 안 된다"며 노인 발언과 관계없이 지지할 것이라고 했다. 물론 덕양(갑) 선거구에 거주하는 기성세대의 어느 정도가 대통령 탄핵에 반대하는지 보여주는 경험적 자료는 없다. 따라서 극히 일부의 의견을 접했을 가능성도 충분하다. 그럼에도 덕양(갑) 선거구의 경우 그 어느 지역보다도 대통령 탄핵과 이에 따른 정치적 논란이 이번 총선의 최대 쟁점이었던 것만은 분명하다고 하겠다.

　중앙정치의 쟁점이 지역선거에 강력하게 영향을 주는 상황에서 지역현안과 관련한 후보들의 공약이나 발언 등은 별다른 영향을 미치지 못했다. 고양시 덕양(갑) 선거구의 경우 고속전철의 차량기지가 있어 주민들이 지역의 행신역을 고속철 시발역화하라는 요구가 있었다. 출마한 후보 모두 지역개발 차원에서 고속철 시발역 유치를 약속했다. 유권자들은 모든 후보가 적극적으로 유치에 나서겠다는 상황에서 여당 후보가 당선되는 것이 더욱 유리하다는 판단을 했을 수도 있다. 하지만 직접 면담한 유권자들은 지역현안이 자신들의 투표선택에 그다지 영향을 준 것은 아니라고 하는 의견이 지배적이었다. 나아가 일부 유권자들은 지역현안에 관심이 없기도 했다. 20대 초반의 남자 대학생은 "그런 공약이 있었나?" 하고 반문할 정도였다. 한마디로 전국적 정치쟁점이 중요하지 지역발전 문제는 부차적이라고 보는 유권자들이 대다수였다. 이는 한나라당 후보가 선거 초반에 탄핵의 불가피성과 당위성 홍보에 주력하다 후반부에 이르러 지역현안 강조로 초점을 옮긴 것이 효과적이지 못했다는 것을 말한다. 탄핵 역풍에 밀려 더 이상 탄핵의 정당성을 유권자에게 알리고 지지를 호소할 수도 없었지만 지역현안의 부각과 해결책 제시도 유권자들의 지지를 끌어들이는 것에는 실패했다고 하겠다. 또 하나의 지역 특수적인 쟁점으로 들 수 있는 것은 열린우리당 후보의 특정 종교 폄하 발언이었다. 하지만 종교 관련 발언 물의도 유권자들의 흥미를 끄는 데는 효과적이지 못했다. 덕양(갑) 선거구의 경우 특정 종교 관련 시설이 189개에 이르는 것으로 알려져 있다(한나라당 주장). 특정 종교를 신봉한다고 하는 유권자(40대 남성 자영업자)조차도 "별로 영향받지 않았다" 고 했다. 결국 덕양(갑) 선거구의 유권자들은 대통령 탄핵의 정당성 문제와 이에 따른 정치개혁의 필요성을 자신들의 후보 및 정당 선택의 기준으로 삼았던 것이다. 그리고 이러한 기준에 따른 후보와 정당의 선택은 2004년 4월 15일 제17대 총선의 승부를 가르고 말았다.

제2장 탄핵 이슈에 압도당한 선거 :
전북 남원·순창

송기도

1. 머리말

선거운동 기간 동안 각 정당과 후보자들은 유권자들에게 자신이 다른 후보와 다르다는 것을 보여주기 위해 다양한 이슈를 찾는다. 또 상대 정당과 후보를 공격하거나 상대의 공격을 제어하기 위해 여러 가지 이슈를 제기하고 관리한다. 이런 의미에서 선거유세는 후보자들 사이의 이슈제기 과정이자, 이슈 찾기 과정이라고 할 수도 있다.

이처럼 모든 선거에서 각 정당과 후보들이 선거 이슈의 개발과 관리에 전력을 다하는 것은 그것을 통해 유권자들에게 자신을 지지할 명분과 이유를 제공할 수 있기 때문이다. 후보자들의 이슈관리는 매우 중요한데, 이는 한편으로는 유권자들이 선거에 대한 관심과 정보를 충분히 갖고 있지 못하고, 다른 한편으로는 후보자들이 시간적 제한과 선거자원의 한계를 지니고 있기 때문이다. 따라서 후보자들은 자신을 효과적으로 알리고 선거경쟁을 자신에게 유리한 방향으로 이끌어 가기 위해 무엇보다 이슈 관리를 중시해야 한다(정영국, 2000:2-3). 다시 말해, 이슈 관리는 어떤 문제를 어느 시점에서 어떻게 제기하는 것이 가장 효과적인가, 또 불리한 어떤 이슈가 상대 후보자에 의해 제기된다면 이에 대한 반응전략은 어떻게 세울 것인가 등이다.

선거기간 동안 제기되는 이슈는 개인적 이슈와 정책적 이슈 그리고 정치적 이슈로 나눌 수 있다. 개인적 이슈란 후보 개인의 경력과 자질, 이념적 성향 등과 관련된 문제들이고, 정책적 이슈란 경제, 사회, 문화, 노동, 교육, 환경 등의 주요 정책 현안들과 관련된 것이다. 정치적 이슈에는 정치체제나 지역주의 공방, 선거제도와 선거과정, 정치운영이나 정치적 리더십 등 정치현안과 관련된 문제들이 포함된다.

결론적으로 말해, 선거이슈란 선거에 출마한 후보자들이 왜 자신이 선출되어야 하는지를 유권자들에게 효과적으로 설명해 주는 것이다. 이러한 이슈들은 선거과정을 통해 나타나지만 모든 이슈가 다 나타나는 것은 아니고 지역과 상황에 따라 특정 이슈들이 중점적으로 나타나게 된다.

이 글에서는 제17대 총선 시 남원·순창 선거구에서 각 후보들은 어떤 선거이슈들을 활용했으며, 또 상대 후보의 이슈선점에는 어떻게 대응했나를 살펴보았다. 17대 선거는 한나라당과 새천년민주당[1]에 의한 노무현 대통령에 대한 탄핵이 국회에서 통과됨에 따라 과거 선거와는 전혀 다른 형태로 진행되었다. 16대 대통령 선거에서 92%에 달하는 지지를 보여주었던 전북의 유권자들에게 노 대통령에 대한 탄핵은 서울, 경기 등 수도권이나 영남 지역과는 전혀 다른 것이었다. 그리고 그러한 도민들의 감정은 이번 선거에 그대로 반영됐다.

---

1) '새천년민주당'은 일반적으로 '민주당'으로 불린다. 이 글에서도 편의상 '민주당'으로 썼다.

1) 대선(大選) 같았던 제17대 총선

대통령 탄핵이라는 초대형 이슈 속에서 진행된 제17대 총선은 다른 정치적, 정책적 이슈가 비집고 들어설 틈이 없었다. '탄핵'이라는 블랙홀이 모든 이슈를 빨아들여 버렸다. 총선 결과 152석을 획득한 열린우리당은 과반의석을 2석 넘어 국회안정의석을 확보했으며, 121석을 얻은 한나라당은 개헌 저지선인 100석을 충분히 확보했다. 그리고 처음으로 원내 진입에 성공한 민주노동당은 10석으로 원내 제3당의 지위를 차지했다. 반면 61석의 의석으로 원내 제2당이었던 민주당은 9석으로 축소됐으며, 지난 10여 년간 원내 3당으로 캐스팅보트를 쥐어 왔던 자민련은 4석에 그치고 말았다.[2]

이 같은 총선 결과는 몇 가지 중요한 변화를 가져왔다.

첫째, 초선 의원수가 188명(63%)에 이르는 정치권의 대대적인 물갈이가 이루어졌다. 16대 총선에서 총선시민연대의 낙천·낙선운동에도 초선 비율이 40%였는데, 이보다 23%가 더 늘어났다. 또한 현역 의원의 재당선율은 33%로 16대의 52%보다 낮아졌다. 더구나 17대 의회에서 의석수가 26석이나 늘어난 것을 고려할 때 이번 선거에서 엄청난 물갈이가 이루어졌음을 알 수 있다.

둘째, 진보정당인 민주노동당의 의회진입으로 우리 정치가 다양한

---

2) 2004년 4월 15일 오후 6시 정각에 보도된 KBS, MBC, SBS 등 방송 3사의 출구조사 결과를 지켜본 국민들은 열린우리당의 압승과 한나라당의 패배, 민주노동당의 두 자리 수 의석 확보, 민주당과 자민련의 괴멸에 탄성과 놀라움을 금치 못했다. 그리고 이를 보고 각 당 지도부들이 환호성을 올리거나 예상 밖의 결과에 낙담하는 모습이 화면을 통해 전 국민에게 그대로 전해졌다. 그러나 실제 총선 결과는 4년 전 각 방송국 출구조사가 그랬듯이 또다시 오보였다.

이념적 스펙트럼 하에 놓이게 됐다. 이는 한국 정치가 지난 50년과는 전혀 다른 국면에 접어들었음을 알려주는 것이다.

셋째, 지난 13대(1988년) 총선 이래 처음으로 여대야소(與大野小) 정국이 만들어졌다. 이로써 지난 16년 동안 계속되어 왔던 분임제 국회(與小野大)가 사라지게 된 것이다. 물론 90년 3당 합당이나 97년 DJP 연합 등 인위적 여대야소 정국은 있었지만 총선을 통한 여대야소는 16년 만이다.

넷째, 여성의 의회진출이 대거 이루어졌다. 선거결과 여성은 전체 의석의 13%인 39석을 차지했다. 이는 역대 선거 사상 가장 많은 여성의 의회 진출로, 지금까지 가장 많은 여성 의원을 배출했던 제16대 의회(16명)의 2배 반에 달하는 숫자다.[3]

마지막으로 지역주의 투표 성향이 감소됐다. 탈지역주의를 주장한 열린우리당은 영남의 정당투표에서 28.3%의 지지를 얻었다. 이는 한나라당이 얻은 51.4%와 비교할 때 결코 적지 않은 표이다. 그러나 68석의 영남 지역 의석 중 열린우리당이 4석, 민주노동당이 2석, 국민통합21이 1석을 얻고, 한나라당이 61석을 차지했다.

물론 영남에서 지역주의에 의한 투표가 결정적 힘을 발휘한 것은 부인할 수 없는 사실이다. 한나라당의 박근혜 대표는 박정희 전 대통령의 이름으로 영남 유권자에게 호소하는 소위 '박풍(朴風)'에 의존한 선거를 치렀다. 그러나 이는 지난 16대 총선에서 영남 전체 의석(64석) 중 정몽준 1명이 당선된 것과 비교하면 커다란 진전이라고 할 수

---

3) 선거기간 동안 제1당인 박근혜 한나라당 대표와 제2당인 추미애 민주당 선거대책위원장의 활동은 물론이고, 주요 3당의 대변인(전여옥, 이승희, 박영선)이 모두 여성이었다.

있다.

반면 충청과 호남 지역에서는 지역주의 색채가 완전히 사라졌다고 할 수 있다. 호남을 근거지로 한 민주당은 선거 막바지에 추미애 선대 위원장의 3보1배를 통해 "50년 전통의 민주당을 살려줄 것"을 눈물로 호소했지만 전남에서 5석을 얻었을 뿐이었다. 민주당은 자신의 근거 지였던 호남에서 탈지역주의를 주장하며 총선에 임했으나 전국정당을 추구한 열린우리당에게 참패하고 말았다. 충청 지역에서 자민련은 4석을 얻는 데 그쳤다. 지난 10여 년간 이 지역의 맹주임을 주장했던 자민련의 참패는 제16대 총선에 이어 계속됨으로써 이제 충청도에서 지역주의에 기생한 투표는 더 이상 의미가 없게 됐다.

그런데 왜 이러한 선거결과가 나오게 됐을까? 이에 대해서 여러 가지 설명이 있을 수 있겠지만, 이번 선거이슈가 대통령 탄핵 하나로 집중되었기 때문이다. 국회의원 선거는 전국적인 선거이면서 동시에 지방적인 선거이다. 다시 말해, 대통령 선거가 전국을 하나의 선거구로 해서 치러지는 선거라면, 지방선거는 특정 지역을 중심으로 치러지는 선거이다. 그리고 국회의원 선거는 지방의 특정 지역을 중심으로 치러지지만, 중앙 정치의 이슈와 지방 차원의 이슈가 동시에 나타나게 된다. 지방선거가 지역적 인물이나 조직 역량이 보다 큰 영향을 미치는 선거인 반면 국회의원 선거는 지방선거보다 훨씬 높은 '전국적인 정치적 의미'를 지니는 선거이다. 하지만 국회의원 선거는 대통령 선거와는 달리 지방적 수준의 조직역량이나 인물 또는 쟁점들이 부상될 수 있는 선거인 것이다(김원용 외, 1997 : 94).

4월 총선은 3월 12일 한나라당과 민주당이 주도한 국회의 노 대통령 탄핵 결정에 대한 국민들의 심판에 따른 결과였다고 할 수 있다. 다시 말해, 후보 개인적 이슈, 정책적 이슈 등 총선의 다양한 이슈들이 초대형 정치적 이슈인 노무현 대통령 탄핵에 묻혀버렸던 것이다. 그 결과 이번 17대 총선은 '대선 같았던 총선'이 되었다. 탄핵 1주일 후 한 여론조사(동아일보 2004. 3. 20.)에 의하면 헌법재판소가 노 대통령 탄핵을 유효하다고 표결하면 안 된다는 응답자가 75.7%에 달했다. 탄핵에 대한 강한 비판을 반영하여 정당 지지율은 열린우리당 45.2%, 한나라당 13.8%, 민주당 4.1%, 민주노동당 3.5%로 되어 있다. 또 투표하겠다는 응답자는 83%였다.

또 이번 총선 투표율은 59.9%로 지난 16대보다 2.7%포인트나 높아졌다. 이는 1985년 제12대 총선 때 84.6%를 기록한 이래 13대 (75.8%), 14대(71.9%), 15대(63.9%), 16대(57.2%)로 계속 하락하던 투표율이 처음으로 반전한 것이다. 국민의 참여가 그만큼 높아진 것인데, 이는 탄핵안 가결이란 초대형 정치이슈가 총선을 전국적 선거로 만들었기 때문이다. 사실상 '노무현 대통령의 정치적 운명'이 걸린 선거였기 때문에 국민적 관심과 투표 참여 의지가 높아졌으며, 다른 한편으로는 한나라당 박근혜 대표, 민주당 추미애 선대위원장, 열린우리당 정동영 의장 등이 선거를 진두 지휘하며 '예비 대선전' 양상을 보인 것도 국민적 관심을 끄는 주요한 요인이 됐다.

2) 탄핵 이전 전북의 정치환경

제17대 총선 40일 전에 개정된 선거법에 따라 전북은 의석수가 10석에서 11석으로 늘어났다.[4] 그리고 54명이 출마해 평균 4.9대 1의 경쟁률을 보였다. 이는 16대의 4.8대 1과 비슷한 것이다. 그러나 지난 16

년간 이 지역에서는 '공천이 곧 당선'이었다. 따라서 이러한 경쟁률은 사실상 커다란 의미를 갖지 못했다.

그러나 17대 총선을 앞두고 민주당의 분당과 열린우리당의 등장은 전북 지역의 정치지형을 새롭게 했다. 10명의 지역구 현역 의원 중 6명이 열린우리당을 선택하고 4명의 의원이 민주당에 잔류함으로써 전북의 정치세력은 반분됐다.

서울을 포함한 수도권에서는 민주당의 분당으로 한나라당이 어부지리를 차지할 것으로 예상됐지만, 전북을 포함한 호남권에서는 민주당과 열린우리당이 치열한 접전을 벌일 것으로 예상됐다.[5] 물론 양당 이외에도 다른 후보가 있었지만 실제적으로 전북 지역 11곳 모두에서 후보자를 낸 민주당과 열린우리당 후보 중 한 명을 선택하는 선거였다고 할 수 있다. 어쨌든 유권자의 정치적 선택범위는 넓어졌다. 유권자들이 정치적으로 의미 있는 선택을 스스로 할 수 있는 정치 환경이 만들어진 것이다. 그리고 이는 양당 후보들이 치열한 선거전을 치러야 한다는 것을 의미했다.

반면 경쟁력 있는 후보를 공천하지 못한 한나라당은 이 지역에서 정당으로서의 기능을 거의 상실했다. 원내 제1당인 한나라당은 11개 선

---

4) 전북의 의원수는 1981년 3월 25일 치러진 제11대 총선거(전북 인구 2,316,498명)에서 14명으로 2명이 증원된 후 20여 년간 유지되어 오다, 제16대 총선에서 4명이 감소돼 10명으로 줄었다. 그러나 17대 총선에서 선거구 인구 하한선(105,000명)과 상한선(315,000명)이 16대보다 높아졌음에도, 선거구 조정 결과 전북은 오히려 1명이 늘었다.

5) 정동영 의원은 '민주당과 열린우리당은 형제'라며 총선 후 연대 모색을 거론하기도 했다(연합뉴스 2004. 2. 21.). 하지만 이는 이 지역에서 민주당에 대한 지지가 여전히 높은 상황에서 호남 유권자를 겨냥한 전략적 성격이 짙었다.

거구 중에서 부안·고창 선거구에서만 후보등록을 했을 뿐이었다. 이는 지난 16대 총선에서 한나라당이 당선과는 거리가 멀었음에도 불구하고 10개 전 지역구에 후보를 공천했었던 것과 크게 비교된다. 따라서 이는 한나라당이 전북 지역을 전략적으로 포기했음을 의미했다고 할 수 있다. 자민련 역시 2곳에 후보를 공천, 등록했으나 경쟁력이 전혀 없는 후보들이었다. 오히려 원내 의석이 전혀 없는 민주노동당이 5곳에 후보자를 공천했다. 그리고 무소속은 전체의 42%에 해당하는 23명이었다.

따라서 후보를 공천하지 않은 한나라당과 '실질적 여당'인 열린우리당의 정당 간 대결은 원천적으로 이루어질 수 없었다. 반면 지난 16년간 전북 정치에서 '실질적인 여당'이었던 민주당과 열린우리당 후보 간의 경쟁으로 이번 선거는 치러질 것이었다. 특히 분당에 대한 정치적 책임 공방과 후보 간 개인이슈가 이번 총선의 주요 이슈가 될 것이었다.

2. 남원·순창 선거구의 선거환경

1) 지역특성과 인구구성

남원·순창 선거구는 2000년 1월 선거구 조정에 따라 새롭게 획정되어 제16대 선거를 치렀으며, 17대 선거 역시 같은 선거구를 유지했다. 그러나 17대 선거 40여 일 전까지 여야 간 선거구 조정이 확정되지 못함에 따라 남원·순창 선거구가 어떻게 변할지 모르는 상황이었다.

다시 말해, 선거구 인구 상·하한선이 새롭게 조정됨으로써 전라북도는 인구 하한선(10만 5천 명)에 미달한 무주·진안·장수 선거구가 이웃 선거구인 완주·임실 선거구나 남원·순창 선거구로 분할·편입되어야 했다.

그러나 선거구 획정위에서 이루어진 정치적 타협 끝에 오히려 인구 문제가 전혀 없었던 완주·임실 선거구가 분할되어, 임실군이 무주·진안·장수 선거구에 그리고 완주군은 김제 선거구에 편입되었다. 그러나 민주당은 3월 2일 국회회기 종결 40분 전에 선거구 획정위의 획정안에 대해 게리맨더링이라는 이유로 양승부 수정안[6]을 기습 상정했으나 우여곡절 끝에 임시국회에서 원안대로 통과됐다. 이에 따라, 남원·순창 선거구는 그대로 유지되었다.

제9대에서부터 12대까지는 남원·순창·임실이 2명의 의원을 선출하는 복합 선거구였으며, 제13대 총선부터 15대 총선까지 남원은 하나의 단일 선거구였으나, 16대 총선부터 남원·순창 선거구로 조정됐다.

하나의 선거구인 남원·순창 지역의 전체 인구는 130,847명(2004. 1. 31. 현재)으로 지난 16대 총선보다 2,843명이 줄었다. 전체 선거인 수는 100,241명이며 이 중 남원시의 선거인 수는 74,997명이고 순창군은 25,244명으로, 남원시가 전체 선거인의 74.9%를 차지하고 있다(www.jbelection.go.kr). 따라서 남원·순창 선거구는 전체 인구의

---

6) 민주당 양승부 수정안은 무주·진안·장수 선거구(열린우리당 정세균 의원) 중 진안을 완주·임실(민주당 김태식 의원) 선거구에, 무주·장수를 남원·순창 선거구(열린우리당 이강래 의원)에 분할 편입시킨다는 안이다. 다시 말해, 수정안은 열린우리당 의원 간의 선거전이 치러지게 되는 구도이다.

3/4을 차지하는 남원시가 중심이 되고 순창군의 영향력은 극히 제한돼 있다. 이번 선거에 출마한 열린우리당 이강래 후보, 민주당 이용호 후보, 무소속의 강동원 후보, 이종률 후보, 황의돈 후보 등 5명의 후보가 남원 출신이고, 무소속의 양대원 후보만 유일하게 순창 출신 후보이다. 그러나 실제 당선 가능성이 있는 이용호, 이강래 후보는 모두 남원 출신이다. 그리고 지난 16대 총선에서 한나라당 후보로 출마했었던 양 후보는 겨우 3.7%만을 득표했었다. 결론적으로 남원시와 순창군의 차이가 너무 크고 대결구도가 너무 단순화되어 있다.

남원시가 도농 통합 지역인 반면 순창군은 전형적인 농촌 지역이다. 그리고 농촌 지역으로 갈수록 노령인구가 많이 거주하고 있다. 연령별 인구를 보면 20~30대 유권자가 전체 유권자에서 차지하는 비율이 전북이 46%, 남원시는 45%, 순창군은 35%이다. 반면 50세 이상 유권자 비율은 전북 35%, 남원시 39%, 순창군 50%로 농촌으로 갈수록 젊은 인구가 적고 고령화되고 있음을 알 수 있다. 다시 말해 이 같은 인구(유권자) 분포는 순창군이 남원시보다 노년층의 인구가 많으며 이는 당연히 변화보다는 안정을 원하는 유권자가 많음을 의미한다. 전체적으로 남원·순창 지역의 특색은 전형적인 농촌 지역으로 도내에서도 보수적인 색채가 짙은 지역이다.

2) 역대 선거에 나타난 특징

87년 민주화 이후 남원시의 선거는 정치적 라이벌 간의 대결과 이로 인한 표의 분할 현상이 지속되어 왔다. 1988년의 13대 총선에서 평민당은 전북의 14개 선거구 모두에서 승리했다. '황색 바람' 에 의해 평

<표 1> 제14대 남원 총선결과(1992. 3. 24)

소속 정당	후보	득표수	득표율(%)
민자당	양창식	20,491	33.6
민주당	조찬형	19,916	32.7
무소속	이형배	19,519	32.0

출처 : 중앙선거관리위원회, 『제14대 국회의원선거 총람』(1992).

민당이 전 의석을 차지한 것이다. 남원 선거구에서는 이형배 위원장과의 공천 싸움에서 승리한 조찬형 후보가 38,912표를 얻어 민정당의 양창식 후보를 제치고 당선됐다.

그러나 92년의 제14대 총선에서는 <표 1>에서 볼 수 있듯이 민주당의 조찬형 후보와 민자당의 양창식 후보 그리고 민주당의 공천에 반발해 무소속으로 출마한 이형배 후보 간의 치열한 접전으로 유권자의 표가 셋으로 나누어졌다.

당선자인 양창식 후보는 20,491표를 획득해 2위인 조찬형 후보와 575표밖에 차이가 나지 않았다. 그리고 2위와 3위인 이형배 후보의 표차는 397표였다. 1위와 3위의 표차가 972표에 지나지 않는 치열한 선거로, 전북 지역에서 실시된 역대 총선에서 후보 간 가장 치열한 접전을 보인 선거였다(이기홍, 1996 : 287-90). 민주당의 내부 분열로 지지표가 분산됨으로써 민자당의 양창식 후보가 어부지리로 당선된 것이다. 남원의 표가 삼분됐으며, 정치인들 간의 대결과 갈등은 이후 선거가 계속될수록 심화되어 17대 선거까지도 계속 이어졌다. 17대 선거에 출마한 모든 후보들이 강조한 이슈 중 하나가 바로 지역 내 정치적 갈등의 해소였다.

총선에서 낙선한 이형배 후보는 94년 남원시장 선거에 출마했으나 조찬형 후보의 지지를 받은 민주당의 이정규 후보에게 패해 정치적 세력이 위축되었다. 반면 민주당의 조찬형 위원장은 남원시장 선거는 물론이고 도의원 4명 전원을 당선시켜 정치적으로 유리한 위치를 차지했다.

96년 제15대 선거에서는 이형배 후보가 민주당의 전국구 후보로 출마하여, 대결구도가 양창식 신한국당 후보와 조찬형 국민회의 후보로 단순하게 압축되었다. 선거에서는 조찬형 후보가 34,983표를 얻어 17,621표를 얻은 양창식 후보에게 쉽게 승리하였다. 그러나 양창식 후보는 지난 14대 선거의 33.6%보다는 적지만 30.3% 득표를 해 여전히 남원에서 고정적인 지지표를 확보하고 있음을 보여주었다.

97년 12월 대통령 선거를 앞두고 민주당이 한나라당과 합당함으로써 이형배 후보는 한나라당 전국구 후보가 되었다가 99년 후보를 계승하여 국회의원에 당선되었다. 98년 6·4 지방자치 선거에서 남원시장에 조찬형 의원의 비서 출신이자 도의원 출신인 민주당의 최진영 후보가 양창식 전 의원과 이형배 씨가 지지하는 최동섭 후보와 경쟁하였으

〈표 2〉 제16대 남원·순창 선거구 총선결과(2000. 4. 13)

구분	선거인 수	양대원 (한나라당)	조찬형 (민주당)	이강래 (무소속)
남원시	75,549	1,011	22,394	30,983
순창군	27,535	1,750	9,328	8,678
계	103,084	2,761	31,722	39,661
득표율(%)		3.7	42.8	54.5

출처 : 중앙선거관리위원회, 『제16대 국회의원선거 총람』(2000).

〈표 3〉 남원시장 선거 결과(2002. 6. 13)

소속 정당	후보	득표수
민주당	이형배	16,483
자민련	황의돈	2,405
무소속	최진영	32,502

순창군수 선거 결과(2002. 6. 13)

소속 정당	후보	득표수
민주당	구태서	3,456
무소속	강인형	9,082
무소속	김교근	3,707
무소속	설균태	2,351
무소속	임득춘	2,090

출처 : 전북 선거관리위원회, 『제3회 전국 동시지방선거 결과』(2002).

나, 30대의 최진영 후보가 전직 장관인 최동섭 후보를 제치고 당선되었다. 이로써 민주당의 우세가 다시 한 번 확인되었다.

2000년 총선에서 민주당은 전북 10개 선거구 중 남원·순창을 제외한 전 지역을 석권했다. 남원·순창 선거구에서는 〈표 2〉에서 볼 수 있듯이 양창식, 이형배 전 의원의 지지를 이끌어낸 무소속의 이강래 후보가 54.5%(39,661표)를 얻어 42.8%(31,722표)를 획득한 민주당의 조찬형 후보에게 승리했다. 의원에 당선된 이강래 의원은 다음해 민주당에 입당해 이 지역 정치판도가 더욱 복잡해졌다.

그러나 〈표 3〉에서 볼 수 있듯이 2002년 6월 지방선거에서 조찬형 전 의원의 지지를 받은 최진영 후보가 무소속으로 출마해 이강래 의원의 지지를 받은 이형배 민주당 후보를 제치고 당선됨으로써 이강래 의원의 영향력이 축소됐다. 순창 역시 이강래 후보가 낙점한 민주당의 구태서 후보가 낙선하고 무소속의 강인형 후보가 당선됐다.

지난 20년간 남원의 정치는 양창식, 조찬형, 이형배 세 의원 간의 숙명적인 대결로 시작되어 2000년부터는 이강래 의원과 조찬형 전 의원 간의 정치적 대결로 압축되었다. 다시 말해 최근 제15대 총선에서의 승리와 기초 단체장 등 지방자치 선거에서 압승을 거둔 조찬형 의원의 정치적 영향력이 확대된 가운데 양창식, 이형배 의원을 중심으로 한 반조찬형 연합이 형성됐다. 그리고 지난 2000년 총선에서 반조찬형 연합은 이강래 후보를 당선시킴으로써 조찬형 의원의 정치적 영향력에 제동을 걸었다. 그러나 지난 2002년 자치단체장 선거 결과는 이강래 의원의 영향력이 아직 제한적이고 조찬형 전 의원의 정치적 영향력이 여전히 건재함을 잘 보여주었다.

3) 공천자 발표와 후보자들의 동향

연초부터 선거구 획정을 둘러싸고 선거법 협상이 진행되는 가운데 남원·순창 선거구에서는 8~9명의 입지자들이 언론의 관심을 끌었다. 열린우리당의 공천을 놓고 현역 의원인 이강래 의원과 강동원 전북정치개혁포럼 이사장이 경쟁을 벌였으며, 민주당은 조찬형 전 의원, 박문석 전 문화관광부 차관 그리고 이용호 국무총리 비서관이 공천 경쟁을 벌였다. 한나라당은 양대원 위원장과 윤재건 씨가 그리고 자민련은 황의돈 씨, 그리고 이종률 전 정무 장관 등이 출마할 것으로 예상됐다.

그러나 사실상 민주당과 열린우리당의 공천을 누가 받을 것인가가 관심이었다. 지난 16년간 이 지역에서 민주당의 공천은 곧 당선이었기 때문에 다른 정당의 후보로 출마하는 것은 근본적으로 한계가 있을 수밖에 없었다. 물론 남원·순창 선거구의 경우 지난 92년 14대 때 양창식 민정당 후보의 당선과 2000년 제16대 때 이강래 무소속 후보의 당선 등으로 인해 예외적이긴 했지만, 전반적인 분위기는 민주당의 공천이 바로 당선과 직결되는 것이었다. 그런데 민주당과 열린우리당의 분당으로 이제 민주당의 공천이 더 이상 당선을 보장해 주는 것은 아니었다. 어느 지역이나 민주당과 열린우리당의 양당 대결구도가 될 가능성이 매우 컸다. 따라서 1차적 관문은 민주당이나 열린우리당 경선을 통과하는 것이었다.

초기 민주당 경선은 조찬형 전 의원, 박문석 전 문화관광부 차관, 이용호 국무총리 공보국장의 삼파전이 예상됐다. 그러나 민주당 공천과 관련해 외부 인사가 포함된 공직후보 심사위원회가 민정당 출신이라는 이유로 탈락시킨 이종률 씨를 민주당 상임중앙위가 구제하자, 공천을 신청했던 박문석 전 문화관광부 차관이 이에 반발해 탈당했다(한겨레신문, 2004. 3. 1.). 따라서 민주당 경선은 조찬형, 이종률, 이용호 세 사람의 대결로 바뀌었다.

민주당은 3월 7일 여론조사 결과에 따라 남원·순창 지역 제17대 총선 후보로 이용호 전 총리실 공보국장을 확정했다. 이 후보는 "현명한 선택을 해준 유권자들에 감사한다"고 밝히고 "경선과정에서 페어플레이를 해준 조찬형, 이종률 두 후보와 함께 민주당을 단합시키고 총선에서 승리해 어려운 경제를 살리는 데 모든 역량을 쏟겠다"고 말했다(새전북신문, 2004. 3. 9.).

그러나 경선에 참여했던 조찬형 전 의원과 이종률 전 정무 장관이 공천 결정에 거세게 반발했다. 조 전 의원은 3월 8일 전·현직 시·도 의원 등 당직자 36명이 참석한 4시간 동안에 걸친 '경선결과에 따른 확대비상대책회의'를 통해 중앙당 차원의 개입이 아닌 여론조사 기관의 공정성 객관성 결여를 문제 삼아 일체의 자료를 중앙당 측에 요구했다. 그리고 이종률 후보는 "꾸준한 여론 추이를 볼 때 30%대인 본인과 10%대인 이용호 후보 간의 결과가 갑자기 뒤바뀐 것은 이해할 수 없는 결과"라고 거세게 항의했다(새전북신문, 2004. 3. 9.).

두 사람의 반발은 민주당 공천 과정의 부당성을 공론화시킨 후 무소속으로 가겠다는 뜻으로 해석됐다. 그리고 두 사람의 무소속 연대 가능성이 조심스럽게 점쳐지기도 했다. 그러나 민주당 후보가 아닌 무소속후보로 출마해 당선될 가능성이 없음을 그 누구보다 잘 알고 있는 조찬형 후보는 공천 발표 3주 후 예비후보 사퇴 및 총선 불출마를 공식발표했다. 보도자료를 통해 "갈등과 대립으로 상처난 지역을 화합하고, 새로운 도약을 위해 총선출마에 나섰다. 그러나 모든 상황이 여의치 않아 출마의 뜻을 접기로 했다"고 밝혔다(새전북신문, 2004. 3. 9.).

반면 이종률 전 정무 장관은 무소속으로 입후보하고, 전주방송에서의 토론에서 민주당 경선에 참여했다, 탈당하고 무소속 입후보한 것에 대해 "저는 약속을 지키는 후보입니다. 당이 약속을 지키기 않은 것입니다. 여론조사도 권위 있는 기관에 맡기지 않고 하청을 줘서, 결과가 진실을 제대로 반영하지 않았습니다. 저 개인의 문제가 아니고 당의 잘못된 처리 문제입니다"라고 답변했다.

열린우리당은 국민경선, 상향식 공천을 주장했지만 군산을 제외한 모든 지역에서 현역 의원을 단수 공천했다. 비례대표로 진출한 정동영 의원을 제외하고 전·현직 의원 6명이 모두 공천됐다. 특히 남원·순

창 이강래 의원과 정읍 김원기 의원, 익산(을) 조배숙 전 의원은 경쟁후
보들이 있음에도 중앙당으로부터 단수후보로 낙점을 받았다.

　비민주적 방법으로 위원장을 선출하고 후보자 간 협의도 거치지 않
은 채 지구당 창당을 했다며 지구당 창당 승인을 중앙당에 제소했었던
강동원 전 개혁신당 대표는 열린우리당 공천 결과에 반발해 전북 도의
회 기자실에서 삭발식을 갖고 중앙당에 재심을 청구했다. 그러나 경선
과정의 문제점에 대해 이강래 후보는 "남원·순창 지구당 창당 과정에
문제가 있다고 하는데, 이는 문제를 지적한 분의 일방적인 주장일 뿐
입니다. 당시 당헌당규에 따라 그대로 됐고, 한 사람을 지명하는 경우
도 있었는데 남원·순창은 이강래를 중심으로 지명이 됐고 절차에 따
랐습니다. 다만 여기서는 이의 제기를 한 분의 주장만이 일방적으로
떠도는 것입니다"라고 답변했다(남원 CBS 토론회, 2004. 4. 8.).

4) 선거경쟁 구도와 후보들

　〈표 4〉에서 볼 수 있듯이 후보로 최종등록을 한 사람은 민주당의 이
용호 후보, 열린우리당의 이강래 후보, 무소속의 강동원 후보, 무소속
의 양대원 후보, 무소속의 이종률 후보 그리고 무소속의 황의돈 후보
등 6명이었다. 그러나 남원·순창 지역은 조찬형 전 의원과 이종률 통
일시대 연구소장을 제치고 민주당 공천을 받은 40대의 이용호 전 국무
총리 비서관과 열린우리당의 공천을 받은 이강래 후보 그리고 민주당
공천 탈락에 반발해 무소속으로 출마한 이종률 후보 간의 대결로 압축
되었다.

　"경쟁 후보를 누구로 생각하느냐"는 한 언론사의 지상질문에 열린우

리당의 이강래 후보는 지역정서를 안고 있는 정당의 후보인 이용호 후보와 과거 화려한 경력의 소유자인 무소속의 이종률 후보를 '껄끄러운 상대'로 꼽았다. 반면 민주당의 이용호 후보는 현역 의원인 데다 탄핵 폭풍까지 등에 업고 있는 이강래 후보와 인지도가 높은 이종률 후보를 '강력한 경쟁자'라고 밝혔다. 그리고 무소속의 강동원, 양대원, 이종률, 황의돈 후보 등은 현역인 이강래 후보를 경쟁자로 들었다(전북도민일보, 2004. 4. 10.).

남원·순창의 경우 개인이슈와 관련해 주요 후보인 민주당의 이용호 후보와 열린우리당의 이강래 후보가 아무런 하자가 없었다. 병역과 관련해서는 무소속 황의돈 후보가 유착지라는 특이한 질병으로 제2국민역 판정을 받았으며, 이종률 후보는 투옥생활로 군복무를 면제받았다. 납세와 관련해서는 무소속의 강동원 후보가 재산세를 전혀 납부하지 않았고, 황의돈 후보는 지난 5년간 소득세를 한 푼도 내지 않았다. 그리고 황 후보는 금고형을 선고받은 전과기록이 있었다. 따라서 개인 이슈가 후보 간 커다란 이슈가 될 수 없었다. 더구나 3월 12일 국회의 대통령 탄핵이 앞서 설명한 개인적, 정책적 이슈 등 모든 선거 이슈를 없애버렸다.

선거 초반 주요한 관심을 끌었던 것은 물갈이연대, 참여연대 등의 후보자들에 대한 낙천·낙선운동이었다. 이는 지난 16대 총선 시 놀랄 만한 영향력을 발휘했던 총선시민연대의 낙천·낙선운동이 제17대에서 재현된 것이기 때문에 정당이나 정치인들은 신경을 쓸 수밖에 없었다. 특히 기성 정치인들에게 식상한 민심과 과거 공천이 당선이었던 현역 의원들의 행태에 대한 시민단체의 비판은 선거에 커다란 영향력을 미칠 것으로 예상됐다.

<표 4> 제17대 총선 남원·순창 선거구 입후보자의 신상정보 비교

구분	이용호	이강래	강동원	양대원	이종률	황의돈
정당	새천년민주당	열린우리당	무소속	무소속	무소속	무소속
나이	45	52	52	50	64	48
최종학력	서울공대 산업공학과	서울대 행정대학원	경기대	방송통신대 농학과	서울대 정치학과	독학
공천과정	민주당 공천 여론조사 경선	열린우리당 단수공천	열린우리당 단수공천 반발 탈당	한나라당 탈당	민주당 공천 반발	자민련 탈당
병역	육군병장 만기전역	육군하사 만기전역	육군병장 만기전역	육군병장 만기전역	보충역	제2국민역
재산(천원)	574,518	439,139	66,000	247,209	837,600	11.000
납세실적(원)	10,474,000	5,090,000	270,000	1,014,000	71,958,000	58,000
전과	없음	없음	없음	없음	없음	1(폭력)
주요경력	• 경향신문 정치부 차장 • 국무총리실 공보비서관	• 국가정보원 기획조정실장 • 청와대 정무수석 • 제16대 의원	• 도의원 • 노무현대통령후보 조직특보 • 전북개혁신당연대 상임대표	• 재경 순창군 청년회장 • 한나라당 남원순창위원장 • 미래농촌사회문화연구소 이사장	• 제10대, 12대 국회의원 • 청와대 대변인 겸 공보수석 • 정무 장관 • 국회사무총장	• 마을 이장 (8년)
주요공약	• 철도경영 연수원, 식품개발연수원(순창) 유치 • 구도심정비 대규모 추진	• 서남내륙권의 중추 거점 지역육성 • 문화관광산업의 질적 도약 • 고부가가치 농업 육성	• 남원시 도시가스 공급 • 태능선수촌 운봉으로 이전 • 순창종합사회복지관 건립	• 튼튼한 지역경제 조성 • 남원 순창을 특색 있는 문화관광중심지로 육성	• 대기업과 연계 대형프로젝트 유치 • 서남권 교육문화중심지 육성 • 소득·인구·재산 등 3배 가운동 앞장	• 농가부채 해결 • 부정부패 청산 • 더불어 사는 사회 조성
홈페이지	www.leeyongho.co.kr	www.krt21.or.kr	www.newnamwon.com		www.leejr21.com	
기타					총선시민연대 낙선 대상자 (국보위 입법위원)	

출처 : 『시사전북』(2004년 4월호 특집) ; 새전북신문.

총선시민연대는 4월 6일 전북 지역의 낙선운동 대상자에 익산(갑) 최재승(민주당), 김제·완주 김대식(무소속), 남원·순창 이종률(무소속) 후보를 선정 발표했다. 이종률 후보는 지난 1980년 10월부터 1981년 4월까지 국보위 입법위원으로 참여해 민주헌정질서를 파괴했다는 이유로 낙선대상에 선정됐다. 이종률 후보는 "시민단체가 당시 국보위와 입법의원을 혼돈한 데서 생긴 잘못이라고 본다"며 "과거나 현재를 불문하고 사람의 가치는 어떤 자리에 있었느냐가 중요한 게 아니라 어떤 일을 했느냐로 평가되어야 한다"고 주장했다(새전북신문, 2004. 4. 7.).

3. 선거 전개과정

1) 선거법 개정

선거법의 개정으로 유권자가 후보자와 정당에 각각 투표하는 1인 2표제가 실시되었으며, 직업·학력·경력·재산, 최근 5년간 소득세·재산세·종합토지세 납세 체납 실적, 병역 사항, 전과 기록 등 후보자에 대한 정보가 투표안내문 발송 시 함께 발송되며 인터넷에도 공개되는 등 후보자에 대한 정보공개가 확대됐다.

또한 부정선거의 원천 봉쇄라는 취지에 맞게 금품수수 유권자에 대해 50배의 과태료를 물리고 불법선거 신고자에 대한 포상을 했으며, 금권선거의 원흉으로 지목됐던 합동연설회와 정당연설회가 폐지되면서 정당과 후보들은 과거와 전혀 다른 선거에 적응해야 했다. 그러나 이로 인한 부작용도 빚어졌다. 그 중 대표적인 것이 유권자가 후보자들을 직접 대면해 비교할 기회가 대폭 축소된 점이다.

돈선거를 뿌리 뽑기 위한 신고와 단속이 강화되면서 선거풍토가 달라졌다. 이용호 후보는 "깨끗한 선거를 치를 각오는 했었지만, 돈봉투 신고 포상제 시행 이후 솔직히 겁이 나서 일상적인 선거운동 경비를 집행하는 데도 신경이 쓰인다"며 "법정 선거비용도 제대로 사용하지 않는 후보들도 많을 것"이라고 전망했다(새전북신문, 2004. 3. 22.).

후보자 본인만 명함을 돌릴 수 있도록 한 규정 등 개정 선거법은 규제 중심적으로 되어 있어서 탈법, 불법 선거운동을 제어하기에는 적합했지만, 반면에 후보자들이 유권자에게 자신을 알릴 수 있는 기회가 크게 줄어들었다. 특히 농촌 지역은 '선거의 사각지대'가 되어버렸다. 이를 보완하기 위해 개정 선거법에서 선거방송토론위원회를 설치해 정당 및 후보 간 정책토론을 주관한 미디어 선거가 도입됐다. 다시 말해, 합동연설회와 정당연설회가 폐지된 17대 총선은 처음으로 TV 합동 토론회를 도입해 선거방송 시대의 막이 오른 것이다. 일부 지역에서는 후보들의 미디어 출연 기피 등 문제가 제기됐다. 그러나 남원·순창 선거구의 경우는 오히려 TV 합동토론회의 참여자격 기준을 놓고 일부 무소속 후보들이 참석하지 못해 형평성 문제를 제기하는 등 크게 반발했다.[7]

4월 8일 남원 춘향문화관에서 열린 CBS 전북방송, 새전북신문, 인터넷신문 참소리, 지역 TV가 공동 주최하는 후보자 초청 토론회에는

---

7) 선거방송토론위원회가 주관하는 토론회의 경우 5인 이상 의석을 가진 정당의 후보, 직전 대선 또는 비례대표 국회의원 및 시도의원 선거에서 3% 이상 득표한 정당의 후보, 직전 총선에서 10% 이상 득표한 후보, 최근 한 달간 여론조사 결과 평균 5% 이상 득표한 후보자 등을 대상으로 한다.

이용호 민주당 후보, 이강래 열린우리당 후보 그리고 이종률 무소속 후보 3인만이 초청됐다. 이에 참석치 못한 무소속 후보자들의 거친 항의가 있었고, 한 후보자는 "토론회를 치르지 못하게 하겠다"는 압력을 넣어 2백여 명의 경찰이 토론회장 주변에 배치되는 등 긴장된 분위기에서 치러졌다. 또 KBS와 MBC의 후보자 초청 토론회에서도 앞서 설명한 기준에 맞는 후보만이 초대돼 소수 후보자는 실제로 주민들에게 접촉할 수 있는 통로가 제약당한 셈이 됐다. 이는 향후 선거법 개정에서 고쳐져야 할 부분이다. 그러나 현실적으로 전북 지역에서는 민주당과 열린우리당 후보 간 대결이었으므로 '커다란 문제'는 없었다.

2) 탄핵, 'DJ 적자 정당론', 그리고 '인물론'

앞서 설명했듯이 제17대 총선은 '대선 같은 총선'이었다. KBS와 한길리서치의 4월 11일, 13일 이틀에 걸친 여론조사에 의하면 4·15 총선에서 유권자가 후보나 정당을 선택하는 데 가장 큰 영향을 미친 이슈는 '탄핵'이었다. 60.7%가 후보나 정당 선택에서 "탄핵에 영향을 받았다"고 했으며, 37%는 "영향을 받지 않았다"고 답했다. 특히 탄핵 심판론에 대한 동의는 호남이 64.5%로 가장 높게 나타났다(www.ohmynews.co.kr). 이는 남원·순창 지역에서도 탄핵이 선거에 결정적이었음을 보여주는 것이다. 따라서 선거는 이미 탄핵이라는 초대형 이슈로 압도된 상황에서 민주당 후보가 탄핵 이슈를 어느 정도 '부드럽게' 연성화시키느냐에 달려 있다고 할 수 있다. 다시 말해, 탄핵으로 이슈를 선점당한 상황에서 후보 자신과 민주당에게 유리한 방향으로 탄핵 이슈를 재설정해야 했다. 따라서 이용호 후보와 민주당은 오히려 탄핵에 대해 더 많은 설명과 해명을 해야 했다.

민주당 추미애 선대위원장이 4월 6일 오후 1박 2일 일정으로 전북(정읍 동학혁명기념관 참배와 전주)을 방문해 탄핵으로 급락한 지지세를 회복하기 위한 지원유세에 나섰다. 광주에서 3일간의 3보1배 행진으로 탈진해 링거를 꽂은 채 휠체어를 타고 전북을 찾은 추 선대위원장은 "민주당을 지켜내지 못한 데 대해 사죄하고 망가진 민주당이 새롭게 거듭날 수 있도록 도와 달라고 호소하기 위해 왔다"며 도민들에게 감성적인 접근을 했다. 이어 추 위원장은 노무현 대통령과 열린우리당을 '민주개혁 세력을 분열시킨 분열주의 세력'이라고 성토한 뒤 민주당만이 김대중 전 대통령의 햇볕정책을 계승하는 '적자 정당'임을 강조했다. 그는 "민주당이 망가진 것은 노무현 대통령과 열린우리당이 민주세력을 분열시켜 노사모가 중심이 된 노무현 사단을 만들었기 때문"이라며 "만약 분당이 안 됐더라면 탄핵이라는 어리석은 칼도 휘두르지 않았을 것"이라고 말했다. 추 선대위원장은 "하지만 한 · 민 공조를 함으로써 그동안 민주당을 아껴주신 분들의 가슴에 고통을 드린 것에 대해서는 고개 숙여 사죄드린다"고 사과했다(새전북신문, 2004. 4. 7.).

탄핵 정국에서 높은 당 지지율이 자신의 지지도와 연결되면서 크게 고무된 열린우리당의 이강래 후보는 탄핵의 부당성과 열린우리당의 차별적 개혁정치를 적극 홍보하는 것으로 선거전에 임했다. '탄핵'이라는 초대형 정치적 이슈가 본인의 의사와 상관없이 전국적으로 확대되어가고 있고 장기간 지속됨에 따라 '탄핵' 이외 다른 이슈를 굳이 제기할 이유가 없었다고 할 수 있다. 이 후보가 야 3당의 탄핵에 대해 "반민주적 폭거"라며 초기 선거운동을 일시 중단한 것도 탄핵 정국의 효과를 극대화하기 위한 전략이었다.

탄핵 이슈와 관련해 남원·순창 선거구 주요 후보들의 서로 다른 입장을 잘 보여준 것은 4월 8일 남원 춘향문화원에서 열린 남원·순창 선거구 후보자 초청 토론회였다. 이강래 열린우리당 후보는 기조연설 시간을 탄핵에 관한 호소로 일관했다. 지속적인 이슈제기 차원의 기조연설인 셈이다.

"탄핵 소식을 듣고 얼마나 충격과 분노를 느끼고 있습니까? 열린우리당 의원들은 최선을 다했지만 숫자가 부족해서 이를 막지 못했습니다. 대통령을 식물 대통령으로 만든 이 사건은 의회 쿠테타입니다. 이를 심판하고 노무현 대통령을 살리고 민주주의를 바로 세워야 합니다. 이것은 열린우리당이 총선에서 압승을 거둘 때 가능합니다. 열린우리당 후보인 제가 압승하고 정당득표도 높게 할 수 있도록 지지를 부탁드립니다. 또 이번 총선은 지역발전의 중요한 전기가 될 것입니다. 날이 갈수록 어려워지는 남원·순창을 살리기 위해서는 중앙정부로부터의 지원과 국책사업 유치가 중요하고, 이건 국회의원 몫입니다." (2004. 4. 8. CBS 전북방송, 새전북신문, 인터넷신문 참소리 공동주최 후보자 초청 토론회)

반면 탄핵을 주도했던 민주당의 이용호 후보는 '탄핵'의 영향이 너무 컸기 때문에 다른 이슈를 끄집어내기가 어려웠다. 이 후보는 한 토론회에서 "이제 공천받은 지 한 달 남짓인데 탄핵 문제로 정신이 없었습니다"라고 대답했다. 그리고 '탄핵 폭풍'이 잠잠해지길 기다려 인물대결로 선거에 승부를 걸겠다고 말했다. "지금 상황은 정치적으로 감성적인 단계에 있다. 국민들은 곧 이성적인 단계로 갈 것으로 기대하고 있다. 총선이 아쉽게도 탄핵을 두고 찬성과 반대로 나뉘어져 국민투표를 하는 것처럼 비쳐지는 양상은 바람직하지 않다. 탄핵 가결 이후 민주당 출신 지역구 총선 후보는 어렵다. 이번 총선을 인물대결로 진단하고 있다. 탄핵 이후 모두 소멸되고 이분법적 사고를 하고 있다.

남은 기간 지지율을 뒤집고 역전시키기 위해 저 개인에 대한 인물론을 내세우려고 한다"(CBS "생방송 사람과 사람", 2004. 3. 21.).

이 후보는 탄핵 이슈와 관련해 수세적이고 방어적인 태도, 즉 자신과 같은 새로운 정치인은 관여하지 않았으며, 민주당도 변하고 있기 때문에 김대중 대통령이 만든 정당을 살려줄 것을 호소했다. 쉽게 말해, 이번 선거의 이슈를 자연스럽게 독점한 이강래 후보에 대항해 수세적이고 설명 보완적인 선거를 치루게 된 것이다.

3월 20일 이용호 후보를 포함한 7명의 현역 의원이 아닌 전북 지역 민주당 후보는 당 지도부 총사퇴를 촉구하는 공동성명을 발표했다. 조순형 대표와 김경재 의원 등은 당무를 그만두고 2선으로 물러날 것을 요구한 것이다. 이에 대해 "민주당 자체가 탄핵 문제로 한 번도 국민에게 사죄한 적이 없고 정치 신인으로서 당을 대신해서 국민의 마음을 아프게 한 것에 대해서 사과할 필요가 있다는 의견을 모아서 사과하게 된 것"이라고 설명했다. 대통령 탄핵 이전에 이 같은 집단적 목소리를 내지 않은 것에 대해, "개인적인 입장을 밝히는 것은 도리가 아니라 생각해 인내하며 참아왔다. 다만 개인적으로 탄핵이 처리되기 전에 추미애 의원에게 요구했다. 탄핵 사항이 아니라고 말했고 추 의원도 그렇다고 동의했지만 역부족이라고 했다". 또한 탄핵에 대해 철회할 수 있다는 입장까지 표명했다. 적극적인 방어인 셈이다. 탄핵철회론이 민주당 일각에서 제기되고 있는 것에 대해, "법적인 문제는 잘 모르지만, 다만 정치적으로 보면 철회도 있을 수 있다고 봅니다"라고 답했다(CBS "생방송 사람과 사람", 2004. 3. 21.).

4월 8일 남원 춘향문화원에서 열린 후보자 초청 토론회 기조연설에서 이용호 후보 역시 탄핵에 모든 시간을 할애해 강조했다.

"탄핵 문제 이후 한때는 민주당이라는 말을 꺼내기도 힘들었지만 추미애 선거대책위원장이 삼보일배로 사죄하는 등 처절히 몸부림치는 것을 보고 국민들도 마음의 문을 열고 있는 것을 느낍니다. 제 손을 부여잡고 눈물을 흘리는 분도 있습니다. 민주당은 군사독재에 맞서 민주화를 이뤘고 김대중 대통령을 탄생시킨 정당입니다. 또 외환위기 극복, 햇볕정책으로 남북화해시대를 열어온 정통정당입니다. 비록 탄핵 문제로 큰 잘못을 저질렀지만, 민주당을 이대로 죽일 수는 없습니다. 우리는 어제 통합과 희망의 정치를 만들기 위해 뉴민주당을 만들기로 결의했습니다. 사랑을 받기 위해 노력하고 있습니다. 남원 · 순창에는 현안문제가 많습니다. 침체된 경제도 살리고, 사분오열된 지역도 하나로 화합해야 하며, 죽어가는 농촌도 살려야 합니다."(2004. 4. 8. CBS, 새전북신문, 인터넷신문 참소리 공동주최 후보자 초청 토론회)

반면 무소속의 이종률 후보는 탄핵과 상관없이 개인적 이슈인 인물론을 강조했다. 탄핵에 대한 '원죄'가 없는 이 후보의 입장에서는 탄핵 자체가 논의되는 것이 바람직하지 않기 때문에 인물론으로 이슈를 전환했다고 할 수 있다. 4월 8일 남원 춘향문화원에서 열린 후보자 초청 토론회 기조연설에서 이후보는 탄핵이 아닌 개인 이슈에 시간을 할애했다.

"제가 정무 장관과 국회사무총장 등 정부요직을 맡고 있을 때 성원을 보내주신 것을 잊지 않고 있습니다. 정치적으로 어려움을 겪을 때 위로해 주신 것도 가슴에 새기고 있습니다. 제가 10년을 쉬다가 다시 출마한 이유는 하나는 어지러운 나라의 정치, 하나는 어려운 지역살림입니다. 첫째로 정치를 바로잡아야 합니다. 싸움만 하다가 탄핵이라는 사태로 이어져서 국민들이 불안해하고 있습니다. 중앙 경험을 바탕으로 민생을 챙기겠습니다. 그리고 남원 · 순창은 인구가 줄고 가게마다 문 닫는 곳이 속출합니다. 농민, 상인의 한숨 소리가 높습니다. 제 경험과 인맥을 바탕으로 지역경제를 획기적으로 살리겠습니다. 저로서는 마지막 봉사입니다. 고향을 살리려는 뜻을 이해하시고 기회를 주시기 바랍니다."(2004. 4. 8. CBS, 새전북신문, 인터넷신문 참소리 공동주최 후보자 초청 토론회)

3) '젊고 능력 있는 후보'와 '힘 있는 후보론'

이용호 민주당 후보는 '참신함과 젊음'을 앞세우고 선거전에 임했다. "타고난 성품이 솔직함이기 때문에 솔직하고 정직하게 정치를 하겠습니다. 바둑을 예로 들면 '묘수 3번 찾으면 진다'고 합니다. 시간이 걸려도 정석대로 하는 게 옳죠. 저는 묘수 찾는 정치는 안 합니다. 또 정치하면 '시끄럽고 요란하다'는데 기자 시절 기사로 승부했듯이 내용으로 승부할 것입니다"라고 자신을 평가했다(전북일보, 2004. 3. 19.).

이용호 후보는 선거 막판 민주당 바람이 다시 일고 있다고 판단하고 부동층 흡수를 위해 노력했다. 4월 13일 오전 인월 장터에 이어 남원·순창 지역 상가 유세를 통해 "지역경제 악화의 모든 책임은 무능하고 부패한 기성 정치인들의 잘못된 정치 관행 때문"이라며 한 표를 호소했다(새전북신문, 2004. 4. 13.).

또 '제17대 총선의 역사적 의미'에 대해, 이용호 후보는 16대 국회는 '사상 최악의 국회'였다고 지적하고 탄핵 문제도 국회의원 전체가 상생의 정치를 못하고 대립, 반목, 힘겨루기만 일삼은 결과라고 지적했다. 그리고 차떼기라는 얘기가 나오듯 '부정으로 얼룩진 국회'였기 때문에 이번 선거를 계기로 무능하고 부패한 정치인을 심판해야 하며, 젊고 능력 있는 후보를 뽑아서 정치개혁을 이뤄야 한다고 강조했다(2004. 4. 8. CBS, 새전북신문, 인터넷신문 참소리 공동주최 후보자 초청 토론회).

반면 이강래 후보는 "12일은 노무현 대통령 탄핵 한 달을 맞는 날"이라고 역설하고, "정동영 의장의 선대위원장과 비례대표직 후보 사퇴는 야 3당의 탄핵 관철 음모를 저지하고, 국민이 뽑은 대통령을 살려내야 한다는 절박한 심정으로 모든 것을 던진 것"이라고 강조했다. 또한 민주당의 극심한 내분으로 유권자들의 표심이 열린우리당으로 돌아섰다고 판단하고 민주 대 반민주 구도를 기본으로 '힘 있는 후보론'을 강조했다.

4) 차별성 없는 지역발전 공약

사실상 후보들의 지역개발 공약은 이번 선거에 커다란 영향을 미치지 못했다. 무엇보다 주요 후보 간 정책적 차별성이 탄핵으로 인해 부각되지 못했으며, 지역 발전에 관한 공약은 백화점식 나열로 커다란 차별성이 없이 대동소이했다. 또 선거를 앞두고 급조된 듯한 이들 공약들은 실현 가능성보다는 표를 의식한 공약들로 많은 부분 채워져 있었다. 무엇을 할 것인가는 많이 제시됐지만 어떻게 할 것인가에 대한 고민은 별로 없었다.

총선에서 중앙정치 차원의 이슈는 주로 정치적 이슈와 정책적 이슈에 집중되어 있다. 그러나 우리나라에서는 정책적 이슈보다 정치적 이슈들이 더 조명되고 있다. 그리고 지역구 차원의 이슈는 주로 후보 개인이슈와 지역개발 이슈가 중심을 이룬다. 인물론과 지역개발론으로 대별되는 이슈 중 어느 것이 선거에 더 큰 영향을 미치는지에 대해 실증적으로 확인하기는 쉽지 않다. 그러나 지역개발 공약의 내용이 각 정당이나 후보별로 커다란 차별성이 없고 또 공약(公約)이 공약(空約)으로 끝나버린 사례들이 많으면서 정책공약에 대한 유권자들의 신뢰가 약화되었다. 따라서 총선은 지역개발에 대한 공약보다는 인물 중심으로 치러진다. 즉, 후보자 개인 이슈 중심의 인물론이 선거의 보다 중요한 요인이 되는 것이다. 결국 '公約은 空約' 이라는 생각과 탄핵이라는 초대형 정치 이슈 앞에서 이들 공약은 선거이슈로 크게 부각되지 못했다.

4월 8일 남원 춘향문화관에서 있었던 후보자 초청 토론회에서 이용호 후보가 한 말이다. "민주당의 정책은 솔직히 깊이 생각해 보지 않았습니다. 중앙당 공약은 추상적이고 거시적입니다. 그리고 이제 공천받은 지 한 달 남짓인데 탄핵 문제로 정신이 없었습니다."

지역개발의 이슈들에 대해 후보들의 인식도 많은 부분 일치하고 있다. 남원 인월에 추진 중인 골프장 건설에 대해 모든 후보들이 적극 찬성했다. 관광도시 남원의 주민소득기반 조성과 관련해서 이용호, 이종률 후보는 관광자원을 테마별로 개발·상품화하겠다고 주장한 반면, 이강래 후보는 현역 의원으로서 그동안 앞장서 추진했던 지리산 통합 문화권 개발사업을 적극 추진해 가겠다고 강조했다. 결국 같은 답인 셈이다. '죽음의 도로'로 알려진 88고속도로 안전문제와 관련해서 모든 후보가 4차선 확포장과 선형 바로잡기, 중앙분리대 설치 등을 지적한 뒤 향후 적극 노력하겠다고 답했다. 또한 장수 고을로 명성이 높은 순창을 특화하는 프로그램과 관련해 모든 후보들은 노인 전문연구소 설립을 주장했다. 이용호 후보는 '장수 어르신 축제'를 준비하겠다고 차별화를 시도했지만 크게 돋보이지 않았다.

주요 후보별 공약을 조금 더 자세히 분석해 보자. 이용호 후보는 지역과 계파를 초월한 화합의 정치를 통해 침체된 지역경제를 활성화시키겠다고 약속했다. 자동차부품공장 및 중소기업 유치와 국도 확·포장, 도시가스 공급기반 조성, 순창-남원-장수 간 4차선 포장, 남원 판소리대학교 추진, 지리산 허브밸리 조성사업 추진, 순창 영화세트장 민자유치 등 문화와 역사가 역동하는 관광벨트 조성 등을 통해 지역경제를 되살리겠다고 강조했다. 또 노인교통수당 인상과 농촌문제 해결, 노인복지 향상 등을 약속했다.

이강래 후보는 남원과 순창을 영호남 및 충청권의 경제문화 교류중심지로 도약시킬 수 있는 기반을 마련하겠다고 약속했다. 전주-남원-광양 간 고속도로와 동서화합도로, 전라선 복선전철화를 조기에 완료해 서남내륙권의 물류거점도시로 남원을 성장시켜 나가겠다고 밝혔다. 또 노인 전문연구소 설립, 노인요양단지 조성, 장수식품 개발 등을 통해 순창을 한국의 대표적 생태휴양 · 장수산업의 거점으로 육성하겠다고 공약했다.

이종률 후보는 지역경제 회생과 지역문화산업 기반 마련, 교육환경의 획기적 개선을 강조했으며, 관광산업 기반 조성과 삶의 질 향상을 위한 복지정책 실현, 살기 좋은 선진 농촌 건설 등을 주요 공약으로 제시했다.

4. 맺는말

선거운동 기간을 통해서 후보들은 상대 후보를 공격하고 또 상대 후보의 공격에 방어하기 위해 적절한 이슈를 만들어낸다. 그리고 이러한 이슈들을 통해서 유권자들에게 자신을 보다 잘 알리고 또 상대 후보와 차별화시킴으로서 유권자의 선택을 유도하는 것이다. 실제로 선거유세 과정에서 후보자의 특성에 관한 많은 것들이 이슈로의 전환이 가능하며, 정책 이슈는 아니지만 많은 이슈 갈등을 보여주며 유권자의 관

소속정당	후보	득표수	득표율(%)
새천년민주당	이용호	9,528	14.6
열린우리당	이강래	38,614	59.3
무소속	강동원	3,944	6.1
무소속	양대원	3,765	5.8
무소속	이종률	8,505	13.1
무소속	황의돈	746	1.1

출처 : www.jbelection.go.kr; 새전북신문, 2004. 4. 17.

심을 집중시킨다.

남원·순창 선거구에서의 선거결과는 〈표 5〉에서 볼 수 있듯이 열린우리당의 이강래 후보가 38,614표(59.3%)를 얻어 9,528표(14.6%)를 얻은 이용호 후보에게 압승했다. 1, 2위 간 표차가 3만여 표에 달해 지난 제14대 총선 시 1, 2, 3위 간 차가 1천 표, 또 지난 16대 총선에서도 1, 2위 간 표차가 8천여 표였던 것을 고려하면 이번 선거 결과는 당선자와 차점자 간의 표차가 예외적인 것이었다고 할 수 있다.

탄핵 전까지만 해도 민주당의 이용호 후보와 이강래 후보의 치열한 경쟁이 될 것으로 예상됐다. 더구나 지난 2002년 단체장 선거에서 민주당 공천을 받은 후보들이 남원과 순창에서 낙선함으로써 이강래 의원의 지역에서의 정치적 영향력이 현저히 축소됐다. 그러나 3월 12일 탄핵 폭풍이 거세게 몰아치면서 선거는 이강래 후보의 압도적 승리로 끝나고 말았다. 이는 두말할 필요 없이 선거과정과 경선과정에서의 불공정 시비, 정책적 이슈나 개인적 이슈가 탄핵이라는 대형 정치이슈에 묻혀버렸기 때문이었다.

또 다른 한편으로는 민주당 조찬형, 이종률 후보가 민주당을 탈당함에 따라 민주당 지지층이 분열되었다. 이는 이강래 후보에게 유리하게 작용했다. 따라서 3월 12일 국회에서 탄핵 결의 이후 꺼지지 않고 전국적으로 지속된 대다수 국민들의 저항과 전국 다른 지역보다 높은 탄핵 심판론에 이강래 후보는 최대한 편승하면서 열린우리당의 정치개혁에 대한 당위와 여당으로서 지역발전론을 주장했다. 쉽게 말해, 전국적으로 만들어진 초대형 정치 이슈인 '탄핵'을 최대한 활용해 손쉽게 선거를 주도해 나갔다.

반면 민주당의 이용호 후보는 탄핵이라는 초대형 이슈를 선점당한 상황에서 후보 자신과 민주당에게 유리한 방향으로 탄핵 이슈를 재설정했다. 탄핵을 주도한 민주당 당지도부 총사퇴 성명, 'DJ 적자정당론', '뉴민주당' 그리고 추미애 선대위원장의 눈물 어린 호소 등 다양한 방법을 동원해 탄핵 정국을 비켜 가려 했으나 선거 이슈의 주도권을 장악한 열린우리당과 이강래 후보에게 이슈 프리미엄을 뺏기고 말았다. 그리고 이용호 후보와 민주당은 오히려 탄핵에 대해 이강래 후보와 열린우리당보다 더 많은 설명과 해명을 해야 했다. 결국 선거는 탄핵으로 인한 초대형 정치이슈에 제대로 대응을 못하고 끝난 선거였다.

참고 문헌

김광수, 1997, 『선거와 선거제도』, 서울 : 박영사.

김원용 외, 1997, 『한국선거보도연구 : 제 15대 국회의원선거는 어떻게 보도되었나?』, 서울 : 커뮤니케이션북스.

김용호 외, 2000, 『4·13총선 : 캠페인 사례연구와 쟁점분석』, 서울 : 문형.

박병섭·정대화·조희연 외, 1998, 『한국 민주주의와 지방자치』, 서울 : 도서출판 문원.

송근원, 1993, "선거이슈와 투표행태에 관한 이론들", 이남영 편 『한국의 선거』, 서울 : 나남.

송기도, 2004, "2004 총선의 의미와 방향", 『시민과 언론』.

----, 2000, "4·13 총선결과와 의미 : 전북지역을 중심으로", 『정치정보연구』(제3권 1호), 한국정치정보학회.

----, 2000, "지역주의 공천갈등, 그리고 선거 캠페인 : 전북 남원·순창선거구", 김용호 외 『4·13총선 : 캠페인 사례연구와 쟁점분석』, 서울 : 문형.

신기현, 2004, "전북유권자들의 선택과 함의", 『제17대 총선의 결과와 의미 그리고 전북의 미래』, 새전북신문, 전북대학교 공동 심포지엄 발표 논문(2004. 5.10.).

오현철, 2000, "시민 불복종과 낙선운동의 정치학적 정당성", 『정치개혁과 낙천·낙선운동』, 총선시민연대 정책자문교수단 발간(2000.2.23).

이갑윤, 1986, "우리나라에서의 투표율 연구의 방법론적 고찰", 『선거연구 방법론에 관한 심포지움』, 한국사회과학연구 협의회.

이기홍, 1996, 『호남의 정치』, 서울 : 학민사.

이남영 편, 1993, 『한국의 선거 1』, 서울 : 나남.

전라북도 선거관리위원회, 2002, 『제3회 전국동시지방선거결과』, 전라북도 선거관리위원회.

------------------, 1998, 『제2회 전국동시지방선거결과』, 전라북도 선거관리위원회.

──────────────────, 1996,『제 15대 국회의원선거결과』, 전북선거
　　　관리위원회.

전북통계사무소, 1999,『통계로 본 오늘의 전북』, 통계청 전북통계사무소.

정영국, 1993, "국회의원 선거과정의 체계론적 분석 : 제 14대 국회의원 선
　　　거를 중심으로", 이남영 편『한국의 선거』, 서울 : 나남.

중앙선거관리위원회, 1996,『제15대 국회의원선거 총람』, 중앙선거관리위
　　　원회.

중앙선거관리위원회, 1992,『제14대 국회의원선거 총람』, 중앙선거관리위
　　　원회.

『전북도민일보』

『전북일보』

『새전북신문』

『중앙일보』

『한겨레』

www.malhara.or.kr

www.cch21.or.kr

www.krt21.or.kr

www.jbelection.go.kr

www.leeyongho.co.kr

www.newnamwon.com

www.leejr21.com

제3장 탄핵 쟁점과 지역주의, 그리고 인물투표 :
전남 목포

김영태

1. 17대 국회의원 선거와 호남, 그리고 목포

지난 2004년 4월 15일에 실시된 제17대 국회의원 선거는 정치지형에 커다란 변화를 가져왔다. 창당한 지 불과 5개월여밖에 되지 않은 열린우리당이 과반수 이상의 의석을 획득한 반면, 원내 다수당이던 한나라당은 제2당으로 밀려났다. 또한 지난 총선에서 115석을 획득했던 민주당은 9석을 얻는 데 그쳐 군소정당으로 몰락했으며, 자민련 역시 4석에 만족해야 했다. 반면 계속해서 원내 진출에 좌절했던 민주노동당이 처음으로 10석이라는 의석을 차지하면서 원내진출에 성공했다.

이러한 정치지형의 변화에서 엿볼 수 있듯 호남 지역의 선거결과 역시 민주화 이후 실시된 이전 선거와는 매우 상이한 양상을 보였다.[1] 지

---

[1] 17대 국회의원 선거에서부터 비례대표 선출을 위한 정당투표와 지역구 후보자 선출을 위한 후보자 투표가 분리된 1인 2표제가 실시되었다. 그럼에도 불구하고 이 글의 분석은 지역구 후보자 선출과정과 선거결과에 초점이 맞추어져 있으며, 다른 특별한 언급이 없는 한 이 글에서 선거는 대부분 지역구 선거를 지칭하는 한정적인 의미로 사용한다.

난 16대 국회의원 선거에서 호남 지역의 전 의석을 석권했던 민주당은 이번 선거에서 전남 지역 선거구 가운데 목포, 무안·신안, 영광·함평, 해남·진도, 곡성·장성·화순 등 5개 선거구에서만 의석획득에 성공했을 뿐 다른 지역은 열린우리당에게 모두 의석을 내주어야 했다(무소속 1석 제외). 강고하기만 하던 호남의 지역주의가 무너져 내리는 듯한 양상을 보인 것이다.[2]

물론 17대 국회의원 선거과정이 본격적으로 진행되면서 민주당을 축으로 하는 호남의 지역주의가 크게 약화되고 있다는 징후는 여러 곳에서 감지되고 있었다. 열린우리당의 분당 이후 악화일로를 거듭하던 민주당(후보)에 대한 지지도는 특히 지난 3월 12일 전격적으로 단행된 대통령탄핵소추안 가결 이후 더욱 약화되었다 – 당시 실시된 각종 여론조사 결과에 따르면 거의 모든 선거구에서 열린우리당의 지지도가 민주당의 지지도를 앞서고 있는 것으로 조사되었다. 이에 따라 민주당이 호남 지역에서조차 의석을 획득하지 못할 것이라는 의견이 대두되기도 하였다.

그럼에도 불구하고 민주당(후보)은 투표일에 임박하면서 일부 전남 선거구에서 점차 지지도를 회복하면서 당선 가능성을 높였다. 물론 이러한 민주당의 지지도 회복은 선거일에 임박하면서 위기의식을 느낀 전통적인 민주당 지지계층이 결집하였다는 점이나, 탄핵 쟁점의 영향이 점차 약화되고 있음에도 열린우리당이 적절하게 대처하지 못하고 오히려 '노인폄하 발언' 문제와 같은 실책을 범한 점 등과 많은 연관을

---

2) 호남 지역의 이번 17대 국회의원 선거결과는 집합자료의 측면에서 민주당과 열린우리당의 차별성을 강조할 경우 지역주의 약화로 볼 수 있지만, 동질성을 강조할 경우 지역주의의 연속이라고 볼 수 있다(강원택, 2004a; 강원택 2004b; 김영태, 2004a).

맺고 있다고 볼 수 있다. 그럼에도 불구하고 후보자 요인에서 상대 후보를 앞서는 것으로 평가되는 한화갑 후보가 출마한 무안·신안 선거구나 이낙연 후보가 출마한 영광·함평 선거구 등에서 민주당 후보가 열린우리당 후보보다 상대적으로 높은 지지를 받고 있었다는 일부 여론조사를 고려해 볼 때, 후보자 요인 역시 호남 지역의 17대 국회의원 선거 결과와 결코 무관하지 않다고 볼 수 있다.

이처럼 지역주의가 선거결과를 지배했던 역대 선거와 달리 호남 지역의 17대 국회의원 선거는 지역주의와 탄핵 쟁점, 그리고 후보자 요인이 중층적이고 복합적으로 작용한 결과라고 볼 수 있다. 이 글에서는 17대 국회의원 선거에서 나타난 이러한 호남 지역 선거의 변화 양상을 목포 지역을 사례로 보다 구체적으로 살펴보고자 한다. 잘 알려져 있듯 목포 지역은 민주화 이후 선거에서 다른 어느 호남 지역 선거구보다 지역주의적 선거가 지배적이었다. 이와 달리 목포 지역의 17대 국회의원 선거는 '민주당 후보의 강세 - 열린우리당 후보의 강세 - 민주당과 열린우리당 후보의 혼전 - 민주당 후보의 당선'이라는 급격한 변화를 보여 왔다. 이러한 점에서 목포 지역은 호남 지역의 17대 국회의원 선거과정과 결과를 심도 깊게 이해하는 데 커다란 도움을 줄 수 있다. 게다가 목포 선거구의 경우 민주당 후보가 당선된 다른 선거구와 달리 유일하게 현직 의원이 열린우리당이나 민주당 후보로 출마하지 않은 선거구라는 점에서 더욱 흥미롭다.

이 글은 다음과 같은 내용으로 구성되어 있다. 먼저, 역대 국회의원 선거결과에 관한 집합자료를 중심으로 역대 목포 지역(국회의원) 선거의 특징을 살펴보았다. 두 번째로, 참여관찰을 통해 얻은 자료에 기초해 각 당의 17대 국회의원 선거 후보자 선정과정과 선거운동, 그리고 선거운동 과정에서 등장한 주요한 쟁점 등을 민주당과 열린우리당 후보를 중심으로 논의해 보았다. 세 번째로, 각종 여론조사 결과와 공식 선거결과를 중심으로 후보지지도의 변화와 유권자의 투표행태를 분석해 보았다. 그리고 마지막으로, 앞서의 분석결과를 요약하는 한편, 이번 목포 지역 17대 국회의원 선거가 함축하는 정치적 의미를 정리해 보았다.

2. 목포 지역 역대 국회의원 선거 결과

목포 지역의 역대 국회의원 선거 결과는 민주화 이전과 민주화 이후에 매우 상이한 양상을 보인다. 민주화 이전 시기 국회의원 선거의 기본적인 특징이 야당(후보)에 대한 높은 지지도를 특징으로 하고 있다면, 민주화 이후 시기 국회의원 선거는 특정 정당에 대한 압도적 지지를 의미하는 지역주의를 특징으로 하고 있다.[3]

먼저 3대에서 12대에 이르기까지 목포 지역의 민주화 이전 국회의원 선거 결과를 보다 구체적으로 살펴보면, 10대 국회의원 선거를 제외하고 모든 선거에서 목포 지역의 야당 후보에 대한 지지율은 전국적인 야당 후보에 대한 지지율이나 전남 지역의 야당 후보에 대한 지지율보다 상대적으로 높다. 특히 6대와 7대 국회의원 선거에 출마한 김대중 후보에 대한 목포 지역 유권자의 지지는 다른 지역에서 나타난

---

3) 지역주의는 민주화 이후 우리나라 선거의 기본적인 특징 가운데 하나이다. 지역주의의 의미와 역대 선거에서 나타난 지역주의 현상에 관해서는 다른 무엇보다 이갑윤(1998)과 조기숙(2000)을 참고하라.

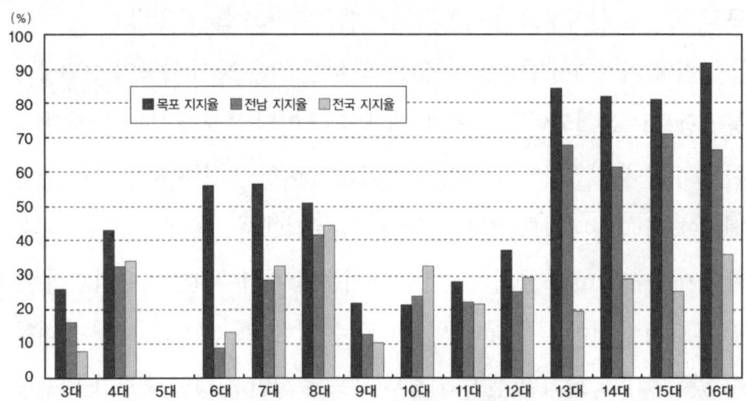

참고 : 3대 민국당-정중섭, 4대 민주당-정중섭, 6대 민주당-김대중, 7대 신민당-김대중, 8대 신민당-김경인, 9대 통일당-김경인, 10대 신민당 임종기, 11대 민한당-임종기, 12대 신민당-유경현, 13대 평민당-권노갑, 14대 민주당-권노갑, 15대 국민회의-김홍일, 16대 민주당-김홍일.
참고 : 전남, 전국지지율은 후보 소속 정당지지율.
출처 : 중앙선거관리위원회.

김대중 후보가 소속된 정당의 다른 후보에 대한 지지와 현격한 차이를 보이고 있다. 또한 이러한 목포 지역 유권자들의 야당 후보에 대한 높은 지지는 8대 선거에 이르기까지 목포 지역 국회의원 선거의 당선자가 모두 야당 출신이라는 점에서도 잘 확인된다.

물론 9대 국회의원 선거에서 11대 국회의원 선거에 이르기까지 목포 지역의 야당 후보에 대한 지지율은 크게 약화되어 30%에 미치지 못하며, 특히 10대 선거의 경우 전남 지역이나 전국적인 야당 지지율에 비해서도 상대적으로 낮다. 또한 이전 선거와 달리 9대에서 11대 국회의원 선거에서는 목포 지역에서 야당 후보가 당선되지 못했다. 이렇게 70년대 목포 지역 국회의원 선거에서 야당 후보가 낙선하게 된 것은 여당의 지지도가 상대적으로 높은 무안, 신안 등 농촌 지역이 목포와 하나의 선거구로 통폐합되었기 때문이라고 볼 수 있다.[4]

그러나 여기에서 간과할 수 없는 또 다른 점은 당시 야당이 신민당과 통일당으로 분열되어 있었으며, 이에 따라 야당 후보에 대한 지지가 분산될 수밖에 없었다는 점이다 - 전국적인 야당 후보 지지율 역시 이전 선거에 비해 상대적으로 낮은 수준이라는 점에서 이를 확인할 수 있다. 게다가 9대와 10대 국회의원 선거에서는 소지역주의가 작용하면서 야당 후보의 당선이 더욱 어려웠다고 볼 수 있다. 즉 〈그림 1〉에서 살펴볼 수 있듯 9대 국회의원 선거의 경우 목포 출신인 김경인 후보가 민주통일당으로, 그리고 무안 출신인 임종기 후보가 신민당 후보로 각각 출마하여, 김경인 후보는 목포에서는 21.9%의 지지를 획득했지만, 무안에서는 겨우 10.5%의 지지를 얻는 데 그쳤다. 이러한 후보의 출신 지역에 따른 후보 지지 경향은 10대 선거에서도 반복되어 나타났다.

결국 민주화 이전 국회의원 선거에서 목포 지역 유권자의 야당 지지는 다른 지역에 비해 상대적으로 높았지만, 야당 분열과 지역 출신 후보에 대한 지지로 표현되는 소지역주의 등에도 영향을 받았다고 볼 수 있다.

한편 민주화 이후 국회의원 선거에서 나타나는 목포 지역 선거의 특징은 앞서 언급한 것처럼 지역주의를 특징으로 한다. 즉 13대 국회의원 선거에서는 평민당의 권노갑 후보가 84.2%라는 압도적인 지지를 획득했으며, 14대 국회의원 선거에서는 민주당으로 출마한 권노갑 후보가 82%의 지지율을 기록했다. 또한 15대 총선에서는 국민회의 김홍

---

4) 11대 국회의원 선거의 경우 민한당이 여당에 의해 인위적으로 만들어진 것으로 알려진 준여당이었다는 점이 선거결과에 영향을 주었다고 볼 수 있다.

일 후보가 출마하여 역시 81.2%라는 높은 지지를 얻었으며, 이어 16대 총선에서 역시 민주당 김홍일 후보가 91.8%라는 압도적인 지지를 얻은 바 있다.

여기에서 특히 흥미로운 점은 호남의 지배정당이라고 볼 수 있는 평민당–민주당–국민회의–민주당의 전남 지역 지지율이 60~70% 수준에 머무른 반면, 목포 지역의 경우 이들 정당 후보에 대한 지지율이 80~90%에 이르러, 표의 결집현상이 전남 지역의 일반적인 수준보다 훨씬 더 강했다는 점이다. 즉 90%에 육박하는 특정 후보에 대한 몰표현상이 호남 지역 전반의 경우 대통령 선거에서만 발견되지만, 목포 지역의 경우 국회의원 선거에서도 이러한 표의 집중 현상이 나타났다는 것이다. 이는 목포 지역이 다른 어느 지역보다 지역주의 투표현상이 지배적이었음을 확인시켜주는 것이다.

물론 목포 지역의 지역주의가 이렇게 다른 호남 지역에 비해 유달리 강하게 나타난 것은 여러 가지 원인으로 설명될 수 있다. 예컨대 야당 당수이자 야당의 대표주자로서 수차례 대통령 선거에 출마한 김대중 후보가 민주화 이전 목포 지역 국회의원이었다는 점이 하나의 설명이 될 수 있다. 즉 목포 지역민의 표현을 빌린다면 "목포는 DJ의 정치적 고향"인 것이다. 이러한 점에서 김대중 후보와 밀접한 관계를 가졌던 권노갑 후보나 김홍일 후보가 압도적인 지지로 국회의원 선거에 당선된 것은 자연스러운 현상으로 받아들여질 수 있다.[5]

---

5) 앞서 살펴본 것처럼 민주화 이전 선거에서도 목포 지역은 야당에 대한 지지가 상대적으로 높은 편이었다. 이러한 점에서 목포 지역의 강한 야당 지지 경향을 지역주의만으로 설명하기는 어려운 측면이 있다고 볼 수 있다.

3. 후보공천 과정 - 민주당 후보경선을 중심으로

앞서 살펴보았듯 민주화 이후 목포 지역의 역대 국회의원 선거는 다른 어느 지역보다 강한 지역주의 선거로 점철되어 왔다. 이에 따라 17대 국회의원 선거가 본격화되기 이전 지역 유권자들과 선거 입지자들의 최대 관심사는 민주당 후보로 누가 출마하느냐는 문제였다. 목포 지역의 경우 민주당 공천이 곧 당선을 의미하는 것이라고 여겨졌기 때문이다. 특히 앞서 설명한 것처럼 호남 지역의 맹주로 군림해 왔던 김대중 전 대통령의 아들이자 15~16대 국회의원 선거에서 압도적인 지지율로 당선된 바 있던 김홍일 의원의 출마와 민주당 재공천 여부는 당락의 문제를 떠나 선거결과를 크게 좌우할 수 있다는 측면에서 초미의 관심사 가운데 하나였다.

물론 김홍일 의원의 출마 여부와 상관없이 이상열 변호사, 양지문 전 권노갑 의원 보좌관, 정영식 전 행자부 차관 등은 일찌감치 민주당 후보 출마를 선언한 바 있다.[6] 그럼에도 불구하고 당선 가능성이 상대적으로 높다고 여겨지는 민주당 후보 공천을 염두에 둔 일부 입지자들은 김홍일 의원의 공식적인 입장표명 전까지는 출마선언을 미루었다. 이와 마찬가지로 민주당에서 분당해 새롭게 창당한 열린우리당 역시 목포 지역에서 후보를 공천할 것인가를 두고 최종적인 결론에 도달하지 못한 바 있다.[7]

---

6) 이들의 경우 김홍일 의원이 민주당 후보출마를 선언하더라도 당선 가능성이 낮은 무소속이나 다른 정당 후보출마보다 경선이 유리할 수 있으며, 김홍일 의원이 불출마를 선언하면 민주당 후보로 당선될 가능성이 높다고, 즉 어떤 경우든 민주당 후보가 되지 못한다면 당선 가능성이 희박하다고 판단했을 것으로 여겨진다.

그럼에도 민주당 탈당과 복당 그리고 민주당 비례대표 출마라는 우여곡절 가운데 김홍일 의원은 지역구 불출마를 결정하였다. 김홍일 의원이 이렇듯 지역구 불출마를 선언한 것은 다른 무엇보다 정치의 변화와 개혁을 바라는 지역 유권자들의 요구와 김홍일 의원의 의정활동에 대한 일부의 불만족이 크게 영향을 준 것으로 여겨진다. 이처럼 김홍일 의원이 지역구 불출마를 선언하자 이광래 전 전남도의원, 최기동 전 목포시의원, 김유배 전 청와대 복지수석, 홍승태 민주당 미디어홍보국장 등이 새롭게 민주당 후보출마를 선언했다.

이에 따라 후보자격을 인정받지 못한 홍승태 후보를 제외한 6명이 민주당 후보 경선에 참여했다.[8] 지난 3월 12일 경선투표가 실시되기 전까지 경선 후보자들 간의 최대 쟁점은 다른 무엇보다 경선방식이었다.[9] 민주당 목포 지구당 부위원장인 이광래 후보와 지구당 사무국장인 최기동 후보는 자신들에게 유리하다고 판단되는 당원 참여 경선을 주장한 반면, 지구당에 조직적 기반이 약하다고 평가되는 5명의 다른 후보들은 시민 상대 여론조사 방식을 주장한 것이다. 이러한 와중에 민주당 중앙당은 목포 지구당을 지구당 위원장이 궐위된 사고 지구당으로 간주하고, 중앙당 주관 아래 자질검문청문회와 여론조사를 실시

---

7) 열린우리당이 목포 지역의 공천을 미룬 것은 'DJ의 정치적 고향'이라는 목포 공천이 소위 '김심'을 자극할 수 있다는 우려 때문이었다고 알려지고 있다.

8) 홍승태 후보는 민주당의 후보 선출방식에 문제를 제기하면서 지구당에 후보등록을 하지 않았다. 이에 따라 민주당 목포 지구당은 홍승태 후보의 경선 후보자격을 인정하지 않았다.

9) TV로 녹화방영된 정책토론회를 포함하여 경선과정 전반에 걸쳐 경선후보들의 정책적 차별성은 크게 부각되지 못했다. 모든 후보들이 지역발전과 관련되는 일반적이고 구체성을 띠지 못한 유사한 공약들을 제시했으며, 민주당, 특히 김대중 전 대통령과의 연관성을 강조하는 분위기에서 경선이 진행되었다.

하고, 이에 기초해 최종후보를 확정하기로 결정했다.

그러나 목포 지구당의 강력한 반발에 직면한 민주당 중앙당은 이러한 결정을 번복하고, 지구당의 주관 아래 당원과 일반시민이 참여하는 국민 참여 경선을 실시하기로 최종 확정했다. 이에 따라 목포 지구당은 5명의 후보들이 반발하는 가운데 후보등록을 시작했으며, 마감 결과 홍승태 후보를 제외한 나머지 6명의 후보가 후보등록을 마쳤다. 이후 경선방식과 지구당 후보등록에 강력히 반발하는 홍승태 후보를 배제한 가운데 목포 지구당은 3월 4일과 8일 나머지 6명의 후보를 대상으로 두 차례의 정책토론회를 개최하는 등 신속하게 경선일정을 진행시켜 나갔다.

3월 12일 목포 실내체육관에서 열린 민주당 목포 지구당 경선은 후보들의 정견발표와 선거인단의 전자투표를 중심으로 진행되었다. 경선 선거인단은 당원 2,800여 명과 각 후보들이 1,000명씩 추천한 6,000명 가운데 일반시민 선거인단 1,500명을 포함한 2,940명이 추첨되었다. 예정된 오후 1시를 넘겨 시작된 경선은 과열·혼탁 양상을 보이지 않고 비교적 차분하게, 그러나 다소 혼란스러운 양상을 보이면서 진행되었다. 실제 선거인단이 아닌 것으로 여겨지는 조직적으로 동원된 지지자들의 연호와 박수, 투표 와중에도 지지를 호소하는 일부 후보, 그리고 이를 적절히 통제하지 못하는 지구당 선거관리위원회, 전자투표와 개표과정에서 다소간의 혼란 등이 나타났다.

40·50대가 주축을 이룬 총 2,911명의 선거인단이 참여한 투표결과 무효표가 무려 780표에 달하는 것으로 확인된 가운데, 이광래 후보 182표, 이상열 후보 656표, 정영식 후보 354표, 양지문 후보 134표, 김유배 후보 380표, 그리고 최기동 후보가 422표를 얻은 것으로 최종

집계되었다. 이에 따라 최다 득표를 한 이상열 후보가 민주당 목포 후보로 선출되었으며, 경선결과에 대부분 승복하는 분위기 속에 경선이 마무리되었다.

이러한 민주당 목포 지구당 경선 결과는 경선방식이 후보선정에 결정적인 영향을 줄 것이라는 당초의 예상을 상당히 뒤집은 것이었다. 즉 일반시민 선거인단이 각 후보에게 고루 배분되었기 때문에 결국 당원 선거인단의 투표가 당락을 좌우할 것이라는 의견이 상당수였다. 그럼에도 불구하고 지구당 부위원장이나 사무국장으로서 당에 튼튼한 조직적 기반을 가진 것으로 평가되었던 이광래 후보나 최기동 후보가 경선에서 탈락하고, 당에 조직적 기반이 취약한 것으로 평가되던 이상열 후보가 민주당 후보로 결정되었기 때문이다.

한편 앞서 언급한 것처럼 열린우리당의 경우 선거 초반 후보공천을 하지 않을 것을 고려한 바 있다. 그러나 지역 일부에서 이에 대한 불만이 제기되고, 당원들의 공천 요구가 계속되는 가운데 김홍일 의원의 지역구 불출마가 최종적으로 결정되면서 단독으로 열린우리당 후보출마를 선언한 김대중 전 목포시의회 의장을 2월 24일 단수 공천하였다. 또한 민주노동당은 최송춘 민주노동당 목포시 지구당 위원장을 당원 찬반투표를 거쳐 공천하였으며, 16대 총선에서 한나라당 후보로 출마한 바 있는 배종덕 후보가 무소속 출마를 선언했다. 이에 따라 목포 지역 17대 총선은 최종적으로 민주당 이상열 후보, 열린우리당 김대중 후보, 민주노동당 최송춘 후보, 무소속 배종덕 후보의 4파전 양상으로 전개되었다.

4. 후보의 인물과 선거쟁점 · 선거운동

1) 후보의 인물과 경력

앞서 언급했듯 목포 지역 17대 국회의원 선거에는 모두 4명의 후보가 출마하였다(〈표 1〉 참고). 이들 후보들의 인물과 경력을 보다 구체적으로 비교해 보면 먼저 눈에 띄는 점은 모든 후보들이 전남 지역에서 출생했지만, 한나라당 배종덕 후보가 목포 출신으로 지역적 연고가 가장 강하다고 볼 수 있다. 그럼에도 불구하고 신안 지역이 목포와 지리적으로 연계되어 있어 지역적 연고성이 강하다고 볼 때, 민주당 이상열 후보나 민주노동당 최송춘 후보가 크게 불리하다고만 볼 수는 없다. 다만 열린우리당 김대중 후보의 경우 전남 곡성 출신이라는 점에서 목포와 지역적 연고가 다소 약하다고 볼 수 있다.

다음으로 연령에서는 열린우리당 김대중 후보가 42세로 가장 젊은 후보였으며, 민주노동당 최송춘 후보는 45세, 민주당 이상열 후보 52세, 그리고 무소속 배종덕 후보 58세로 나타났다. 선거경쟁력이 상대적으로 높다고 볼 수 있는 열린우리당 후보와 민주당 후보만을 비교할 경우 김대중 후보는 참신성을, 이상열 후보는 원숙함을 내세울 수 있는 연령대라고 볼 수 있을 것이다. 또한 학력에서는 민주노동당 최송춘 후보만이 고졸이며, 다른 후보들은 모두 대학 졸업의 학력을 가졌다. 그럼에도 불구하고 민주당 이상열 후보는 경복고-서울대 졸업이라는 학력과 행정고시-사법고시 양과 합격이라는 경력으로 비교우위를 점하고 있는 것으로 나타났다.

주요 경력에서는 민주당 이상열 후보가 변호사 경력(무료법률상담

<표 1> 제17대 국회의원 선거 목포 선거구 출마자

이름	소속 정당	주요 경력	
이상열 (기호 2번)	새천년 민주당	• 변호사 • 1952년 1월 22일 전남 신안 생 • 서울대 졸 • 행시 · 사시 합격 • 목포변호사회 회장	• 병역 : 필 • 재산신고 : 12억 3천6백만 • 납세 : 184,138 • 전과 : 무
김대중 (기호 3번)	열린 우리당	• 목포시의회의장(전) • 1961년 8월 13일 전남 곡성 생 • 전남대 졸 • 목포시의회 의장(5·6·7대 의원) • 전교조 전남지부 사무국장	• 병역 : 필 • 재산신고 : 　채무 2억 2천4백만 • 납세 : 2,854 • 전과 : 무
최송춘 (기호 4번)	민주 노동당	• 민주노동당 목포지구당 위원장 • 1959년 3월 27일 전남 신안 생 • 금오공고 졸 • 목포 지역 통일연대 공동대표 • 민주노동당 목포시지구당 위원장	• 병역 : 필 • 재산신고 : 채무 2천2백만 • 납세 : 2,757 • 전과 : 무
배종덕 (기호 5번)	무소속	• 정당인 • 1945년 8월 8일 전남 목포 생 • 연세대 졸 • 한나라당 목포·신안(갑) 지구당 위원장 • 한나라당 목포 지구당 위원장	• 병역 : 미필 • 재산신고 : 8억 4천5백만 • 납세 : 62,080 • 전과 : 무

경력)을 중심으로 내세우고 있는 반면, 열린우리당 김대중 후보는 목포시의회 의원 경력과 시의장 경력을 앞세웠다. 또한 민주당 이상열 후보는 목포시장 선거와 국회의원 선거 출마 경험을 가지고 있는 반면, 열린우리당 김대중 후보는 시의회 선거 경력을 가지고 있다. 그러나 열린우리당 김대중 후보의 경우 무투표 당선 경험이 전부인 반면, 이상열 후보는 비록 낙선의 고배를 마셔야 했지만 목포시 전체를 대상으로 한 선거를 수차례 경험한 바가 있다는 점에서 양 후보가 차이를 보이고 있다. 물론 무소속으로 출마한 배종덕 후보가 13대에서 16대에

이르기까지 무려 4회에 걸쳐 국회의원 선거에 출마한 경험을 가지고 있어 선거 경험으로는 다른 어느 후보보다 우위를 점하는 것으로 나타나지만, 모두 당선 가능성이 매우 희박한 한나라당 후보로 출마했다는 점에서 이를 과대평가해서는 곤란하다고 볼 수 있다.

한편 선거관리위원회 신고 사항 가운데 하나인 병역과 관련해서는 무소속 배종덕 후보를 제외하고 모두 병역을 필했으며, 선거과정에서 전혀 문제가 제기되지 않았다. 이와 달리 납세문제와 관련해서 가장 재산 신고액이 많았던 이상열 후보의 경우 체납 · 탈세 의혹이 제기된 바 있다. 그럼에도 불구하고 세금문제가 실질적인 선거결과에 커다란 영향을 주지는 못했던 것으로 평가되며, 오히려 2억 2천여 원의 채무를 가진 김대중 후보에 비해 12억의 재산을 가진 이상열 후보가 선거자금 면에서 유리했을 수도 있었을 것이다.

2) 선거쟁점과 선거운동 전개과정 – 민주당과 열린우리당 비교

목포 지역 17대 국회의원 선거는 앞서 언급한 4명의 후보 가운데 민주당 이상열 후보와 열린우리당 김대중 후보의 양강 구도로 전개되었다. 민주당 후보가 결정되지 않았던 선거 초반까지만 하더라도 민주당 후보의 당선이 당연시되었다. 그러나 민주당 후보경선 당일인 3월 12일 노무현 대통령에 대한 탄핵소추안이 국회에서 가결되면서 다른 지역과 마찬가지로 상황은 급변하였다. 열린우리당에 대한 지지도가 급상승하고, 목포 지역에서도 열린우리당 김대중 후보가 당선될 가능성이 높다는 목소리가 나오기 시작한 것이다. 이에 따라 공식적인 선거운동 기간이 시작되면서 열린우리당 김대중 후보의 당선 가능성이 예견되는 가운데 민주당 이상열 후보의 지지도 회복을 위한 선거전이 본격적으로 전개되기 시작했다.

양 후보의 선거운동 전개과정을 보다 구체적으로 살펴보면 먼저 열린우리당 김대중 후보는 '탄핵 세력 심판'을 주요 쟁점으로 내세우면서, 지역발전을 위해 '힘 있는 여당'인 열린우리당을 지지해 줄 것을 호소했다. 또한 "잘 사는 목포, 정책여당이 만들어간다"는 기치 아래 "열린우리당의 정책과 노선이 DJ의 철학을 계승한 것"이라며 "여당 도시로서 목포"를 지켜줄 것을 부탁했다. 이처럼 열린우리당 김대중 후보는 탄핵 쟁점을 통해 형성된 지지도의 우위를 유지하면서도, 선거전에서의 여당 프리미엄을 적절히 활용하는 한편 목포 지역이 'DJ의 정치적 고향'이라는 점을 고려하여 김대중 전 대통령과의 연계성을 강조하는 선거 전략을 구사했다. 반면 민주당 이상열 후보는 민주당과 김대중 대통령에 대한 목포 시민의 지역주의적 정서에 호소하는 한편, 열린우리당 김대중 후보와 비교하여 자신이 인물 면에서 뛰어나다는 점을 크게 강조하는 선거운동을 펼쳤다. 민주당 이상열 후보의 이러한 선거전략은 다른 무엇보다 "김대중 전 대통령과 목포의 미래"를 지키기 위해 "우리 아이들의 미래와 목포의 미래를 책임질 큰 인물"이자 "김대중 전 대통령을 계승할 큰 인물"이며, "준비된 목포 시민 후보"인 자신을 지지해 줄 것과 함께 "민주세력의 집결체 민주당과 목포의 자존심 김대중 전 대통령"을 목포 시민이 지켜줄 것을 호소하는 소형 인쇄물의 문구에서 잘 드러난다. 이처럼 목포 지역의 17대 국회의원 선거는 지역주의, 탄핵, 인물이라는 세 가지 요인이 선거과정 전반을 지배했다.

이와 달리 정책적인 측면이나 선거공약에 있어서는 양 후보 사이에

<표 2> 민주당 이상열 후보와 열린우리당 김대중 후보 주요 선거공약 비교

민주당 이상열 후보	열린우리당 김대중 후보

• DJ 평화공원조성 마무리
 	
• 살맛나는 좋은 도시 목포
  1. 목포발전의 주춧돌 신도청 이전사업 마무리
  2. 무안반도통합을 통한 서해안중심도시로 육성
  3. 재래시장 및 역세권 개발을 통한 목포경제 활성화
 	
• 기업하기 좋은 도시 목포
  1. 물류비절감을 위한 종합물류네트워크 구축
  2. 스포츠마케팅을 통한 스포츠산업 육성
  3. 영상위원회를 구성하여 '영상산업' 집중육성
	• 새로운 정치
	  1. 정치개혁 1번지 목포
	
	• 잘 사는 목포
	  1. 동북아 해양 문화 관광 중심도시 목포
	  2. 신물류교역의 중심지 목포
	  3. 참여정부 균형발전 중심도시 목포
	  4. 신바람 나는 경제도시 목포
	  5. 2세 교육의 요람, 교육도시 목포
	  6. 참여복지 실현의 모범도시 목포
	  7. 전남도약을 선도하는 신행정중심도시 목포

뚜렷한 차별성이나 쟁점이 부각되지 못했다. 물론 <표 2>에 제시된 것처럼 민주당 이상열 후보와 열린우리당 김대중 후보의 주요 선거공약은 다소 상이한 내용을 담고 있다. 예컨대 민주당 이상열 후보는 지역주의 정서를 호소하는 'DJ 평화공원조성 마무리'라는 공약을 내세운 반면, 열린우리당 김대중 후보는 정치개혁에 대한 열망을 반영하여 "정치개혁 1번지 목포 = 새로운 정치"의 실현이라는 공약을 앞세우고 있다. 그러나 열린우리당 김대중 후보의 선거공약은 다소 추상적이며 일반적인 – 혹은 소망스러운 – 공약이라는 특성을 갖고 있다는 점에서 커다란 쟁점으로 부각되기 어려웠다. 이와 마찬가지로 민주당 이상열 후보의 선거공약은 비록 구체성을 가지고 있다고 하더라도 대부분이 공감하고 있는 사항을 기본으로 하고 있다. 게다가 양 후보 모두 선

거공약에 커다란 비중을 두지 않는 선거운동을 전개해 이러한 선거공약이 선거결과에 미친 영향은 매우 미미했던 것으로 여겨진다.[10]

한편 이러한 선거공약과 마찬가지로 민주당 이상열 후보와 열린우리당 김대중 후보의 선거운동 방식 역시 크게 상이하지 않았으며, 과거와 다른 특이한 형태의 선거운동 방식 역시 등장하지 않았다. 보다 구체적으로 이들 후보들은 후보자 합동연설회가 폐지된 결과에 따라 TV토론회와 차량·거리 유세에 선거운동을 집중했다. 예컨대 민주당 이상열 후보의 4월 13일 선거운동 일정을 살펴보면 산정1동에서 시작하여 산지부락, 석현부락, 산양, 산계, 월산, 노독·내화·장자, 신동, 백련동, 광산마을, 관회부락, 라이프아파트, 청산아파트, 용해3단지아파, 양을촌, 용해2단지아파트, 제일아파트, 용해하이츠아파트, 부속초등학교 옆, 청해사, 죽교동 일대, 산정1동 일대, 광장마트 건너편 산동네, 삼학 새마을금고 앞, 연동 새마을금고 앞, 삼성아파트, 상동 일대 등을 순회하는 일정으로 짜여져 있다. 이와 마찬가지로 열린우리당 김대중 후보의 선거일정 역시 4월 12일 백년로 사거리 출근 인사, 농산물 공판장 등 각 지역 유세, 4월 13일 수협어판장, 장자동·노덕동 주민, 실내체육관 유세, 4월 14일 유달경기장 출근 인사, 후레시마트 상가, 역전 광장 차량 유세 등으로 짜여져 있다.

물론 이러한 후보자 개인들의 선거운동과 함께 중앙당 차원의 지원유세도 유사한 형태로 진행되었다. 민주당의 이상열 후보를 지원하기 위해 민주당 추미애 선대위원장이 목포를 방문하였으며, 박준영 민주

---

10) 무소속 배종덕 후보를 제외한 방송토론회가 실시된 바 있다. 방송토론회는 비교적 차분한 가운데 진행되었지만, 토론회에서도 커다란 쟁점이 부각된 것은 아니다. 다만 토론회 이후 김대중 후보가 유약한 인상을 남겼다는 평가가 대두되기도 했다.

당 선대본부장이 지원유세를 하기도 하였다. 특히 3보 1배를 마치고 목포를 방문한 추미애 의원은 "민주화의 성지이며 김대중 전 대통령이 만든 민주당을 목포에서부터 살펴보자"고 호소하면서 소위 '추미애 바람'을 목포 지역에 연계하고자 시도했다. 이와 마찬가지로 열린우리당 역시 정동영 의장, 천정배 의원 등이 목포를 방문하여 탄핵에 대한 민주당의 책임을 강조하며 열린우리당 김대중 후보에 대한 지지를 호소했다. 한편 열린우리당 김대중 후보의 경우 2004 총선물갈이 연대의 지지 후보로 선정되어, 정대화 총선물갈이 국민연대 공동위원장의 지원을 받은 바 있다. 그러나 이러한 총선물갈이 연대의 지지가 선거결과에 커다란 영향을 주었던 것으로 여겨지지는 않는다.

5. 유권자의 투표행태와 선거결과

전체 유권자 171,129명 가운데 96,954명(투표율 56.7%)이 참여한 목포 지역 17대 국회의원 선거는 민주당 이상열 후보 48,745표(50.9%), 열린우리당 김대중 후보 38,832표(40.5%), 민주노동당 최송춘 후보 4,605표(4.8%), 무소속 배종덕 후보 3,593표(3.8%)를 획득하여, 민주당 이상열 후보의 당선으로 막을 내렸다. 특히 민주당 이상열 후보는 열린우리당 김대중 후보와 박빙의 승부가 펼쳐질 것이라는 예상과 달리, 목포시 거의 전 지역에서 김대중 후보보다 높은 지지를 받으면서 김대중 후보를 10,000표(10%) 정도 앞섰던 것으로 나타났다.

이처럼 민주당 이상열 후보가 예상과 달리 열린우리당 김대중 후보와 커다란 격차를 두고 당선하게 된 것은 먼저 젊은 세대의 투표율과

〈표 3〉 제17대 국회의원 선거 광주·전남 주요 도시 투표율

구분	목포	광주	여수	순천
17대 총선	56.7%	60.2%	갑 57.6% 을 61.1%	62.3%
16대 총선	58.3%	54.0%	57.9%	59.4%

출처 : 중앙선거관리위원회.

깊은 연관이 있는 것으로 여겨진다.[11] 즉, 이번 목포 지역 국회의원 선거 투표율은 56.7%로, 전국 투표율(60.6%)이나 전남 투표율(66.8%)에 비해 낮은 수준을 보였던 것으로 나타났다. 게다가 목포 지역의 경우 지난 16대 총선 당시에 비해 이번 선거에서 투표율이 하락했지만 (58.3%), 다른 도시 지역의 경우 대부분 이번 선거에서 투표율이 상승 했다(〈표 3〉 참고). 즉 다른 도시 지역의 투표율 상승이 다른 무엇보다 열린우리당에 대한 지지가 강했던 20~30대와 밀접한 관계가 있다는 지적을 고려해 본다면, 목포 지역의 투표율 하락은 곧바로 열린우리당 지지자의 동원 실패를 의미하는 것이라고 볼 수 있다.

물론 투표율 저하가 민주당 후보의 당선이나 민주당 후보와 열린우 리당 후보 사이의 현격한 격차를 모두 설명해 주지는 못한다. 이러한 점에서 〈표 4〉에 제시된 정당투표 결과는 하나의 흥미로운 설명 가능 성을 제공해 준다. 즉 전국적으로 본다면 열린우리당의 정당지지율은 후보지지율보다 낮았지만, 목포 지역의 경우 김대중 후보 지지율은 40.5%로 42.5%를 기록한 정당지지율보다 다소 낮다. 이와 달리 민주

---

11) 17대 국회의원 선거에서 나타난 투표율 증가와 연령과의 관계는 다소 논쟁적이다 (이준한, 2004).

⟨표 4⟩ 목포 지역 제17대 국회의원 선거 결과

구분	한나라당	민주당	열린우리당	민노당	무소속/기타
후보	–	48745 50.9%	38832 40.5%	4605 4.8%	3593 3.8%
정당 투표	1846 1.9%	38456 40.3%	40594 42.5%	11091 11.6%	

출처 : 중앙선거관리위원회.

당 이상열 후보는 목포 지역의 민주당 지지율 40.3%보다 훨씬 높은 50.9%라는 득표율을 기록했다. 이러한 점에서 민주당 이상열 후보가 인물요인을 통해 열린우리당 김대중 후보보다 높은 지지를 얻었다고 볼 수 있다.[12]

한편 이번 17대 국회의원 선거에서 나타난 각 후보의 지지구조는 이와 관련된 자료의 부족으로 명확히 확인할 수 없다. 다만 공식적인 선거운동이 시작되기 이전에 실시된 목포대 지방자치연구소의 설문조사 결과를 통해 이에 관한 몇 가지 유추를 해 볼 수 있다.[13] 먼저 목포대 지방자치연구소의 17대 국회의원 선거 여론조사 결과에 따르면 탄핵 문제에 대한 책임이 대통령에게 있다고 보는 응답자 가운데 53.1%가 민주당 이상열 후보를 지지하고 있는 것으로 나타난 반면, 열린우리당 김대중 후보 지지 응답자는 6.1%에 불과하다(⟨표 5⟩ 참고). 이와 달리

---

12) 물론 정당 득표 결과와 후보 득표 결과를 직접적으로 비교할 경우 여러 가지 문제점이 있을 수 있기 때문에 이러한 해석은 주의를 요하며, 인물요인이 선거결과에 미친 영향에 관해서는 보다 체계적인 분석이 요구된다. 그럼에도 자료의 부족으로 여기에서는 추론만을 제시한다.

13) 목포대 지방자치연구소의 17대 국회의원 선거 설문조사는 목포 MBC의 의뢰로 500명을 표본으로 하여 모두 3차례 실시되었다.

탄핵 문제에 대한 책임이 민주당이나 한나라당 등 야당에게 있다고 보는 응답자 가운데 민주당 이상열 후보를 지지하는 응답자는 9.1%에 불과한 반면, 열린우리당 김대중 후보를 지지한다는 응답자는 55.2%에 달하는 것으로 나타났다. 이와 마찬가지로 탄핵이 잘못된 일이라고 보는 응답자 가운데 민주당 이상열 후보를 지지하는 응답자는 13.4%에 불과한 반면, 탄핵이 잘된 일이라고 보는 응답자 가운데 이상열 후보의 지지자는 41.2%에 달한다. 반면 탄핵이 잘못된 일이라고 보는 응답자 가운데 열린우리당 김대중 후보를 지지하는 응답자는 42.7%에 달하는 반면, 탄핵이 잘된 일이라고 보는 응답자 가운데 김대중 후보의 지지자는 이에 훨씬 못 미치는 21.6%로 나타났다. 이처럼 목포 지역의 후보자 지지구도는 노무현 대통령의 탄핵소추안 가결로 커다란 영향을 받았으며, 이는 탄핵소추안 가결 이전 각각 민주당 26.3%, 열린우리당 14.0%이던 목포 지역의 정당지지도가 탄핵 이후 민주당 16.2%, 열린우리당 50.6%로 크게 뒤바뀌었다는 점에서도 다시 한 번 확인할 수 있다.

〈표 5〉 목포 지역 제17대 국회의원 선거 탄핵 쟁점과 후보 지지(%)

구분		민주당 이상열	열린우리당 김대중	민노당 최송춘	무응답
탄핵 책임	대통령	53.1%	6.1%	6.1%	34.7%
	야당	9.1%	55.2%	1.7%	34.1%
	모두	17.4%	28.0%	2.9%	51.7%
탄핵 찬반	잘못된 일	13.4%	42.7%	2.4%	41.5%
	잘된 일	41.2%	21.6%	2.0%	35.3%

출처 : 목포 MBC · 목포대학교 지방자치연구소(2004년 3월 15일 조사).

목포대 지방자치연구소가 실시한 설문조사 결과에서 또 다른 흥미로운 점은 총선이 본격화되기 이전인 지난 2월 말 현재 정당만을 고려할 경우 민주당에게 투표할 것이라는 응답자는 26.3%, 열린우리당을 지지하겠다는 응답자는 14.0%인 것으로 나타났다는 점이다. 즉 민주당에 대한 지지도가 비록 열린우리당에 대한 지지도를 앞서고 있기는 했지만, 절대적으로 볼 때 매우 낮은 26.3%에 불과했다는 것이다. 게다가 전체 응답자 가운데 과반수에 해당하는 49.1%가 지지 정당을 밝히지 않은 부동층인 것으로 나타났다. 결국 이러한 저조한 민주당 지지도와 광범위한 지지도는 과거 선거에서 압도적인 지지를 보냈던 목포 지역의 민주당 지지가 이번 17대 국회의원 선거에 접어들면서 크게 흔들리고 있다는 것을 보여주는 한편, 부동층의 향배에 따라 선거결과가 크게 변화할 수 있음을 보여주고 있는 것이라 할 수 있다. 즉, 목포 지역의 지역주의 경향은 기본 구조를 유지하면서도 깨어질 수 있는 가능성을 17대 국회의원 선거 초반부터 내포하고 있었다는 것이다.[14] 물론 이러한 목포 지역의 유약한 지역주의는 앞서 설명한 것처럼 탄핵 쟁점이 대두되면서 실제로 급격히 붕괴되는 양상을 보였다고 할 수 있다. 다만 탄핵 쟁점이 목포 지역의 지역주의 정향을 끝까지 붕괴시키기에는 한계를 가졌을 뿐만 아니라, 후보자 요인이 여기에 가중되면서 목포 지역의 17대 국회의원 선거 결과는 민주당 후보의 승리로 막을 내렸다고 볼 수 있다.

---

14) 일부 논의에 따르면 지역주의는 약화 문제와 관계없이 끊임없이 변화 · 발전해 왔다고 여겨진다. 목포 지역 지역주의와 지역주의의 유약성에 관해서는 김영태(2003)와 김영태(2004)를 참고하라.

6. 선거결과의 정치적 의미

지금까지 목포 지역의 17대 국회의원 선거과정과 선거결과를 살펴
보았다. 이에 따르면 목포 지역의 17대 국회의원 선거는 먼저 지역주
의 선거가 지배적이었던 과거 선거와 달리 지역주의와 탄핵 쟁점 그리
고 인물요인이 복합적으로 작용했던 선거라고 특징지을 수 있다. 물론
이러한 지역주의 요인의 영향력 약화는 민주당과 열린우리당의 분당,
탄핵소추안 가결 등과 밀접한 관계를 맺고 있기 때문에 목포 지역에
한정된 현상이라고 보기 어렵다. 따라서 목포 지역 선거에서 나타난
이러한 특징은 전국적인 선거, 특히 호남 지역 선거에서도 발견되는
공통적인 특징이라고 볼 수 있다(윤종빈, 2004; 조성대 2004). 이러한
점에서 목포 지역과 호남 전반에서 나타나는 이러한 후보(정당) 지지
구조의 변화는 한편으로는 호남의 지역주의가 상당 정도 약화되고 있
다는 것을 의미하는 것이기도 하지만, 다른 한편으로는 특정 정당의
호남(목포) 지역 일당 지배체제가 붕괴하고 있다는 것을 보여주는 것
이라 할 수 있다. 다만 열린우리당이 민주당에서 분당했고, 양당이 이
념적으로나 정책적으로 커다란 차별성을 보이지 않는 점이나, 양당을
제외한 다른 정당(후보)의 지지구조가 매우 취약하다는 점 등은 이번
선거를 중대선거(critical election)로 단정짓기 어렵게 만들고 있다고
볼 수 있다(김영태 2004a).

목포 지역의 17대 국회의원 선거에서 나타나는 또 다른 특징은 과거
선거와 마찬가지로 선거과정 전반과 선거결과가 중앙정치의 영향을 크
게 받았다는 것이다. 즉 지역주의 정향에 호소하는 '민주당 살리기' 나
이번 선거를 또 다른 대통령 선거로 여기게 만드는 '탄핵 세력 응징' 과

같은 전국적인 쟁점이 선거 전반을 지배하면서 지역구 선거로서 목포 지역의 선거라는 의미는 크게 상실되었다는 것이다. 물론 여기에서 앞서 언급한 것처럼 후보 당락과 관련한 후보자 요인의 중요성을 간과해서는 안 될 것이다. 그럼에도 불구하고 주요 경쟁 후보들 간의 정책적 차별성이나 지역 차원의 쟁점이 뚜렷이 부각되지 못했다는 점에서 선거과정 전반에서 지역요인이 차지하는 비중이 너무 과장되어서는 곤란할 것이다. 즉 후보자 요인이 최종적인 당락에 영향을 주었다고 볼 수는 있지만, 선거과정 전반을 지배했다고 보기는 힘들다는 것이다. 이러한 점에서 목포 지역 17대 국회의원 선거 역시 이전 선거와 마찬가지로 지역선거의 독특성이 나타나지 못한 선거였다고 볼 수 있다.

한편 17대 국회의원 선거는 정치관계법의 개정으로 과거와는 매우 상이한 선거환경에서 실시되었다. 그럼에도 불구하고 후보들의 선거운동 양상은 과거와 크게 상이하지 않았다고 여겨진다. 이번 선거에서도 구체성이 없고 실현 가능성이 희박하거나 아니면 일반론적인 선거 공약이 제시되고, 목포 전 지역을 순회하는 빽빽한 (유세) 일정에서 알 수 있듯 유권자와의 직접 대면이 선거운동의 중심을 이루었다. 게다가 민주당 경선결과나 본선결과 자체가 조직 동원에 크게 영향을 받았다는 점 역시 후보자들의 선거운동 양식이 크게 변화하지 않았다는 것을 보여준다. 다만, 이번 선거에서 민주당의 경우 후보경선이 실시되면서 정책토론회가 개최되었다거나 후보 간의 TV 토론회가 실시되었다는 점 등은 과거 선거와 비교해 매우 커다란 변화라 할 수 있다. 특히 새롭게 도입된 TV 토론회의 경우 후보자 상호 토론까지 실시되는 등 직접 대면 양식을 대체하는 새로운 선거운동 방식으로 완전히 자리매김했다는 점에서 그 의미가 크다고 볼 수 있다.

강원택, 2004a, "탄핵정국과 17대 총선", 한국정치학회 2004년 총선분석특별회의발표논문.

강원택, 2004b, "4 · 15 총선 이후 정당정치의 과제", 충청정치학회 2004년 학술회의 발표논문.

김영태, 2004a, "4 · 15 총선의 정치적 의미: 정당투표결과를 중심으로", 한독사회과학회 2004년 춘계 국제학술심포지엄 발표논문.

김영태, 2004b, "목포시민의 선거참여와 정당지지", 이종화 외 『목포, 목포사람들』, 서울 : 경인문화사.

김욱, 2003a, "지역주의 연구의 새로운 방향 모색 : 개념적, 방법론적 논의를 중심으로", 『세계정치연구』 2권 2호.

김욱, 2003b, "한국 지역주의의 지역별 특성과 변화 가능성", 2003년도 목포대학교 정치발전연구소 학술세미나 발표논문집.

이갑윤, 1998, 『한국의 선거와 지역주의』, 서울 : 오름.

이준한, 2004, "17대 총선과 투표참여", 한국선거학회 연례학술회의 발표논문.

윤종빈, 2004, "17대 총선과 탄핵쟁점", 한국선거학회 연례학술회의 발표논문.

조기숙, 2000, 『지역주의 선거와 합리적 유권자』, 서울 : 나남.

조성대, "정치이벤트, 캠페인, 그리고 17대 총선", 한국정치학회 2004년 총선분석특별회의 발표논문.

Campbell, A. et. al., *The American Voter*, New York : Wiley, 1960.

지역주의의 변화와 지속 | 제2부

지역주의의 변화와 지속 | 제2부

제4장 충청 지역주의의 변화 :
대전 중구

유재일

1. 머리말

2004년 4월 15일에 치러진 제17대 총선은 여러 가지 정치적 의미들을 지니고 있다. 특히 이번 선거는 한국 정치의 구조적 전환의 시점에서 치러졌기 때문에 그 의미는 더욱 중요하고 특별하다고 하겠다. 우선 이번 선거에는 정치개혁과 깨끗한 선거에 대한 국민적 열망이 선거 과정이나 선거결과에 크게 반영되었다. 새로 바뀐 선거법에 따라 선거 과정은 비교적 깨끗하게 이루어졌으며, 선거결과 대폭적인 물갈이가 이루어졌다. 다음으로 이번 선거는 국민의 대표를 선출하는 성격을 넘어서 국가적 쟁점에 대해 찬반을 묻는 국민투표(Referendum)적으로 치러졌다. 선거를 얼마 앞두고 탄핵 사태가 발생함으로써 대통령 신임에 대한 찬반투표의 성격으로 진행되었던 것이다.

대체로 한국 정치에서 극복되어야 할 중심 문제들은 국민통합을 저해하고 정치적 대표체제를 왜곡시키는 지역주의 정당체제, 공정한 정치적 경쟁을 제한하고 원활한 정치적 충원을 봉쇄하는 과두담합적 정치구조, 그리고 정치적 참여주체라기보다는 동원대상으로 전락한 시민의 수동적 정치문화 등이라고 할 수 있다. 이러한 한국 정치의 문제들이 이번 선거를 통해 어느 정도 극복 내지 개선되었다는 점이 이번 선거가 갖는 가장 중요한 의미라고 할 수 있다. 이처럼 이번 선거는 한국 정치를 질적으로 변화시킨 중대선거(critical election)임에 틀림이 없다. 물론 이 같은 평가는 전반적인 선거결과에 대한 사후적 해석에 지나지 않는다. 따라서 구체적인 선거과정에 대한 사례분석을 통해 어떻게 한국 정치가 질적으로 변화하였는지를 살펴보는 것이 필요하다. 이 글은 이러한 문제의식을 가지고 대전광역시 중구 선거구(이하 대전 중구)의 선거과정을 분석했다.

논의에 앞서 대전 중구를 참여관찰 분석대상으로 선정한 배경은 다음과 같다. 첫째, 충청 지역주의의 약화 내지 변화 징후를 주목하고자 하였다. 이번 선거에서 대전 중구는 한나라당의 강창희, 민주당의 박천일, 열린우리당의 권선택, 자민련의 박영철 등 4명의 출마자들이 입후보하였다. 이처럼 주요 4당의 출마자들만 입후보하였기 때문에 선거경쟁이 정당들 간의 경쟁으로 집중될 수밖에 없는 조건을 갖추었다고 볼 수 있다. 따라서 이 같은 경쟁구도에서 충청 지역주의에 의존하고 있는 자민련이 과연 생존할 수 있는가 하는 의문이 자연스럽게 제기되었던 것이다.

둘째, 정책공약과 그에 따른 경제적 이익 제시가 유권자들의 투표성향에 얼마만큼 영향을 미칠 것인가를 살펴보려고 하였다. 지난 2002년 대선 당시 노무현 후보의 신행정수도 건설 공약은 충청권에 엄청난 위력을 발휘한 바 있다. 당시 이회창 후보와 노무현 후보의 득표율은 대전 39% 대 55%, 충남 41% 대 50%, 충북 42% 대 50%였는데, 두 후보의 전국 득표 차 57만 표 중 25만 표가 충청권에서 나왔다. 따라서 이번 선거에서도 그 효능이 다시 발휘될 것인가, 그리고 탄핵 변수가 그 효능에 어떤 영향을 미칠 것인가 하는 관심이 대두되었다.

셋째, 정치권의 세대교체 여부를 주목하고자 하였다. 대전 중구는 4명의 후보들이 각축하는 경쟁구도였지만, 실제는 5선 의원인 한나라당 강창희 후보와 정치 신인인 열린우리당 권선택 후보 간의 양자 대결구도였다. 특히 강창희 후보는 대전 지역에서 대표적인 5·6공 인물이라고 할 수 있으며, 반면에 권선택 후보는 노무현 정부 출범 초기부터 청와대 인사비서관을 역임한 정권의 핵심적 인물이라고 할 수 있다. 따라서 양자의 대결은 정치적 상징성을 띨 수밖에 없었다. 사실이로 인해 대전 중구는 선거기간 내내 충청권의 최대 격전지로 주목받았다.

2. 선거구의 특성

1) 사회경제적 특성

대전 중구는 대전광역시 5개 구 중 도시 한가운데에 위치하고 있는 구로서 도시 전체 면적 중 8.7%를 차지하고 있다. 대전 중구는 다른 대도시들과 마찬가지로 도시 형성과 발달 과정에서 중심지역으로 성장해 온 역사를 갖고 이다. 대전은 1905년 경부선 개통, 1914년 호남선 개통과 함께 근대도시의 틀을 갖추게 되었으며, 1932년 충남도청이 공주에서 대전으로 이전되면서 충청 지역의 중심도시로서 성장해 왔다.

대전은 1962년 대덕군 일부 지역이 편입되면서 대전부에서 대전시로 승격되었는데, 당시 대전부에 해당되는 지역이 현재의 대전 중구라고 할 수 있다. 따라서 대전 중구는 1990년대 대전 서구에 신도시가 개발 되기 이전까지는 이른바 '토박이'가 가장 많이 거주하는 지역이었을 뿐만 아니라 주요 관공서와 기관들이 대부분 소재하고 있는 지역이었 다. 이처럼 대전 중구는 오랫동안 대전의 핵심적인 도심지역으로 자리 잡아 왔기 때문에 오늘날에도 대전의 '정치1번지'로 불리고 있다.

그러나 대전 중구는 1990년대에 들어서면서 과거의 명성이 점차 사 라지는 것을 겪을 수밖에 없었다. 대전 서구의 대규모 신도시 개발과 1999년 대전광역시청의 서구 이전에 따라 많은 토착민들의 유출이 있 었고, 주요 상권들의 침체가 가속화되어 왔다. 대전 중구의 인구수는 2003년도 12월 말 기준으로 268,351명으로 대전 전체 중 19.1%를 차 지하고 있는데, 인구증가율이 거의 정체수준에 있다. 참고로 최근 몇 년 동안 대전 전체 인구증가율이 평균 1.0%인 데 반해, 대전 중구의 인 구증가율은 2001년 0.5%, 2002년 -1.0%, 2003년 1.0%를 보이고 있 다. 한편 대전 중구는 이렇다 할 공단지역이 없을 뿐만 아니라 상권의 침체로 인해 지역경제 상황이 대단히 열악한 상태에 처해 있다. 참고 로 지방세 징수액이 32,739천 원으로 대전 전체 중 1.8%에 불과하며, 1일 쓰레기수거량이 대전 전체 중 3.1%에 지나지 않고 있다.

이상에서 살펴보았듯이, 대전 중구는 도시가 급팽창하면서 필연적 으로 발생할 수밖에 없는 전형적인 구도심지역의 특징을 갖고 있다. 따라서 구민들은 과거의 명성에 대한 긍지와 향수를 가지면서도 도시 의 불균형개발과 구의 낙후성에 따른 소외감과 불만을 가질 수밖에 없 다. 이 같은 정서는 충청 지역주의에 대한 강력한 지지기반으로 나타나기도 하지만, 어떤 경제적 이익이 주어진다면 그것으로부터 벗어날 수 있는 개연성을 안고 있다고 하겠다.

2) 정치적 특성

제17대 총선에서 대전 중구의 총 선거인 수는 200,140명이다. 이 수치는 지난 2000년 제16대 총선에 비해 14,855명이 늘어난 것이다. 이 같은 증가는 유천동과 산성동에 대규모 아파트단지가 들어섰기 때문이다. 이번 총선의 투표인 수는 116,388명으로 투표율은 58.1%인데, 제16대 총선 투표율보다 무려 8.2%나 높았다. 이같이 상대적으로 높은 투표율은 개표 이전에 이미 커다란 이변을 예고하는 것이나 다름이 없었다.

대체로 과거 대전 중구의 정치적 성향은 대전 전체의 성향과 크게 차이가 없다. 1992년 제14대 대선 당시 대전 전체에서 각 후보들이 득표한 비율을 보면, 민자당 김영삼 후보 35.2%, 민주당 김대중 후보 28.7%, 국민당 정주영 후보 23.3%이었는데, 대전 중구는 〈표 1〉에서 볼 수 있듯이 김영삼 후보 34.7%, 김대중 후보 27.7%, 정주영 후보 23.8%로 대전 전체 득표율의 분포와 유사하다. 이 같은 현상은 1997년 제15대 대선에서도 나타난다. 당시 대전 전체에서 한나라당 이회창 후보가 29.2%, 국민회의 김대중 후보가 45.0%, 국민신당 이인제 후보가 24.1%를 획득하였는데, 대전 중구에서 각 후보들은 각각 29.0%, 45.7%, 23.8%를 획득하였다. 2002년 제16대 대선의 경우도 대전 중구의 투표성향은 비록 질적으로 크게 변하였지만 대전 전체의 성향과 대동소이하다. 당시 대전 전체에서 한나라당 이회창 후보가 39.8%, 민주

〈표 1〉 역대 대전 중구 선거현황

단위 : %

선거별 \ 정당별	구여당의 맥을 이은 정당 (한나라당)	DJ가 속하거나 지원한 정당 (민주당)	JP가 속한 정당 (자민련)	기타
87년 13대 대선	노태우 24.0	김대중 16.0	김종필 35.8	김영삼 22.3
88년 13대 총선	강창희 25.7	신제철 2.3	김홍만 67.0	유동렬 2.7
92년 14대 총선	김홍만 21.7	류인범 17.7	–	강창희 34.4
92년 14대 대선	김영삼 34.7	김대중 27.7	–	정주영 23.8
95년 지방선거 대전광역시장	염홍철 20.0	변평섭 9.8	홍선기 64.3	이대형 3.8
96년 15대 총선	안양로 15.0	신제철 11.3	강창희 57.4	김홍철 4.2
97년 15대 대선	이회창 29.0	김대중 45.7	–	이인제 23.8
98년 지방선거 대전광역시장	–	–	홍선기 74.3	송천영 16.4
00년 16대 총선	인창원 16.8	전성환 27.3	강창희 45.0	신제철 4.9
02년 지방선거 대전광역시장	염홍철 45.3	–	홍선기 40.1	정하용 9.2
02년 16대 대선	이회창 36.7	노무현 57.3	–	권영길 4.0

당 노무현 후보가 55.0%, 민노당 권영길 후보가 4.4%를 획득하였는데, 대전 중구에서 각 후보들은 각각 36.7%, 57.3%, 4.0%를 획득하였다. 다만 대전 중구는 다른 구와 달리 이회창 후보 지지가 2.1%나 적게 나왔고, 노무현 후보 지지가 2.3% 높게 나온 점이 눈에 띈다.

이렇게 볼 때 대전 중구의 정치적 성향은 대전 전체의 정치적 동향에 크게 영향받는다고 할 수 있다. 2000년 제16대 총선 이전의 대전 전체의 정치적 성향은 김종필 자민련 명예총재를 압도적으로 지지하는 충청 지역주의의 범주에 속한다고 할 수 있다. 충청 지역주의가 김종필을 지지하는 정치적 동원기제로 작동하게 된 계기는 1987년 제13대 대선 때였다. 이 때부터 지난 2000년 제16대 총선 이전까지 각종 선거에서 김종필이 속한 정당의 후보들이 대전의 대부분 선거구에서 당선되는 현상이 지속되었다. 1988년 제13대 총선 당시 공화당 후보 5명 전부가 당선되었고, 1996년 제15대 총선 당시도 자민련 후보 7명 전부가 당선되었다. 이 같은 충청 지역주의의 정치적 동원은 1995년과 1998년에 실시된 지방선거에서도 극명하게 볼 수 있다. 당시 대전시장 선거에서 자민련 후보는 66.8%와 74.1%라는 압도적인 득표율로 당선된 바 있다.

이처럼 한때 대전 전체의 정치적 성향은 김종필에 대한 지지성향이 지배적이었다. 물론 예외도 있었다. 그것은 1992년에 치른 제14대 총선과 제14대 대선에서 찾아볼 수 있다. 당시 총선은 민주당 2석, 무소속 2석, 민자당(민정계) 1석이라는 결과를 가져와 공화계를 전멸시켰다. 또한 그 해 12월에 치른 대선에서 민자당 대표최고위원으로 김영삼 후보를 지원한 김종필의 영향은 크지 않았다. 당시 대전 중구의 경우 민자당 김영삼 후보는 27.7%를 득표한 민주당 김대중 후보보다 7% 상회하는 34.7%에 그쳤다.

이 같은 예외현상은 2000년 제16대 총선을 치르면서 일반화되기 시작하였다. 제16대 총선은 대전 전체에서 한나라당 1석, 민주당 2석, 자민련 3석이라는 결과를 낳았다. 이후 2002년 지방선거는 김종필에 대한 지지성향의 퇴조가 본격적으로 나타나기 시작하였다. 선거결과 대전시장에 3선을 도전한 자민련 홍선기 후보가 낙선하고, 한나라당 염홍철 후보가 당선되는 이변이 발생하였던 것이다. 이 같은 선거결과는 충청 지역주의의 정치적 동원이 한계에 다다랐다는 점을 단적으로 보여주는 것이라고 하겠다. 그런데 대전 전체의 정치적 성향의 변모에도 불구하고 대전 중구의 정치적 대표체제는 변하지 않았다. 대전 중구의 정치적 대표체제는 자민련 일색이었다. 비록 DJP공조 파기를 빌미로 강창희 의원이 자민련에서 한나라당으로 옮겼지만, 구청장과 다수의 지방의원들은 여전히 자민련에 머물고 있었기 때문이다.

3. 각 후보의 인물 및 공약 분석

1) 각 후보의 공천과정

대전 중구에는 한나라당 강창희, 민주당 박천일, 열린우리당 권선택, 자민련 박영철 등 4명이 입후보하였다. 이 같은 후보등록률은 대전 전체 경쟁률에 비해 낮다. 대전 전체 평균경쟁률은 5.3 : 1이며, 가장 높은 경쟁률은 대전 서(갑)으로 7 : 1이었다. 각 후보의 공천과정은 한나라당을 제외하고는 적지 않은 후유증을 겪었다. 한나라당 강창희 후보는 5선 현역이자 대전시 지부장을 맡고 있어 지역구 내에 어떤 도전자도 없었다. 한나라당은 다른 정당들보다 일찍 2월 초쯤 강창희 의원을 후보로 내정하였다.

민주당은 박병민 우송대 겸임교수와 박천일 미래정치연구소장이 예비후보로 등록함에 따라 2월 26일 경선을 실시하였다. 경선방식은 국민 참여 경선으로 치르기로 하고, 선거인단은 대전시 지부와 각 후보 캠프 등 3곳에서 모두 1,000여 명으로 구성하였다. 경선결과 박천일 경선자가 423표 대 267표로 후보로 당선되었다. 경선과정은 경선자들이 상호비방에만 몰두한다는 비난을 받을 정도로 치열하였다. 박천일 경선자는 상대방이 영입인사가 아닌데 경선을 하겠다고 나선 것은 흑막 때문이라고 주장하였다. 이에 대해 박병민 경선자는 상대방이 민국당 후보로 출마한 이력을 볼 때 민주당 후보자격을 원천적으로 갖지 못하였다고 주장하였다. 이같은 상호비방은 경선을 통해 당의 바람을 일으키고 당세를 결집시킨다는 당초의 취지를 무색하게 만들었다.

열린우리당의 공천과정은 처음부터 난항을 겪었다. 당초 열린우리당 예비후보는 김주현 변호사, 박영순 신행정수도연구소장, 류배근 전 중구 대통령 선대위원장, 신수식 미디어리서치센터 소장 등 4명이었다. 이들은 국민 참여 경선을 통해 후보를 선출할 것을 합의하고 경선 준비에 나섰다. 이 와중에 권선택 전 청와대 인사비서관이 예비후보에 등록함으로써 5파전이 형성되었다. 권선택 예비후보가 등장하기 이전까지 대전 중구는 중앙당에 의해 단수우세 후보지역으로 정해져 있었다. 따라서 일찍부터 선거운동에 나선 다른 후보 4명을 제쳐두고 경선 없는 공천이 이루어질 가능성이 희박하였다. 그러나 중앙당은 여론조사에서 본선 경쟁력이 가장 높게 나온 권선택 예비후보가 공천을 신청하자 대전 중구를 전략지역으로 선정, 발표하였다. 전략지역 선정은 경선 없이 후보를 공천하겠다는 의미였다. 3월 6일 열린우리당 공천심사위원회는 경선자들에 대한 면접을 실시한 후 권선택 예비후보를 후보로 확정, 발표하였다. 이에 낙천된 경선자들은 일시적으로 반발하였지만, 결국 중앙당의 결정을 받아들였다.

자민련은 경선 없이 후보를 확정하였는데, 다른 정당들에 비해 훨씬 늦은 3월 8일에 조종국 대전시 예총회장을 공천하였다. 그런데 후보등록 10여 일을 앞두고 조종국 후보가 전격적으로 사퇴하는 사태가 발생하였다. 조종국 후보는 '학력 허위기재 및 전과 논란'이라는 대전매일 보도가 파문을 일으키자 명예를 지킨다는 명분으로 사퇴하였다. 이에 자민련은 조종국 후보의 사퇴를 받아들이고, 32살의 젊은 정치 신인인 박영철 서대전여고 이사장을 후보로 공천하였다. 이러한 우여곡절 끝에 후보를 내세웠지만 훼손된 당 이미지를 만회하기에는 역부족이었다.

2) 각 후보의 인물 및 경력 비교

다음 〈표 2〉의 후보들의 이력 현황은 제17대 국회의원 선거부터 개정 선거법에 따라 중앙선거관리위원회가 유권자들에게 발송한 '후보자정보공개자료'와 각종 언론매체들이 보도한 후보들의 신상기사 중 주요 사항을 중심으로 정리한 것이다. 〈표 2〉에서 가장 먼저 눈에 띄는 것은 후보들의 연령이다. 한나라당 강창희 후보는 57세로 후보들 중 가장 연장자이다. 민주당 박천일 후보와 열린우리당 권선택 후보는 40대이며, 자민련 박영철 후보는 30대 초반이다. 이 같은 후보들의 연령 격차는 선거과정에서 자연스럽게 '세대교체'라는 이슈를 조성하는 데 일조하였다. 이미 한나라당 강창희 후보가 6선을 도전하는 마당에 세대교체 이슈는 대전 중구에서 가장 뜨거운 선거이슈가 되고 있었던 것이다.

참고로 후보들의 경력을 통해 그들의 정치적 성향을 유추해 볼 때, 먼저 한나라당 강창희 후보는 전형적인 보수주의자라고 볼 수 있다. 그는 육사 25기 출신으로 1980년 11월 중령으로 예편하고 민정당 조직국장을 거쳐 전국구 의원으로 정계에 입문한 인물이다. 그는 제13대

〈표 2〉 제17대 총선 대전 중구 후보들의 이력현황

이력별 \ 후보별	강창희(한나라당)	박천일(민주당)	권선택(열린우리당)	박영철(자민련)
출생, 나이	대전, 57세	대전, 43세	대전, 48세	대전, 32세
학력	대전고, 육사	대전중앙고, 대전대 행정학과	대전고, 성균관대 경영학과	경기고, 대전대 일문학과
경력	• 과학기술부 장관 • 제11, 12, 14, 15, 16대 국회의원 • 한나라당 부총재, 최고위원	• 새시대새정치청년 연합 중구지회장 • 민주당대통령후보 직능부위원장 • 제16대 총선 출마	• 대전광역시 정무부 시장, 행정부시장 • 행정자치부 자치 행정국장 • 청와대 인사비서관	• 서대전여고 이사장 • 서붕박병배 기념 장학사업회 이사 • 대전충남미래연대 회장
병역	병역필	병역필	병역필	병역필
재산 신고액	10억 9,986만 9천 원	1억 106만 4천 원	13억 504만 7천 원	22억 8,867만 9천 원
납세 실적	6,013만 7천 원	79만 9천 원	3,405만 2천 원	7,711만 원
체납액	0	0	0	0
총선시민연대 낙선 대상 여부	해당 안 됨	해당 안 됨	해당 안 됨	해당 안 됨
대전시민연대 낙선 대상 여부	해당	해당 안 됨	해당 안 됨	해당 안 됨

총선 때 'JP의 바람'에 밀려 낙선하기도 하였지만, 다음 선거에서 무소속으로 당선되어 자민련에 입당하였다. 이후 그는 김대중 정부 출범 초기 과학기술부 장관에 입각하기도 하였지만, 2001년 DJP공조 파기를 이유로 한나라당으로 당적을 변경하여 현재에 이르고 있다. 한편 민주당 박천일 후보는 보수적 자유주의자라고 평가할 수 있다. 그는 일찍이 DJ 전위조직인 새시대새정치청년연합에서 정치활동을 시작한 인물이다. 그는 제16대 총선에서 민국당 후보로 출마하기도 하였으며, 지난 대선 때에는 민주당 대통령 후보를 위해 활동하기도 하였다.

다음으로 열린우리당 권선택 후보는 개혁적 자유주의자라고 평가할 수 있다. 그는 대전광역시 정무부시장과 행정부시장을 거쳐 행정자치부 자치행정국장을 역임한 정통 행정관료 출신이다. 그는 노무현 정부 출범 초기부터 이번 총선에 출마할 때까지 청와대 인사비서관으로 근무하였다. 그가 정권의 인적 기반의 틀을 짜는 주요 보직에 발탁된 것은 탁월한 행정능력뿐만 아니라 합리적 개혁 마인드의 소유자라는 평판 때문인 것으로 알려지고 있다. 끝으로 자민련 박영철 후보는 보수적 자유주의자라고 평가할 수 있다. 그는 지난 대선 시 한나라당 이회창 후보를 지지하는 청년조직인 미래연대 대전충남회장을 맡으면서 정치활동을 시작한 정치 초년생이다. 당초 그는 이번 선거에서 다른 선거구에 한나라당 후보로 나설 예정이었으나 공천이 여의찮은 와중에 자민련 조종국 후보가 사퇴하자 입후보한 인물이다.

3) 각 후보의 공약 비교

〈표 3〉은 후보들이 선거 홍보물에 제시한 각종 공약들을 정리한 것이다. 후보들의 공약은 대부분 지역구 현안 및 발전문제에 치중되어 있는 것이 특징이다. 반면에 일반 유권자들의 삶의 질 제고와 직접적인 연관이 있는 복지, 환경, 교육, 문화 등에 관해서는 구체적인 공약을 제시하지 못하고 있다. 물론 이번 선거에서 가장 큰 쟁점이 되고 있는 정치개혁과 탄핵 문제에 대해서도 분명한 입장을 밝히지 않고 있다. 전반적으로 후보들은 참신하고 새로운 공약을 제시하기보다는 이미 2002년 지방선거에서 거론된 공약을 다시 꺼내거나 표를 의식한 선심성 공약을 제시하는 경향이 농후하다.

<**표 3**> 제17대 총선 대전 중구 후보들의 공약현황

공약별＼후보별	강창희 (한나라당)	박천일 (민주당)	권선택 (열린우리당)	박영철 (자민련)
인물론	신념과 소신의 정치인	실천하는 정치인	새로운 인물	정치개혁
공약대강	지역경제 활성화	깨끗한 정치, 정직한 정치	정치개혁, 신행정수도 건설	정치개혁을 위한 교육개혁
지역경제	• 안영동 경륜장 및 보문산 관광 벨트 사업 • 재래시장의 현대화	• 공동화 문제 및 원도심 문제 해결	• 원도심 활성화로 균형발전 • 재래시장 육성 특별법 제정	• 원도심 활성화 • 지하철 부채 국비 지원
교통	• 유등천 천변도로 확장 • 문화동 호남선 지하보도 설치		• 원도심지역 주차장 확보 • 무료심야 주차제 실시	• 영교–호수돈여고 도로확장공사 조기 완공
복지	• 응급구호센터, 암전문센터, 노인복지회관 건립	• 노인 및 장애인과 소외계층의 복지 확대	• 장애인차별금지법 제정 • 노인공동작업장 설치	• 영유아 보육시설, 여성보호시설 확충 • 노인전문병원 건립
환경 및 재개발	• 주거환경 개선, 재개발사업 추진 • 보문산, 유등천, 대전천의 생태벨트 조성		• 보문산권 규제완화, 관광자원 네트워크화 추진 • 은행지구 도심 재개발 추진	• 보문산 주변 최고 고도 완화 및 주거환경 개선
문화	• 어린이 전용 도서관 건립 • 청소년 문화공간 조성	• 국립박물관 유치	• 문화 컨텐츠 복합집적지 조성 • 어린이 박물관 유치	• 한밭 종합운동장 발전 • 레저테마벨트 조성
기타	• 신행정수도 대전 유치 • 새로운 야당 재건	• 국민청원권, 소환권 입법화 • 부정부패 청산	• 신행정수도 대전 유치 • 국민 소환제 도입	

　　이번 선거에서 충청권에서 가장 뜨거운 이슈인 신행정수도 건설문제에 대해서 각 후보들은 모두 찬성 입장을 밝히고 있는데, 특히 한나

라당 강창희 후보가 상대적으로 적극적으로 나서고 있는 것이 눈에 띈다. 한편 한나라당 강창희 후보가 지역경제 활성화 방안으로 제시한 경륜장 건립공약 역시 뜨거운 선거쟁점이다. 이 공약은 오래 전부터 한나라당 소속인 염홍철 대전광역시장이 추진하려고 한 사업인데, 시민단체들이 극렬히 반대하고 있다. 이 문제에 대해서 열린우리당 권선택 후보는 반대 입장을 분명히 하고 있다. 그는 경륜장 운영에서 나오는 세수가 투자에 비해 그다지 크지 않을 뿐만 아니라 일종의 도박산업 시설이 문화과학기술도시를 지향하고 있는 대전시의 이미지를 크게 훼손한다고 주장한다. 그는 대안으로 문화컨텐츠 복합단지나 전국운동선수촌 건립을 제시하고 있다.

4. 선거운동 과정 분석

1) 선거쟁점

대전 중구는 선거기간 내내 충청권 최대 격전지로 떠올랐다. 특히 5선 의원인 한나라당 강창희 후보와 청와대 인사비서관 출신인 열린우리당 권선택 후보 간의 대결이 세간의 관심을 증폭시켰다. 어떻게 보면 대전 중구는 탄핵 정국의 한가운데 있는 선거구라고 해도 과언이 아니었다. 마치 탄핵 정국을 축소해 놓은 듯한 선거구도가 만들어졌다고 할 수 있다.

탄핵 정국 이전의 선거쟁점은 인물론이 주종을 이루었다. 한나라당 강창희 후보는 국회의장이 될 수 있도록 6선 진입을 호소하였다. 특히 그는 신행정수도 건설을 원활히 추진하기 위해서는 야당의 역할이 절대적으로 필요하며, 자신이 중심 역할을 할 것이라고 주장하였다. 이에 대해 열린우리당 권선택 후보는 새로운 인물이 새로운 시대를 맡아야 한다고 호소하면서 세대교체를 주장하고 나섰다. 특히 그는 이번 선거가 5선을 지내면서 20여 년간 정치를 해 온 인물에 대한 심판이라고 강조하고, 강창희 후보의 '6선 인물론'을 공격하였다.

이 같은 인물론 쟁점은 자연스럽게 지역개발을 둘러싼 논쟁으로 연결되었다. 열린우리당 권선택 후보는 대전 중구의 낙후실상과 공동화 현상을 지적하면서 "이는 20여 년간 지역을 관리해 온 강창희 의원의 역량문제"라고 책임론을 제기하면서, 중구의 영광을 되찾기 위한 다양한 지역개발 공약을 제시하였다. 이에 대해 한나라당 강창희 후보는 "중구의 낙후현상은 대전 개발축이 서구권으로 형성되는 데 따른 불가피한 흐름"이라고 주장하면서, 중구청 이전에 310억 국고 지원과 도시철도공단 유치 등으로 공동화 현상을 대처해 왔다고 반박하였다. 한편 민주당 박천일 후보와 자민련 박영철 후보도 강창희 후보의 책임론을 제기하면서 자신이 지역발전의 적임자라고 주장하였다.

이러한 선거쟁점들은 탄핵 정국이 형성되면서 이내 수면 아래로 내려갔다. 탄핵 변수는 법정 선거기간 내내 결정적이었다. 탄핵 가결 직전인 3월 10일 중앙일보 여론조사에 따르면, 강창희 후보가 19%, 권선택 후보가 18%로 강창희 후보가 근소하게 앞섰다. 그러나 3월 21일 여론조사는 권선택 후보가 무려 29%로 수직 상승한 반면, 강창희 후보는 12%로 7%가 하락하였다. 이 같은 현상은 충청권 전 지역에서도 동일하게 나타났다.

탄핵 사태로 인해 열세에 처한 한나라당 강창희 후보는 탄핵 가결을 비판하고 나섰다. 그는 "현실적으로 가능하지도, 국민을 위해 바람직하지도 않은 탄핵 발의는 중단되어야 한다는 것이 나의 확고한 입장"이라고 밝혔다. 한편 열린우리당 권선택 후보는 "탄핵 가결이 민주주의를 말살하는 의회 쿠데타"라고 주장하면서, 대통령이 탄핵되면 신행정수도 건설이 수포로 돌아간다고 강조하고 나섰다. 그는 탄핵 정국 초기에 대전역에서 열린 촛불 집회에 참석하기도 하였다. 이처럼 탄핵 변수는 다른 지역들과 마찬가지로 한나라당 강창희 후보에게는 방어적 선거전략을 강제한 반면에, 열린우리당 권선택 후보에게는 공세적 선거전략을 구사하는 데 결정적으로 작용하였다.

2) 선거운동

대전 중구의 선거운동은 탄핵 정국과 선거법 개정으로 인해 선거기간 내내 열기가 적었다. 4월 2일 법정 선거운동이 개시되자 각 후보들은 가두에 나서 유권자들을 접촉하기 시작하였다. 한나라당 강창희 후보는 재래시장과 상가를 중점적으로 방문하였다. 반면에 열린우리당 권선택 후보는 주로 아파트단지와 젊은 사람들이 많이 모이는 까페촌을 방문하였다. 물론 대부분의 후보들은 연설 지원 차량이 있음에도 불구하고 별로 사용하지 않았다. 후보의 연설을 듣는 청중들이 모이지 않았기 때문이다.

전반적으로 선거 열기가 적었지만, 중앙당 지도부가 내려와 유세를 지원할 때는 비교적 많은 청중이 모였다. 각 당의 지도부는 선거기간 동안 두세 차례 대전 중구를 방문하였다. 한나라당 박근혜 대표가 지원유세를 할 때는 대체로 중년 이상의 청중들이 다수를 차지하였다.

반면에 열린우리당 정동영 의장이 방문하였을 때는 젊은 청중들이 압도적으로 많았다. 특히 열린우리당 지원유세에는 인기 연예인들이 대동되기도 하였다.

선거기간 중반에 들어서면서 열린우리당 정동영 의장의 '노인폄하 발언'으로 인해 후보들의 선거운동에 약간의 변화가 있었다. 한나라당 강창희 후보는 경로당과 단독주택 지역을 집중적으로 찾아 나섰다. 물론 열린우리당 권선택 후보도 경로당이 인접해 있는 주택 지역을 경쟁적으로 방문하였다. 특히 그는 경로당이 있는 아파트단지를 집중적으로 방문하였다. 그러나 후보들의 가두연설이나 방문은 빈번하게 이루어지지는 않았다. 이는 방송토론을 준비할 시간이 절대적으로 부족하였기 때문이다.

후보 간 방송토론은 네 차례 있었는데, 유선TV인 충청방송에서 한 차례, 공중파인 대전 KBS, 대전 MBC, 대전방송에서 각각 한 차례가 있었다. 충청방송 토론은 후보등록 이전인 3월 22일에 실시된 관계로 후보들의 선거운동 일정에 부담이 되지 않았다. 그러나 공중파 3사의 토론은 법정 선거기간 내에 각각 치러졌기 때문에 후보들의 선거운동 일정에 큰 부담을 주었다. 대체로 방송토론은 2시간 이내로 이루어졌는데, 공통질문과 개별질문, 그리고 상호질문으로 진행되었다. 공통질문은 주로 탄핵 사태에 대한 입장, 정치개혁 방안, 지역경제 활성화 방안, 고속철도 개통에 따른 문제 등으로 구성되었다. 개별질문은 개인 신상에 관한 질문과 정치적 소신에 관한 질문 등이 집중되었다. 그리고 상호질문은 당적 변경, 경선과정 문제, 재산형성 문제 등이 거론되었다.

대체로 방송토론은 대전의 다른 지역과 달리 상호비방이나 한 후보에게 집중되는 질문공세가 적었다. 특히 우세 후보들인 한나라당 강창희 후보와 열린우리당 권선택 후보 간의 상호토론이 비교적 예의를 지켜가면서 진행되었다. 방송토론을 통해 가장 이익을 본 후보는 열린우리당 권선택 후보였다. 그는 대전광역시 정무부시장과 행정부시장을 역임하였지만 일반 유권자들에게 잘 알려져 있지 않은 후보인데, 몇 차례의 방송토론을 통해 인지도를 높일 수 있었기 때문이다.

3) 유권자의 반응

법정 선거운동이 시작된 뒤 각 정당 지도부가 두세 차례 대전을 방문하였지만 선거 열기가 좀처럼 달아오르지 않았다. "표 달라는 사람도 없고, 선거 얘기하는 사람도 없고, 그렇지만 뭔가 바뀌긴 바뀐 것 같네유." 대전 중구에서 20여 년간 식당을 운영하고 있는 50대 후반의 여주인의 선거 촌평이다. 속내를 드러내지 않는 충청권 유권자의 기질이 반영된 것이다. 그러나 유권자의 마음을 한 꺼풀 두 꺼풀 벗겨 들어가면 다른 지역에서 느낄 수 없는 강렬한 이슈가 있다. 그것은 신행정수도 건설이라는 변수다. 개인 사업을 하는 40대 중반의 남성은 "대통령이 탄핵되면 행정수도 건설도 물거품이 되는 것이 아니냐"면서 걱정스러운 표정을 지었다.

행정수도 건설 이슈는 지난 대선 때도 위력을 발휘하였다. 이회창 후보와 노무현 후보의 득표율은 대전 중구에서 36.7% 대 57.3%였다. 대선결과를 보면 유권자들은 '연고투표' 대신 '이익투표'를 한 셈이다. 이번 총선에서도 유권자들은 행정수도 건설 이슈에 많은 관심을 갖고 있었다. 행정수도 건설 현안의 파급력에 대해 한나라당은 "우리도 앞장서 찬성하고 있다. 열린우리당이 수도 이전 이슈의 열매를 독식하지 못한다"고 부정하지만, 유권자들의 반응은 다르게 나타났다. 물론 행정수도 문제가 선거현장에서 크게 부각되지도 않았고, 정책공반전도 별로 없었다. 그러나 구전홍보와 비공식 유권자 접촉 차원에서 소곤소곤 이루어지고 있었다. 행정수도 이슈가 '지역이기주의'의 한 형태임을 서로 알기 때문이었다. 선거운동 막바지에 박근혜 효과와 '노풍' 변수가 떠다니고 있었지만, 유권자들은 행정수도 건설 이슈에서 결코 벗어나지 않았다.

5. 선거결과 분석과 평가

〈표 4〉 제17대 총선 대전광역시 득표현황

( ) 단위 : %

정당별 선거구별	한나라당	민주당	열린우리당	자민련
동구	김칠환 17,931(17.7)	송유영 4,937(4.9)	선병렬 44,205(43.7)	임영호 34,041(33.7)
중구	강창희 38,457(33.4)	박천일 3,507(3.0)	권선택 60,046(52.2)	박영철 13,028(11.3)
서구(갑)	이영규 21,838(23.0)	이강철 3,252(3.4)	박병석 49,194(51.8)	한기온 14,768(15.5)
서구(을)	이재선 28,138(24.9)	송인덕 3,339(3.0)	구논회 47,053(41.7)	정하용 30,705(27.2)
유성구	이인혁 14,699(18.0)	정상훈 2,619(3.2)	이상민 26,247(32.2)	조영재 13,021(16.0)
대덕구	정용기 12,775(13.8)	강희재 1,769(1.9)	김원웅 47,062(50.8)	오희중 26,585(28.7)
전체	105,700(21.6)	19,423(3.2)	273,807(45.4)	132,148(22.0)

〈표 5〉 제17대 총선 대전 중구 후보들의 득표현황

( )단위 : %

후보별 동별	선거인 수	투표인 수	강창희 (한나라당)	박천일 (민주당)	권선택 (우리당)	박영철 (자민련)
부재자	5,151	4,612	1,849(40.0)	185(4.01)	1,885(40.8)	480(10.4)
은행선화동	12,755	6,234	2,054(32.9)	219(3.51)	3,177(50.9)	703(11.2)
목동	10,039	6,063	2,238(36.9)	136(2.24)	3,090(50.9)	541(8.92)
중촌동	13,608	7,942	2,477(31.1)	239(3.00)	4,433(55.8)	700(8.81)
대흥동	8,807	4,959	1,809(36.4)	137(2.76)	2,357(47.5)	598(12.0)
문창동	5,547	3,077	879(28.5)	122(3.96)	1,633(53.0)	399(12.9)
석교동	16,920	9,353	2,475(26.4)	265(2.83)	5,272(56.3)	1,234(13.1)
대사동	6,543	3,545	1,195(33.7)	90(2.53)	1,752(49.4)	469(13.2)
부사동	7,006	3,827	1,084(28.3)	94(2.45)	2,084(54.4)	522(13.6)
용두동	7,187	4,053	1,162(28.6)	131(3.23)	2,176(53.6)	528(13.0)
오류동	8,667	5,611	2,573(45.8)	129(2.29)	2,353(41.9)	511(9.10)
태평1동	11,176	6,762	1,980(29.2)	206(3.04)	3,782(55.9)	740(10.9)
태평2동	20,897	13,003	5,494(42.2)	286(2.19)	5,912(45.4)	1,226(9.42)
유천1동	5,845	3,001	836(27.8)	103(3.43)	1,612(53.7)	431(14.3)
유천2동	13,265	7,994	2,792(34.9)	227(2.83)	3,941(49.2)	949(11.8)
문화1동	10,897	6,493	2,337(35.9)	182(2.80)	3,216(49.5)	700(10.7)
문화2동	13,026	7,369	2,144(29.0)	230(3.12)	4,073(55.2)	837(11.3)
산성동	22,804	12,392	3,046(24.5)	526(4.24)	7,244(58.4)	1,451(11.7)
계	200,140	116,388	38,457(33.4)	3,507(3.01)	60,046(52.2)	13,028(11.9)

대전 중구의 선거결과는 열린우리당 권선택 후보의 당선으로 나타났다. 권선택 후보는 총 투표인 수 115,030표에서 52.2%인 60,046표를 얻었고, 강창희 후보는 38,457표(33.4%)를, 박천일 후보는 3,507표(3.0%)를, 그리고 박영철 후보는 13,028(11.3%)를 얻었다. 권선택 후보

는 대전 지역에서 최다 득표와 최고 득표율을 기록하였다. 참고로 대전 지역 각 정당 후보들이 득표한 비율은 〈표 4〉에서 나타나듯이 한나라당 21.6%, 민주당 3.2%, 열린우리당 45.4%, 자민련 22.0%였다.

한편 열린우리당 권선택 후보는 〈표 5〉에서 볼 수 있듯이, 중구 지역 대부분의 동에서 상위득표를 하였다. 특히 낙후지역인 중촌동, 석교동, 부사동, 태평1동, 문화2동, 산성동 등에서 55% 이상을 득표하였다. 반면에 도심 아파트 밀집지역인 오류동에서는 강창희 후보에게 뒤졌다. 이는 서민 지역에서 열린우리당 후보에게 보다 많은 지지를 보냈다는 것을 말해 주고 있다.

이상과 같은 대전 중구의 선거결과를 종합적으로 평가하면 다음과 같다. 첫째, 이번 선거에서 지역연고 정당을 지지하는 충청 지역주의가 전혀 영향을 미치지 못하였다는 점이다. 이러한 현상은 〈표 6〉에서 볼 수 있듯이 충청권 전반에 걸쳐 나타났는데, 자민련은 충청 지역 24개 선거구에서 충남에서만 겨우 4석을 얻었다. 이 같은 결과를 볼 때, 전통적인 충청 지역주의는 붕괴단계에 들어섰다고 진단할 수 있다. 이미 이같은 변화는 지난 2000년 총선 때부터 가시화되었는데, 이번 총선을 계기로 마침내 구체화되었던 것이다.

〈표 6〉 제17대 총선 충청권 득표현황

단위 : %, ( ) : 의석수

지역별 \ 정당별	투표인 수	한나라당	민주당	열린우리당	자민련
대전	604,479	24.3(0)	3.1(0)	43.3(6)	14.5(0)
충남	1,285,316	21.2(1)	2.8(0)	38.0(5)	23.8(4)
충북	881,112	30.3(0)	2.2(0)	44.7(8)	6.3(0)
계 · 평균	2,770,907	25.2(1)	2.7(0)	42.1(19)	14.8(4)

둘째, 이번 선거에서 투표가 정책공약과 그에 따른 구체적인 경제적 이익에 반응해서 이루어졌다는 점이다. 사실 신행정수도 건설만큼 충청 지역민들에게 경제적 이익뿐만 정서적 자긍심을 가져다주는 것은 없을 것이다. 따라서 헌법재판소에서 대통령 탄핵이 기각되더라도 이번 선거에서 집권당이 과반수가 되지 않을 경우 신행정수도 건설 공약은 폐기될지 모른다는 유권자들의 우려가 투표에 적극적으로 반영되었다고 볼 수 있다. 이 점에서 이번 선거를 통해 충청 지역에서는 새로운 유형의 지역주의적 투표성향이 싹트고 있다고 해석할 수 있다. 이는 지역연고와는 상관없이 지역에 가장 커다란 이익을 가져다 줄 정당을 지지하는 실리적 투표행태라고 할 수 있다.

셋째, 이번 선거에서 세대 간 투표행태의 차이가 두드러지게 나타났다는 점이다. 이번 선거에 대한 설문조사 자료가 없기 때문에 정확히 진단할 수 없지만, 선거운동 과정을 분석해 볼 때 세대간 투표행태의 차이를 일정 정도 유추해 볼 수 있다. 대전 중구의 경우 57세의 5선인 강창희 후보는 40대 이상의 중년을 주요 타깃으로 삼고 있음을 볼 수 있다. 이에 반해 48세의 정치 신인인 권선택 후보는 20~30대의 젊은 층의 지지를 얻으려는 정책개발과 선거운동에 치중하고 있음을 볼 수 있다. 물론 대전 중구의 많은 유권자들이 이미 다선 의원에 대해 싫증을 내고 있기도 하였다. 이같은 분위기에서 세대 간 투표행태의 차이가 지역대표의 세대교체를 결과하는 데 상당한 영향을 미쳤다고 평가할 수 있다.

6. 맺는말

　지금까지 대전 중구 선거구의 사례분석을 통해 충청 지역주의의 변화 성격을 고찰해 보았다. 일반적으로 지역주의의 정치적 동원은 미시적 차원에서의 지역주의적 투표와 거시적 차원에서의 지역주의적 선거연합(정당구도)을 통해 이루어진다. 과거 충청 지역의 지역주의적 투표는 '후보의 출신지역'이나 '후보가 속한 정당 지도자의 출신지역'에 대한 지지행태로 이루어졌다. 그리고 지역주의적 선거연합은 정당 후보 간의 연대나 정당 간의 연합을 통해 유권자의 지역주의적 투표성향을 불러내는 방식으로 이루어졌다. 충청 지역의 정치지형은 자민련이라는 특정 정당이 지역 권력구조를 독점적으로 지배하는 지역주의 정치지형을 특징으로 해 왔다. 그러나 이번 선거를 통해 이 같은 정치지형은 질적 변화를 겪게 되었다. 즉 이번 선거에서 열린우리당은 충청 지역을 거의 석권하였을 뿐만 아니라 자민련에 비해 20% 이상이나 상회하는 압도적 지지를 얻었던 것이다.

　이러한 정치지형의 변화는 김종필의 정치적 영향력의 소멸과 지역문제에 대한 유권자의 의식변화에 따른 필연적인 결과라고 할 수 있다. 김종필의 정치적 영향력은 이미 오래 전부터 소멸하기 시작하였는데, 특히 후보를 내세우지도 못하였을 뿐만 아니라 선거연합도 성사시키지 못한 지난 대선이 결정적인 계기였다고 볼 수 있다. 그리고 이 과정에서 지역문제를 바라보는 유권자의 의식이 관념적인 지역정서보다 실질적인 지역발전이 중요하다는 인식으로 바뀌었을 것으로 보인다. 이러한 상황에서 신행정수도 건설이라는 정책공약과 그에 따른 경제적 이익의 제시는 유권자로 하여금 이익투표를 하도록 추동하였을 것이다. 물론 이번 선거에서 대통령 탄핵이라는 이슈도 크게 작용하였다는 점을 간과할 수 없다. 그러나 충청 지역에서는 신행정수도 건설이라는 실리적 이슈가 결정적으로 영향을 미쳤다고 할 수 있다.

결론적으로 이번 선거를 통해 충청 지역의 정치지형은 새로운 형태로 변화하였다. 이 같은 변화는 지역주의적 투표가 연고투표 행태에서 이익투표 행태로 바뀌면서 나타난 결과이다. 이러한 투표행태는 일종의 정책선거의 산물이지만 새로운 유형의 지역주의적 투표임에 틀림이 없다. 따라서 충청 지역의 정치지형은 과거와는 이념적으로 다르지만 새로운 특정 정당이 지역권력 구조를 지배하는 지역주의 정치지형으로 전환될 개연성이 높다. 이럴 경우 지역사회에서 권력의 분산과 다원화 문제는 여전히 해결되어야 할 과제로 남게 된다.

참고 문헌

김용호 외, 2000, 『4 · 13 총선』, 서울 : 문형.

김 욱, 2003, "지역주의 연구의 새로운 방향 모색: 개념적, 방법론적 논의
　　　를 중심으로", 『세계정치연구』.

대전광역시, 2003, 『대전광역시 통계연보』.

대전광역시 중구청, 2000, 『대전중구지』.

박상훈, 2001, "한국의 유권자는 지역주의에 의해 투표하나? : 제16대 총선
　　　의 사례", 『한국정치학회보』 35집 2호.

서울대학교 한국정치연구소, 2002, 『6 · 13 지방선거 평가』.

조기숙, 2000, 『지역주의 선거와 합리적 유권자』, 서울 : 나남.

중앙선거관리위원회, 2003, 『제3회 전국동시지방선거 총람』.

중앙선거관리위원회, 2003, 『제16대 대통령선거 총람』.

최영진, 2001, "제16대 총선과 한국 지역주의 성격", 『한국정치학회보』 35
　　　집 1호.

한국갤럽, 2003, 『제3회 지방선거 투표행태』.

한국갤럽, 2003, 『제16대 대통령선거 투표행태』.

대전일보, 2004, 2~4월.

중도일보, 2004, 2~4월.

중앙일보, 2004, 2~4월.

한겨레, 2004, 2~4월.

http://www.dtnews24.com.

http://www.metro.daejeon.kr

http://www.junggu.daejeon.kr.

http://www.nec.go.kr

http://www.ohmynews.com/area.

Bartolini, Stefano and Mair, Peter. 1990. *Identity, Competition, and
　　　Electoral Availability*. Cambridge : Cambridge Univ. Press.

Curtice, John. 1983. "Liberal Voters and The Alliance: Realignment or Protest?". Bogdanor (ed.). *Liberal Party Politics*. Oxford : Clarendon Press.

Downs, Anthony. 1957. *An Economic Theory of Democracy*. New York : Harper and Low.

Inglehart, Ronald. 1990. *Culture Shift in Advanced Industrial Society*. New Jersey : Princeton University Press.

Lipset, Seymour and Rokkan, Stein. 1967. *Party Systems and Voters Alignmen t : Cross-National Perspectives*. New York: The Free Press.

Rae, Douglas and Taylor, Michael. *1970. The Analysis of Political Cleavage*. New Haven : Yale Univ. Press.

Sniderman, Paul M., Richard A. Brody, and Philip E. Tetolck. 1991. *Reasoning and Choice: Explorations in Political Psychology*. Cambridge : Cambridge University Press.

제5장 지역주의에 대한 허무한 도전 :
대구 수성(갑)

하세헌

1. 머리말

민주당 조순형 대표는 2004년 1월 19일 민주당 창당 4주년 기념식에서 17대 총선을 대구에서 출마하기로 전격적으로 발표하였다. 대구는 조 대표와는 아무런 직접적인 연고가 없었을뿐더러, 한나라당의 텃밭이라고 불리는 지역이었다. 따라서 조 대표의 대구 출마 선언은 지역주의에 대한 정면도전으로서 대구시민뿐만 아니라 전 국민에게 신선한 충격을 주었다.

조 대표의 본래 지역구는 서울 강북(갑)으로 여기에서 5번이나 당선되었다. 조 대표는 20년이나 국회의원을 하면서 정치부패와 관련되지 않은 매우 깨끗한 의원으로 알려졌으며, 지역구 활동보다는 의정활동을 열심히 해 15대, 16대 국회에서는 '한국유권자운동연합' 으로부터 의정활동 최우수 국회의원으로 선정되기도 하였다. 특히 그는 '쓴소리' 라는 애칭을 갖고 있을 정도로 곧고 바른 의원으로 알려져 있었다. 그는 국회의원 활동을 하면서 한국 정치의 병폐라고 일컬어지던 '3김

정치', '파벌정치'와 같은 점에 거의 관여하지 않았고, 그런 점에서 당선회수에 비해 주요 당직이나 국회직을 맡은 경험은 많지 않았다.[1] 하지만 열린우리당이 민주당으로부터 분당되어 나간 뒤의 위기상황에서 민주당을 구할 '구원투수'로 인정받아 원내 제2당의 수장이 되었다. 이와 같은 그의 인품과 경력을 감안할 때 대구 출마 발표 당시에는 서울 강북(갑)에서 출마한다면 당선은 문제가 되지 않는다는 평가였다.

조 대표는 그럼 왜 안전한 지역구를 버리고 대구 출마라는 결단을 해야 했는가? 재선이라는 목표달성을 위해 선거운동은 어떤 식으로 이끌어 나갔는가? 그리고 최종 선거결과는 무엇에 의해 좌우되었는가? 이 연구는 이와 같은 점들을 중심으로 17대 총선 시 조 대표의 일련의 선거과정을 추적해 보았다.

조 대표의 선거과정을 분석해보려고 하는 데에는 크게 두 가지 목적이 있다. 하나는 이번 선거에서의 지역주의의 변화여부에 대한 관심에서이다. 최근의 각종 선거에서 대구 유권자들의 투표행태를 결정지은 가장 중요한 요소는 지역주의였는데, 대구에서의 조 대표 출마가 이와 같은 유권자들의 선택행위에 어떠한 영향을 끼쳤는가 하는 점이다. 또 하나는 한국의 선거운동 과정의 실체를 밝혀보려는 보다 큰 작업에 조 대표의 선거를 하나의 케이스로서 위치시키려는 것이다. 조 대표는 이미 수차례 선거를 치른 경험이 있고, 또 이번은 불모지인 대구에서의 출마인 만큼, 그 선거운동 과정은 상당히 체계적이고 대규모로 이루어질 것이라고 기대되었다. 따라서 그의 선거운동 과정을 살펴봄으로써 한국 선거과정의 다양한 요소들이 파악될 것이라고 예상되었기 때문

---

1) 민주당 대표가 되기 전까지 그는 (통합)민주당 최고위원, 국회 교육위원회 위원장, 국민회의 사무총장, 민주당 서울시 지부장 등을 역임하였다.

이다.

이 글은 7개의 장으로 구성되어 있다. 제2장에서는 최근 실시된 각종 선거의 결과를 바탕으로 대구 및 조 대표가 출마한 수성(갑) 유권자의 투표행태에는 어떠한 특징이 있었는가를 알아보고, 제3장에서는 조 대표가 왜 대구와 수성(갑) 선거구에서 출마하려고 결정하였는지에 대해 살펴보았다. 제4장은 조 대표 이외의 수성(갑) 출마후보들에 대해 간단히 소개했다. 제5장에서는 조 대표의 선거운동 과정을 상세히 살펴보고, 제6장에서는 이번 선거에 영향을 미친 주요한 쟁점들에 대해 언급했다. 제7장에서는 선거결과는 어떻게 나왔으며, 그것이 의미하는 바는 무엇인가를 분석함으로써 결론을 맺었다.

2. 최근의 선거결과에 보이는 대구의 특징

민주화 이후 실시된 각종 선거에서 유권자의 투표행태를 결정한 가장 중요한 요인은 '묻지마 투표'를 강요한 지역주의였고, 그와 같은 정서적 반응이 선명하게 드러났던 곳 중의 하나가 대구였다. 우선 대구의 지역주의적 투표성향을 다음에 제시한 표들로부터 확인하기로 한다.

〈표 1〉에서 1987년 이래의 대통령 선거 결과를 보면, 지난 네 번의 선거에서 대구 유권자들은 대구를 지지기반으로 하는 정당의 후보자에게 압도적인 지지를 몰아주었음을 알 수 있다. 〈표 2〉의 국회의원 선거에서도 15대를 제외하면 대구를 지지기반으로 하는 정당이 싹쓸이 혹은 이에 가까운 결과를 올리고 있다. 다만 15대 총선에서는 김영삼

〈표 1〉 대구의 대통령 선거 결과

구분	후보			
제13대 (1987년)	노태우(민정당) 70.7%	김영삼(민주당) 24.3	김대중(평민당) 2.6	김종필(공화당) 2.1
제14대 (1992년)	김영삼(민자당) 59.6	김대중(민주당) 7.8	정주영(국민당) 19.4	박찬종(신정당) 11.7
제15대 (1997년)	이회창(한나라당) 72.7	김대중(국민회의) 12.5	이인제(국민신당) 13.1	권영길(국민승리) 1.2
제16대 (2002년)	이회창(한나라당) 77.8	노무현(민주당) 18.7	권영길(민노당) 2.9	

참고 : 군소후보는 제외하였음.

〈표 2〉 대구의 국회의원 선거에서의 각 정당 획득 의석수

구분	정당별 획득 의석수				총 의석수
제13대(1988년)	민정당 8	민주당 0	평민당 0	공화당 0	8
제14대(1992년)	민자당 8	민주당 0	국민당 2	무소속 1	11
제15대(1996년)	민자당 1	국민회의 0	자민련 8	무소속 3	12
제16대(2000년)	한나라당 11	민주당 0	자민련 0	민국당 0	11

참고 : 호남을 배경으로 하는 정당은 제13대는 평민당, 제14대는 민주당, 제15대는 국민회의,
제16대는 민주당이다.

정부의 대구 출신 인사에 대한 홀대를 이유로 대구 유권자들은 민자당 다음으로 대구와 가깝다고 여겨지는 자민련의 후보들을 많이 당선시켰다.

대통령 및 국회의원 선거에서 대구를 지지기반으로 하는 정당이 압

〈표 3〉 대구의 민주당 공천자 상황

지역구	이름	나이	경력	재산 신고액
중·남구				
동(갑)	이광수	50	시사평론가	2천만 원
동(을)	정두병	57	새마을연수원장	1억 1,370만 원
서구	김진수	49	정당인	1억 9,200만 원
북(갑)				
북(을)	최경순	45	금산무역 대표	1억 7,600만 원
수성(갑)	조순형	69	국회의원	10억 원
수성(을)	김성현	40	정당인	4억 3천만 원
달서(갑)	이상목	48	오늘의 한국 취재본부장	2억 3,203만 원
달서(을)	박영린	51	당지부 대변인	1천만 원
달서(병)	서병환	54	정당인	8,200만 원
달성				

도적 승리를 거두고 있는 것과는 대조적으로 호남을 지지기반으로 하는 정당의 후보들은 형편없는 지지만을 얻고 있다. 대선에서는 16대의 노무현 후보가 얻은 18.7%가 최고이며, 총선에서는 1석도 얻지 못했다. 이처럼 대구는 호남을 배경으로 하는 정당의 후보에게는 불모지나 다름없었다. 17대 총선에서도 민주당은 조 대표 이외에는 대구에 유력 후보를 공천하지 못하였다. 〈표 3〉은 대구의 각 지역구에 공천된 민주당 후보를 제시한 것인데, 타 정당 후보에 비해 사회적 경력이나 재산 형성 정도에 있어 매우 뒤떨어진다는 평이다.[2] 그마저도 대구 12개 선거구 중에서 3개 선거구는 후보를 찾지 못해 공천도 할 수 없는 형편이

---

2) 대구의 각 지역구에 공천된 후보들의 정당별 평균 신고 재산액은 한나라당 10억 8천만 원, 열린우리당 2억 7천만 원, 민주당 2억 원이다.

<표 4> 수성(갑)의 대통령 선거 결과

구분	후보			
제13대 (1987년)	노태우(민정당) 67.1%	김영삼(민주당) 27.7	김대중(평민당) 2.7	김종필(공화당) 2.3
제14대 (1992년)	김영삼(민자당) 58.9	김대중(민주당) 20.2	정주영(국민당) 12.0	박찬종(신정당) 7.5
제15대 (1997년)	이회창(한나라당) 74.9	김대중(국민회의) 12.4	이인제(국민신당) 11.0	권영길(국민승리) 1.3
제16대 (2002년)	이회창(한나라당) 79.4	노무현(민주당) 17.4	권영길(민노당) 2.9	

<표 5> 수성(갑)의 국회의원 선거 결과

구분	후보			
제13대 (1988년)	이치호(민정당) 44.6%	윤영탁(민주당) 33.6	이상훈(공화당) 14.5	(평민당)
제14대 (1992년)	박철언(민자당) 58.8	권오선(민주당) 7.3	이상희(국민당) 26.0	박주철(무소속) 7.9
제15대 (1996년)	이원형(신한국) 23.7	권오선(민주당) 10.1	박철언(자민련) 53.3	(국민회의)
제16대 (2000년)	김만제(한나라당) 57.4	강기룡(민주당) 6.7	박철언(자민련) 24.0	권오선(무소속) 11.9

참고 : 제14대와 제16대에 호남을 지지기반으로 하는 정당의 후보는 각각 권오선과 강기룡이다.

었다.

　대구 전체에서 보이는 지역주의적 투표성향은 수성(갑) 선거구의 역대 선거결과에서도 그대로 나타나고 있다(<표 4, 5> 참조). 김대중 후보는 13, 14, 15대 대선에서 각각 2.7%, 7.5%, 12.4%만을 얻고 있다. 국회의원 선거에서도 호남을 배경으로 한 정당은 13대와 15대에서는 후보자조차 낼 수 없었고, 후보를 낸 14대와 16대도 각각 7.3%와 6.7%를 얻는 데 만족해야 했다.

이상에서 보는 것처럼 민주당 조순형 대표가 대구의 수성(갑) 선거구에서 출마한다는 것은 지난 선거결과를 봤을 때는 상식을 벗어난 선택일 수 있으며, 그만큼 그의 선택이 여론의 주목을 끄는 이유이기도 했다. 그럼 조 대표는 왜 굳이 대구에서 출마를 하려고 하였는가? 이 점에 관해서 다음 장에서 살펴보기로 한다.

3. 조 대표는 왜 대구에서 출마하였는가?

조 대표의 대구 출마 선언은 누구도 예상하지 못한 가운데 전격적으로 이루어졌다. 그는 발표 당시 "정치적 불모지인 영남에 민주당의 깃발을 당당히 꽂을 것이며 지역주의의 높고 두꺼운 벽에 감히 도전하고자 한다"고 자신의 대구 출마가 지역주의에 대한 정면도전이라는 점을 강조하였지만, 대구 출마를 결심하게 된 데에는 크게 두 가지 이유가 있는 것으로 보인다.

먼저 추락하고 있는 민주당의 지지세를 만회하기 위한 '극약처방'의 필요성이다. 2003년 10월 민주당에서 '정치개혁'을 표방하는 열린우리당이 분당해 나감으로써 민주당은 자연히 '구정치세력', '지역주의에 안주하는 세력'으로서의 이미지를 강하게 띠게 되었다. 이러한 가운데 민주당은 '미스터 쓴소리' 조순형 의원을 대표 상임중앙위원으로 선출하고 반전을 노린다. 조순형 의원의 대표취임은 여론의 상당한 지지를 받았고, 정당지지도에서도 한때 한나라당을 앞서는 1위를 한 적도 있었다. 그러나 조 대표는 취임 후 기대와는 달리 개혁적인 모습을 보여주지 못했고, 2004년 1월 12일 열린우리당이 젊고 개혁적인 정동영 의원을 당의장으로 선출하자 민주당의 지지도는 10% 정도에 지나지 않는 3위로 추락하고 말았다. 정당지지도가 이대로 정체를 보인다면 민주당은 다가오는 총선에서 '호남당'으로 전락할 수밖에 없다는 위기감이 팽배해지고 있는 상황이었다.

조 대표가 대구에 출마선언을 하게 된 데에는 당내 중진 의원들에게 기득권 포기를 재촉하려는 의도도 숨어 있었다. 총선을 앞두고 당내에는 소장 개혁파를 중심으로 전면적인 '호남 물갈이'를 통해 기득권에 안주하지 않는 개혁적인 모습을 보여주어야 한다는 여론이 형성되고 있었다. 소장 개혁파들의 주된 공격대상이 된 인물이 한화갑·박상천 전 대표 등 호남 중진 의원들이었는데, 이들은 이에 아랑곳하지 않고 기존의 자신들 지역구에 공천신청을 하였다. 이러한 가운데 조 대표는 총선에서 승리하기 위해서는 호남 중진 의원들의 용퇴를 재촉할 필요가 있었고, 그러한 점이 "동료 의원들에게 기득권 포기와 희생을 강요하려면 대표부터 솔선수범을 보여야 한다"는 대구 출마 발표 당시의 언급으로 나타난 것으로 보인다.[3]

조 대표가 출마지로 대구를 선택하게 된 데에는 선친인 조병옥 박사가 대구에 출마해 당선된 적이 있다는 점이 결정적인 동기가 되었다. 조병옥 박사는 6·25전쟁 당시 내무부 장관으로서 '대구사수론'을 주

---

3) 이 외에도 그는 "다선 중진 의원들이 어려운 지역은 외면하고 쉬운 지역에만 안주하려 하느냐는 질책이 높다"면서 "무엇보다 현역 의원들, 특히 다선 중진 의원들의 용기 있는 결단이 필요하며, 국민들께 감동을 주는 살신성인의 용단이 절실하다"는 언급도 했다(영남일보 2004. 1. 20.).

장해 적으로부터 대구를 구하는 데 결정적인 공헌을 하였다. 대구를
지키기 위해 그가 보여준 헌신적인 노력에 대해 대구 시민들은 대구에
아무런 직접적 인연이 없음에도 불구하고 그를 1954년 제3대 민의원
선거에서 당선시켜 보답했다. 지금도 60대 이상의 대구 사람들에게 조
병옥 박사는 대구를 살린 인물로 인기가 높은 편이다.

조 대표의 대구 출마 선언에 대해 발표 당시 대구 시민들의 반응은
상당히 우호적이었다고 해야 할 것이다. 일부에서는 "지역주의는 깜짝
쇼로 해결되지 않는다"는 등의 비판도 있었지만, "지역감정을 해소하
기 위해 용단을 내렸다"는 식의 조 대표 결정을 평가하는 여론이 우세
하였다.[4] 대구의 지역신문들도 일제히 사설을 게재하고 "지역주의의
벽을 이렇게라도 깨어보자는 그의 대승적 결심을 평가해 주고 싶다"
(매일신문 2004. 1. 20.), "정치 전반에 미칠 영향은 대체로 신선하다는
평가를 하지 않을 수 없다"(영남일보 2004. 1. 20.)라고 조 대표의 대구
출마를 환영하였다. 대구 지역 15개 대학 교수 179명도 2월 17일 "조
대표가 쳐든 지역주의 타파의 깃발이 전국적으로 확산돼 한국 정치가
정상화하기를 기대한다"고 조 대표의 출마를 지지하는 성명을 발표하
였다.

조 대표의 출마선언에 대해 당초 매우 우호적이었던 대구 여론은
그 후 급속히 식어간다. 그 이유는 먼저 조 대표가 정치개혁을 요구하
는 국민들의 여망을 올바르게 파악하지 못한 점을 들 수 있다. 당내

---

4) 1월 24일 민주당 정세분석국이 조 대표의 대구 출마에 대해 여론조사를 한 바에 의
하면 대구·경북에서는 44.7%가 '잘 한 일', 25.0%가 '잘 못한 일'로 평가했다. '조
대표의 대구 출마가 지역주의를 극복해 정치발전에 도움이 될 것인가'라는 질문에
는 응답자의 42.4%가 '그렇다'라고 응답해 '그렇지 않다'는 응답 22.0%의 두 배 가
까이나 높았다.

선거대책위원회 구성과 '옥새전쟁'이라고 불린 개혁공천을 둘러싸고 추미애 의원을 비롯한 개혁파(선대위파)와 당권파 간의 내분이 지루하게 계속됨으로써, 조 대표가 오히려 개혁적인 인사들의 발목을 잡는다는 인상을 강하게 주고 말았다. 이외에도 국민의 70%가 반대하는 노무현 대통령에 대한 탄핵안을 한나라당과의 공조를 통해서 통과시킨 점이 조 대표에게는 불리하게 작용하였다. 선거운동 개시 전의 여론조사에서 민주당의 지지도는 민노당에도 뒤떨어지는 3~4% 수준으로까지 추락하고 있었다. 이처럼 조 대표가 직접 관련된 민주당의 장기간 내분상태와 탄핵안 통과, 이로 인한 지지자의 대거이탈 상황 하에서는 조 대표가 감히 대구 시민들에게 표를 달라고 할 수 있는 입장이 못 되었다.

조 대표에 대한 대구의 우호적 분위기가 감소하게 된 또 다른 이유는 출마표명 이후 선거운동이 시작되기 전까지 대구를 거의 찾지 못하였다는 점에서도 찾을 수 있다. 대구 출마 선언을 한 이후 4월 2일 선거운동이 개시되는 날 대구에 내려오기까지 조 대표는 모두 3번 밖에 대구를 찾지 못하였다. 그것도 두 번은 당의 공식행사 참석이라는 측면이 강했으며,[5] 개인 선거운동이라는 점에서는 3월 23일 수성(갑) 선거구 출마를 공식선언하기 위해 온 것이 유일하였다. 당 내분으로 인해 대구를 찾을 여유가 없었던 것이다.[6] 이처럼 대구 방문이 뜸하게 됨으로써 출마표명 당시 대구 시민들에게 주었던 신선한 충격을 계속 이

---

5) 조 대표는 2월 18일 지하철 참사 1주기 추모식과 2월 28일 대구 2·28민주운동 기념일을 맞아 각각 대구를 방문하였다.

6) 조 대표는 대구 출마 선언 이후 대구를 거의 찾지 못한 것에 대해 "글쎄, 내가 뭐 믿고 이러는지 모르겠다. 내가 제일 급한데…", "이제는 내려가야지… 내려가야지…" 라며 걱정하는 심경을 토로했다(매일신문 2004. 3. 13.).

어가는 데는 한계가 있을 수밖에 없었다.[7]

　조 대표는 선거운동 개시 10일을 앞두고 수성(갑) 출마를 결정하게
되는데, 대구 출마 표명을 하고 지역구를 정하는 데는 무려 두 달 이상
이나 걸렸다. 지역구를 선택하는 데 이처럼 오랜 시간이 걸리고 그것
도 선거에 임박해서야 결정하게 된 것은 당 내분으로 자신의 선거운동
에 신경을 쏟을 겨를이 없었기 때문이다. 출마표명 당시의 예측은 선
친인 조병옥 박사가 출마하였던 중·남구(당시는 대구 을구)가 유력한
것으로 알려졌으나, 수성(갑) 선거구를 최종적으로 결정한 데는 다음
과 같은 이유들이 고려되었다고 한다.[8]

　첫째, 수성(갑)이 대구의 '신정치 1번지'라는 이유에서였다. 당대표
의 결단인 만큼 상징성이 있는 선거구에 출마할 필요성이 있었던 것이
다. 둘째, 수성(갑)의 민도를 고려한 선택이었다.[9] 탄핵 정국을 주도해
여론의 뭇매를 맞고 있는 상황에서도 수성구 정도의 주민 수준이라면
자신의 정치적 결단을 수용해 줄 것이라고 판단한 것이다. 또 수성구
주민들이 타 지역에 비해 정당보다는 인물 위주의 투표성향을 보일 것
이라는 판단도 작용을 하였다. 셋째, 다른 후보들과 유사한 조건에서
의 경쟁이 가능하였다는 점이다. 조 대표만이 아니고 한나라당과 열린
우리당의 후보도 우여곡절 끝에 선거 직전에야 결정됨으로써 이들 후
보도 아직 완전히 지역에 뿌리를 내리지 못하고 있었다. 이 점에 대해

---

7) 당 내분으로 인해 조 대표의 대구 출마 표명 당시의 상징성이 퇴색해 감에 따라 대구
　출마를 재고해야 한다는 의견이 당 내부에서 제기되기도 했는데, 대구 출마를 번복
　하려는 시도가 (일부에서나마) 있었다는 것 자체가 대구 시민들에게 좋은 인상을 주
　었을 리는 없을 것이다.
8) 수성(갑) 선택 이유에 관한 이하의 언급은 2004년 4월 22일 조 대표의 이승기 정책
　보좌관과 인터뷰한 내용을 정리한 것이다.

서는 제4장에서 자세히 언급한다. 넷째, 대표적 다자경쟁 지역이라는
점이다. 유력정당의 후보 외에도 수성(갑)에서 두 번이나 당선된 적이
있는 박철언 씨가 무소속으로 출마를 표명한 상태였다. 유력후보들의
출마로 인해 표 분산이 일어날 경우 지명도에서 앞서는 조 대표에게
유리한 국면이 형성될 수 있다는 희망이 있었다. 다섯째, 수성(갑)은 내
부 여론조사에서 대구의 어느 지역보다 조 대표에 대한 지지가 높게
나왔다. 비록 선두와는 격차가 있었지만 40대 남성을 중심으로 비교적
높은 지지를 받고 있었고, 높은 인지도를 감안할 때 본격적인 선거운
동에 들어가면 어느 정도 만회할 수 있다는 판단이 섰다.[10]

4. 대립후보

수성(갑) 선거구에는 조 대표의 유력한 경쟁자로서 한나라당의 이한
구 후보와 열린우리당의 김태일 후보가 출마를 하고 있었다. 두 후보

---

9) 본래 수성구는 전체가 하나의 선거구였지만, 80년대 중반 이후 시지 · 지산 · 범물
지구 일대에 대규모 아파트 단지가 들어섬에 따라 외지로부터 급속히 인구가 유입
되어 92년 14대 총선부터 갑 · 을로 나누어지게 되었다. 그 중에서도 수성(갑)은 대
구의 대표적 중산층 거주지이다. 특히 범어동 · 고산동 일대의 고층아파트 지역은
서울의 강남구와 서초구처럼 고학력 전문직종의 사람들이 많이 거주하고 있으며,
정치적으로도 비교적 개방적이라는 평가를 듣고 있다. 중산층 밀집지역인 만큼 직
업별로는 화이트칼라가 가장 높은 16.3%를 차지하고, 그 다음으로 자영업이
14.0%, 블루칼라가 11.2%, 농어축산업 0.4% 등의 순이었다. 전업주부와 학생은 각
각 33.6%와 13.5%로 조사되었다.
10) 지역구의 구체적인 선택과정에서는 대구의 대표성이 있는 인물이 출마하는 곳인
한나라당 강재섭, 이해봉 의원 및 열린우리당의 이강철 씨의 지역구는 대구 지역민
의 역풍이 우려되므로 처음부터 고려 대상에서 제외되었다고 한다(2004년 4월 22
일, 조 대표의 이승기 정책보좌관과의 인터뷰).

모두 선거운동이 개시되기 불과 얼마 전에야 수성(갑) 출마가 결정되었는데,[11] 이런 점에서 세 유력후보는 충분한 사전 선거운동의 시간을 가지지 못한 채 공식 선거운동을 맞이해야 했다는 공통점이 있었다.

수성(갑)의 현직 국회의원은 한나라당의 김만제 씨였는데, 그는 2004년 초까지만 하더라도 17대 총선 출마에 강한 의욕을 보였다. 그는 부총리 · 포철 회장 · 한나라당 정책위의장 등 화려한 경력을 자랑하며 당내의 유수한 경제통 의원으로서 공천을 자신하고 있었으나, 70세의 고령이라는 점이 약점으로 작용하였다. 김만제 의원에 대해 한나라당 공천에 도전장을 낸 것이 52세로서 비교적 젊은 나이이며 전국구 현역 의원이었던 이원형 씨였다. 대구의 유력기업인 영남건설의 후계자로서 탄탄한 재력을 자랑하고 있던 그는 한나라당 공조직과는 별도로 사조직을 양성하는 등 김만제 의원과의 당내경선에 대비했다.

그런데 한나라당은 기존의 부패하고 보수적인 이미지를 개선하기 위해 공천을 통해 인적청산을 계획하고 있었고, 특히 근거지인 대구에서는 대대적인 물갈이를 예고하고 있었다. 김만제 의원도 고령인 점과 구시대적 이미지가 강하다는 점에서 교체대상에 올랐고, 결국 그는 당의 방침에 순응하였다. 다만 자신의 후계자로서는 전국구 의원이었고 자신과 함께 당내의 경제전문가로 이름이 높던 이한구 씨를 강력추천하였다. 그는 수성(갑)에서 이한구 씨로 하여금 자신의 경제전문가로서의 이미지를 이어가기를 바랐던 것이다. 이한구 씨라는 갑작스런 경쟁자의 등장에 대해 이원형 의원은 강력히 반발하였으나, 최종적으로 이한구 씨에게로 공천은 낙점되었다.[12]

---

11) 이한구 후보의 공천이 결정된 것은 3월 2일이고, 김태일 후보는 이보다 늦은 3월 19일이었다.

이한구 씨는 대구 출신으로 경북고등학교를 나왔고, 행정고시에 합격한 뒤에는 재무부에 들어가 경제관료의 길을 걸었다. 10여 년간의 관료생활을 청산한 뒤에는 미국 유학 길에 올라 경제학 박사학위를 취득하였다. 귀국 후 그는 민간 경제연구소의 소장으로 활약하는 한편, 경제관련 TV토론 프로그램에도 적극적으로 출연하여 국민들에게 경제전문가로서의 인상을 강하게 심어놓았다. 이와 같은 전문성과 대중적 인지도를 바탕으로 16대 총선에서는 한나라당의 전국구 의원으로 발탁되어 국회의원으로서의 길을 걷게 되었다.

본인은 17대 총선을 앞두고 전국구 재선을 희망하였다고 알려졌으나, 고등학교 선배이기도 한 김만제 의원의 강력한 추천으로 갑작스럽게 지역구를 이어받게 되었다. 이 후보의 출마에 김 의원의 추천이 작용했다는 점에서 김 의원으로부터 이 후보에게로의 지역구 이전은 순조롭게 이루어졌고, 이것이 출발이 늦었음에도 이 후보가 비교적 빠른 시일 내에 선거운동을 궤도에 올리는 중요한 요인이 되었다.[13] 또 하나 무소속으로의 출마가 유력시되고 있던 이원형 의원의 불출마선언도 이 후보의 선거과정에 도움이 되었다. 한나라당 표의 대규모 분할현상이 우려되었지만, 이원형 의원의 불출마로 이 후보는 안정적인 지지기반을 확보한 채 선거운동에 임할 수 있었다.

이 후보는 거의 일생 동안 경제 한 분야에만 매달려 왔는데, 이러한

---

12) 이원형 의원이 당내공천에서 밀리게 된 것은 그가 이미 수차례 낙선 경험이 있어 유권자들에게 나쁜 인상을 줄 수 있다는 점이 크게 고려되었다고 한다. 그는 95년의 수성 구청장 선거와 96년의 16대 총선에 나와서 각각 고배를 마셨고, 2002년 대구시장 선거의 당내경선에도 출마하였으나 역시 패배하였다.

13) 이한구 후보는 선거사무실로 김만제 의원의 지역구 사무실을 그대로 사용하였고, 또 김 의원의 비서진들은 선거기간 동안 선거운동원으로 등록하여 제일선에서 이 후보의 당선을 도왔다.

점이 경제적 활기를 되찾기를 바라는 지역구 유권자들에게 자신을 어 필하는 데는 아주 큰 장점으로 작용하였다는 평가였다. 실제 선거 홍 보물과 TV토론 등에서도 '대구 경제의 구원투수', '예산·경제 전문 가 이한구, 서민의 희망이 되겠습니다' 등과 같은 용어를 되풀이 사용 함으로써 자신의 장기를 적극적으로 선전하는 전략으로 나왔다.

수성(갑)의 열린우리당 후보로 최초로 공천을 받은 사람은 정병양 변호사였다.[14] 하지만 그는 사전 선거운동 과정에서 기자들에게 돈봉 투를 돌리는 사건이 터짐으로써 도중에 하차하고, 대신 출마를 하게 된 것이 김태일 씨였다. 그는 영남대학교 정치외교학과 교수로서 재직 하는 한편 시민운동단체·연구소 등에도 적극적으로 관여하여 진보적 학자로서의 면모를 보였다. 특히 그는 지역 TV방송국 토론 프로그램 의 사회자를 장기간 맡아봄으로써 대중적 인지도에 있어서는 아주 뛰 어났다. 이와 같은 점들을 배경으로 그는 열린우리당 중앙위원 선거에 출마해 대구에서 2등으로 당선이 되었으며, 또 17대 총선을 앞두고서 는 당내 비례대표 후보자로 신청을 하였다.

이 후보는 대타로서 나와 출마준비 기간은 짧았지만, 그동안 폭넓은 활동을 통해서 알게 되었던 지인들과 학교 제자들의 도움으로 비교적 단기간에 선거조직을 재편할 수 있었다. 하지만 조 대표의 수성(갑) 출 마가 여러 후보들 중 성향이 비슷한 김태일 후보의 표를 가장 많이 잠 식할 것이라는 평가였기 때문에, 김 후보로서는 하나의 악재를 안고 선거운동에 임한 셈이었다. 그는 선거운동을 하며 두 가지 점에 중점 을 두고서 자기를 알렸다. 먼저 깨끗한 정치를 실현하기 위해서는 정

---

14) 그는 초등학교밖에 나오지 않은 학력으로 사법시험에 합격하고, '대구 교차로'를 전 국에서 발행부수가 가장 많은 생활정보 일간지로 키우는 등 입지전적인 인물이었다.

치 신인인 자신이 적임자라는 것이었다. 그는 대구 지역 문제도 기본적으로 정치폐단 때문이라고 진단하고 '낡은 정치 개혁'을 슬로건으로 내세웠다. 다음으로 지방분권 운동을 해온 경력을 바탕으로 '서울 공화국 해체'를 이룩해 실질적인 지방분권을 실현하겠다고 약속했다.

선거운동 개시에 임박해서 불출마를 선언하였지만, '6공의 황태자' 박철언 전 의원도 당초에는 다크호스로 지목이 되었다. 그는 수성(갑) 선거구에서 14대, 15대 두 번이나 당선된 경험이 있으며, 고연령의 보수층을 중심으로 적지 않은 지지세를 가지고 있었다.[15] 그는 일찍부터 이번 선거를 대비해서 조직을 재건하고 대구의 유력 무소속 후보자들을 규합한 '무소속 희망연대'의 결성을 주도하는 등 고토회복을 위해서 진력하였다. 하지만 구시대적 인물이라는 약점과 탄핵 바람·박근혜 바람 등 각종 전국적 이슈 앞에서 결국 도중하차하고 말았다. 박철언 전 의원의 불출마는 보수층의 결집이라는 측면에서 이한구 후보에게 유리하게 작용할 것은 불은 보듯 뻔하였다. 그만큼 이 후보는 만반의 태세를 갖춘 상태에서 공식 선거운동 기간을 맞이할 수 있었던 것이다.

이들 3명의 유력후보 이외에 이 지역구에는 자민련의 신우섭, 기독당의 석홍, 그리고 민노당의 이연재 등 3명의 후보가 더 있었다. 하지만 대부분의 예상으로는 이들에게 의석획득의 가능성이 있다고는 여겨지지 않았고, 수성(갑) 선거구의 실질적인 경쟁은 이한구, 조순형, 김태일의 유력 세 후보간에 이루어질 것이라고 인식되고 있었다.

---

15) 불출마선언을 하기 직전의 매일신문 여론조사에서 박 후보는 13.3%의 지지를 얻어 이한구(26.7%), 김태일(24.1%)에 이은 3위를 달렸다. 조순형 후보의 지지는 7.2%였다(매일신문 2004. 3. 26.).

5. 선거운동 과정

앞의 3, 4장에서는 조 대표가 대구 및 수성(갑) 선거구에서 출마하기로 한 배경 및 수성(갑)에서 맞설 경쟁후보들을 살펴보았는데, 제5장에서는 조 대표가 자신의 재선획득이라는 목표를 달성하기 위해 구체적으로 어떻게 선거운동을 전개하였는가를 살펴보기로 한다.

1) 선거조직

17대 총선부터는 선거법 개정으로 선거일 120일 전부터 후보등록 시까지 예비후보 사무소를 운영할 수 있고,[16] 여기에 유급 사무원 2인을 둘 수 있도록 하였다. 그러나 조 대표는 앞에서도 언급했던 것처럼 민주당의 내분으로 인해 전혀 자기 선거운동에 신경을 쓸 겨를이 없었으므로 예비후보 사무소를 운영하지 못하였다. 4월 2일 공식 선거운동이 개시되는 날 조 대표는 비로써 수성(갑) 선거구에 내려와 후보 사무소를 열었다.

국회의원 선거에 출마하는 후보자들은 일반적으로 대규모의 선거운동 조직을 구성하는 것으로부터 선거운동을 시작한다. 선거운동을 총괄하는 것이 선거대책위원회이다. 선거대책위원회 산하에는 공식 선거운동 조직과 비공식적 사조직 등이 포진한다. 선거대책위원회는 후보마다 조금씩 구성이 다르지만, 대체로 '후보자 – 선거대책위원장 – 선거대책본부장 – 부본부장 – 사무국장 – 사무차장 – 각종 기능별 팀

---

16) 17대 총선에서는 선거법 통과 지연으로 3월 15일부터 예비후보 사무소를 운영할 수 있었다.

(기획총괄·직능·총무·조직·여성·비서·유세 등)'과 같은 조직체
계를 취한다.

조 대표의 경우 이와 같은 선거대책위원회는 전혀 구성되지 않았고,
다만 공식 선거기구인 후보 사무소가 존재했을 뿐이다. 후보 사무소는
사무장 이하 회계책임자(1인), 회계사무 보조원(1인), 행정업무를 담당
하는 일반 사무원(4~5인) 등 총 7~8명으로 단출하게 구성되었다. 이들
은 다른 후보 사무소와 마찬가지로 선거운동원 교육·공약정리·대외
관계·회계 등 일반적인 선거관리 업무를 수행하였다.

선거사무소가 단출하게 구성되었다는 점 외에 조 대표 선거조직의
특징으로서는 후보자와 사무소가 별도로 움직였다는 점을 들 수 있다.
조 대표는 4월 2일 대구에 내려오는 날 사무소를 딱 한 번 들른 뒤로는
그 후 전혀 출근을 하지 않았다. 선거기간 내내 후보 주재의 참모회의
는 한 번도 열리지 않았고 모든 것이 자율에 맡겨졌다. 후보에게 보고
할 일이 있을 때는 후보가 머무르고 있는 호텔로 가서 보고를 할 수밖
에 없었다. 유세일정을 계획하고 수행하는 등 후보와 직접적으로 관련
되는 일은 서울에서 내려온 조 대표의 국회의원 비서관들에게 맡겨졌
다. 이들은 선거사무소에 출근하는 일 없이 사무소와는 별도로 행동을
하였다. 이런 점에서 조 대표의 선거실무 조직은 2원적으로 운영되고
있었고, 그리고 이들 사이에 반드시 유기적인 협조체제가 이루어졌다
고는 볼 수 없었다.[17]

선거법상 후보는 선거기간 중 각 동별로 3명씩의 선거운동원을 둘
수 있었는데, 수성(갑) 선거구는 12개의 동으로 구성되어 있었으므로

---

17) 조 대표는 자신의 선거사무장이 누구인지도 몰랐다(2004년 4월 11일, 조 대표와의
    인터뷰).

조 대표는 총 36명의 운동원들을 임명하였다. 이들 중 일부는 선거사무소에 배치되었고, 나머지는 각 동별로 배정되어 주민들에 대한 홍보를 맡았다. 이한구 후보의 경우 각 동별 선거운동원들에게 한나라당의 상징 색인 파란색 점퍼를 제공하여 당과 후보, 운동원들 사이에 이미지 통일화를 시도하였으나,[18] 조 대표 측에서는 이와 같은 노력은 없었다.

이번 선거에서 중요한 역할을 하였던 것이 자원봉사자이다. 법적으로 이용할 수 있는 선거운동원의 수가 제한되어 있었으므로 각 후보 진영은 자원봉사자에게 선거운동의 많은 부분을 의존하였다. 수성(갑)에서는 현직 대학교수인 김태일 후보가 많은 학생들을 자원봉사자로서 자원을 받아 전화홍보·거리유세 등에 활용하였다. 반면 이한구 후보는 기본적으로 외지 출신이라는 점에서 자원봉사자를 거의 이용하지 못하였고, 이런 점에서 조 대표도 마찬가지였다. 조 대표는 간혹 자원봉사를 하겠다고 찾아오는 사람들에게까지도 특별히 부여할 역할이 없다는 이유로 돌려보냈다고 한다.[19] 결국 조 대표 진영은 선거운동 기간 중 단 1명의 자원봉사자도 쓰지 않았고, 오로지 선거운동원과 비서들에게만 의지해서 선거운동을 전개해 나갔다.

이상 설명한 법적·공조직과는 별개로 지금까지의 총선에서는 비공식적인 사조직이 이용되는 경우가 많이 있어왔다. 선거에 이용되는 비공식 사조직은 크게 각 동별 조직과 친목조직으로 나눌 수 있다. 동별 조직은 한나라당의 경우 기본적으로 '협의회장(동책) - 협의회총무 -

---

18) 선거법은 2인 이상 운동원들이 같은 색 옷을 입고 선거운동을 할 수 없게 하였는데, 디자인과 색깔을 조금씩 달리함으로써 법망을 피해 갔다.

19) 2004년 4월 22일, 조 대표의 이승기 정책보좌관과의 인터뷰.

청년회장·여성회장 - 지역장(투표구 책임자, 보통 4~7개의 통이 하나의 투표구를 이룸) - 관리장(통책) - 부관리장(반책)'의 형태를 띠는데, 이들 조직체계의 어느 수준까지 선거운동에 동원되는가는 후보자의 형편과 선거상황 등에 따라 다를 수밖에 없었다. 사조직의 또 다른 형태는 후보 개인과 관련되는 친목조직으로서 주로 향우회·산악회·종친회·동문회 등의 모습을 띤다. 17대 총선은 선거자금에 대한 규제가 강화됨으로써 지금까지의 선거와는 달리 비공식 사조직에 대한 의존도는 많이 줄었다는 평가이지만, 그럼에도 적지 않은 후보들이 이들 조직을 선거에 이용하였다고 한다.[20]

조 대표의 경우 선거기제로서의 사조직을 이번 선거에 이용하려는 모습은 일체 보여주지 않았다. 오히려 대구의 한양 조씨 종친회에서 조 대표의 선거운동을 도와주겠다는 제의가 있었음에도 그는 끝내 이를 거절하였다. 서울 강북(갑)에서 출마할 때부터 그는 정도를 걷는 선거운동을 해 왔고, 공조직 이외의 선거조직에는 전혀 의존하지 않아 왔다. 그리고 수성(갑) 출마 표명이 공식 선거운동 개시가 임박해서 이루어졌으며, 대구의 기존의 민주당 조직기반이 매우 취약하였다는 점에서도 이와 같은 사조직을 선거에 이용하는 것은 물리적으로 한계가 있었다.

국회의원 선거운동 조직을 형성할 때 후보자들이 가장 신경 쓰는 부분 중의 하나가 그 지역구의 지방의원들을 자기 진영에 편입시키는 것

---

20) 모 당 대구시 모 지구당의 경우는 이번 선거에서 각 동별로 협의회장부터 지역장까지만 동원되었고 활동비가 내려갔다고 한다. 참고로 97년 대선까지는 최하층 조직인 부관리장까지 선거운동에 동원되었으며, 그 후 이번 선거 전까지는 관리장까지만 동원되었다고 한다. 이들 동별 조직의 구성원들 중에는 법적 선거운동원으로 등록하는 경우도 있었다(2004년 4월 28일, 모 지구당 간부와의 인터뷰).

이다. 지방의원들은 이미 그 지역에서 선거를 치른 경험이 있으므로 지역구 사정을 누구보다도 훤히 꿰뚫고 있으며, 또 이들의 지지를 획득하는 것은 그들의 지지세력을 후보의 지지기반으로 편입시킬 수 있는 이점도 있었다. 이런 점에서 특히 그 지역구에 처음 출마하는 후보의 경우 지방의원들의 지지 획득은 더욱 절실할 수밖에 없었다.

수성(갑) 선거구에는 광역의원 2명, 기초의원 12명의 지방의원이 있었다. 이들의 정당별 소속은 광역의원은 모두 한나라당이었고, 기초의원 중에도 11명이 한나라당, 1명이 무소속이었다. 한나라당 소속의원들 중 기초의원 1명을 제외한 광역의원 2명과 기초의원 10명은 당연히 이한구 후보 진영에 편입되었다.[21] 나머지 한나라당 기초의원 1명과 무소속 의원은 영남대 정치외교학과 대학원 재학 중으로 김태일 후보와는 직접적인 사제지간에 있었다. 따라서 이들은 김태일 후보를 위해 선거운동을 할 수밖에 없는 상황이었다. 반면 조 후보는 자기를 지지하는 지방의원이 한 사람도 없는 가운데 선거를 치르지 않으면 안 되었다.

2) 선거운동

조 대표의 실제 선거운동도 타 후보들과 비교했을 때 아주 독특한 측면들을 가졌다. 그것은 먼저 유세일정 관리가 체계적이지 않았다는

---

21) 한나라당 수성(갑)의 경우 2002년 제16대 대선까지만 하더라도 지방의원들은 선거운동원으로 등록해서 연설을 하거나 후보와 동행하며 직접적으로 선거운동에 참여하였으나, 이번에는 어깨띠를 할 수도 없고 후보를 수행할 수 있는 상황도 아니었으므로 여론형성층이나 지역유지를 후보에게 소개하는 등의 제한적인 활동에 머물렀다고 한다(2004년 4월 17일, 이한구 후보의 이수산 비서와의 인터뷰).

점에서 지적할 수 있다. 수성(갑)의 유력후보들인 이한구와 김태일 후보는 그 다음 날의 유세일정이 전날 오후, 늦어도 밤에는 결정이 되었고, 이를 필요한 사람에게는 팩스 등으로 알려주기도 하였다. 하지만 조 대표의 경우는 미리 일정을 작성하지 않았고, 당일 아침이 되어서야 유세하러 갈 곳을 정하는 식이었다.[22] 또 이러한 시간대별 일정도 도중에 갑자기 변경된다든지 취소되는 경우가 비일비재하였다.

청중동원 등에 폐해가 많았던 합동연설회와 정당연설회가 17대 선거부터 폐지됨으로써 후보자가 직접 많은 유권자들과 만나서 자신을 선전할 수 있는 기회는 거리연설이 유일하였다. 따라서 대부분의 후보들은 거리연설을 유권자들과 접촉할 수 있는 중요한 기회라고 생각하고 준비를 하였다. 그러나 조 대표는 선거기간 중 한 번도 거리연설을 하지 않았다. 유세차량에서 흘러나오는 확성기 소리가 "주민들을 시끄럽게 하고 일상생활에 방해가 된다"는 이유에서였다.[23]

대신에 그가 이번 선거에서 유세방법으로 고집한 것이 거리에서 지나가는 시민들에게 악수를 청하고 명함을 나눠주는 것이었다.[24] 하루에 평균 8~10km가량을 걷지만, 이러한 방법으로 사람을 만나는 데는 한계가 있을 수밖에 없었다. 따라서 참모들이 사람들이 많이 모이는 교회나 성당을 찾아 유세를 하라고 건의를 해도 특별한 종교가 없다는

---

22) 조 대표는 선거운동 첫날 딱 하루만 일정을 세웠는데, 그것도 일정대로 지켜지지 않았다고 한다(2004년 4월 22일, 조 대표의 이승기 정책보좌관과의 인터뷰).

23) 조 대표는 유세차량을 준비하기는 하였으나 한 번도 이용한 적이 없으며, 유세차량에서 로고송을 트는 것도 금지하였다. 조 대표의 이러한 태도에 대해 참모들 가운데는 "선거운동을 하기는 하려는가"라는 푸념 섞인 불만이 터져 나오기도 하였다.

24) 그는 유권자들에게 명함을 내밀면서도 단순히 '조순형입니다' 라고 말할 뿐, '잘 부탁합니다' 라든가 고개를 숙이는 일은 없었다.

이유로 이를 물리치곤 하였다. 많은 후보들이 자신을 알리기 위해 이벤트 식의 다양한 선거운동 방식을 개발하고 이용하는 데 비해, 그의 이러한 유세방식은 독특한 것으로서 언론 등으로부터 큰 주목을 받았다. 남에게 폐 끼치기를 싫어하고 '쇼'를 싫어하는 그의 성격이 선거운동에도 직접 반영된 것이었다.

합동연설회와 정당연설회가 폐지되면서 후보자들이 자신을 알리는 유력한 대체수단으로 이용한 것이 미디어와 인터넷이었다. 미디어 선거의 하이라이트는 후보자 TV 합동토론회였는데, 수성(갑)에서도 4월 10일과 13일, 2회 열렸다. 합동토론회는 후보자의 자질과 능력을 비교할 수 있는 기회이므로 유권자의 선택에 아주 중대한 영향을 미친다는 것이 일반적 평가이다. 따라서 후보자들은 심혈을 기울여 TV토론을 준비하며, 지지율이 떨어지는 후보는 이 기회를 역전의 발판으로 삼으려고 한다.

그런데 조 대표는 4월 10일의 1차 TV토론회에는 참여하였으나, 2차 토론회를 앞두고는 참가하지 않으려는 계획을 세웠다. 그는 주위에 "(TV에 나가지 않더라도) 수성(갑) 선거구민들이 나의 진정을 알아줄 것이다"라고 불참이유를 설명하였다. 이에 대해 참모들뿐만 아니라 중앙당의 관계자까지 내려와 설득한 끝에 결국 참여하기로 결정은 하였지만, 여기에서도 "남에게 드러내기를 좋아하지 않는" 그의 성품이 나타나고 있었다.

또 하나 미디어 선거라는 점에서 중요한 것이 개별후보의 TV · 라디오 방송연설이었다. 이것은 17대 총선에 처음 도입된 것으로 선거법에는 TV와 라디오 각 10분 이내에서 2회씩 방송연설을 할 수 있도록 되어 있었다. 수성(갑)의 유력 두 후보 이한구, 김태일 후보는 똑같이

TV 1회와 라디오 2회씩 방송연설을 하였다.[25] 하지만 조 대표만은 주위의 권고가 있었음에도 불구하고 이를 전혀 이용하지 않았다. 그 이유는 TV토론에 나가지 않겠다고 한 것과 같은 것이었다.

인터넷을 통한 선거운동도 후보자들의 중요한 선거방식의 하나로 자리 잡았는데, 조 대표는 이러한 점에 대해서도 전혀 신경을 쓰지 않았다. 수성(갑)의 대다수 후보들이 인터넷 홍보를 중시, 독자적인 사이버팀을 운영하며 홈페이지 관리에 심혈을 기울이고, 이메일 주소 확보를 위해 노력을 하였다. 특히 이한구 후보는 젊은층 공략을 위해 이메일 주소 약 5천 개를 확보하고, 청년실업 등 젊은 사람들이 관심을 가지는 문제들에 대해 수시로 이메일을 보냈다. 하지만 조 대표는 선거용 홈페이지 자체를 만들지 않았을 뿐만 아니라, 이메일 발송도 전혀 하지 않았다.

전화홍보에 대해서도 조 대표는 무관심하였다. 대부분의 후보자가 별도의 전화홍보반을 편성하고 주로 자원봉사자들을 여기에 대거투입하였다. 조 대표 진영도 처음에는 참모들이 전화홍보반을 운영할 계획을 세웠으나, 조 대표가 "괜히 쓸데없는 짓 하지 마라"라고 격노하는 바람에 취소할 수밖에 없었다. 반면 이한구 후보의 경우는 한국통신으로부터 수성(갑) 선거구 전화가입자 약 5만 5천 명분이 담긴 디스켓을 구입하고 전 가입자에게 최소한 1차례 이상씩 전화홍보를 하였다.[26]

후보자의 홍보라는 점에서 또 하나 중요한 수단이 되는 것이 언론을

---

25) 이한구, 김태일 후보가 법적으로 허용되어 있는 TV연설 1회를 각각 하지 않은 것은 선거비용 때문이었다. TV연설을 이용하기 위해서는 시간대에 따라 최소한 1,000만 원, 많은 경우는 2,000만 원까지 들었는데, TV연설을 모두 이용할 경우 선거비용 제한액을 초과할 우려가 있었다.

26) 이한구 후보의 전화홍보반은 선거운동원 신분을 가진 15명으로 구성되었다.

통한 간접홍보이다. 언론에 자신의 이름이 등장하는 것은 가장 효율적인 선거운동 방법 중의 하나가 될 수 있다. 이런 점에서 많은 후보자들은 자신의 정책 등을 담은 '보도자료'를 작성하고 이를 언론사에 보내 뉴스와 지면에 보도되도록 하는 전략을 썼다. 언론을 통한 홍보를 위해 수성(갑) 선거구에서 가장 활발히 움직였던 후보가 이한구 측이었다. 그는 총 13번이나 '보도자료'를 언론사에 배포하였으며,[27] 그 내용도 수성(갑) 선거구에 국한되는 것으로부터 노무현 정부를 비판하는 것에 이르기까지 다양하였다. 반면 조 대표 측은 TV토론회 방송을 앞두고 자신의 공약사항을 담은 '보도자료'를 딱 한 번 언론사에 보냈을 뿐, 특별히 언론사를 이용하려는 노력은 기울이지 않았다.

오히려 그는 이번 선거기간 중에 언론을 되도록이면 피하려는 모습을 보여주었다. 조 대표의 대구 출마에 관해서는 여러 언론사에서 많은 관심을 나타냈고, 밀착취재를 의뢰해 오는 곳도 몇 군데 있었다. 하지만 그는 대부분의 취재의뢰에 대해 묵살하였는데, 그것은 탄핵안 가결에 대한 언론사의 편파보도에 대하여 섭섭한 감정이 작용하였기 때문이라고 한다.[28] 하여튼 언론을 통해 자신을 부각시킬 수 있는 기회를 스스로 차버렸다는 점에서 조 대표의 선거방식은 문제가 많았다고 할 수 있을 것이다.

이외에 여론조사를 통한 과학적인 선거를 한다는 점에서도 조 대표는 아무런 노력을 기울이지 않았다. 대부분의 후보들이 선거기간 중에

---

27) 후보자가 보낸 모든 '보도자료'가 언론을 통해 보도되는 것은 아니었다. 당연히 언론사 측에서 취사선택이 이루어졌으며, 실제 보도까지 연결되는 것은 그렇게 많지 않았다. 김태일 후보는 모두 8번 '보도자료'를 보냈다.
28) 하지만 지방언론사의 인터뷰 요청에는 몇 번 응하였다.

여론조사 기관이나 ARS전화를 통해 여론조사를 실시하고, 이를 선거
전략 형성에 반영해 나갔다. 과학적인 선거라는 측면에서도 수성(갑)
선거구에서 가장 앞섰던 후보가 이한구였다. 이 후보는 거의 매일 여
론조사를 실시하였고, 이를 통해 운동방향 등을 수정해 나갔다.

　이상으로 조 대표의 선거운동 과정을 살펴보았는데, 그의 선거운동
에서는 당초의 기대와는 달리 일반적인 선거운동과는 다른 몇 가지 특
징적인 점들을 발견할 수 있다. 먼저 조직적인 선거가 되지 못했다는
점이다. 후보를 정점으로 하는 체계적인 선거조직은 구성되지 않았고,
법적으로 허용된 선거운동원 이외에는 자원봉사자도 사조직도 없었다.
둘째, 아주 단순한 선거였다. "번거로운 선거는 싫다", "홍보를 많이 하
면 과열을 부추긴다"[29]는 점에서 유세차량도 로고송도 사용하지 않았
고, 17대 총선에서 중시되었던 미디어·인터넷·전화도 일체 이용하지
않았다. 오로지 길거리에서 유권자들을 만나는 것이 선거운동의 전부
였다. 셋째, 선거가 체계적이지 못했다. 선거가 일관된 계획 하에서 이
루어지지 못했고, 즉흥적인 측면이 강했다. 매일매일의 공식일정에 구
체적인 전략도 없었고, 자체 여론조사도 실시되지 않았다. 마지막으로
아주 선거법을 잘 지키는 모범적인 선거였다는 점을 들 수 있다. 그는
결벽증이 느껴질 정도로 선거법위반에 대해서 경계를 했는데,[30] 이러한

---

29) 2004년 4월 11일 조 대표와의 인터뷰.
30) 그는 필자와의 인터뷰에서 "지도적 위치에 있는 사람이 솔선수범을 해야 한다",
　　"선거법위반은 내 인생에 있어서 오점이다"라는 말을 되풀이해서 했다(2004년 4
　　월 11일, 조 대표와의 인터뷰). 그리고 참모들에게는 "선거법위반을 절대로 해서는
　　안된다"는 엄명을 내렸다고 한다(2004년 4월 22일, 조 대표의 이승기 보좌관과의
　　인터뷰).

그의 개인적 특성이 선거운동 전반을 관통하였다. 선거비용에 관해서도 그는 참모들로부터 매일 회계보고를 받았고, 이를 선관위 인터넷에 올리게 했다.[31]

6. 선거의 쟁점

제5장에서 조 대표를 중심으로 수성(갑) 선거구 후보들의 지역구 선거운동을 살펴보았는데, 이러한 선거운동이 실제 유권자들의 선택에 어느 정도 영향을 끼쳤는가는 확실하지 않다. 왜냐하면 지난 몇 번의 선거를 볼 때, 후보자들의 구체적인 선거활동보다는 대구 지역 유권자들이 가지고 있는 정서적 요인이 투표행위에 더 큰 영향을 미쳤다는 평가이기 때문이다. 실제 17대 총선에서도 투표일이 가까워질수록 후보자들이 선거운동을 하지 않는 모습을 보였다. 소위 '바람'이 당락을 좌우하는 결정적인 요소가 되고 있는 가운데, 바람을 탄 후보나 바람을 타지 못한 후보나 열심히 선거운동을 할 필요를 느끼지 못하였던 것이다.

대구의 선거에서는 바람이 중요하다는 점에서 대구는 전통적으로 하나의 지역구라는 성격이 강했다. 17대 총선에서도 이러한 점은 예외가 아니었고, 수성(갑) 유권자들의 표심도 대구 지역 전체의 큰 쟁점들

---

31) 조 대표가 이번 선거에 지출한 총비용은 약 9,700만 원으로 선거비용 제한액 1억 7,000만 원의 57.1%를 사용하였다. 구체적인 내역은 기탁금 1,500만 원, 홍보물(명함·벽보·공보 등) 제작 3,900만 원, 유세차량 400만 원, 선거운동원 일당 2,800만 원, 기타 1,100만 원 등이었다.

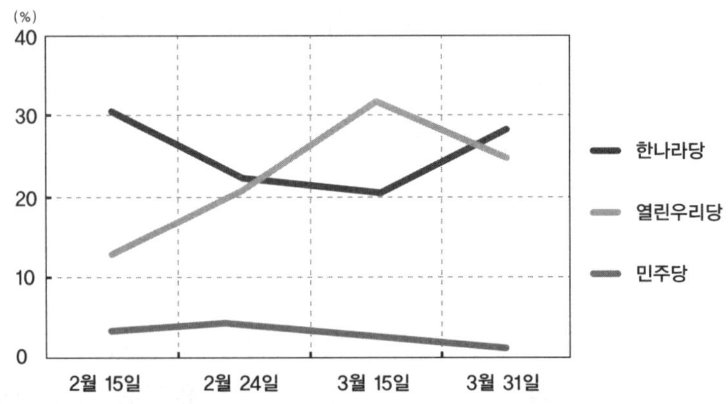

참고 : 데이터의 출처는 다음과 같다. 2월 15일 ; 매일신문 여론조사, 2월 24일 ; 대구 MBC 여론조사, 3월 15일 ; 대구MBC 여론조사, 3월 31일 ; 매일신문 여론조사.

가운데서 움직였다.

17대 총선에서 대구 지역 유권자들의 선택에 영향을 미쳤던 쟁점들은 시간의 흐름에 따라 다음과 같이 변해 갔다. 당초 한나라당이 대구에서 압도적인 우세를 보일 것이라는 예상은 선거일을 한 달가량 앞둔 3월 12일 한나라당과 민주당의 공조에 의한 노무현 대통령에 대한 탄핵안이 국회에서 통과됨으로써 큰 변화가 일어났다. 탄핵 통과에 대한 전국적인 비판여론이 비등한 가운데, 탄핵 직후의 여론조사에서는 대구에서도 열린우리당의 지지율이 한나라당에 조금 앞서는 것으로 나타났다. 이를 바탕으로 이번 선거에서는 대구의 한나라당 일당독식은 어려울 것이며, 열린우리당이 적어도 4~5석은 차지할 것이라는 예상이 대두하였다.

탄핵안 가결 후의 열린우리당 상승 분위기는 3월 23일 박근혜 의원이 한나라당 대표로 선출됨으로써 급속히 냉각되었다. 소위 '박근혜 바람'이 불기 시작한 것이다. 대구 지역은 중장년층 이상에서 박정희 전 대통령에 대한 향수가 강하였는데, 탄핵안 가결 이후 부동층으로 편입되어 있던 중장년층들의 표심이 대거 한나라당으로 이동하였다는 평가였다.

한편 탄핵안 가결 이후 각종 여론조사에서 열린우리당이 전국적으로 200석 이상을 얻을 것이라는 예상이 나오자, 한나라당은 '거여견제론'을 들고 나왔다. 대구가 전통적으로 한나라당의 지지기반이라는 점에서 어느 지역보다 대구에서 '거여견제론'은 큰 반향을 불러일으켰다. 대구에서의 한나라당 지지세를 결집시키기 위해 한나라당 대구시지부는 '위기의 한국 대구에서 살려내자'라는 슬로건을 내걸고 지역적 정서를 교묘하게 이용하는 전략으로 나왔다.

4월 2일 공식 선거운동이 시작됨과 동시에 정동영 열린우리당 의장의 노인폄하 발언이 전국적인 쟁점으로 급부상하였는데, 이것이 대구에서도 비(非)열린우리당 정서와 맞물림으로써 한나라당의 지지세를 더욱 굳건히 하는 데 공헌하였다. 한나라당은 열린우리당의 공식 사과에도 불구하고 고려장 발언이라고 공세를 계속하면서 선거쟁점화를 시도하였다. 과반이상의 거대여당이 출현할 것이 확실시되는 가운데, 한나라당으로서는 정 의장의 발언이 거대여당견제론에 힘을 실어줄 수 있는 호재가 되었다.

그러나 선거 막판 대구의 표심을 가르는 가장 중요한 요소로 등장한 것이 지역주의였다. 선거기간 내내 지역주의의 등장에 대한 우려는 있었지만, 실제 그것이 표면화되는 것은 선거가 후반에 접어들 무렵부터였다. 선거일이 가까워져도 호남에서는 열린우리당의 압도적 우위가 계속되자 대구 시민들 가운데 이에 대한 견제심리가 나타나기 시작했고, 그것이 '묻지마' 식으로 한나라당에 대한 지지로 연결된 것으로 보인다.

선거 막판의 분위기가 지역주의에 의해 좌우되는 측면이 농후해지자, 선거 종반전의 쟁점은 지역주의를 둘러싼 논쟁으로 급속도로 변모해 갔다. 대구 시민의 한나라당에 대한 압도적 지지에 대해 한나라당 후보들은 거여견제론이 효력을 발생하는 것이라고 옹호한 반면, 열린우리당 후보들은 '망국적 지역병'의 부활이라고 비판을 가하였다. 열린우리당은 대구에서 지역주의 열풍이 확산되는 것을 막기 위해 다양한 노력을 기울였는데, 대표적인 것이 후보들의 단식농성이었다. 투표일을 나흘 앞둔 4월 11일, 수성(갑)의 김태일 후보와 수성(을)의 윤덕홍 후보는 "싹쓸이만은 막아 달라"라고 외치며 일체 선거운동을 중단한 채 선거일까지 단식농성을 벌였다.[32] 하지만 이와 같은 노력에도 불구하고 대구 유권자들의 표심을 돌리는 데는 한계가 있었다.

그런데 열린우리당 후보들의 지역주의 타파에 대한 호소가 계속되는 가운데서도, 조 대표는 선거기간 중 대구의 표심변화를 유도하려는 어떠한 적극적인 노력도 기울이지 않았다. 지역주의를 타파하기 위해 신천지 대구에서 출마를 하였다면 이를 위한 이벤트적 성격의 선거운동 방식도 있을 법한데, 제5장에서 살펴본 것처럼 그러한 모습은 전혀 찾아볼 수 없었다. 보험 세일즈 하듯이 한 사람 한 사람 만나서 자신을

---

32) 이 외에도 열린우리당은 지역주의를 막기 위해 여러 가지 이벤트적 선거운동을 벌였다. 모 후보는 지역주의 타파를 호소하기 위해 맨발로 팔공산을 등반하였고, 후보 부인 8명은 이번 선거에서 지역주의를 막아 달라며 대구의 국채보상공원에서 대구 백화점에 이르는 약 1km를 삼보일배로 행진하였다.

알리는 이외는 아무것도 하지 않았다고 해도 좋을 것이다. 오로지 그는 '지명도로서 승부하는 전략' 으로 시종일관하였다. 조 대표의 이와 같은 단순한 선거방식은 결국 지역주의의 거대한 바람에 파묻히는 결과가 되고 말았다.

7. 선거결과 – 맺는말에 대신해서

〈표 6〉은 수성(갑) 및 대구 전체의 선거결과를 나타낸 것이다. 조 대표는 12.2%의 득표율로 득표순위 3위로 낙선하였다. 이로써 조 대표가 출마표명 시 내걸었던 지역주의 타파라는 목표는 무산되고 말았다.

수성(갑)의 선거결과를 좌우한 것은 대구의 지역주의적 정서라는 데 대체적으로 의견이 일치한다. 앞에서 살펴본 것처럼 선거운동 기간 전반을 통해서 대구 유권자들의 표심을 좌우한 가장 중요한 요소는 지역주의였고, 이러한 점이 수성(갑)의 선거결과에도 영향을 미쳤다. 대구의 지역정서가 이번 선거결과에 얼마나 영향을 미쳤는가는 대구의 각 지역구의 득표율이 12개 전 선거구에서 거의 비슷하였다는 점에서 간접적으로 확인할 수 있다. 〈표 6〉에서 한나라당 후보는 평균 60% 전후, 열린우리당 후보는 20%대, 그리고 민주당 후보가 1% 전후 등 모든 선거구에서 정당별로 거의 균등한 득표를 하고 있음을 볼 수 있다. 그만큼 이번 선거는 각 지역구 특성이나 후보자의 선거운동 방식보다는 대구의 정서적인 측면이 크게 작용한 것으로 보인다.

조 대표가 낙선하게 된 제1차적 이유가 대구의 지역주의적 정서라는 데는 이론을 제기할 수 없지만, 그의 낙선에는 본인의 선거운동 방

지역구	한나라당	민주당	열린우리당	민노당
중·남구	곽성문 63.1%		이재용 33.6	신영섭 2.6
동(갑)	주성영 60.6	이광수 1.2	이강철 35.1	
동(을)	박창달 55.1	정두병 0.8	김정호 21.3	
서구	강재섭 56.1	김진수 0.6	서중현 28.2	김기수 4.2
북(갑)	이명규 73.2		조인호 21.9	
북(을)	안택수 58.7	최경순 1.2	배기찬 34.6	서승엽 4.5
수성(갑)	이한구 60.3	조순형 12.2	김태일 22.4	이연재 4.2
수성(을)	주호영 66.5	김성현 0.7	윤덕홍 21.7	
달서(갑)	박종근 59.7	이상목 0.8	김준곤 26.9	김찬수 7.1
달서(을)	이해봉 66.9	박영린 1.0	권형우 24.5	
달서(병)	김석준 64.8	서병환 1.1	박선아 22.7	
달성	박근혜 70.0		윤용희 23.2	허경도 6.8

식도 적지 않은 작용을 하였다. 제5장에서 살펴본 것처럼 그의 선거운동 방식은 수성(갑)의 다른 후보들과 비교해서뿐만 아니라, 지금까지 한국의 각종 선거에 출마한 후보들의 선거방식과도 매우 다른 독특한 측면이 있었다. 그의 선거운동 과정은 무계획적·비체계적·비조직적

이라는 말로 요약할 수 있을 것이다. 지역주의 타파라는 거대한 목표와는 달리 선거운동 과정에서 이를 실천하기 위한 구체적인 모습은 전혀 발견할 수 없었다. 이런 식의 선거운동은 남에게 폐 끼치기와 자기를 드러내는 것을 싫어하는 그의 성격적 특징으로부터 유래하는 것이었지만, 조금 더 충실한 선거운동을 하였더라면 당선까지는 자신할 수 없더라도 적어도 득표율은 더 높일 수 있었을 것이다. 이런 점에서 3위 낙선이라는 선거결과에는 조 대표 본인의 책임도 적지 않은 몫을 차지하고 있다고 해야 할 것이다.

한편 이러한 불충실한 선거운동에도 불구하고, 12.2% 득표는 결코 적지 않은 성과라고 해야 옳을 것이다. 17대 총선은 지역주의에 덧붙여 탄핵안 가결과 장기간의 당 내분으로 민주당과 조 대표에 대한 비판이 고조되고 있는 상태에서 치러졌다. 그 여파로 조 대표 이외의 대구의 민주당 후보들은 〈표 6〉에서 보았듯이 모두 1% 전후의 매우 저조한 득표만을 기록하고 있다. 또한 그는 87년 이후 수성(갑) 선거구에서 출마한 민주당의 어느 후보보다도 높은 득표율을 올리고 있다(〈표 5〉 참조).

이렇게 볼 때, 그가 얻은 12.2%는 수성(갑) 선거구민들 사이에서 인물위주의 투표성향이 어느 정도 발휘된 결과라고 해야 할 것이다. 나아가 거기에는 아주 미미하나마 지역주의를 해소하고자 하는 주민들의 열망도 엿보이고 있다. 이런 점에서 조 대표의 대구 출마는 17대 총선에서 성공으로까지는 연결되지 않았지만, 지역주의를 해소하는 중요한 단초는 제공하였다고 할 수 있을 것이다.

참고 문헌

『매일신문』
『영남일보』
『중앙일보』
『조선일보』
大嶽秀夫, 1997, 『政界再編の研究』, 有斐閣.
ジェラルド・カーティス, 1969, 『代議士の誕生』, サイマル出版會.

제6장 선거운동 과정과 지역 민심 :
부산 북·강서(을)

강경태

　열린우리당은 부산권에서 부산 북·강서(을) 지역을 포함한 6개 선거구를 전략지역으로 선정하였다. 전략지역은 정당 지지도는 타당에 비해 다소 앞서나, 출마 가능 후보들의 경쟁력이 떨어져 당선 가능성이 낮거나 선거전략 측면에서 특별한 판단이 요청되는 지역이다. 북·강서(을) 지역구는 사실 이 두 가지 기준이 모두 적용되는 곳이라고 할 수 있다. 이 지역은 부산 지역에 위치하고 있어 한나라당의 아성으로 열린우리당이 도전하기에 벅찬 지역에 속한다. 지난 16대 총선에서는 노무현후보가 민주당 후보로 출마하여 지역주의 구도를 깰 수 있을지 국제적으로도 큰 관심을 모았으나, 한나라당의 허태열 후보에게 역전 패하였다. 따라서 이번 17대 총선에서도 이런 구도 하에서는 누가 출마하더라도 허 의원을 이기기는 쉽지 않았다.

　북·강서(을) 선거구는 비록 노무현 후보가 허태열 후보에게 지기는 하였으나, 대통령이 출마한 지역이라는 상징성을 가진다. 대통령이 석패한 선거구에서 현직 대통령 치하에서 기필코 승리해야 한다는 분위기가 열린우리당 내에 팽배하였다. 아울러 북·강서(을) 지역은 낙동

정당	후보	득표수
한나라당	허태열	47,625(52.5%)
민주당	윤무헌	1,643(1.8%)
열린우리당	정진우	40,733(44.9%)
자민련	김선곤	775(0.9%)

강과 접하고 있어 김혁규 경남도지사가 한나라당에서 열린우리당으로 입당한 이래 경남에 퍼지고 있는 열린우리당 선호 분위기를 부산으로 전파해야 하는 의무까지 지닌 지역으로 볼 수 있다. 이는 역으로 한나라당 입장에서는 동 선거구를 반드시 사수해야 부산 전체 18개 지역을 수성할 수 있어 양측이 사활을 걸고 있다. 이와 같은 이유들로 선거 기간 내내 부산 북·강서(을) 선거구는 전국적인 관심과 양당의 초미의 관심사가 되고 있다. 이번 17대 총선 기간 중 열린우리당 후보로 출마한 정진우 후보의 선거운동 과정과 지역구민들의 여론의 변화를 분석하였다.[1]

　개표 결과는 〈표 1〉에 나타난 바와 같이, 부산의 다른 지역구에서 나타난 현격한 표 차와는 달리 열린우리당의 정진우 후보가 선전하였으나, 허 후보에게 7.6%의 격차로 패하였다. 결과적으로 이 연구는 정진우 후보의 선거 패배 원인에 대한 분석이 되었는데, 선거운동 과정에서 실책 등을 중심으로 살펴보고자 한다.

---

1) 한나라당의 허태열 후보와 기타 후보의 운동 과정도 동시에 고찰해야 한 선거구에 대한 완벽한 선거운동 분석이 될 수 있겠으나, 저자 혼자의 시간과 노력만으로는 역부족이었다.

1. 선거구의 특징

부산 북·강서(을) 지역은 낙동강을 끼고 경남과 인접하고 있으며 태백산맥 끝자락인 금정산과 접하고 있어 공기가 좋은 철새 도래지이며 천혜의 자연경관을 자랑한다. 또한 녹산 지역은 향후 우리나라 물류 중심지가 될 부산·진해 신항만이 건설되고 있어 이 지역구의 발전 전망이 매우 높다. 전통적인 농가들은 비닐하우스나 밭·논농사를 주로 하고 있으며, 최근에 개발된 부산 제2의 신도시인 화명동의 인구가 급속히 팽창하면서 젊은 세대도 증가하는 도농 혼합 및 세대 간 혼합형 지역이라고 할 수 있다.

1) 선거구의 정치성향 : 선거 문화와 역대 선거의 특징

이 곳은 2000년 16대 총선에서도 국내외적으로 관심이 모아졌던 선거구이다. 당시 민주당의 노무현 후보, 한나라당 허태열 후보 및 한나라당에서 분리된 민국당의 문정수 후보의 3파전으로 치러졌다. 지역주의를 허물고 노무현 후보가 당선될 수 있을지, 지역주의의 큰 흐름을 타고 행정 관료 출신인 허 후보가 당선될 것인지, 아니면 이회창 총재의 개혁 공천에 밀려난 한나라당 거물들이 영남 지역을 중심으로 급조한 민국당의 전 부산시장 출신의 문 후보가 새로운 지역정서를 엮어낼 수 있을지 초미의 관심사였다. 요미우리, 아사히, 니혼게자이 등 일본 최고의 신문들이 기자들을 보내 후보들과 인터뷰를 하는 등 일본 언론의 주목을 받기도 하였다(부산일보 2000. 4. 7.).

선거 결과는 PK지역에 교두보를 마련하겠다던 민주당은 영남권 전

의석에서 실패하였으며, 특히 영남 지역의 빅3라고 불리던 김정길, 김운환과 함께 노무현 후보도 당선에 실패하였다. 선거 하루 전까지만 해도 여론조사에서 선두를 달리고 있어 부산에서 노 후보만은 최소한 당선될 수 있을 것으로 보였다. 〈표 2〉에서 나타난 바와 같이, 노 후보와 허 후보의 격차는 17% 정도의 큰 차이로 선거 전에 실시되었던 여론조사와는 현격한 표 차를 보였다. 노 후보는 반DJ정서와 무조건적인 한나라당 지지정서 속에 대권 가도의 지름길로 여겼던 북·강서(을) 지역에서 실패함으로써 선거 직후에는 정치인으로서 거의 모든 희망을 거두어야 할 정도였다.

지난 1992년 치러졌던 15대 총선에서는 신한국당에서 경제기획원 차관과 청와대 경제수석을 역임한 한이헌과 민주당과 민정당에서 오랫동안 몸담아온 안병해 등이 출마하였다. 당시 부산 지역의 신한국당 분위기에 편승하여 한이헌 후보가 여타 후배에 비해 두 배 이상의 득표차로 손쉽게 승리하였다.

민주화운동 이후 치러졌던 88년 14대 선거는 현재와 선거구 체제가 달랐는데, 북구가 북구갑, 을로 나누어졌고 강서구는 독립되어 있었

〈표 2〉 16대 총선 부산 북·강서(을) 선거구 후보 득표 결과

정당	후보	득표수
한나라	허태열	40,464(52.7%)
민주당	노무현	27,136(35.3%)
자민련	김문자	839(0.01%)
민국당	문정수	6,939(0.09%)
한국신당	윤무헌	649(0.008%)

다. 이들 3개 선거구에는 부산과 전국에서 이름이 쟁쟁하던 유명 인사
들이 대거 출마하였다. 북구(갑)에서는 12대 및 13대 의원이며 YS 당
시 부산시장을 역임한 문정수가 민자당 후보로 출마하였다. 민주당에
서는 민주당에서 오랫동안 정당 활동을 하였으며 13대 대선기획위원
을 역임한 안경률이 출마하였다. 안 후보는 16대와 17대에서 한나라당
후보로 해운대 · 기장(을)에서 연속 당선되었다. 무소속 후보로는 국회
부의장을 역임하였으며, 동서대학교 이사장인 장성만이 출마하였다.
당시 부산의 민자당 인기도에 힘입어 문정수 후보가 낙승하였다.

　북구(을)에서는 민자당 후보로 신상우 등이 출마하여 신 후보가 당
선되었다. 신 후보는 YS가신 1세대로 7선이며 국회부의장을 역임하였
다. 신 후보는 부산상고 동문회장이자 노무현 대통령 10년 선배로 현
정부 들어 민주평화통일자문회의 수석부의장을 역임하였으며, 17대
총선에서 열린우리당의 주요 전략 지역 후원회장으로 부산 지역에서
열린우리당의 조직 및 선거 운동에 큰 역할을 한 것으로 알려져 있다.
강서구에서는 경남중 · 고등학교 총동창회장을 역임한 신경외과 의사
이며 현역 의원인 송두호가 민자당 후보로 출마하여 당선되었다.

　이상에서 나타난 바와 같이, 북 · 강서(을) 선거구는 최근 10여 년간
현 한나라당 및 그 계열의 정당 후보가 모두 당선되었다. 공천만 어려
울 뿐, 일단 공천만 받으면 당선이 보장된 지역이라고 할 수 있다.

2. 후보 선정과정과 후보 간 비교

　열린우리당의 북 · 강서(을) 선거구의 후보 선정과정은 하향식 공천

보다는 후보 간 토론식으로 결정되었다. 열린우리당에 출마 의사를 밝힌 후보로는 정홍태, 김진옥, 한이헌, 윤원호, 권익, 정진우 등 여러 명이 있었다. 정홍태는 지역구에서 가장 큰 종합병원인 부민병원장으로 사회봉사 활동을 많이 한 지역 명사인데, 중도에 사퇴하였다. 김진옥은 강서구 구의회 부의장 출신으로 나름대로 지역 기반을 가지고 있으나 역시 중도 사퇴하였다. 15대 신한국당 의원 출신의 한이헌도 일시 관심을 가졌으나 중도에 뜻을 접었다.

윤원호는 부산에서 야당 생활을 오래 하였으며 여성운동의 산 증인이라고 할 수 있는데, 민주당 부산시 지부장을 역임하였다. 17대 총선에 열린우리당으로 출마하려는 후보들 중 가장 야당에서의 활동이 오래되고 공천 가능성이 높았다. 그러나 윤 후보는 열린우리당 후보 간 토론회의 벽을 넘지 못해 공천에서 탈락하고, 대신에 열린우리당 비례대표로 입후보하여 총선에서 당선되었다. 권익 후보는 부산 북구의회 의원을 거쳐 북구청장을 무소속으로 두 번이나 역임하여 지역에서의 명망이 매우 높다. 권 후보는 특히 지역 거점 초등학교인 화명초등학교를 졸업하였으며, 부인 집안이 강서 지역으로 북·강서(을) 선거구에서 지역적 기반이 매우 높은 후보라고 할 수 있다. 그러나 권 후보는 민주당에 공채로 입당하여 정책전문위원을 거쳐 토론 수완이 뛰어난 정진우 후보에게 토론회에서 패하여 본선 진출이 좌절되었다.

17대 총선에서 북·강서(을)에서 열린우리당이 패한 원인 중의 하나는 공천과정의 불협화음을 들 수 있다. 공천이 확정되기까지 처음에는 상향식 공천을 실시한다는 소문이 무성하여 각 후보들 간 기싸움과 유언비어, 상호비방이 난무하여 후보 간 상처가 컸다. 또 관광차를 빌려 어느 후보가 주민들을 태워 관광을 떠난다는 소문 등으로 본선에 들어

가기도 전에 선거가 필요 이상으로 과열되었다. 결국 후보 간 토론회로 열린우리당의 공식 후보가 결정되었는데, 후보가 결정되기까지의 후보 간 불필요한 마찰로 본선에서 상대당 후보와 경쟁하는 데 통합된 힘을 발휘할 수 없었다.

권 후보의 각 동마다 뿌리내린 막강한 조직이 본선에서 정 후보가 한나라당 허태열 후보와 치열한 접전을 벌이는 데 거의 도움이 되지 못하였다. 최종 후보가 결정되기 전, 모든 후보가 본선에서 서로 도와주기로 약속하였고, 권 후보도 정 후보 결정 후 표면적으로는 정 후보 지원을 주장하였으나, 실질적인 도움이 없었다. 투표 전날 명계남 씨가 화명동에 지원 유세차 방문하여 많은 주민들이 모였을 때, 권익 후보도 지원차 방문한다고 알려졌으나, 결국 방문이 이루어지지 않았다. 재래시장 등을 정 후보와 손잡고 같이 유세하였다면 정 후보 인지도와 지지도 상승에 크게 도움이 되었을 것이나, 결국 이와 같은 서로 돕는 장면이 표출되지는 못하였다. 물론 정 후보가 권 후보에게 몇 번 도움을 요청하였으나, 삼고초려를 하더라도 끝까지 권 후보의 도움을 확보하지 못한 책임은 정 후보에게 있으며 이런 점은 차후 선거에서도 되새겨져야 할 점이라고 할 수 있다. 20년 정도 뿌리내린 한나라당의 거대 조직과 역사 앞에서 하나로 뭉쳐도 승리 가능성이 낮은데, 열린우리당을 구심으로 연합할 수 있는 세력이 분열됨으로써 선거 기간 내내 세력 약화는 불가피하였다.

북·강서(을) 지역구에는 이번 17대 총선에 최종적으로 4명의 후보가 출마하였는데, 한나라당에서는 현역인 허태열 후보가, 민주당에서는 윤무현 후보가, 열린우리당에서는 정진우 후보가, 자민련에서는 김선곤 후보가 출마하였다. 〈표 3〉은 강서구 선거관리위원회에서 유권자

<표 3> 17대 총선 부산 북·강서(을) 지역구 후보 비교

후보별 / 이력별	허태열 (한나라당)	윤무헌 (새천년민주당)	정진우 (열린우리당)	김선곤 (자민련)
나이	58	60	36	45
직업	국회의원	정당인	정당인	정당인
학력	성균관대 법정대학 법학과 졸업	동아대 법정대학 법학과 6년 중퇴	동아대 경영대학원 경영과 졸업 (경영학 박사)	콘티넨탈대학교 경영대학원 졸업 (경영학 석사)
경력	• 충북도지사 • 한나라당 기획위원장	• 16대 한국신당 국회의원 출마 • 가락위탁영농 합자회사 대표	• 국회정책연구위원 • 열린우리당 학교 살리기 정책기획 간사	• 자유 민주연합 중앙위원 • 자민련 총재 경제정책 특보
재산상황 (천원)	1,577,947	456,000	375,649	37,876
납세실적	12,567	3,386	576	293
체납액	없음	없음	54	142
병역사항	제2국민역	병역필	병역필	의병전역
전과기록	없음	없음	공직선거 및 선거부정방지법 위반죄 징역6월, 집행유예1년	없음
총선시민연대 낙선대상여부	해당 안 됨	해당 안 됨	해당 안 됨	해당 안 됨

가정에 보낸 '후보자 정보 공개자료' 의 일부분이다. 4명의 후보 모두 큰 재력가는 아니며, 허태열 후보가 16억 정도로 재산이 가장 많고, 윤무현 후보가 4억 6천, 정진우 후보가 3억 8천이며, 김선곤 후보가 3천 8백만 원 정도의 재산을 가지고 있다. 병역사항에 있어서는 허 후보가 건강문제로 군미필이며, 나머지 후보는 모두 군복무를 필하였으며 자녀들은 병역문제가 없는 것으로 알려져 있다.

17대 총선부터 선거관리위원회에서 각 가정에 보내는 후보자 정보 공개자료에는 후보의 전과기록도 소개되고 있는데, 세 후보는 전과가 없으나 정 후보는 공직선거 및 선거부정방지법을 위반한 기록이 있다. 이에 대해 정 후보는 온라인 선거운동과 관련하여 선거법 홍보 부족에 따른 것으로 소명하고 있다.

당선 후 각 후보들이 지역구를 위해 가장 먼저 하고 싶은 일은 후보마다 조금씩 달랐는데, 허 후보는 미래 한국을 선도적으로 이끌어 갈 항만물류산업의 경쟁력 확보를 위해 부산·진해 신항만을 조기에 완공하며, 화명 신도시를 부산의 최고 뉴타운으로 건설하겠다는 포부를 가지고 있었다. 이에 대해 정 후보는 한국 사회의 가장 불편한 문제인 노사관계를 선진화시키기 위해 법적, 제도적 장치를 정비하며 청년 실업 문제도 노사관계의 시스템 완비를 통해 풀어 나간다는 복안을 제시하였다.

3. 주요 선거쟁점의 전개 과정

선거기간 중 3월 31일 PSB 방송과 지역 언론인 부산일보(4월 6일) 등에서 후보토론이 있었다. 후보 간 이슈에 대한 주장의 차이는 합동유세가 없어졌기 때문에, 언론에 보도된 토론에서 표출되었다. 언론 토론은 주로 노무현 대통령의 외교정책과 부정부패 척결 등 전국적 현안과 지역구민의 주요 관심사인 농업 경쟁력 확보와 낙동강 둔치 및 강서 지역 개발에 대한 논쟁이 주류를 이루었다.

토론은 정진우 열린우리당 후보와 허태열 한나라당 후보 간에 주로 이루어졌다. 허 후보는 노무현 정부의 대미 자주외교와 불필요한 촛불시위 때문에 우호관계가 긴요한 한미관계가 제대로 작동하지 않는다고 주장하였다. 이에 대해 정 후보는 한국도 세계 12위 경제 대국인데, 이제는 과거와 달리 자주실리외교를 펼 때라며 반격하였다. 민주당의 윤무헌 후보는 노 대통령의 미국 방문 시 돌변한 외교행태를 비난하면서 노 대통령의 외교는 전시행정에 불과하다고 비난하였다. 허 후보는 또한 현 정부가 추진하는 자주국방정책으로 천문학적인 주한미군 이전 비용까지 한국이 부담하게 되었다고 비난하였으며, 정 후보는 외교·국방 문제는 여야를 떠나 국익을 우선해야 좋은 해결책이 나오는데 국회에서 야당이 사사건건 행정부를 압박하여 문제가 해결되지 않는다고 반박하였다.

최근 혼란한 정국 상황에 대한 논쟁에서 허 후보는 대통령이 최측근에 대한 부정부패 척결의 강한 의지와 행동을 보여야 한다고 대통령을 공격하였다. 정 후보는 한나라당은 지난 대선에서 차떼기로 자금을 동원하였으며 국회 대선자금 청문회에서는 관련 주모자인 서정우 변호사나 김영일 의원은 배제하는 등 후안무치한 행위야말로 부정부패의 핵심이라고 비난하였다.

부산 북·강서(을) 지역구의 반이 농업 지역인 특성을 고려하여 농업에 관한 이슈도 더러 나왔는데, 신자유경제에 의한 농산품의 무제한적 수입, 특히 칠레와 FTA가 체결됨에 따른 우리 농가의 엄청난 부담을 막기 위한 조치에 대해 허태열 후보는 절대농가의 숫자를 줄여서 우리나라 농산품 생산량을 줄여야 한다면서 350만 농가를 100만 농가 수준으로 하향 조정해야 한다고 주장하였다. 민주당의 윤무헌 후보도 이와 비슷하게 한국 농가가 소규모·고품질 영농으로 양보다 질로 수

입품과 경쟁해야 한다는 점을 주장하였다. 정 후보 역시 탈농정책이 무리 없이 추진될 수 있도록 정부보조를 늘리는 등 농가의 피해가 줄어드는 방법을 모색해야 한다고 주장하였다.

현재 낙동강 연안에 위치한 강서 지역의 그린벨트 내에 불법 건물과 창고 시설 등이 많은데, 이에 대한 해결책은 주요 후보 모두가 지역 선거구민을 의식하여 현행 규제를 완화해야 한다는 주장을 하였다. 허 후보는 정부가 그린벨트 내의 창고를 매수하여 주민 복지시설로 전환할 것을 주장하였으며, 정 후보는 부산·진해 신항만이 완공되면 물류를 처리할 창고 시설이 필요하므로 한시적 허용을 역설하였다. 낙동강 둔치 개발에 대해서는 허 후보가 한강둔치 개발을 본떠 적극적 개발론을, 정 후보는 생태계를 보존하면서 개발하는 다소 덜 적극적 개발이 우선되어야 한다고 주장하였다.

부산의 두 번째 신도시인 화명신도시가 지난 4~5년간 집중 개발된 점을 고려하여 현역 의원인 허 후보는 자기변호에, 타 후보는 공격을 주로 하였다. 예컨대 허 후보는 공공도서관과 고교 설립, 북구 문화회관, 화명대교, 산성터널 건설 등 많은 계획이 추진 중이며 몇 년 뒤면 화명동이 쾌적한 부산 제일의 뉴타운으로 발전할 수 있을 것이라고 주장하였다. 그러나 정 후보는 화명신도시뿐만 아니라 북구 전체가 교통, 문화, 주거환경이 매우 열악하며, 이는 지난 15년간 부산에서 한나라당이 전 지역구를 독식하여 주민을 두려워하지 않는 무사안일의 결과라면서 새로운 인물이 필요하다는 근거로 공격하였다

최근 증가하는 테러와 제2의 전쟁론 등으로 새로운 위기에 빠진 이라크 사태에 대해서는 허 후보와 민주당의 윤무헌 후보는 적극적인 파병을 주장하였으며, 정 후보는 정부 입장과는 달리 파병 반대 입장을

펴는 등 나름대로 독자적인 입장을 견지하였다. 허 후보는 경제성장에 필수적인 석유의 안정적 공급과 전후 복구 사업에 우선권을 확보할 수 있다는 현실적 이점을 내세웠고, 정 후보는 남의 나라 전쟁에 아들을 보낸 부모의 심정을 먼저 고려해야 한다는 동정론을 폈다.

결국 후보들간 각종 이슈에 대한 입장 차이는 어느 정도 뚜렷하다고 볼 수 있는데, 논쟁의 초점은 지역 여당인 허 후보는 기존의 개발방식을 고수하여 계속적인 발전을 이룩해야 하며 자신이 그 적임자임을 주장하고 있으며, 경쟁자인 정 후보는 허 후보가 한나라당 후보로서 지역개발을 등한시하였기 때문에 새로운 인물로 교체해야 한다는 점을 분명하게 내세우고 있다. 각 이슈에 대한 후보들의 입장은 나름대로의 근거를 가지고 있어, 어느 후보가 일방적으로 유세하다고 보기는 어렵다.

다만 후보의 입장과 토론 능력이 이번 선거에서는 언론을 통해 유권자에게 주로 전달되었는데, 지역주민들 중 얼마나 많은 유권자들이 후보 간 토론을 보거나 읽고 하였겠는가 하는 점이 선거 결과에 더 중요하였을 것이다. 신문 내용으로는 어느 후보가 더 토론을 잘하는지 유권자가 정확하게 알기 어렵다. 이번 선거에서는 특히 특정 후보가 특정 입장을 가지고 있기 때문에 그 후보를 찍어야겠다는 유권자는 거의 없고, 정당 선호도나 탄핵과 같은 전국적 이슈가 후보 선택을 더 크게 좌우했기 때문에 신문 지상에 나타난 후보 간 토론은 후보 선정에 큰 영향이 있었다고 보기 어렵다. 방송 역시 북·강서(을)은 좋은 시간대가 아닌 한낮에 이루어졌는데, 이 시간대의 시청률은 5~10% 정도에 불과하다. 그 소수의 시청자 중에서 특정 후보의 입장에 동조하거나 토론을 잘하기 때문에 기존 선호 후보를 바꾸는 경우가 얼마나 될 것

이며, 설사 있다고 해도 전체 유권자 수에 비하면 극소수에 불과할 것
이다. 따라서 정 후보가 나름대로 후보 간 토론에 많은 준비를 하였고
토론을 잘하였다고 하더라도, 이는 정 후보의 득표력에는 그다지 유리
하지 않았을 것으로 판단된다.

4. 유권자 투표행태와 선거운동 방향 분석

후보는 나름대로의 선거전략에 따라 선거운동을 하며, 이에 따라 지
지도가 등락을 거듭하여 결국 투표일에 승패가 최종 결정된다. 후보의
선거전략은 후보와 운동원들의 직감보다는 과학적이고 치밀한 여론조
사를 통해 이루어져야 한다(Wayne 1988; Nimmo 1995; 노규형 · 김
학량 1998; Morris 1999; 이영작 2001). 선거 기간 중에 여러 번의 여
론조사가 실시되었으나, 공식 선거가 시작되기 전인 3월 30일, 본격적
인 선거가 한창인 4월 10일 및 선거 막바지인 4월 13일에 실시된 여론
조사 결과를 분석함으로써 정 후보의 선거전략을 점검하고자 한다.[2]

먼저 부산 북 · 강서(을) 지역 주민 여론의 변화를 살펴보기 전에 전
국 상황을 먼저 개괄해 보도록 한다. 〈그림 1〉은 지난 1월부터 총선이
끝난 22일까지 전국 유권자들의 정당지지도를 보여준다. 1월에 검찰
의 대선 자금 비리 조사가 본격화되면서 한나라당과 민주당의 지지도
가 완만하게 저하되고 열린우리당의 지지도는 반대로 큰 폭으로 상승

---

2) 여기에 소개되는 3번의 여론조사는 조사기관의 간곡한 요청에 따라 익명으로 하고
자 한다. 다만 조사기관의 지명도를 참고할 때, 조사의 신뢰성은 매우 높다고 할 수
있다. 조사 샘플은 500명씩이다.

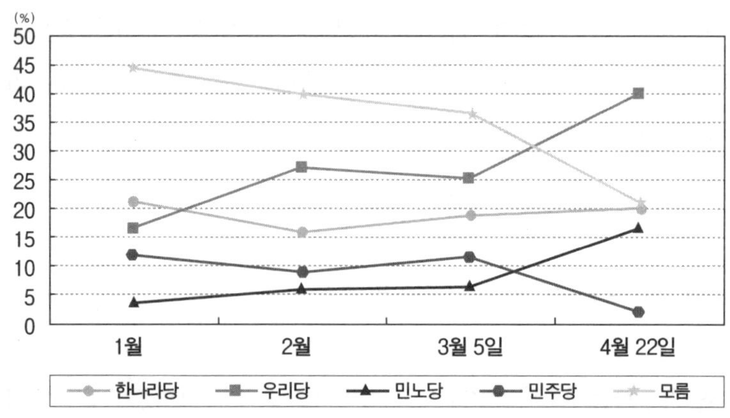

참고 : 리서치앤리서치 발행 기관지 에포크(2004년 4월 27일 제37호).

하였음을 알 수 있다. 민노당은 3월 초까지 큰 변화가 없다가 3월부터 선거가 끝날 때까지 지지도가 급상승하였다.

그림에서 확연한 변화는 부동층의 향방이다. 1월에는 45%까지 매우 높은 비율을 보였으나, 거물급 정치인들이 소환, 조사, 구속되는 등 정국이 급랭하면서 부동층 유권자들이 정치나 선거에 새롭게 많은 관심을 가지게 되자 부동층의 비율이 시간이 흐르면서 지속적으로 하락하였다. 따라서 열린우리당 지지도의 상승은 한나라당과 민주당의 이탈자 및 부동층이 열린우리당 쪽으로 가세하면서 가능하였다.

전국적으로 3월 12일에 이루어진 노 대통령 탄핵에 대한 반대 열기로 열린우리당의 지지도는 계속 증가하면서 17대 총선에서 승리하게 되고, 한나라당은 지지도 상승의 탄력을 상실하여 제자리걸음을 하고 있다. 물론 3월 5일에서 4월 22일까지 여론의 변화는 그림에서와 같이 일률적이지는 않고 '박근혜 효과'나 '정동영 발언' 등으로 여론이 등락을 거듭하였는데, 이 점은 그림에서 생략되어 있다. 선거가 끝난 지 1주일 뒤인 4월 22일에는 지지도 격차가 더 벌어져 열린우리당 지지도가 꾸준하게 증가하고 있음을 알 수 있다. 이러한 격차는 선거 당시 한나라당이나 민주당을 찍었던 유권자들의 일부가 표결 후, 열린우리당의 우세가 확인되면서 선거 후에 실시된 여론조사에서는 승자의 편에 동참하고자 하는 밴드웨건(bandwagon)효과 때문이다. 선거 기간에 나타난 이와 같은 전국적 추세가 영남권에서는 전혀 다른 양상으로 전개되었는데, 그림을 참조하여 살펴본다.

〈그림 2〉와 〈그림 3〉에서 나타난 바와 같이, 3월 말 허태열 후보와 정진우 후보의 지지도 격차는 남녀 유권자 면에서 정 후보가 10% 이상이나 앞서고 있어 당시로서는 정 후보 당선이 당연한 것으로 받아들여졌다. 아직까지 반탄핵 열기가 영남권에서도 뜨거워 영남권 주류 정당인 한나라당 후보의 지지도가 지역 비주류 정당 후보에게 상당한 격차가 날 정도로 지지도가 떨어진 것으로 근래 보기 드문 현상이었다. 이에 대해 북·강서(을) 지역구 열린우리당 관계자들도 반탄핵 정국의 어부지리임을 시인하고 있었으며, 이런 격차를 선거일까지 어떻게 유지할 수 있는가가 관건이라고 고민하였다.

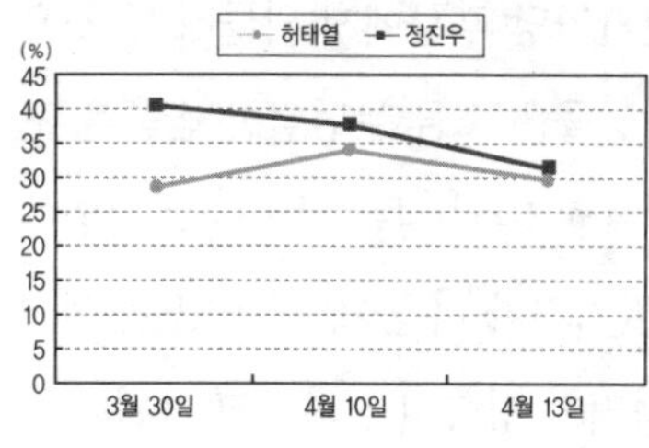

〈그림 2〉 부산 북·강서(을) 주요 후보
지지도 변화(남성)

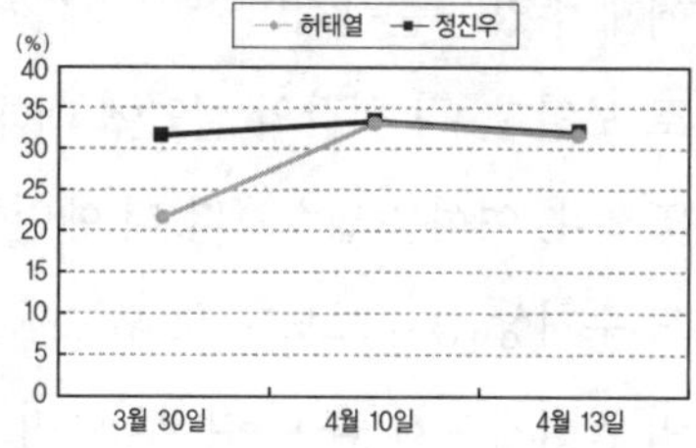

〈그림 3〉 부산 북·강서(을) 주요 후보
지지도 변화(여성)

그러나 16대 총선 이전과는 달리 17대 총선부터는 정당유세나 합동 토론이 금지되어 후보를 유권자에게 대규모로 알리는 방법이 원천적으로 봉쇄당하여 후보가 혼자 거의 모든 일정을 소화하여야 한다. 가장 쉬운 방법은 홍보 전단지를 가능한 한 많은 사람들에게 돌리는 일이다. 정 후보 측 박봉철 수행실장에 따르면 하루에 전단지 300장 정도를 돌리며, 유권자의 얼굴 반응으로 그날의 판세를 판독하는데 30명 정도가 유인물을 받으면서 부정적인 반응을 보였다고 한다. 나머지는 대체로 미소나 격려를 나타내, 정 후보에 대한 지지 내지는 최소한 호의적 반응을 보여 3월 말 열린우리당의 입장은 승리에 다가가고 있었다고 자평하였다.

그러나 이런 분위기도 선거가 본격적으로 시작하자마자 정동영 의장의 노인폄하 발언이 불거지면서 반전되었다. 4월 10일 여론조사에 의하면 남성은 33.9%가 허 후보를, 37.7%가 정 후보를 지지한 것으로 나타났고, 여성은 33.6%가 허 후보를, 33.3%가 정 후보를 지지하였다. 대통령에 대한 탄핵이 시작된 지, 한 달 만에 상당하였던 남녀 간 후보에 대한 지지 격차가 거의 사라졌다. 탄핵 열풍이 식은 이유도 있겠지만, 지역 자체가 한나라당 정서가 매우 강한 지역이기 때문이다. 지역 주민들은 친한나라당으로 돌아설 기회만 호시탐탐 노리는 순간에 정 의장의 노인폄하 발언이 확산되면서 남녀 할 것 없이 열린우리당 후보에게 주었던 순간적인 애정을 다시 한나라당 후보에게 되돌려 준 것으로 보인다. 정 의장의 실언에 대해 남성들은 조금 무덤덤한 반응을 보였으나, 여성은 남성보다 더 예민하여 4월 10일 같은 날 여론조사임에도 수치상 정 후보보다 허 후보에 대한 지지가 더 높게 나와 있다. 여성이 남성에 비해 좀 더 감성적이며 도덕적인 성향의 결과로 판단된다.

선거 막바지인 4월 13일 여론조사는 4월 10일과 큰 변화는 없으나, 다소 비슷한 추이를 보이고 있다. 한 가지 큰 특징은 남성 유권자들의 정 후보와 허 후보 지지도는 각각 29.7%와 31.2%로 1.5%의 차이로 3일 전의 3.7% 차이에 비해 반 이하로 삭감되었다. 이런 지지도 비율이 오차 범위 내에 있어 선거 이틀 전에 어느 후보가 최종 승리할 것인지 판단하기는 쉽지 않다. 그러나 그림에서 나타난 것처럼, 남성들의 양 후보에 대한 전반적인 지지 추세가 정 후보는 탄력을 조금씩 잃고 있고, 허 후보는 탄력을 받고 있다. 물론 세 번의 여론조사가 모두 다른 기관에 의해 실시되어 조사의 정확하고 일관적인 맥을 찾아내기는 무리이나, 대체적인 흐름은 파악할 수 있다.

여성은 4월 10일자에서는 아주 미량이나마 허 후보 지지가 더 높았으나, 13일에는 다시 정 후보에 대한 지지가 조금 더 올랐다. 물론 이 정도 격차로 어느 후보가 우세하다고 일률적으로 판단하기는 쉽지 않으나, 이런 변화 역시 여성들의 감성적인 면이 다시 한 번 드러나는 것으로 생각된다. 이 때는 정동영 열린우리당 의장이 자신의 실언에 대해 반성하면서 열린우리당 선거대책위원장직과 비례대표 후보직을 사퇴하면서 단식에 돌입하여 어느 정도 전국적인 호응을 얻은 시점이기 때문이다.

이귀자 여성부장에 따르면, 이 당시 약 30명의 여성 운동원들이 지속적으로 동네 구석구석을 돌며 정 후보 지지 운동을 하였다고 한다. 여성 운동원들이 만나는 유권자 역시 남성보다는 여성일 가능성이 많았을 것으로 판단되는데, 이런 점도 남성보다는 여성 유권자들의 지지 상승에 어느 정도 도움이 되었을 것이다.

이제 연령별로 각 후보 지지도를 살펴보겠다. 〈그림 4〉와 〈그림 5〉

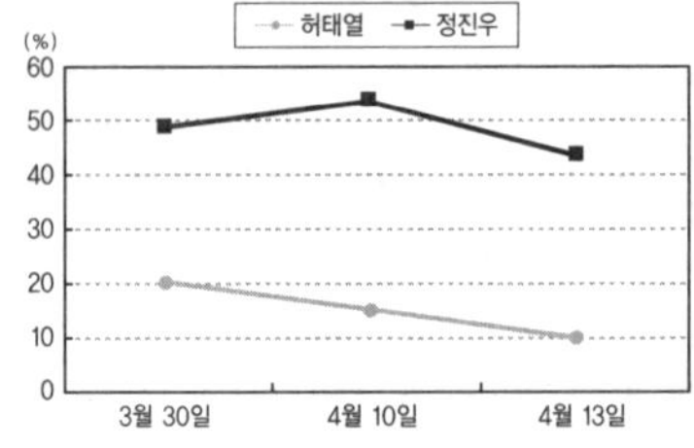

〈그림 4〉 부산 북·강서(을) 주요 후보 지지도 변화(20대)

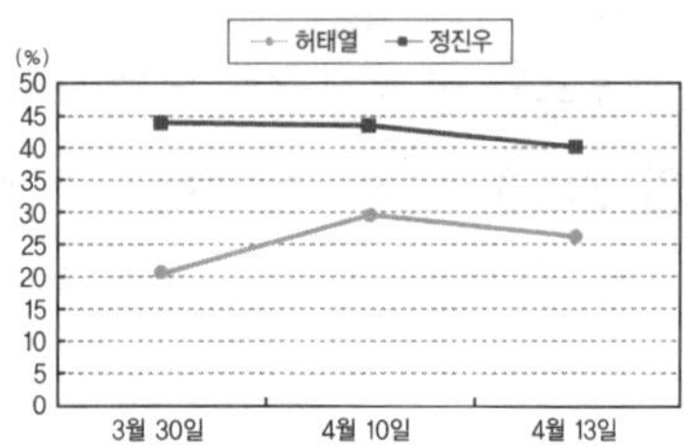

〈그림 5〉 부산 북·강서(을) 주요 후보 지지도 변화(30대)

에 따르면, 20대와 30대 유권자들의 허 후보와 정 후보 지지 양상은 거의 일률적으로 열린우리당의 정 후보로 편향되어 있다. 20대는 거의 30%나 차이가 나고 30대는 15% 정도 차이가 나고 있다. 특히 20대 유권자들은 열린우리당의 정 후보에 대해 거의 묻지마 수준의 지원을 하고 있다. 3월 말의 지지도 격차는 탄핵 열풍에 의한 격차로 이해할 수 있으나, 정동영 의장의 노인폄하 발언이 불거진 이후인 4월 10일에는 정 후보에 대한 지지도가 오히려 더욱 상승하여 허 후보와의 격차가 최고치인 38.5%나 벌어졌다. 이런 일방적인 격차는 선거 이틀 전 조금 완화되기는 하나 여전히 허 후보로서는 극복할 엄두를 낼 수 없는 수준이다.

선거 기간 중인 4월 4일 필자가 만나 본 20대 지역구민들의 반응도 이와 비슷하였다. 엄영승 군(신라대 행정학과 4년, 25세)과 안이준 군(인제대 전자과 4년, 27세) 및 조범수 군(동의대 전자과 4년, 27세) 들은 아직 열린우리당 후보가 누구인지도 잘 모른다고 하면서도 투표한다면 열린우리당 후보를 찍겠다고 하였다. 백화점에서 물건을 살 때 상품의 성능, 디자인, 내구성 등을 알아보고 신중하게 구매해야 되는데도, 4년 동안 지역구민을 대표하게 되는 후보를 선택하는 일에 후보

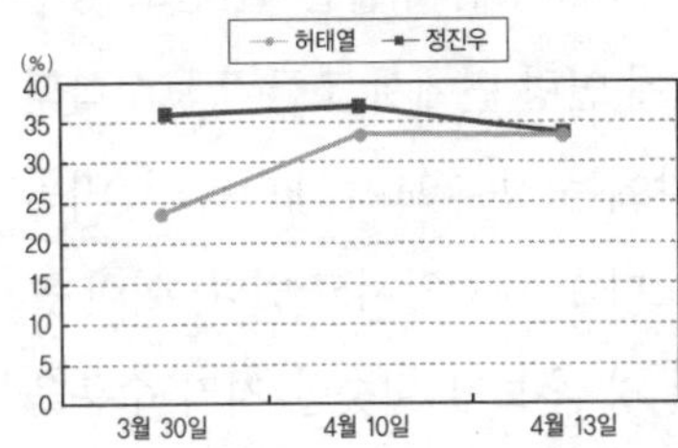

〈그림 6〉 부산 북 · 강서(을) 주요 후보 지지도 변화(40대)

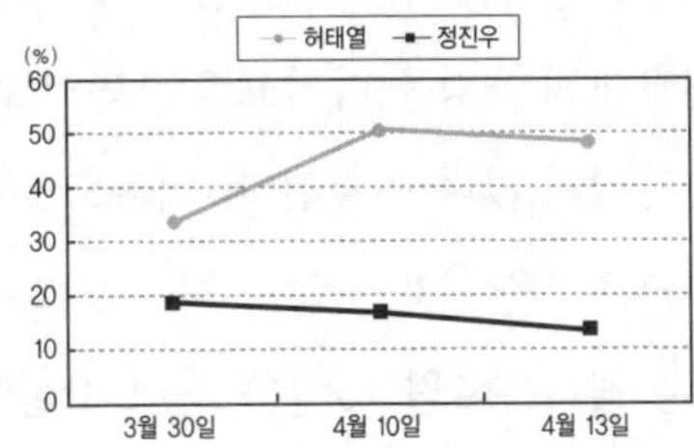

〈그림 7〉 부산 북 · 강서(을) 주요 후보 지지도 변화(50대 이상)

가 누구인지도 모르고 그냥 표를 던지겠다는 반응을 보이고 있다.

30대 유권자는 20대보다는 지지 정도가 어느 정도 이해 가능한 추이를 보이고 있다. 탄핵 열기가 뜨거웠던 3월 말 정 후보에 대한 높은 지지 열기는 허 후보에 비해 23.9%나 많은 차이를 보이고 있다. 그러나 4월 10일이 되면 그런 격차는 반으로 줄어들어 14.1%로 떨어졌다. 투표 이틀 전에도 이와 비슷한 13.4%를 보이고 있다.

강서 지역에서 자영업을 하는 30대의 최씨 부부도 정 후보를 지지한다고 하는데, 20대 유권자와는 달리 나름대로의 충분한 지지 근거를 가지고 있었다. 지역의 특성상 김해공항이 위치하고 있어 노 대통령이 탄핵을 받은 이후 군과 경찰의 경계 강화로 장사가 더 안 되고 약자에 약한 것이 유권자라는 반응이었다. 또한 한나라당의 허태열 후보가 지난 4년 임기 중에 지역 발전을 위해 그다지 한 일이 없다는 현역 의원에 대한 부정적인 평가로 이번 선거에서는 정 후보를 선택하겠다고 한다.

〈그림 4〉, 〈그림 5〉와 〈그림 6〉 및 〈그림 7〉을 종합적으로 비교하면, 연령별 지지도 추세에서 40대 유권자가 분기점임을 알 수 있다. 20~30대가 정 후보에 대한 거의 무조건적이거나 절대적인 지지층이라면, 50대 이상은 허 후보에 대한 무조건적인 지지성향을 보이는 데 반해, 40

대 유권자가 그 완충 역할을 하고 있다. 40대는 80년대 민주화 당시 20대로 한국 민주화 과정을 몸소 겪었던 세대이다. 이들은 현 진보 정부에 대해 애정을 가지고 있으면서 동시에 연령 면에서 조금씩 보수화되고 있지 않나 여겨진다. 이들도 3월 말에는 정 후보에 대한 높은 지원(36.3%)을 아끼지 않아 허 후보(24%)보다 12.3% 앞서고 있다. 이런 높은 격차는 4월 10일쯤 거의 소실되어 양 후보가 비슷한 지지 수준을 보여 그 격차는 3.6%에 불과하다. 투표 이틀 전에는 양 후보 지지가 거의 비슷한 추이를 보이고 있다.

전반적으로 20~30대가 정 후보에 대한 최상의 지지를 보여 정 후보 당선에 절대적으로 기여하나, 이들의 높은 기권율을 감안하면, 이들의 지지는 상당수 허수에 불과하다. 그에 비해 40대 지지도는 그림에서 나타난 바와 같이, 시간이 흐를수록 친 허 후보, 반 정 후보로 마무리하는 조짐을 보이고 있다. 20~30대에 비해 상대적으로 이들의 투표율이 높은 것을 감안하면, 이들 40대가 선거 당일 허 후보 지지로 돌아섰을 것으로 보여, 허 후보가 승리하는 데 결정적인 역할을 한 것으로 판단된다.

20~30대가 열린우리당의 정 후보에 대해 절대적인 지원 세력이라면, 50대 이상 연로한 유권자들은 한나라당의 허 후보 절대 지원 세력이라고 할 수 있다. 〈그림 7〉의 엄청난 격차에서 보듯, 정 후보는 어떤 선거 방법으로도 이들의 표심을 획득할 수 없다. 대통령에 대한 탄핵뿐만 아니라 차떼기 등 온갖 비판을 받는 한나라당의 후보라고 하더라도 절대적인 성원을 보낸다. 이 지역 선거구가 친한나라당 일색이라고 할 때는 사실 모든 계층을 의미하는 것이 아니라, 이들 50대 이상 유권자를 의미한다고 할 수 있다.

　탄핵 열풍이 불던 3월 30일은 50대 이상 유권자들도 그나마 허 후보에 대한 지지 열기가 다소 낮아(34%), 정 후보(19%)에 비해 불과 15% 차이로 선전하고 있을 뿐이다. 그러나 4월 10일 정 의장 발언이 있고 난 후, 열린우리당의 정 후보에 대한 지지도는 조금씩 빠지면서 한나라당의 허 후보 지지도는 16%나 급상승한다. 정 후보를 반대하는 유권자들만으로는 허 후보에 대한 이러한 높은 지지열기를 모두 설명할 수 없고, 그동안 선거에 관심이 적었거나 누구를 찍을지 아직 결정을 못 내린 50대 이상 부동층이 추가로 허 후보를 지지하게 되면서 이와 같이 엄청난 지지도 상승이 나타났을 것으로 보인다. 이와 같은 추세가 선거 막판까지 거의 그대로 이어지면서 50대 이상에서는 허 후보의 막강한 우세를 확인하는 것으로 부산 북·강서(을)의 17대 총선이 끝났다.

　금곡동 주공아파트 노인정의 할아버지, 할머니들은 4월 초에 필자가 방문했을 때, 올해 들어 선거 이야기를 처음 한다고 하였다. 이번 선거가 너무 조용하게 진행된 일종의 폐단이라고 할 수 있는데, 이들 노년층 유권자들의 신체적·정서적 한계를 감안할 때, 선거와 후보에 관한 정보가 매우 부족함을 잘 알 수 있다. 이들 역시 20대 유권자들처럼 열린우리당 후보가 누구인지도 모르고, 한나라당의 허 후보가 지역사회를 위해 한 일이 있는지 없는지조차 잘 모르고 있었다. 그럼에도 불구하고 이들의 허 후보에 대한 거의 절대적인 지지는 정 후보 입장에서는 그 어떤 선거전략으로도 바꾸기 힘들 것으로 보인다. 어떤 행위에 대한 근거가 있으면 그런 사유를 조정하면 행위의 변화가 가능하겠지만, 특별한 사유가 없는 관행적인 행위는 바꾸기 매우 힘들 것이다.

〈표 4〉 투표참여 의지별 후보 지지도(3월 30일)

구분	한나라당 허태열	열린우리당 정진우	부동층
반드시 투표	27.3	39.8	31.6
가급적 투표	18.2	33.8	37.7
그때 가서 결정	18.9	18.2	59.2
기권	22.1	40.89	37.2

참고 : 4월 13일 여론조사에서는 반드시 투표하겠다는 유권자 중에서 허 후보가 승리할 것으로 보는 유권자는 41%이며 정 후보가 승리할 것으로 보는 유권자는 25.7%에 불과하였다.

그러나 노년층 유권자라고 하여 모두가 후보 선택을 무조건적으로 하는 것은 아니다. 녹산 지역에서 공인중개업을 하는 초로의 한 유권자는 허 후보가 공직생활을 오랫동안 큰 무리 없이 수행하였는데, 이런 과거 경력이 지역발전을 위해 중요하기 때문에 지지한다고 나름대로 후보 선택의 명시적인 근거를 가지고 있었다.

이제 정 후보가 선거전략을 수립함에 있어 간과한 가장 중요한 요인을 살펴보겠다. 〈표 4〉는 3월 30일 여론조사에서 허 후보와 정 후보를 각각 지지하는 유권자들이 실제로 투표의향이 얼마나 되는지를 보여주고 있다. 아무리 특정 계층에서 지지도가 높다 하더라도 그 계층이 투표에 참여하지 않는다면, 그런 지지는 분위기용에 불과할 뿐 최종 결과와는 무관하게 된다. 그런 점에서 후보들은 자신의 지지 계층이 얼마나 투표에 참여할 것인지를 정확하게 파악하고 있어야 한다. 이에 따라 어느 계층에게 더 지지를 호소해야 하는지, 아니면 지지 호소보다는 선거참여를 유도해야 하는지를 결정할 수 있기 때문이다.

〈표 4〉의 결과는 3월 30일 여론조사로 아직 반 탄핵 열기가 남아 정 후보의 지지가 허 후보보다 높고 또 정 후보 지지자들의 선거 참여 의

지도 더 높게 나와 있다. 예컨대 반드시 투표하겠다고 응답한 유권자가 허 후보는 27.3%에 불과한데, 정 후보는 39.8%로 10% 이상 차이를 보이고 있다. 가급적 투표하겠다는 응답자도 정 후보 지지가 더 많아 일견 정 후보 지지자들이 선거결과에 보다 실질적으로 보탬이 될 것으로 예상된다. 그러나 이는 유권자의 일면에 불과할 뿐, 전면적인 현상은 아니다. 표의 마지막 세로줄에 기권란이 있는데, 정 후보 지지자들은 22.1%가 기권하겠다고 하나, 허 후보 지지자들은 그 배인 무려 40.8%나 기권하겠다고 밝히고 있기 때문이다.

통상 여론조사에서 선거 참여 여부는 민주시민의 잣대가 되기 때문에, 많은 시민들이 실제로는 기권할 것인데도 투표에 참여할 것으로 응답하는 경우가 많다. 이를 과잉응답(over-reporting)이라고 하는데, 적으면 10%, 많으면 25% 정도로 학계에 보고 되었다. 따라서 정 후보 지지자들 중 투표에 참여하겠다고 응답한 유권자들 중에는 실제로 선거에 참여하지 않을 허수가 상당하다. 그러나 자신이 여론조사에서 굳이 기권하겠다고 응답한 사람들은 선거에 참여하지 않을 가능성이 매우 높다. 이들 '진성 기권자'들이 정 후보가 허 후보에 비해 두 배나 많다는 사실은 정 후보에게 매우 불리하다. 이에 따라 정 후보는 3월 말부터 선거운동의 초점을 자신에게 한 표를 호소하기보다는 오히려 기권 방지 즉 투표 참여를 호소하는 편이 전략적으로 더욱 실효가 있었을 것이다.

앞에서 필자가 만난 학생 유권자들은 모두 한결같이 열린우리당 후보를 지지한다고 하나, 이들이 25~27세 정도인데도 아직 한 번도 투표를 한 적이 없다고 하는 것으로 미루어 이번 선거에서도 역시 기권하였을 가능성이 높다. 그렇다면 정 후보로서는 자신의 최대의 표밭인

<표 5> 2002년 대선 당시 투표 성향별 17대 총선 후보 당선 가능성(4월 13일)

구분	이회창	노무현	권영길	투표 안 함	모름
한나라당 허태열	54.7	30.4	32.5	28	14.5
열린우리당 정진우	15.9	39.6	34.5	26.7	7.4
부동층	29.1	30	32.9	45.3	78.1
전체	197명 (100%)	176명 (100%)	13명 (100%)	61명 (100%)	53명 (100%)

참고 : 반올림으로 정확하게 100%가 되지 않는 경우도 있음.

20대 지지를 최대한 확보하기 위해서는 재래시장 방문이나 경로당을 방문하여 자신을 알리는 것보다는 20대의 투표 참여 증가 방안에 대해 고민했어야 할 것이다.

<표 5>는 2002년 대선 당시 이 지역 유권자들의 투표 성향과 이들의 이번 선거에서 투표 의향을 알아봄으로써 이 지역의 '노무현 대통령 효과'가 어느 정도인지 파악하고자 한다. 지난 대선에서 이회창을 선택한 유권자 중, 과반수 이상(54.7%)이 한나라당의 허 후보를 선택하겠다고 한다. 이는 한나라당의 높은 충성도를 의미한다고 할 수 있다. 이회창 총재가 거대 야당 총재로서의 상징성뿐만 아니라, 97년 대선과 2002년 대선에 연속 출마하여 한나라당과 거의 동일시되는 인물이기 때문이다. 이 총재의 득표력이 이번 총선에 부산 북·강서(을) 지역에 과반수 이상의 영향력을 미친 점은 상당한 효과라고 할 수 있다.

이 총재 득표 중 15.9%는 상대당 후보인 정 후보에게로 이탈되었다. 북·강서(을) 선거구에서 4년 전 노무현 후보가 출마하여 허태열 후보에게 패하였으나 1년 반 전에는 대통령으로 당선되었는데, 이들 전향파들을 크게 보면 노 대통령의 흡인력 속에 이끌린 유권자라고 할 수

있다. 또한 이번 한나라당의 탄핵 추진에 대한 반작용으로 열린우리당의 정 후보에게로 돌아선 경우도 있을 것이다. 마지막으로 정 후보의 인물을 보고 정 후보를 선택하게 된 순수 정 후보 지지파들도 있을 것으로 판단된다. 따라서 2002년 12월 대선에서 이 총재를 선택한 사람 중 이번 총선에서 정 후보를 선택하겠다는 유권자들은 노무현 효과가 발휘된 경우, 반한나라당 정서 및 정 후보 인물의 영향력이라는 3가지 유형으로 분류할 수 있을 것이다.

이총재 득표 가운데 이탈한 표 중 1/3 정도(29.1%)는 부동층으로 남아 투표 이틀 전임에도 아직 어느 후보를 선택할지 고민하고 있다. 이들은 대체로 선거 자체에 무관심하거나 기권할 가능성이 높은 유권자들이다. 사실 선관위가 집계한 이번 총선의 부산 지역 평균 투표율은 61.9%에 불과하기 때문에 이들이 어느 후보가 당선될 것인지에 큰 영향을 미쳤다고 보기는 어렵다.

표에서 지난 대선에서 노 대통령을 선택한 북·강서(을) 유권자들 중 약 40%가 열린우리당의 정 후보를 계속 선택하겠다고 하는데, 이회창 표의 충성도에 비하면 상대적으로 충성도가 저조하다. 이는 이 선거구가 한나라당 강세 지역으로 과거 민주당이나 현재 열린우리당 지지자들의 표의 응집력이 한나라당보다 부족하기 때문에 나타나는 현상이다. 그리고 이 지역의 구청장, 구의회, 시의회, 시장 등 모든 행정력이 한나라당 일색이며 노 대통령이 집권 1년차에 불과하여 대통령으로서의 영향력이 이 지역에 아직 제대로 침투되지 못하였기 때문일 것이다. 따라서 지난 대선에서 노무현 후보를 선택했다고 하여 이번 선거에도 대통령의 정당 출신 후보를 그대로 선택하겠다는 유권자 수가 그다지 많지 않다. 즉 노무현 효과는 이번 총선에서 미미하였다고

할 수 있다. 이번 번탄핵 열기도 이 지역의 과거 노무현 투표자들에게
는 큰 파급 효과가 없었거나 최소한 투표일이 다가올수록 그 파급 효
과가 무뎌진 것으로 볼 수 있다.

과거 노무현 지지자들의 6할 중, 반(30.4%)은 한나라당의 허 후보를
선택하겠다고 하며, 반(30%)은 부동층으로 남아 있다. 앞에서 이회창
지지자들 중 상대당 후보인 정 후보를 선택하겠다는 유권자들이 16%
정도에 불과한 점과 비교하면, 노무현 지지자들의 상대당 후보로의 이
탈은 배나 높다. 부동층으로 남은 비율은 이회창 지지자들과 노무현
지지자들의 비율이 30% 정도로 비슷하게 나와 있다. 즉 2년 전 어느
대선 후보를 선택하였든 이번 총선에서 아직 후보 선택이 안 된 유권
자는 후보당 대개 1/3 정도는 되는 것으로 보이는데, 이 비율은 권영길
지지자들의 경우도 비슷하다(39.2%). 따라서 대선 후보들의 이번 총선
에서의 파급 효과는 상대당 후보로 이탈한 표가 얼마나 되며 자기 정
당 후보에게 얼마나 잔류하느냐가 관건으로 보인다. 이런 점에서 이회
창 총재의 효과는 매우 높으나, 노무현 대통령과 권영길 대표의 효과
는 상대적으로 낮다고 할 수 있다.

이러한 결과는 지난 대선 때 이 선거구에서 이회창 후보가 62.5%,
노 후보가 32.5%, 권 후보가 2.6%를 획득하였는데, 이번 여론조사에
서는 전체 조사 인원 500명 샘플 중 이 후보를 지지하였다는 응답자가
39%, 노 후보는 35.2%, 권 후보는 2.6%로 추출되어, 노 후보와 권 후
보는 조사 인원과 과거 지지 비율이 거의 비슷하나, 이 후보는 20% 이
상 부족한 실정이다. 이 후보 과거 지지 유권자들이 제대로 조사되었
으면, 표에서 이회창 후보 득표의 허 후보에 대한 전이율(轉移率)이 훨
씬 높았을 것으로 보인다. 그만큼 이 지역에서 한나라당 표의 응집력

이 매우 높고 타당의 응집력은 상대적으로 저조함을 알 수 있다.

실제로 필자가 만난 유권자들도 노무현 효과를 인정하기를 꺼려하였다. 금곡동 주공아파트 노인 한 분은 이 지역에서 4년 전 노 대통령이 출마한 적은 있으나 그 당시는 노 대통령이 그다지 촉망받는 정치인이 아니었다고 진단하면서, 노 대통령은 지난 대선을 거치면서 후보 경선에 성공하고 정몽준 후보와의 한판 승부에서 능력을 검증받았다고 한다. 그러나 이 선거구는 워낙 한나라당 조직이 강하여 대통령 임기 1년 정도로는 이 지역에 노무현 바람을 일으키기가 시기상조라고 지적한다. 이러한 평가는 젊은 유권자들도 비슷하다. 27세의 조범수 군은 이 지역에서 노 대통령이 출마하였기 때문이거나 혹은 대통령과 같은 정당이기 때문에 열린우리당 후보를 지지한다는 노무현 효과를 부정하였다. 그러나 이번 대통령에 대한 탄핵으로 노 대통령을 보호해야 하기 때문에 열린우리당 후보를 지지한다는 노무현 효과는 인정하였다.

5. 선거결과의 정치적 의미와 교훈

이번 부산 북 · 강서(을) 선거구의 17대 총선도 지난 수차례에 걸친 국회의원 선거와 마찬가지로 뚜렷한 영남정서에 의해 한나라당의 허태열 후보가 절대적으로 유리한 국면에서 선거가 지속되었고 결국 최종적으로도 승리하게 되었다. 허 후보는 관료로서 대과 없이 직무를 수행해 왔으며, 충북도지사를 역임하여 지도자로서의 자질도 검증받아 지역구 의원으로서 높은 자질을 갖추었다고 할 수 있다.

정진우 열린우리당 후보도 열린우리당의 전략 지역구의 후보가 될 정도로 정치적 감각이나 토론 능력이 뛰어나며 젊은 패기와 후덕한 인상을 주기 때문에 후보로서의 강점은 인정된다. 그럼에도 불구하고 정 후보는 선거과정에서 나름대로 아쉬웠던 부분이 많았다고 판단된다.

첫째, 열린우리당의 후보 선정과정에서 토론 과정을 거쳐 최종 선발된 후, 선정 과정에 참여한 후보들의 본선에서 지지를 확보하지 못한 점을 패배의 주요 요인으로 꼽을 수 있다. 서로 치열한 경쟁자의 관계에서 도움을 끌어내기가 쉽지는 않으나, 현역 의원에 도전하는 후보로서 지역 조직이 거의 전무한 경우는 더더욱 이들의 지원이 필수적이라고 할 수 있다.

둘째, 탄핵 열풍이라는 선거 역사상 초유의 이슈를 맞이하여 이를 즐기기만 할 뿐, 이를 제대로 활용하지는 못하였다. 반탄핵 분위기에 편승하여 정 후보의 지지도는 선거 초반에 특히 상승하였으나, 이는 대체로 20~30대 젊은 유권자에 한정되어 있으며 이들의 높은 기권율을 감안하지 못한 점도 패인으로 지적될 수 있다. 북·강서(을) 지역은 낙동강을 건너 두 개의 다른 구가 합해진 지역으로 도시 선거구로는 방대하여 지역구 전체를 한 번 둘러보는 데 많은 시간이 소요된다. 이런 경우, 직접적으로 득표로 연결되지 않는 유권자 층을 만나는 것보다는 자신에 대한 절대 지지자들의 투표를 독려할 수 있는 방안을 강구했어야 한다.

셋째, 정 후보가 토론에 뛰어나 TV토론을 하고 나서 지역 주민들의 반응이 좋아졌다는 평가를 하면서 다소 방심하지 않았나 생각된다. 이번 선거에서 TV토론이 주로 대낮에 이루어져 대다수 유권자들은 직장에 있거나 집에 있어도 그 시간에 TV 앞에 앉아 있을 사람은 별로 없었다고 볼 수 있어, 토론이 정 후보에게 그다지 실익이 없었을 것으로 판단된다.

넷째, 북·강서(을) 선거구가 과거 노 대통령이 출마하였다고 하여 유권자들이 노 대통령과 같은 정당의 후보를 지지하지 않겠느냐는 기대 심리는 선거 과정에서 큰 도움이 되지 않았다. 과거 총선에서 한나라당 계열 후보들의 수많은 당선은 이 지역에서 철저한 조직이 형성되어 외부의 어떤 바람에도 쉽게 무너지지 않는다. 노 대통령도 이 지역에서 출마하던 당시 지역과의 관련성이 부족하였고, 대통령에 취임된 지 아직 1년 정도밖에 되지 않아 대통령의 업적이 지역 주민들에게 각인되는 데 시간적으로 역부족이었다.

이 연구가 특정 지역구의 특정 후보에 한정된 연구로 선거운동에 대한 일반적인 지침이나 방향을 제시하는 데는 한계가 있다. 이 책에 소개된 다른 지역구 연구의 결과들과 함께 선거운동 과정을 보다 거시적으로 고찰하면서 차후에도 더 많은 선거 과정이 지속적으로 추적될 때, 우리나라 총선에 대한 보다 완벽한 관찰 연구가 가능할 것이다.

노규형 · 김학량, 1997, 『선거와 여론조사』, 서울 : 나남출판.

부산일보, 2000. 4. 7.

에포크, 리서치앤리서치 발행 기관지, 2004. 4. 27. 387호.

이영작, 1998, 『대통령 선거전략 보고서』, 서울 : 나남출판.

Morris, Dick 저 · 홍대운 역, 1999, 『신군주론: 대통령 만드는 남자』, 서울 : 아르케.

Nimmo, Dan 저 · 김영문 역, 1995, 『새로운 선거전략: 과학화 · 전문화 · 체계화』, 서울: 한울.

Wayne, Stephen J, 1988, *The Road to the White House: The Politics of Presidential Elections*. New York: St. Martin's Press.

제도변화와 선거과정 | 제3부

제7장 선거운동의 공정성 평가 :
서울 중랑구

윤종빈

1. 머리말 : 공명선거의 필요성

17대 총선은 탄핵과 지역주의, 그리고 감성을 자극한 이미지 캠페인이 주도한 선거였고 공약의 영향력과 인물요인이 약화된 선거였다는 평가를 받고 있다. 중앙언론매체를 통한 중앙 정당지도자의 선거운동만 보였을 뿐, 지역 단위에서 후보자 중심의 선거운동은 찾아보기 힘들었다는 지적이다. 이러한 부정적인 시각에도 불구하고 이번 총선이 갖는 의의는 상당히 크다. 우선 '정치 물갈이'로 표현되는 세대교체의 열망이 이번 총선 결과에 반영되었다는 점을 들 수 있다. 이번 총선 결과 국회에 입성한 정치 신인의 비율은 15대와 16대에 비해 약 20%가량 높은 63%로, 현역 의원의 기득권을 타파하고(윤종빈 2001; 2002) 의회엘리트의 교체를 가져온 커다란 변화라고 평가된다. 이번 총선이 갖는 또 다른 중요한 의의는 정치관계법의 획기적인 개정으로 선거운동 양상에 상당한 변화를 가져왔다는 점이다. 학계와 시민단체가 지속적으로 개선을 요구했던 공정성과 공명성을 침해하는 요소들이 방지되어 정치인들 스스로도 놀라는 상당한 정치적 효과를 발휘하였다. 이 밖에도 전체 의원의 13%에 달하는 39명의 여성 의원의 탄생, 1인 2투표제를 통한 민주노동당의 10석 확보 등은 17대 총선이 중요한 정치사적 의의를 갖게 하는 선거결과이다.

또한 17대 총선은 우리 정치에서 돈 안 드는 선거를 기대하게 된 전환점이 된 선거라고 평가할 수 있다. 돈 안 드는 공명선거는 우리 정치구조를 민주적으로 변화시키는 원동력이 될 것이기에 중요하게 다루어져야 한다. 지금까지 우리 정치는 선거과정에서 불법으로 지출된 막대한 규모의 선거자금이 개별 의원들의 의정활동에 장애물로 작동했고, 지출한 자금을 보충하기 위해 불법의 무리한 방법으로 정치자금을 모금하는 현상이 악순환되었다. 50배 포상금, 50배 과태료 제도를 통해 선거법 위반행위에 대한 제재를 강화한 점, 선거비용에 대한 규제를 강화한 점, 고액 정치자금 기부자의 신상내역을 공개하기로 한 점 등 새로운 정치관계법은 우리의 선거과정을 투명하게 하고 있다. 이와 같은 정치관계법 개선은 궁극적으로 정치인이 돈으로부터 자유로울 수 있는 기반을 조성하여 개별 정치인의 독립성과 자율성을 증대시켜 우리 정치의 생산성 향상과 민주성 회복에 기여할 것으로 기대된다.

이 글의 주된 목적은 이번 총선에서 나타난 선거운동의 공명성을 서울 중랑구 선거구를 통해 조명해 보고 정치관계법의 개선이 실제로 선거현장에서 효과를 발휘했는지를 살펴보는 것이다.[1]

전국적인 차원에서 이번 총선의 공명성의 정도를 분석하는 것과 더불어 특정 지역의 선거현장에서 나타난 공명성에 대한 반응을 경험적으로 분석하여 선거운동의 변화된 모습을 고찰하는 것은 선거이론의 정립에 기여할 것이다. 우선 공명선거에 영향을 미치는 요인을 간략히 살펴본 다음, 17대 총선의 공명성의 정도를 전국적인 차원과 지역적인 차원으로 나누어 분석하였다. 다음으로 공명선거 정착을 위한 향후 과제를 법제도적 측면과 의식적인 측면으로 구분하여 살펴본 후, 마지막으로 공명선거가 우리 정치구조의 변화에 가져다주는 의미를 진단했다.

2. 공명선거에 영향을 미치는 요인

1) 법적 · 제도적 요인

선거운동의 공명성에 영향을 미치는 변수 중 가장 중요한 것은 법적 개선이다. 이번 총선이 상대적으로 공명하게 치러졌다고 유권자들이 평가하는 이유는 선거를 한 달 앞두고 개정된 정치관계법이 상당한 효과를 발휘하였기 때문이다. 즉 선거운동 방식의 변화를 가져온 법적

---

1) 서울시 중랑구 선거구를 관찰의 대상으로 선정한 이유는 필자가 거주하는 지역으로, 갑 · 을 선거구에서 후보자 간 TV합동토론회의 사회를 맡았기 때문에 선관위 직원 및 자원봉사자, 후보자 선거사무소에 대한 인터뷰와 그 밖의 자료에 대한 접근성이 용이하다고 판단했기 때문이다. 또한 2개 선거구 모두가 전통적으로 호남을 기반으로 한 정당이 우세한 지역이지만, 갑 선거구는 신진 후보 간의 대결이었고, 을 선거구는 현역 의원이 민주당에서 열린우리당으로 당적을 변경하였기 때문에 다양한 쟁점의 영향력을 관찰할 수 있는 지역이라고 판단했기 때문이다. 이 글의 완성을 위해 적극적으로 협조해 주신 중앙선관위의 김호열 선거관리실장, 중랑구 선관위의 권오운 사무국장, 오장문 지도과장, 권보필 홍보계장, 육근주 관리계장께 진심으로 감사드린다.

개선은 선거운동의 공명성을 보장하는 중요한 수단이 된다.[2]

이번에 개정된 선거법 가운데 큰 주목을 받고 있는 것은 그동안 군중을 동원한 세 과시의 장으로 전락된 합동연설회와 정당연설회가 폐지되어 동원에 지급되는 불법 자금의 지출을 어느 정도 막을 수 있었다는 점이다. 그 대신 후보자 간 TV합동토론회가 신설되었다.[3] 또한 이번 총선에서는 후보자가 포함되어 있으면 5인까지, 후보자가 없는 경우에는 2인 이하만이 함께 인사와 연호를 하는 것이 가능하도록 하고, 후보자 외에는 어깨띠를 사용할 수 없도록 한 개정은 자원봉사를 가장한 불법 선거자금의 지출을 방지하는 효과를 발휘했다고 평가된다.

또한 가장 중요한 법적 개선 중의 하나는 불법 향응제공 신고에 대한 50배 포상금, 50배 과태료 제도이다. 최대 5천만 원까지 포상금을 받을 수 있기에 유권자나 후보자 모두를 민감하게 만든 법적 장치였다. 이러한 법적 개선은 불법 향응과 불법 금품제공을 방지한 가장 효

---

2) 중랑구 선관위의 총책임자인 권오운 사무국장은 정치관계법이 효력을 발생한 직후인 3월 17일, 한마디로 "이번 선거에는 돈봉투가 줄어들 것"이라고 예측하였으며, "관광이나 향응제공도 위험부담이 높기 때문에 줄어들 것"이라고 말했다. 그러나 동시에 불법 선거운동이 보다 치밀해지고 그 액수도 커질 것이며 선거가 끝난 후에 불법운동 댓가가 지불될 수 있다는 우려를 표시했다(중랑구 1차 인터뷰-2004.03.17).

3) 후보자 간 TV합동토론회의 효과에 대한 평가는 상반되게 나타나고 있다. 즉, 여러 가지 제도적인 한계로 인해 후보자가 스스로를 알리는 데, 유권자가 후보자에 대한 정보를 얻는 데 큰 도움이 되지 못했다는 평가가 있는 반면, 후보자가 물리적으로 접근하기 힘든 농어촌이나 산간벽지에서는 그나마 후보자에 대한 정보를 얻는 데 도움이 되었다는 평가가 있다.

4) 실제로 중앙선관위는 2004년 3월 17일 선물과 식사를 제공받은 유권자 3명에게 50배 과태료를 부과하는 첫 사례를 발생시켰다. 과태료는 지구당 필승전진대회 행사 참석 후 6,000원 상당의 초콜릿 선물과 9,250원 상당의 식사를 제공받은 것으로 밝혀진 3명 모두에게 부과되어 1인당 15,250원의 50배에 달하는 762,500원이 부과되었다(중앙선거관리위원회 홈페이지, 공보과 보도자료).

과적인 장치였다고 평가되고 있다.[4]

2) 정당체계적 요인

선거에서 후보자를 내고 당선 가능성이 있는 경쟁력을 가진 정당의 수가 몇 개인가에 따라서 공명선거가 영향을 받게 된다. 이번 총선은 지난 16대 총선과 달리 경쟁 정당의 수가 많아졌다. 16대 총선에서는 한나라당과 민주당의 양강구도 속에서 자민련이 미약하나마 경쟁력을 보여준 3강 체제였지만, 이번 총선은 열린우리당, 한나라당, 민주당, 자민련, 민주노동당의 '신5당체제'에서 치러졌다. 물론 자민련의 영향력은 미약했지만 민주노동당이 과거와 달리 상대 후보들의 득표율에 영향을 미칠 정도의 상당한 경쟁력을 발휘하여 실질적으로 5개의 주요 정당이 경쟁을 펼친 구도가 전개되었다.

경쟁적인 정당의 수가 많을수록 선거과정은 과열될 가능성이 높아질 것이고 불법적인 수단에 의존해서라도 열세를 만회하려는, 승세를 굳히려는 유혹을 견디기 힘들 것이다. 이번 총선의 경우 지난 총선과 비교해 볼 때 경쟁적인 정당이 늘어나 불법 선거운동이 발생할 소지가 많았다고 볼 수 있다. 이와 더불어 각 정당들의 경선의 확대는 당내 후보들간의 경쟁도 가열시켜 불법적인 선거운동이 발생할 가능성이 높았던 선거라고 볼 수 있다.

3) 선거 당사자들의 의지

공명선거를 실현하기 위해서는 법적·제도적 요인도 중요하지만 무엇보다도 가장 중요한 토대는 선거과정의 주된 행위자인 후보자와 유권자의 의지이다. 우리 선거에서 공명선거를 저해하는 가장 중요한 요인으로 유권자의 후진적 선거의식이 지적되고 있다. 일부 유권자가 선거브로커로서 입당원서를 받아주는 댓가로 돈을 요구한다거나 금품이나 향응을 요구한다면 우리의 선거문화는 달라질 수 없다. 이와 더불어 후보자도 금품이나 향응제공의 유혹을 떨쳐버릴 수 있어야 한다. 돈이 많이 드는 선거라고 비판하기 이전에 표를 얻기 위해 수단과 방법을 가리지 않는 무분별한 태도를 변화시켜야 한다. 과거와 달리 당선만 되면 그만이라고 안도할 수 없을 정도로 선거법이 엄격하게 개선되어 총선이 끝난 이후에도 당선무효가 상당수 나올 것이라고 예측되었다.[5]

3. 17대 총선의 공명선거 평가

1) 17대 총선의 불법 선거운동

이번 총선에서 나타난 선거운동의 공명성에 대한 가장 단적인 증거는 중앙선관위가 인사이트 리서치에 의뢰해 실시한 17대 총선 유권자 의식조사(2차)의 결과에 잘 나타나고 있다. 조사에 따르면, 유권자가

---

5) 2004년 8월 16일 중앙선관위의 정치자금 및 선거비용 조사결과 발표에 따르면, 17대 총선과 관련한 선거비용 조사결과 총 657건의 위법 사실을 적발, 이 가운데 29건은 고발, 9건은 수사의뢰하기로 결정하였다. 특히 당선자와 관련한 주요 조치사안은 3건으로 유권자에 대한 금품 및 향응 등 기부행위가 2건, 자원봉사자에 대한 대가제공이 1건으로 나타났다(중앙선거관리위원회 홈페이지 2004.08.16).

<표 1> 정당별 선거법 위반행위 조치현황(2004. 1. 1. ~ 2004. 4. 14. 누계)
− 괄호 안 수치 : 공식 선거운동 기간 2004. 4. 2. ~ 2004. 4. 14. 발생 누계 −

구분	고발	수사의뢰	경고	주의	이첩	총계
한나라당	60(10)	27(4)	354(97)	349(74)	9(3)	799(188)
민주당	45(5)	24(1)	263(76)	155(26)	3(1)	490(109)
열린우리당	90(10)	36(7)	456(125)	407(71)	23(10)	1012(223)
자민련	12(3)	1(0)	51(17)	24(4)	0(0)	88(24)
민주노동당	12(6)	25(22)	119(49)	91(30)	1(1)	248(108)
기타정당	134(41)	204(94)	616(273)	468(141)	29(11)	1451(560)
총계	353(75)	317(128)	1859(637)	1494(346)	65(26)	4088(1212)

출처 : 중앙선거관리위원회 홈페이지 공지사항(2004년 4월 15일 검색).

각종 불법 선거운동에 대해 직접 경험하였거나 들어본 적이 있다는 간접 경험률은 16대 총선과 비교할 때 낮게 나타났다. '금품/선심관광/음식물기부' 행위 항목에 대한 경험은 16대 총선에 비해 14.9% 정도 낮게 나타났고 '후보자 간 인신공격/비방/흑색선전' 행위 항목은 10.8% 정도 낮게 나타났다. 이번 총선에서 금품제공, 선심관광, 식사제공 등의 불법 선거운동이 현격하게 줄어든 것은 공명선거의 두드러진 성과라는 점에 많은 사람들이 공감하고 있다.

<표 1>은 선거법 위반행위에 대한 조치현황을 정당별로 공식 선거운동 기간 전후로 구분하여 분석한 결과를 보여주고 있다. 우선 공식 선거운동 기간만을 살펴보면, 조치된 총 선거법 위반행위는 1,212건이다. 이는 16대 총선의 공식 선거운동 기간 중에 단속된 1,377건보다 오히려 감소한 결과이다(연합뉴스 2004. 4. 15.). 정당별로 보면, 금년 1월1일부터 발생한 총 선거법 위반 건수는 열린우리당이 1,012건으로 가장 많았고, 그 다음으로 한나라당 799건, 민주당 490건으로 나타났다.

<표 1>은 보다 강력한 조치인 고발과 수사의뢰의 경우 공식 선거운동 기간 전후에 확연히 차이가 있음을 보여주고 있다. 범법행위라는 확신이 있을 경우 적용되는 강력한 조치인 고발의 경우, 공식 선거운동 기간에는 75건에 불과하나 선거운동 기간 이전의 건수는 4배에 달하는 278건에 이르고 있다. 여전히 강력한 조치이지만 당사자가 부인하는 등 불확실한 경우 적용되는 수사의뢰의 경우, 공식 선거운동 기간에는 128건으로 그 이전의 기간에 비해 2분의 1에 불과한 수치이다. 이러한 공식 선거운동 기간 중의 고발 및 수사의뢰 203건은 16대의 동일한 기간의 수치인 429건에 비해 절반 이상으로 줄어든 것이다(연합뉴스 2004. 4. 15.).

불법 선거운동 가운데 가장 체감도가 높은 금품과 향응제공의 경우, 이번 총선에서 총 53건이 적발되어 이 가운데 고발과 수사의뢰는 각각 16건과 12건이다. 이러한 수치는 16대의 공식 선거운동 기간 총 212건에 40건 고발, 85건 수사의뢰라는 통계와 비교해 볼 때 대략 4분의 1에 불과한 것이다. 불법 금품과 향응제공 신고에 대해 최대 5천만 원까지 50배 포상금을 지급하고, 제공받은 자에 대해서 50배 과태료를 부과토록 한 선거법 개정이 상당한 역할을 했다고 평가하는 것이 큰 무리는 없을 것이다.

이미 중랑구 선관위의 지도과장은 법정 선거운동 기간 시작 이전이자 개정 정치관계법이 효력을 발생한 직후인 3월 중순경, 불법 선거운동이 실질적으로 감소하고 있다고 조심스럽게 예측하고 있었다. 중랑구 선관위에 따르면 불법 돈봉투, 식사, 향응제공에 대한 신고 시 최대 5천만 원까지 지급되는 50배 포상금의 효과로 인해 돈봉투가 현저히 줄어들었으며, 이러한 현상은 조직책들이 잠재적인 내부 고발자로 포상금을 목표로 언제라도 불법에 대해 신고할 수 있기에 후보자들이 불법 선거운동을 자제하기 때문이라고 분석하였다(1차 인터뷰- 2004. 3. 17.).[6]

실제로 17대 총선의 정치자금 및 선거비용에 대한 중앙선관위의 조사 결과, 주요 위법사례가 16대 총선에 비해 줄어든 것으로 나타났다. 중앙선관위는 주요 위법사례가 줄어든 현상에 대한 4가지 이유를 지적한다. 첫째, 정당과 후보자의 준법 노력, 둘째, 철저한 선거법 위반행위 단속, 셋째, 과태료 50배 부과 및 포상금제 실시, 넷째, 유권자의 신고정신 등으로 인해 불법 선거비용이 쓰여질 가능성이 줄어들었다고 평가하였다(중앙선거관리위원회 홈페이지 2004. 8. 17.).

일부 언론과 전문가들은 16대 총선과 비교해 볼 때 총 선관위 단속 건수가 2배 가까이 증가했기 때문에 이번 총선이 공명성이 부족하였다고 주장하기도 한다. 그러나 이러한 통계는 공식 선거운동 기간 전후 모두를 포함하는 것이다. 실제로 이번 총선에서는 개정법이 효력을 발생하기 이전인 1~3월에 위반행위가 많았는데, 그 이유는 몇 가지로 정리될 수 있다.

첫째, 개정 정치관계법이 3월 12일에서야 효력을 발생했기 때문에

---

6) 후보자 선거사무소의 반응은 약간은 다르게 나타났다. 과연 이번 정치관계법 개정에 대한 지구당의 반응은 어떤지 후보자 선거사무소의 반응을 들었다. 한 정당의 선거 참모는 "이번 선거가 개정 선거법을 많이 의식하지만, 당내 경선 탈락자의 의도적인 음해가 우려된다"고 말하며, "선거에 최종적으로 승리하기 위해서는 선거법을 어겨서는 불가능하다"는 중요한 메시지를 전해 주었다. 또 다른 선거사무소의 참모는 정치관계법 개정으로 공명선거가 제고될 것이라고 예측하면서, "아직까지도 밥 사달라는 전화, 술 사라고 찾아오는 유권자가 있다"고 말했다. 또한 "선거문화가 변하기 위해서는 정치인이 변해야 하지만, 유권자의 의식변화가 더 중요하다"고 지적했다(중랑구 1차 인터뷰–2004. 3. 17).

선거운동에 대한 강력한 규제를 그 이전에는 예측하기 힘들었기 때문이다. 둘째, 16대 총선과 달리 상향식 공천이 확대되었기 때문이다. 주로 금년 1~2월에 실시된 경선과 여론조사가 공천의 중요한 기준이 됨에 따라 당내 후보 간 경쟁이 과열되어 불법이 양산되었다는 점을 들 수 있다. 셋째, 정당의 경쟁구도가 달라졌다는 점을 들 수 있다. 즉, 과거 3당 경쟁구도가 4~5당 경쟁체제로 전환되어 경쟁이 치열해져 불법의 개연성이 높았다는 점이다. 마지막 이유로는 증가된 정치신인들의 무리한 선거운동을 들 수 있다. 특히 공식 선거운동 기간 이전에 정치 관련법에 익숙하지 않은 상태에서 자신을 알리고 싶은 욕심에서 무리하게 선거운동을 전개하는 경우 불법 선거운동의 유혹을 뿌리치기 어려웠을 것이라는 해석이 가능하다.[7]

이 외에도 이번 선거에서는 과거와 달리 감시활동이 유난히 강화되었다는 점을 들 수 있다.[8]

2) 중랑구 사례 : 선거환경과 불법 선거운동

17대 총선에서 나타난 중랑구의 선거법 위반행위에 대한 주요한 조

---

7) 이번 총선의 공식 선거운동 기간 중에 나타난 불법 행위는 줄어들었지만, 불법 선거운동 양상이 점조직으로 지하에서 이루어진다는 우려가 있었다. 다시 말해서, 돈봉투를 후보자가 직접 전달하지 않고 하수인의 하수인, 또 다른 하수인을 내세우기 때문에 단속에 적발되더라도 자신의 돈이고 후보자와는 상관없다고 주장하면 현실적으로 인과관계를 밝혀내기 쉽지않다는 것이다(중랑구 1차 인터뷰-2004. 3. 17).

8) 약간의 수당을 받는 자원봉사자인 선거부정감시단은 특정 정당의 당원이 아닌 55명의 자원봉사자로 3월 16일 발대식을 가졌고, 선거운동 기간 전후에 지역을 순회하며 불법선거를 감시하였다. 소수 지정된 감시단원은 후보자의 선거사무소에 상주하며 감시하는 활동도 하였다.

<표 2> 중랑구 갑·을 선거구의 선거법 위반행위 조치현황

조치구분	위반항목	위반내용
고발(3건)	인쇄물배부	경선과정에서 특정 후보예정자가 자신의 선전홍보 위해 불법 인쇄물배부
	금품/음식물	경선과정에서 정당행사를 개최불가능한 지역인 유원지에서 회를 비롯한 음식물제공
	금품/음식물	입당원서를 대가로 불법 금품제공
수사의뢰 (5건)	시설물설치	특정 후보 선전 위해 불법 현수막을 게시하여 업적홍보
	금품/음식물	경선과정에서 불법 음식물제공
	불법인쇄물	공식 선거운동 기간 이전에 특정 후보와 정당 선전 위해 불특정 다수 유권자에게 편지 보냄
	사이버이용	사이버 상에서 상대 후보에 대한 허위 사실의 유포
	사조직결성	산악회 등의 외곽단체 행사에 특정 후보가 참여

출처 : 중랑구 선거관리위원회 내부자료(2004년 5월).

치현황은 <표 2>에 요약 정리되었다. 고발의 경우 전국 총계는 353건으로, 전국 243개 선거구를 고려할 때 선거구당 평균 1.5건 가량에 달한다. 중랑구는 갑·을 두 개의 선거구에서는 3건이기에 평균 1.5건으로 전국 평균과 동일한 수준이라고 볼 수 있다. 수사의뢰의 경우, 전국 총계는 317건으로 선거구당 1.3건 정도이다. 중랑구는 2개 선거구에서 5건으로 평균 2.5건으로 전국 평균을 상회하는 수치로 나타났다.

　<표 2>에서 나타난 이번 총선의 선거법 위반행위는 2가지 중요한 특징을 보여준다. 첫째, 공식 선거운동 기간이 아닌 경선과정에서 적발된 건수가 고발의 경우 3건 중 2건, 수사의뢰의 경우 5건 중 2건으로 상당한 비중을 차지한다는 점이다. 궁극적인 공명선거를 위해서는 경선과정의 감시와 관리가 매우 중요하다는 것을 말해 주는 직접적인 증거라고 볼 수 있다. 둘째, 위반행위 가운데 금품/음식물 항목이 차지하

는 비중이 고발의 경우 3건 중 2건, 수사의뢰의 경우 5건 중 1건으로 중랑구 선관위는 이들 항목이 16대 총선에서 차지하는 비중에 비해 줄어들었다고 평가하고 있다. 금품과 음식물이 실제 선거현장에서 나타나는 불법 선거운동의 가장 일반적인 유형이라고 볼 때, 동 항목에 대한 위반행위의 감소는 정치관계법 개정의 효과를 말해 주는 상당히 중요한 증거하고 볼 수 있다.

좀 더 많은 자료를 확보하기 어려워 충분히 비교해 보지 못했기 때문에 단정적인 결론을 내리기는 힘들지만, 중랑구의 경우 16대 총선에 비해 불법 선거운동이 확연히 줄어들었다는 선관위 관계자의 설명이다. 특히 후보자들의 불법 선거운동에 대한 인식이 많이 변화되어 결과적으로 "당선무효 사태까지도 고려한 조심스러운 선거운동을 펼쳤다"는 지적이다(중랑구 3차 인터뷰-2004. 5. 3).

중랑구는 주요 언론에서 접전지역으로 분류하지는 않았지만, 열악한 경제상황과 생활환경의 개선에 대한 지역주민들의 열망으로 어느 지역보다 지역구 단위의 선거에 대한 관심이 높았던 지역이라고 볼 수 있다. 전국 평균투표율 60.6%와 서울 지역 평균투표율 60.9%에는 못 미치는 55.7%(갑), 60.0%(을)의 투표율을 기록했지만, 16대 총선의 서울 지역 평균투표율 55.1%를 상회하는 수치이다. 다시 말해서 경합지역으로 간주되지 않았음에도 불구하고 16대 총선에 비해 투표율이 상승하는, 기대보다 높은 투표율을 보여주었다.

중랑구의 선거에 대한 높은 관심의 증거는 중랑구가 사회경제적으로 서울의 다른 지역에 비해 상당히 낙후되었다는 사실에서 찾아볼 수 있다. 재정자립도에서 중랑구는 서울시의 평균에 훨씬 못 미치는 하위권인 30%대에 머물고 있다. 서울시 전체의 재정자립도 평균은 2003년

49.1% 등 50% 전후를 보여주고 있고 중구, 강남, 서초구가 90%를 상회하고 있다. 그러나 중랑구는 강북구의 27.9%, 노원구의 29.5%에 이어 30.3%로 최하위권을 기록하고 있다(한겨레신문 2004. 1. 8.). 종합토지세와 재산세, 주민세 등의 '구' 별 편차가 상당히 크기 때문에 획기적인 제도 개선이 없이는 중앙-지방 간 불균형과 자치단체 계층별 불균형이 단기적으로 해소되기 힘들 것이다.

중랑구는 2004년 예산 확보에서도 서울시 25개구 가운데 하위권을 맴돌고 있다. 강남구는 3천억 원을 넘어섰고 서초, 송파구와 인구가 많은 노원, 강서, 관악, 동대문구 등 총 8개구는 2천억 원 이상을 확보한 반면, 중랑구를 포함한 나머지 구는 인구에 비해 훨씬 적은 1천5백억 원 전후의 예산을 확보하는 데 그쳤다(한겨레신문 2004. 1. 8.).

실제로 중랑구는 하청을 받아 봉제나 가죽가공 등을 작업하는 가내수공업 종사자들이 많다. 이러한 소상공인들은 양적으로 팽창되어 있지만 정부의 중소기업 지원대책의 혜택을 전혀 받지 못하고 있으며, 까다로운 조건을 내세우는 은행권의 금융지원 또한 전혀 닿지 않는 열악한 현실에 처해 있다. 면목동에 몰려 있는 1만 5천여 영세 상공인들은 이러한 어려움을 호소하고 있다. 그들의 공통적인 관심은 서민들이 잘 살 수 있도록 경제를 회복하는 것이다. 중랑(갑)의 열린우리당 이화영 후보는 선거운동 과정과 당선된 이후 "실제 소상공인들이 어려움을 공유하고 지원책을 강구할 수 있는 창구를 만들겠다"는 공약을 가장 중점적으로 되풀이했을 정도로 서민경제가 어려운 지역이다(서울경제 2004. 4. 30.).

최하위권의 재정자립도와 미약한 예산확보 여건은 중랑구 전체의 경제적 수준을 단적으로 말해 주는 수치이다. 중랑구의 열악한 사회경

중랑구 갑				중랑구 을			
정당	후보자	득표수	득표율(%)	정당	후보자	득표수	득표율(%)
한나라당	김철기	32,410	40.4	한나라당	강동호	28,680	31.8
민주당	이상수	39,749	49.5	민주당	김덕규	41,425	45.9
자민련	조상남	3,999	5.0	자민련	강병진	5,335	5.9
청년진보당	장영기	1,843	2.3	한국신당	장명진	1,008	1.1
무소속	강경환	2,266	2.8	청년진보당	김정섭	1,907	2.1
–	–	–	–	무소속	조명원	11,957	13.2
총선거인수	162,141			총선거인수	167,574		
총투표수	81,008			총투표수	91,126		
유효투표수	80,267			유효투표수	90,312		
무효투표수	741			무효투표수	814		
기권수	81,133			기권수	76,448		

출처 : 중앙선거관리위원회 홈페이지, 「16대 국회의원 총선거 후보자별 득표상황」.

제적 환경은 유권자들이 현상 유지적인 보수적 정당보다는 변화와 개혁을 지향하는 상대적으로 진보적인 정당을 선호할 것이라는 선거결과에 대한 설명과 예측을 가능하게 한다. 따라서 역대 선거에서도 강남과는 차별화되는 강북 지역 선거구의 일반적 투표현상과 유사하게 나타났다. 〈표 3〉에서 알 수 있듯이 16대 총선에서도 2개의 선거구 모두에서 민주당 후보에 대한 지지가 압도적으로 나타났다.

중랑(갑) 선거구에서는 민주당 사무총장을 지냈고 불법 정치자금 모금혐의로 구속된 열린우리당의 이상수 전 의원이 14대를 제외하고 13대, 15대, 16대 총선에서 당선되었다. 이번 총선에서는 〈표 4〉에서 나타난 바와 같이 이상수 전 의원의 보좌관 출신인 열린우리당의 이화영

<표 4> 17대 총선 중랑구 선거구 선거결과

중랑구 갑				중랑구 을			
정당	후보자	득표수	득표율(%)	정당	후보자	득표수	득표율(%)
한나라당	곽영훈	33,780	38.2	한나라당	강동호	39,640	39.3
민주당	김봉섭	6,792	7.7	민주당	송재덕	6,926	6.9
우리당	이화영	39,110	44.2	우리당	김덕규	49,871	49.4
자민련	정진택	2,865	3.2	자민련	손창현	1,530	1.5
민주노동당	김혜련	4,323	4.9	무소속	강병진	2,886	2.9
무소속	강경환	1,193	1.3	–	–	–	–
무소속	이호준	113	0.1	–	–	–	–
무소속	임승웅	322	0.4	–	–	–	–
총선거인수	160,200			총선거인수	169,921		
총투표수	89,186			총투표수	101,901		
유효투표수	88,498			유효투표수	100,853		
무효투표수	688			무효투표수	1,048		
기권수	71,014			기권수	68,020		

출처 : 중랑구 선거관리위원회 「후보자별 득표수와 무효투표수 조서」의 내용을 재정리.

후보가 당선되었다. 또한 <표 4>에서 나타난 바와 같이 중랑(을) 선거구에서는 역시 민주당 사무총장을 지낸 현역 의원인 김덕규 후보가 당선되어 12대와 15대를 제외한 11대, 13대, 14대, 16대에 이어 5선을 기록하게 되었다.

중랑구 지역에서도 정치관계법 개정에 의한 감시체계의 강화가 불법 선거운동의 감소로 연결되었다고 평가할 수 있다. 중랑구 선거부정 감시단의 단장에 따르면, 불법 금품과 향응제공에 대한 50배 과태료 및 포상금 제도의 신설은 선거현장에서 상당한 효과를 발휘하였다는 평가이다. 그는 감시단의 가장 큰 역할은 "활동한다는 사실 자체가 선거현장에 압박감을 주어 불법선거 예방효과를 가져온다"고 말하며, "선거사무소에 상주하며 전화 내용까지도 감시할 수 있는 것이 불법선거 추방에 큰 기여를 할 것"이라고 기대했다.[9]

비록 중랑구의 정당 경쟁구도는 평균에서 크게 벗어나고 있지 않지만, 을 선거구에서는 전국적 지지도가 높은 열린우리당의 후보가 4선 의원으로 강력한 경쟁력을 가지고 있었고, 갑 선거구에서는 경쟁은 다소 있었지만 출마자 수가 5명에 지나지 않아 불법 선거운동이 양산될 가능성이 상대적으로 높지 않았다. 중랑구 선거구의 선거운동 과정에서 서울-경기 지역의 다른 선거구와 커다란 차이가 없이 탄핵심판론이 상당한 영향력을 발휘했고(윤종빈 2004b), 지역의 쟁점이었던 중화동의 뉴타운 선정 및 발전 문제, 법조단지 유치문제는 어느 특정 후보에게 커다란 이익 혹은 불이익으로 작동되지 못한 쟁점이 되었다.

4. 공명선거 실현을 위한 과제

1) 법적 · 제도적 개선

① 선거공영제의 확대

---

9) 그는 2003년 12월 말경 모 정당의 단합대회가 법으로 허용되지 않는 유원지에서 1인당 5천 원을 훨씬 넘어서는 차량, 식사(회), 술, 숙박비가 제공되어 단속했고, 지역주민들에게 자신의 선거사무소에 들러 차나 한잔하자는 편지를 2003년 12월부터 수차례 발송한 출마 예정자를 검찰에 수사를 의뢰하여 결국 출마를 포기했다는 예비감시 활동의 성과를 자랑스럽게 말했다. 그러나 "감시단은 권위가 약해 현장에서 무시당하기도 하는 것이 가장 큰 어려움"이라고 호소했다(중랑구 1차 인터뷰 2004. 3. 17).

선거공영제의 확대에 관해서는 논쟁이 지속되고 있다. 일각에서는 현재의 공영제 수준도 높은 편이기 때문에 국민의 세금을 추가로 지원하여 확대하는 것은 바람직하지 않다는 지적을 한다. 이러한 주장은 우리 정치의 낮은 생산성에 대한 비판의식을 바탕으로 하고 있다.

그러나 불법 선거운동과 불법 정치자금을 근절하기 위해서는 돈이 들지 않는 정치구조가 형성되어야 한다. 이러한 돈 안 드는 정치구조의 토대는 공영제를 통해 만들 수 있다. 선거공영제 확대에 대한 비판의 초점은 재원문제인데 국민의 세금이 추가로 투입되어야 하는 것은 아니다. 선관위의 개선안에 따르면 현재 지급되고 있는 선거보조금을 더 이상 지급하지 않고 재원으로 활용한다면 선거공영제의 전적인 확대가 가능하다는 것이다.

선거공영제의 확대는 유능한 정치신인들이 기성정치인들의 자금과 조직을 등에 업고 정치권에 진출하게 되어 커리어 초기부터 중앙당에 발목을 잡히는 현상을 막을 수 있다. 즉, 선거공영제는 자질 있는 정치신인들이 돈이 없이도 정치권에 입문할 수 있고, 당선이 되어서도 중앙당의 눈치를 보지 않고 소신 있는 의정활동을 할 수 있는 중요한 제도적 장치가 될 것이다.

② 경선과정의 엄격한 관리 제도화

이번 총선에서 나타난 가장 두드러진 특징 중의 하나는 상향식 공천, 즉 경선이 이전보다 대폭 확대되었다는 점이다. 앞서 살펴본 바와 같이, 공식 선거운동 기간보다 그 이전의 기간에 발생한 선거법 위반행위 건수가 훨씬 많다는 사실은, 당내 후보 간의 경선과정이 과열되어 불법 선거운동의 유혹이 상당했으리라는 것을 유추하게 해준다. 또한 선관위에 신고되는 후보자 개인의 법정 선거운동 비용 평균이 16대 총선에서는 6천만 원대, 이번 총선에서는 1억 원에 약간 못 미칠 것으로 예측되듯이 경선과정 등에서 발생하는 상시적인 정당활동비가 선거비용에 포함되지 않는다는 한계가 있다. 따라서 경선과정을 공식적 선거운동 과정으로 통합하여 선관위의 주도 아래 엄격히 통제 및 감시하지 않는다면 선거비용의 실질적인 감소와 궁극적인 공명선거의 실현은 힘들 것이다.

개정 정당법은 정당이 원하는 경우에만 경선사무를 선관위가 위탁하여 관리하도록 규정하고 있는데, 이를 의무조항으로 바꾸어야만 경선과정의 관리가 투명하게 제도화될 것이다. 이러한 방향의 개선은 선관위 업무가 가중된다는 우려도 있지만 상향식 공천과 이를 통해 당선된 자가 국민들로부터 공정성과 정당성을 더욱 인정받을 수 있게 하는 방안이 될 것이다.

③ 지구당 폐지의 실효성

주요 정당 가운데 민주노동당이 지구당 폐지가 비현실적이라고 강력하게 비판하고 있다. 진성당원으로 운영되는 민노당의 지구당은 유권자의 고충과 요구를 집약하는 유용한 채널로서 매우 긍정적인 역할을 수행한다는 주장이다. 진성당원이 없는 지구당 운영이 문제이지, 지구당 그 자체는 무조건적 폐지의 대상이 아니라는 점을 강조하고 있다. 사실 소선거구의 선거제도가 유지되는 한, 지역구 단위의 정치조직이 선거과정을 주도하는 것은 막기 힘든 현실이다. 따라서 진성당원의 확보 여부가 지구당 조직 존폐의 기준이 되어야 하는 것은 합리적인 논리라고 볼 수 있다.

이번 총선은 지구당 없이 선거사무소를 중심으로 치러진 최초의 선거가 되었다. 지구당 폐지가 정치발전에 긍정적인 역할을 할 것이라는 점에는 많은 전문가들이 동의하고 있다.[10]

그러나 현실적으로 상향식 공천, 즉 경선의 확대와 지구당의 폐지가 모순된 부조화를 초래할 가능성의 우려가 크다. 상향식 공천이 진성당원이 없는 상황에서 소수의 참여자와 낮은 참여율로 진행된다면 '실질적' 지구당위원장을 중심으로 한 지역 기득권 세력의 담합과 조작의 가능성이 항상 열려 있기 때문이다. 이러한 토호세력들은 사조직이나 외곽단체를 중심으로 선거운동 관련 활동을 상시적이고 조직적으로 수행할 것으로 예측된다.

2) 유권자 의식 개선

〈표 5〉는 공명선거 정착을 위해 가장 우선적으로 해결되어야 할 사항을 묻고 있다. 응답자의 41.7%가 "불법 선거운동에 대한 신고의식 및 표를 주지 않는 유권자들의 의식변화"라고 대답하였다. 공명선거를 통한 선거문화의 변화를 위해서는 유권자의 의식변화가 가장 먼저 선행되어야 한다는 일반적으로 공감된 사실을 확인해 주고 있다. 다음으로는 정당/후보자 및 공식 선거운동원의 선거법 준수가 19.5%, 선거사범에 대한 사직당국의 강력한 단속 및 처벌이 14.3%로 나타났다. 그 밖에 선관위의 적극적 홍보활동 및 감시활동이 9.6%, 언론/사회단체

---

10) 중랑구의 한 정당의 후보자 선거참모는 인터뷰에서 "후원회 모금 한도가 줄었기에 후보자 스스로 정치자금 압박에 견디지 못해 기존의 지구당 역할은 점차 사라질 것이고, 궁극적으로 원내정당화로 갈 것"이라고 예견했다(중랑구 1차 인터뷰–2004. 3. 17).

〈표 5〉 공명선거를 위한 선결과제

구분	16대 총선(A)	17대 총선(B)	차이(B-A)
유권자의 의식변화	40.2%	41.7%	+1.5%
정당/후보자의 선거법 준수	24.2%	19.5%	-4.7%
사직당국의 강력 단속 및 처벌	15.6%	14.3%	-1.3%

출처 : 중앙선거관리위원회 17대 총선 유권자 의식조사.

의 철저한 감시활동이 9.1%로 나타났다.

16대 총선과 비교했을 때 나타나는 두드러진 특징은 정당/후보자의 선거법 준수가 가장 큰 선결과제라는 응답이 4.7% 감소했다는 점이다. 이는 앞서도 지적했듯이 이번 선거과정에서 나타난 후보자와 정당의 위법이 과거에 비해 줄었다는 유권자의 긍정적인 평가를 확인해 주는 결과이다.

이 외에도 의식조사에 따르면, 불법 선거운동을 경험하거나 목격하면 선관위에 신고하겠다는 응답이 65.7%, 항의나 제지하겠다는 응답이 5.9%, 경찰/검찰에 신고하겠다는 응답이 5.0%, 사회단체에 신고하겠다는 응답이 4.3%로 나타났다. 특히 선관위에 신고하겠다는 응답은 15대 총선보다는 무려 63.7%, 16대 총선보다는 무려 42.7%가 증가한 것으로 유권자의 변화된 의식 수준을 보여주고 있다.

인터뷰를 통해 밝힌 바와 같이 선관위 직원, 자원봉사자, 후보 선거사무소 참모, 유권자 모두가 강조하듯이, 정치개혁 관련법의 이상적인 개선이 실제 선거현장에서 실효성을 발휘하기 위해서는 금품과 향응을 단호히 거부하고 불법행위에 대해 적극적으로 신고하는 유권자의 의식혁명이 가장 시급한 과제이다.

5. 맺는말

　지금까지 17대 총선에서 나타난 선거운동의 공명성을 서울 중랑구 선거구를 중심으로 분석하였다. 탄핵 쟁점, 지역주의, 인물요인과 더불어 정치관계법 개정은 이번 17대 총선의 결과에 영향을 준 중요한 변인 중의 하나라는 점은 부인할 수 없는 사실이다. 17대 총선은 과거 선거에 비해 상대적으로 깨끗하고 불법 선거운동이 많이 줄어든 선거라고 결론지을 수 있다. 공명선거에 영향을 미치는 변수는 다양하게 존재하지만, 그 중에서도 이번 총선은 법제도적 개선이 가장 중요하게 작동하였다(윤종빈 2004a). 중랑구 선거구도 새로운 정치관계법의 영향에서 예외일 수 없었고 과거보다 공명한 선거운동을 치렀다고 평가할 수 있다.

　종합적으로, 선거법의 획기적인 개정은 우리의 선거문화를 급격하게 변화시켰고, 후보자와 유권자의 의식을 전환시키는 중요한 전환점이 되었다고 평가할 수 있다. 그러나 개정 정치관계법은 선거를 한 달여 앞둔 3월 12일에 효력을 발생해 실질적으로 충분히 적용되었다고 볼 수 없기에 정치관계법 개정의 효과에 대한 평가는 '절반의 평가'가 될 수 밖에 없다는 아쉬움을 남기고 있다.

　선거운동의 공명성 보장은 선거공영제의 확대와 함께 선거 · 정치자금의 투명성을 강화하고 동시에 의원의 선거적 독립성과 자율성을 증대시킨다는 중요한 정치체제적 기여를 한다. 우리 국회의 무능과 비생산성의 근본적인 원인은 의원의 자율성 부족에서 찾을 수 있다. 만일 의원 개개인이 선거적 독립성과 의정활동의 자율성을 충분히 확보한다면, 우리의 정당구조를 수직적으로 집중화된 모습이 아닌 수평적으로 분권화된 민주적 구조로 전환시키고 우리 정치구조의 민주성을 회복할 수 있을 것이다. 선거운동 공명성의 확보는 의원의 자율성을 확대하여 우리의 정치구도가 정책과 이념대결로 거듭나는 데 중요한 밑거름이 될 것으로 기대된다.

참고 문헌

윤종빈, 2001, "16대 총선에서 나타난 현직의원의 득표율증감분석: 지역구 활동 효과를 중심으로", 『한국정치학회보』 제35집 4호.

윤종빈, 2002, "국회의원과 선거구민의 관계연구: 현직의원에 대한 평가를 중심으로", 『한국정치학회보』 제36집 4호.

윤종빈, 2004a, "정치관련법 개정과 17대 총선: 정치적 효과와 제도적 한계", 한국정치학회 총선분석특별학술회의, 한국프레스센터 4월 22일.

윤종빈, 2004b, "17대 총선과 탄핵쟁점", 한국선거학회 연례학술회의, 이화여대 7월 2일.

이현출, 2004, "선거운동 공평성 확보", 『한국정당학회보』 제3권 1호.

서울시 중랑구 선거관리위원회 1차 인터뷰자료, (2004년 3월 17일).

서울시 중랑구 선거관리위원회 2차 인터뷰자료, (2004년 4월 17일).

서울시 중랑구 선거관리위원회 3차 인터뷰자료, (2004년 5월 3일).

서울시 중랑구 선거관리위원회 내부자료, 「후보자별 득표수와 무효투표수 조서」(2004년 5월).

중앙선거관리위원회 홈페이지 보도자료, "정치관계법 국회의결 정치개혁 첫걸음", (2004년 3월 10일 검색).

중앙선거관리위원회 홈페이지 공지사항, "선거법 위반행위 조치현황", (2004년 4월 15일 검색).

중앙선거관리위원회, 「17대 총선 유권자 의식조사」.

중앙선거관리위원회 홈페이지, 「제16대 국회의원총선거 후보자별 득표상황」.

서울경제, 2004년 4월 30일자.

연합뉴스, 2004년 4월 15일자.

한겨레신문, 2004년 1월 8일자.

제8장 지구당 없는 선거운동 :
서울 광진(을)

이현출

1. 머리말

17대 총선은 많은 선거 및 정당제도의 변화 속에 치루어졌고, 정치제도 개혁의 효과를 가름할 수 있는 시험장이었다. 그 중에서도 가장 두드러진 변화 중의 하나가 지구당의 폐지였다. 그동안 한국 정당의 지구당은 선거에서의 득표 극대화를 위한 동원조직으로서 기능해 왔으며, 이러한 방대한 조직을 운영하는 데 드는 비용이 엄청나다는 비판을 받아왔다. 그 결과 지구당은 '돈 먹는 하마'라고 불릴 정도로 고비용 저효율의 상징이 되어 왔다(최한수 1995). 이러한 비용이 당원들이 납부한 당비에 의해 운영되는 것이 아니라 지구당 지구당위원장의 몫이 되고, 이것이 다시 정치부패의 악순환을 초래한다는 데 문제점이 있다.

그간의 불법 선거비용 지출실태를 보면 선거가 임박한 시기에 정당의 읍·면·동 책임자들에게 조직활동비 등 그럴듯한 명목으로 많은 활동비가 지급되고, 이는 다시 하부조직 책임자들에게 피라미드 방식으로 지급되어온 것이다(김호열 2002). 이러한 자금지출 통로를 없애

버리자는 것이 정당법 개정의 주된 목적의 하나이다. 아울러 이번 정치관계법 개혁에서는 선거기간 중 합동연설회와 정당연설회를 없애도록 하였다. 연설회를 폐지한 것은 당원조직 동원 경쟁을 통한 돈 선거의 원인을 차단하자는 시도였다. 따라서 이번 선거는 과거 선거와는 전혀 다른 패러다임 하에서 치러진 선거라고 평가할 수 있다.

그러나 문제는 현장에서 제도개혁의 효과가 어떻게 나타나고 있느냐에 있다. 현실적으로 선거 38일 전에 정당법이 개정된 탓에 새로운 법률의 적용 기간이 짧았고, 개정 정당법에 따라 선거운동 사무소로 곧바로 전환해야 했기 때문에 지구당 폐지의 정치적 효과를 경험적으로 충분히 검증할 시간적 한계가 있다는 점을 부인할 수 없다. 그러한 한계에도 불구하고 지구당의 폐해가 얼마나 사라지고 있는지, 정당이 공조직 대신 어떤 조직체계를 통하여 선거운동을 치르고 있는지, 자발적인 자원봉사나 후원이 얼마나 가능한지 등 여러 가지 사항이 관심의 대상이 되고 있다. 이 논문은 개정된 정당법에 따라 지구당 없이 선거운동을 치르게 된 광진(을) 선거구 참여관찰을 통해 지구당 폐지 이후의 선거조직 운영상의 특성을 고찰하고자 한다.[1]

---

1) 이 글은 지구당 폐지 이후의 선거운동의 변화에 주목하고 있다. 지구당 폐지 이후의 중앙당의 역할 변화, 정당연설회나 합동연설회를 폐지한 후의 매스미디어를 통한 캠페인의 전국화, 인터넷을 통한 홍보활동의 활성화 등 캠페인 기법의 발달을 비롯한 많은 부수적인 변화가 뒤따랐다. 그러나 이 글에서는 이러한 부분은 논외로 한다.

2. 선거운동과 득표조직

　한국 정당정치에서 그동안 지구당은 유권자의 정치참여의 기본 단위가 되어왔으며, 핵심적인 선거동원 조직으로서 그 기능을 수행해 왔다. 지구당은 국회의원 선거구 단위로 편성되어, 최고 의결기관으로는 지구당 당원대회를 두고 그 수임기관을 두고 있다. 집행기관으로는 지구당의 얼굴인 지구당위원장을 두어, 지구당위원장이 지구당을 대표하고 업무를 통할하도록 하고 있다.

　지구당은 집행기관으로 1인의 지구당위원장과 수인의 부위원장, 그리고 사무국을 두고 있었다. 지구당위원장 산하의 계선조직으로는 읍·면·동 단위의 당무협의회를 두고, 협의회마다 청년회장, 여성회장, 총무 등을 두었다. 또한 다선 의원들의 경우 당무협의회장 밑에 리·통 단위별 투표구 책임자인 관리장을 두고, 그 아래에 반책을 두는 등 그물망 같은 계선조직을 두었다. 이러한 계선조직 중에서 선거동원에 가장 핵심적인 역할을 하는 곳이 당무협의회였다. 계선조직을 통해서 선거 시에는 예상 득표수를 계산할 정도로 정교한 조직관리 체계를 갖추어 왔다. 계선조직 외에도 지구당에는 직능별 분과위원회를 두거나 사무국에 종교, 직능, 여성, 청년, 지방자치 등을 담당하는 특별위원회나 상설위원회를 두기도 한다. 선거에서의 득표 극대화를 위해 지역조직이 담당하지 못하는 직능단위 득표활동을 담당하고, 그들의 민원을 수렴하여 지구당위원장의 정책 및 의정활동에 반영하기도 한다.

　지구당위원장은 이상과 같은 지구당 공조직 이외에 자신의 개인적 연고를 활용하여 각종 사조직을 구축하고 있다. 혈연, 학연, 지연을 중심으로 한 종친회, 동문회, 향우회가 조직되고, 중소도시 또는 농어촌에는 동갑내기 또래집단인 동우회가 활성화되어 지구당위원장의 핵심 사조직을 형성하게 된다. 그 외에도 각종 직능사회단체와의 연계활동, 각종 동호회활동 등을 통하여 표밭을 확대해 나가게 된다. 직능사회단체와 동호회조직의 경우에는 지구당위원장 개인이 직접 관여하여 조직을 형성하는 경우가 가장 이상적이나, 지구당의 당직자 중에서 해당 조직과 연고관계를 형성하고 있는 경우 그들을 통하여 대신 지지를 확대해 나가게 된다. 특히 사조직은 외부에 드러난 당원조직이 아니라는 점에서 유동층에 대한 선거홍보에서 보다 설득력을 가질 수 있다(정영국 2000). 핵심 사조직을 구성하는 종친회, 동문회, 향우회, 동우회 등의 조직은 스스로 내 일처럼 발 벗고 뛰는 조직으로 순수한 자원봉사조직으로서 역할을 할 수 있는 조직이다.

일반적으로 선거전략은 선거의 초반전부터 종반전까지 시간의 흐름에 따라 당선이라는 목표달성을 위한 분야별 목표영역을 근거로 짜여지게 된다. 기본영역으로는 첫째, 선거기반의 형성과 확대, 둘째, 선거간판(지명도와 이미지)의 형성, 셋째, 운동조직의 효과적 활용, 끝으로 선거자금의 효율적 조달과 지출이라는 개별영역별 기본전략이 세워지고 이를 종합하여 총괄계획이 수립되게 된다. 그러나 선거자금의 경우 투명성이 많이 확보되었으나 아직까지 공개적으로 논의되지 못하는 한계가 있다. 따라서 위의 기본영역 중 나머지 3가지 영역을 종합하여 보면 선거전략을 다음의 〈표 1〉과 같이 개념화해 볼 수 있다.

이러한 전략개념도 속에서 지구당과 지구당위원장은 선거가 있기 오래 전부터 나름대로 정신적 유대조직을 확대해 나가는 전략을 구사하게 된다. 경쟁적 지위확보를 위해서는 운동원으로 선거운동에 나서

<표 1> 선거전략 종합

기본전략	종합전략				목표
	영역	초반	중반	종반	
경쟁적 지위확보	지역전략	운동원 확보의 지역전략	표밭형성의 지역전략	큰 표밭 공략의 지역전략	선거기반 형성
철저한 차별화	홍보전략	이미지전략	이벤트전략	밴드웨곤 전략	선거간판 형성
운동조직의 결속	조직전략	정신적 유대조직	이익적 유대조직	감정적 유대조직	선거조직 형성
전략목표		고정표	지지표	부동표	선거목표 달성

줄 사람, 그리고 정신적 유대에 기초한 고정표를 많이 확보하는 것이 선거 초반기의 목표가 된다. 일차적으로 공조직으로서 당원확대와 이들의 교육 및 연수활동 등을 통하여 고정표를 확산해 나간다. 그리고 지구당위원장은 지연, 학연, 혈연, 동갑내기 집단들을 통하여 정신적 유대를 함께하는 사조직들을 활성화해 나가게 된다. 후보자로서는 이러한 층이 두터울수록 선거환경이 보다 유리하게 될 것이며, 각 정당은 이러한 득표기반을 일차적으로 고려하여 공천에 반영하게 되는 것이다.

이러한 기반 위에 지구당과 지구당위원장은 일정한 운동조직의 대규모 확대를 모색하게 된다. 운동조직을 확대하는 데에는 정신적 유대조직만으로는 한계가 있다. 각종 직능사회단체들과의 이익적 유대의 구축이 중요한 역할을 하게 된다. 목표하는 정치를 구체화하고, 공약을 구체화하는 과정에 각종 이익집단들과 유대를 확대해 나가게 된다. 선거구내의 주요 이익집단을 자신의 지지표로 끌어들이게 되면 선거전을 보다 원활하게 이끌어 갈 수 있게 된다. 이렇게 조직활동을 강화하고 지지표를 강화하게 되면 지역별로 나름대로 표밭을 형성하게 된다. 선거종반에 이르면 기존에 형성해 온 표밭이 아닌 부동표가 많고, 다른 후보들과 정신적·이익적 유대의 고리가 약한 큰 표밭을 공략하는 전략을 취하게 된다. 초반전부터 꾸준하게 키워온 운동조직을 종반전에 활용하는 데에는 정신적, 이익적 유대로 결속된 운동원을 감정적 유대로 강하게 결속시킴으로써 새로운 운동에너지를 부여할 필요가 있다. 부동층 공략도 감성에 호소하여 감정적 유대로 묶어 나가게 된다. 철저한 차별화를 위한 홍보전략은 초반에는 좋은 이미지를 구축하는 이미지 전략에 주안점을 둔다. 아무리 지명도가 높아도 이미지가 좋지 않은 방향으로 알려지면 득표에 도움이 되지 않기 때문이다. 그리고 선거 중반에는 다양한 이벤트 전략을 구사하여 유권자를 끌어 모으고, 또 매스컴의 주목을 끌 수 있는 방안을 모색하게 된다. 선거 종반에는 부동표를 흡수할 수 있는 밴드웨곤(bandwagon) 전략을 구사하게 된다. 밴드웨곤 전략은 후보들이 유권자에게 승리를 확신함으로써 사표방지 심리를 자극하여 부동표를 끌어들이는 것을 말한다.

　이러한 선거전략 속에서 지구당의 역할과 기능을 고찰하여 보면, 핵심당원(party activists)들을 중심으로 한 정당조직은 기존의 지구당위원장과 정신적 유대관계를 갖고, 선거 초반부터 종반까지 득표활동을 함께 할 공조직이다. 따라서 앞에서 살펴본 지구당의 계선조직은 잘 훈련된 운동원이며, 당원조직은 물질적 유인이나 목적적 유인과 결부된 공정표라고 할 수 있다. 따라서 이러한 공조직이 폐지될 경우 출마를 희망하는 예비후보자들은 선거 초반에 공조직에 갈음하는 별도의 사조직 육성을 위한 유혹을 버리기 어렵게 될 것이다.

3. 광진(을) 선거구 경쟁구도와 선거결과

광진(을) 선거구는 구의1동, 구의3동, 자양1동, 자양2동, 자양3동, 노유1동, 노유2동, 화양동의 8개 동으로 구성되어 있다. 노유1ㆍ2동에는 노룬산시장과 조양시장 등 재래시장과 상점가가 들어서 있다. 노유동에 몇 개 동의 중층아파트가 있지만, 그 외의 지역은 단독주택 밀집지이다. 재래시장이 있는 곳은 거주경력이 오래된 주민이 많은 지역이다. 자양1동은 광진구청사가 있고, 소규모 단독주택 밀집지이다. 자양2동은 소규모 아파트가 21개 동이 있고, 자양종합시장이 있으며 대규모 상가가 있는 지역이다. 자양3동은 아파트가 39동 있지만 기본적으로 단독주택가이다. 화양동은 건국대학교 부지가 반을 점하고 있고, 대학 주변의 대규모 번화가가 조성되어 있다. 단독주택이 많은 지역이며 한아름시장과 같은 재래시장이 존재한다. 구의1동은 단독주택지이며, 구의3동은 고층아파트 단지가 거주지의 2/3를 점하고 있다. 이 지역은 구의현대종합상가와 테크노마트와 같은 종합상가가 들어서 있다.

따라서 광진(을) 선거구는 지역의 특성상 후보들의 선거운동 동선을 대체로 3갈래로 나누어 정리할 수 있는 선거구이다. 그 첫 번째가 사람이 많이 모이고 여론 전파능력이 빠른 재래시장 코스로 주로 중산층과 서민을 대상으로 한 득표활동이다. 노룬산시장, 조양시장, 화양시장, 자양시장, 구의시장을 돌며 유권자들을 접촉하는 코스이다. 두 번째는 유권자의 왕래가 많은 건대역, 구의역, 강변역, 뚝섬역을 통해 출퇴근 시간 유권자들과 만나는 득표활동이다. 셋째로 아침운동 코스가 있다. 한강유원지, 어린이대공원, 아차산, 건국대 등이 지역주민들이 아침운동 코스로 즐겨 찾는 곳이다.

<표 2> 제17대 총선 광진(을) 선거구 후보자 비교

구분	유준상	추미애	김형주	이해삼
소속정당명	한나라당	새천년민주당	열린우리당	민주노동당
연령	61세	45세	40세	40세
출신지역	전남	대구	경남	서울
출신대학	고려대 건국대 대학원 박사과정	한양대 연세대 경제대학원	외국어대 대학원 (정치학박사)	고려대

주요 경력	• 전 국회의원(3선)
	• 사)21세기경제
	• 사회연구원
	  이사장
		• 판사
		• 15,16대 국회의원
		• 민주당 선거대책
		  위원장
			• 한국청년연합회
			  (KYC)초대회장
			• 호서대학교
			  경상학부
			  겸임교수
				• 민주노동당
				  기획위원장
				• 민주노총
				  서울본부동부
				  지구협의회의장

병력	군복무를 하지 않은 사람	해당없음 (비대상)	병역필	군복무를 하지 않은 사람
전과	없음	없음	없음	1건
재산(천원)	484,000	958,695	19,685	135,000
납세실적(천원)	15,274	124,496	2,439	1,484
채납액	없음	없음	없음	없음

출처 : 중앙선거관리위원회 홈페이지 후보자 정보공개현황 참조 필자 작성.

다음으로 선거구 경쟁구도를 살펴보자. 17대 총선에서 광진(을) 선거구에는 4명의 후보가 출마하였다. 한나라당의 유준상 후보, 새천년민주당의 추미애 후보, 열린우리당의 김형주 후보, 민주노동당의 이해삼 후보가 그들이다(<표 2> 참조).

먼저 현역 의원인 추미애 후보는 15대, 16대 국회의원을 역임한 대구 출신의 현역 재선 의원이다. 재선 의원임에도 불구하고 전국적인 지지를 업고 당내 입지를 튼튼히 구축한 소장파 여성 지도자이다. 17대 총선을 앞두고 선거운동 개시 직전에 민주당 선거대책위원장을 맡아 당 재건에 몸을 던졌으나 탄핵 역풍을 막기에는 역부족이었다. 2004년 탄핵 직전까지만 해도 부동의 당선 유력자였으나 당 재건은커녕 스스로의 지지기반인 호남 유권자들의 지지를 끌어내지 못하고 물러나고 말았다. 특히 추미애 후보는 전국적인 지명도와 의정활동 성과를 집중적으로 부각하며 인물론에 호소하였으나 정당 간·세력 간 대결의 구도 속에서는 위력을 발휘하지 못했다.

경쟁자인 한나라당 유준상 후보는 15대 선거 낙선 이후 꾸준히 선거구를 관리하여 와신상담의 기회를 노렸다. 공천과정에서도 경합 없이 단독후보로 낙점되어 선거구 관리를 착실히 할 수 있었다. 그는 "경제전문가"로서의 전문성과 도덕성을 강조하며 지지를 호소하였다. 또한 2002년 지방선거에서의 승리를 계기로 구청장–시장–의원 간의 3박자 손발이 맞아야 일을 할 수 있다는 점을 강조하며, 지역개발 청사진을 제시하며 유권자들에게 파고들었다. 출신 지역은 전남으로서 광진(을) 선거구에 많이 거주하는 호남 유권자 층에게도 세력을 키울 수 있는 강점이 있는 인물이다.

다음으로 열린우리당의 김형주 후보는 40세의 정치 신인으로 광진(을) 선거구와의 연고도 깊지 않은 인물이다. 그는 개혁당 출신으로 2004년 1월에 광진구에 이사하여 기관장 신년하례, 대보름 척사대회 등 지역행사를 통해 하나하나 지역기반을 넓혀갔다. 열린우리당 후보 선출은 선거를 한 달 앞둔 3월 14일에 열렸으며, 김형주 후보와 구의원인 조상훈, 사업가인 부일환 등이 경합하였으나 김형주 후보가 경선에서 당선되어 후보로 나서게 되었다.[2] 정치 신인으로 선거구에 전혀

---

2) 광진(을) 후보자 경선은 923명의 대의원 중 209명이 투표하여 그 중 109표를 얻은 김형주 후보가 당선되었다. 조상훈 후보는 73표, 부일환 후보는 27표를 얻는 데 그쳤다.

조직기반과 운동원을 확보하지 못한 신인 후보가 전국적인 인물인 추미애 현역 의원을 꺾고 당선된 것은 탄핵 정국의 바람에 힘입어 초반부터 한나라당과 열린우리당의 양당구도 속에서 경쟁적인 위치를 차지하게 된 것에 힘입은 바 크다. 그리고 정신적 유대조직이나 이익적 유대조직의 구축 없이 감정적 유대조직의 결속으로 선거에 승리한 사례라고 볼 수 있다.

민주노동당의 이해삼 후보 역시 40세의 신인으로 재야 노동운동가 출신이다. 그는 1987년에 제화노조를 창립하는 등 광진 지역에서 노동자들과 함께 야학 등을 해오며 노동운동을 한 운동가였다. 이후 '서울 동부지역 평화와 통일을 여는 모임' 대표, 민주노총 동부지구 협의회 의장 등을 역임하였으며, 2002년에는 민주노동당 중앙당 기획위원장을 역임하였다. 그는 노동자·서민과 함께 오직 한 길을 걸어온 후보임을 강조하며, 부패·보수정치 청산을 호소했다.

다음으로 역대 선거결과를 통해 광진(을) 선거구의 정당별 지지성향을 분석해 보자. 15대 대통령 선거와 16대 대통령 선거 결과를 보면 구의3동을 제외한 전 지역에서 국민회의와 민주당 대통령 후보가 높은 득표를 한 것을 알 수 있다(〈표 3〉 참조). 광진(을) 선거구는 전라도 출신자가 많이 거주하는 지역으로 알려져 있다.[3]

민주당 추미애 후보가 15대 총선에서 광진(을) 선거구에 출마하게 된 배경도 중앙당의 조사에 따라 이 지역에 거주하는 전라도 출신자의 비율이 상대적으로 높고, 따라서 당선 가능성이 높다는 배경이 있었다. 광진(을) 선거구 전체적으로 보면 전라도 출신자의 비율은 27.8%,

---

3) 유권자 분포의 특성은 공식 집계자료가 아니며, 각 후보진영에서 파악하고 있는 비공식 자료에 의거한 것이다.

구분	15대 대통령 선거(1997)		16대 대통령 선거(2002)	
	이회창(한나라당)	김대중(국민회의)	이회창(한나라당)	노무현(민주당)
구의1동	5,382(38.2)	6,667(47.2)	5,023	7,016
구의3동	7,694(47.2)	6,546(40.4)	7,991	7,217
자양1동	5,735(35.2)	8,213(50.4)	5,044	8,008
자양2동	6,463(40.6)	7,269(45.7)	7,064	8,266
자양3동	2,739(35.9)	8,955(47.7)	6,940	8,452
노유1동	2,692(23.1)	4,708(54.9)	2,346	4,035
노유2동	3,304(31.8)	5,543(53.3)	3,131	4,847
화양동	5,460(36.4)	7,321(48.7)	4,616	6,885
합계	25,312(37.7)	55,222(47.9)	42,155	54,757

충청도는 22%에 이르고, 각 동별로는 전라도 출신자는 화양동 18%, 노유1·2동 30~46%, 자양동 30~46%를 점하고, 구의동의 경우 20%를 넘지 않는 것으로 추정되고 있었다(春木 2003). 이러한 수치를 득표 결과에 연동시켜 보면, 득표수에 있어서 김대중이나 노무현, 그리고 16대 총선에서의 추미애 득표가 높은 곳은 전라도 출신이 많은 지역임을 알 수 있다.

그러나 17대 총선에서는 전라도 출신이 많은 지역은 추미애 후보에게 불리하게 작용하였음을 알 수 있다(〈표 4〉 참조). 탄핵 정국에서 선거가 한나라당과 열린우리당의 양당구도로 전개됨에 따라 전라도 출신 유권자가 열린우리당에 지지를 몰아주는 전략적 선택을 하였음을 알 수 있다. 결과적으로 추미애 후보는 16대 총선에서는 4만 2천787표로 당선되었으나, 17대 총선에서는 2만 6천973표로 간신히 2위를 하

<표 4> 광진(을) 국회의원 선거 결과

구분	16대 총선				17대 총선				
	유준상 (한나라당)	추미애 (민주당)	이자영 (청년 진보당)	계	유준상 (한나라당)	추미애 (민주당)	김형주 (열린 우리당)	이해삼 (민주 노동당)	계
구의1동	3,238	4,837	356	8,431	3,068	2,789	4,260	564	10,681
구의3동	4,612	5,574	509	10,695	5,004	4,593	4,474	631	14,702
자양1동	3,599	6,088	410	10,097	3,081	3,514	4,464	747	11,806
자양2동	4,698	6,032	499	11,229	4,263	4,019	4,741	637	13,660
자양3동	4,338	5,921	487	10,746	4,247	4,318	5,023	739	14,327
노유1동	1,714	3,210	208	5,132	1,433	1,638	1,982	283	5,336
노유2동	2,244	3,877	278	6,399	1,806	1,930	2,270	322	6,328
화양동	3,466	5,103	384	8,953	2,787	2,450	4,022	541	9,800
부재자	509	2,145	270	2,924	404	1,707	711	130	2,952
합계	28,418	42,787	3,401	74,606	26,108 (29.1)	26,973 (30.1)	31,963 (35.7)	4,599 (5.1)	89,643

는 데 그쳤고, 당선자인 김형주 후보와는 5천 표 정도의 표차가 나게 되었다.

17대 총선에서의 득표현황을 보면, 구의3동에서 한나라당 유준상 후보가 1위, 추미애 후보가 2위, 열린우리당 김형주 후보가 3위를 기록하였으며, 부재자투표에서 추미애 후보가 1위를 기록한 이외의 모든 동에서 김형주 후보가 1위를 기록하였다. 특히 추미애 후보는 화양동, 구의1동, 자양2동 등에서는 3위를 기록하여 지지기반의 붕괴를 실감할 수 있었다. 이러한 현상은 일차적으로는 탄핵 역풍으로 인한 민주당의 몰락과 기존 지지그룹의 전략적 투표로 인한 열린우리당 지

지를 꼽을 수 있다. 또 다른 요인은 지방선거 패배 이후 당 및 외곽조
직의 와해에서 그 원인을 찾을 수 있다. 유력인사들을 지방선거 공천
에서 배려하지 못하게 되고, 과거 선거지원자들을 제대로 챙기지 못
했다는 것이 일반적인 평가였다. 그리고 지역운동단체들에 대해서도
친밀감 있는 관리를 못해 왔고, 당조직도 수석부위원장 등 비선조직
에 크게 의존해 오면서 지역구 민원해결이나 당원관리에 취약했다는
평가를 받아왔다.

2002년 지방선거에서 구청장 선거는 한나라당이 승리하였고, 시의
원 선거에서는 광진(을) 선거구에 해당하는 광진 3선거구에서는 한나
라당의 장수원이, 광진 4선거구에서는 민주당의 박래학이 당선되었
다. 구의원의 경우에는 구의1동, 자양1동, 자양2동, 노유1ㆍ2동에서
민주당 내천후보가 당선되었고, 구의3동, 자양3동, 화양동에서 한나라
당 내천후보가 당선되었다. 한나라당 유준상 후보는 16대 총선 때 자
신이 얻은 득표수에는 미치지 못하였으나 지방선거의 여세를 몰아 조
직확산작업에 성공하여 3파전에서도 29.1%의 득표성과를 거두었다.

4. 지구당 폐지 이후의 선거운동

지구당이 폐지되고 처음으로 실시되는 총선에서 각 후보진영은 어떻
게 선거운동을 전개하였는가? 먼저 열린우리당의 김형주 후보는 정신
적 유대조직이나 이익적 유대조직을 가질 매개가 없었고, 또 그럴 시간
과 인력도 없었다. 따라서 자원봉사자에 의존하여 감정적 유대에 호소
하여 득표운동을 전개한 대표적 사례에 해당할 것이다. 필자는 이러한

경우를 '자원봉사(당원+사회단체)형' 선거운동으로 규정하고자 한다.

반면 한나라당의 유준상 후보는 기존의 당조직 대신 시의원, 구의원, 기존의 당무협의회장 등 주요 득표 에이전트(agent)를 활용하여 이익적 유대조직을 강화해 온 특성을 보이고 있다. 이 경우는 '에이전트 관리형'이라고 규정할 수 있다.

이에 반해 추미애 후보는 시의원·구의원, 기존의 당무협의회장 등 주요 득표 에이전트의 득표활동을 통해 지역 내 이익적 유대조직을 이끌어 오고, 한편으로 전국적 이미지를 통해 밴드웨곤 효과를 활용해 온 특성을 보인다. 이러한 경우는 '중앙정계 이미지와 에이전트 관리 혼합형'으로 규정할 수 있을 것이다.

한편 민주노동당의 이해삼 후보는 선거구 내 260명의 진성당원 중심의 선거운동을 펼친 사례에 해당한다. 이 경우는 '정신적 유대조직 추구형'이라고 규정할 수 있을 것이다.

지구당이 없는 상황에서의 선거운동 유형을 이상과 같은 네 가지로 분류하여 볼 때, 에이전트 관리형은 사후관리와 인센티브가 필요할 것이다. 그러나 자원봉사형이나 정신적 유대조직 추구형의 경우에는 물질적 인센티브보다는 목적적 인센티브가 보다 효과를 발휘할 것으로 보인다. 이하에서는 각 후보별 지구당 조직전략과 운동패턴을 고찰해 보고자 한다.

1) 김형주 후보

김형주 후보는 지역 내에 정신적 유대를 함께할 조직을 갖출 시간과 인간적 매개가 없었다. 대신 특정 이익이 결부된 것은 아니나 서로 간에 자유롭게 비판적 대안세력으로 참여정치 문화를 일구어낸 집단들의 자원봉사로 선거를 치른 사례에 해당한다. 김형주 후보의 자원봉사 조직은 크게 세 가지 그룹으로 나누어진다.

첫 번째가 '성동·광진 부패청산호루라기', '동서울시민연대' 등 지역사회운동을 하는 단체들이 중심이 되어 매일 출근 전 가까운 지하철역에서 투표참여를 호소하는 일인홍보활동을 전개하거나 '정치개혁유권자 서명운동' 등을 전개해온 그룹이다. 둘째로, '노무현을 사랑하는 사람들의 모임(이하 노사모)', '국민의 힘' 등의 단체로 주로 탄핵반대운동을 전개해 왔다. 광진(갑)·(을) 지역에는 노사모 회원은 1,200명 정도, 개혁정당 지지자들도 100여 명 거주하고 있는 것으로 알려졌다. 이들은 탄핵 무효 촛불시위, 1인 시위, 서명운동 등을 통해 탄핵 정국 바람을 지속시켜 나갔고, 한편으로는 연고자 찾기 등을 통하여 전화캠페인을 지속적으로 전개하였다. 셋째로, 후보자 가족이나 친인척등 개인 지지그룹을 들 수 있다. 이들은 스스로 개인적인 연고자 찾기나 후보 또는 후보부인 활동을 지원하였다.

노사모는 광진(을)을 전략지구로 선정하고 추미애 후보 낙선운동을 전개하였다. 노사모 홈페이지의 광진 노사모 소식을 보면, "결국은 인물론과의 싸움"이라고 전제하고 "이제 인물로 비교해 봤을 때 손색이 없다는 이야기가 나오게 만들어야 한다"며 후보자와 캠프의 전략수립을 촉구하고, 자신들은 선거사무소에 들러 거리유세, 출퇴근 인사, 전화홍보 등 자원봉사활동에 참여하는 방안과 노사모 자체의 행사와 활동에 참여해 줄 것을 호소하고 있다.[4] 그리고 그들은 온라인 지원도 중

---

4) ttp://www.nosamo.org/static/index.asp?staflag=9&idx=677&gotopage=...(검색일 : 2004/04/20).

요한 방법으로 제시하고 있다. 노사모는 자신들의 운동은 서명운동, 투표참여 캠페인, 1인 시위 등 정당이나 후보자 이름을 빼야만 할 수 있는 '일종의 독립군 투쟁'이라고 묘사하고 있다. 그리고 선거 종반 및 투표 당일에는 투표독려 운동을 강력하게 전개하였다.

이와 같은 3개의 자원봉사 그룹을 축으로 한 김형주 후보의 선거운동 조직은 시의원 출신으로 구청장 후보에 나섰던 김태윤 변호사를 선거대책위원장으로 하고 경선에 참여하였던 조성훈, 부일환 등이 선거운동 조직을 이끌어 왔다. 동별 조직은 법정 유급사무원 3명씩을 두는 선에 그쳤다. 직능조직이나 사회단체 등에는 조직적인 유대를 가질 매개인물이 부족하여 체계적인 조직을 구축할 수는 없었다.

2) 유준상 후보

한나라당 유준상 후보는 지구당을 폐지함에 따라 협의회 해단식을 갖고, 득표력 있는 핵심 에이전트를 중심으로 선거대책본부를 구성하여 지역과 직능별 지지확산에 나섰다. 유준상 후보 진영은 박근혜 대표가 보수세력 결집에 효과를 나타내고 있다는 평가 하에 이북5도민회 등 전통적인 한나라당 지지세력과 가톨릭 교우, 영남·충청 출신 유권자들에게 집중적으로 파고들었다.

유준상 후보는 선거대책위원회 위원장은 40대로 문화계, 영남 출신, 충청 출신, 여성계를 대표할 수 있는 인물을 선발하여 위촉하고, 20대의 젊은 인물도 영입하여 젊은 유권자의 지지를 이끌어내려는 노력을 시도하였다. 그리고 부위원장은 종교, 직능, 사회단체별 연고가 있는 인사를 1인씩 위촉하였다. 그리고 후보 자신이 개인적으로 조기축구회 등 동호회조직과의 유대를 강화해 어느 정도 정신적 유대와 이익적 유대를 갖는 조직을 갖추어 놓고 있었다.

특히 기존 공조직인 지구당이 폐지됨에 따라 지구당 협의회장이나 당직을 가지고 활동하던 인사들 중 득표력이 있는 인사들이 연고가 있는 직능·사회단체를 관리하도록 하는 체제를 갖추고 있음을 알 수 있다. 따라서 지구당이 폐지된다고 하더라도 향후 당직을 가진 유력 인사들은 지역사회의 직능사회단체에 나름대로 연고를 갖고 있기 때문에 이들을 통한 이익적 유대조직을 구축하려는 노력이 강화된 것으로 보인다.

3) 추미애 후보

새천년민주당의 추미애 후보는 15대 총선과 16대 총선을 치르면서 나름대로 득표기반을 굳건히 갖추어 왔다. 그러나 그의 선거참모들이 인정하는 것과 같이 과거 여당의 조직과 같이 거미줄식으로 굳건하게 조직을 갖춘 것은 아니며, 특히 공조직도 지방선거 이후 급격히 와해되는 경향을 보여 왔다. 추미애 후보의 선거운동 핵심 에이전트는 시의원, 구의원, 협의회장, 청년·여성부장 등이었다. 추미애 후보는 여당의 중진 정치인으로 있으면서도 금전상의 이유 등으로 과거 여당과 같은 거미줄 조직을 갖추지 못하고, 동별 협의회장 정도를 위촉하는 정도에 불과하였다. 그것은 자신의 전국적 이미지를 믿고 지역관리를 소홀히 해온 면도 없지 않다는 점이 추미애 후보 진영의 평가였다. 지구당 해체 이후 이들에게는 서울시지부 당직을 부여하여 지역 및 자신이 속한 직능·사회단체를 관리하도록 하였다.

　공조직 이외의 직능사회단체 관리는 후보자와 기존 지구당 간부로서 선거대책위원회의 직을 맡은 인사들에 의해 분담되었다. 예를 들면 '녹색어머니회', '불교신도회' 등은 후보 자신이 오랫동안 직접 관리해온 조직이다. '바르게살기운동본부' 등은 구의원인 C씨가 부회장으로 있는 조직이다. 그리고 호남향우회는 구의원들이나 협의회장 등에 의해 간접적으로 관리되어 왔다. 그리고 산악회는 다른 당직자들에 의해 지지유도 활동을 하였고, 이외에도 조기축구회, 청년회의소 등 동호회와 사회단체 등에 청년부장 등 당직자들 중에서 연고가 있는 자들이 이익적 유대를 모색하는 노력을 기울여 왔다.

　그러나 지역의 가장 중요한 정신적 유대조직인 호남향우회의 표가 열린우리당 김형주 후보 지지로 돌아선 데에 문제가 생겼다. 선거가 한나라당과 열린우리당 간의 양당대결 경쟁구도로 갖추어지면서 민주당 지지는 결국 한나라당을 돕는 결과를 초래한다는 판단에서 열린우리당을 지지하게 되었다. 결국 추미애 후보로서는 기존의 정신적 유대조직인 호남 유권자가 많은 곳이 오히려 불리한 표밭이 되는 양상을 초래하게 되었다.

　이와 함께 추미애 후보 진영의 조직 활성화가 이루어지지 못한 이유의 하나로 풍부한 자원을 갖는 선거운동 핵심 에이전트를 선거운동에 적극 동원하지 못했다는 점도 지적되고 있다. 즉, 핵심 선거운동원들에 대한 적절한 동기 부여가 이루어지지 않아 그들이 적극적으로 선거운동에 나서지 못한 것으로 보인다. 특히 지방선거를 통해 공헌이 많거나 유력한 인사들에 대해 민주당 공천을 배려하지 못하게 되었고, 결국 지방선거 이후 조직에 균열이 발생하기 시작했다는 평가이다. 아울러 중앙정치 무대의 활동으로 지난 총선, 지방선거, 대통령 선거 등에서 후보와 당을 위해 뛰어준 운동원들에 대한 사후관리가 부실했다는 점도 지적되었다.

4) 이해삼 후보

이해삼 후보의 선거운동은 전형적인 대중정당 모델을 따르고 있었다. 후보자 선출과정, 선거비용 모금과정, 선거공약 설정과정, 선거운동원 모집과정 등이 당내 민주주의의 절차를 따르고 있었다. 후보선출은 당원 260명 중 당권자인 168명이 참여한 가운데 1월 17일 열렸다. 민주노동당은 전원이 진성당원이기 때문에 선거운동 기간 동안에 선거사무실에 얼굴을 한 번이라도 내비친 당원이 전체의 90%가 될 정도였다. 상시로 선거사무실에 나타나지 않더라도 당원들끼리는 이메일과 문자, 전화 동호회 등을 통하여 접촉을 지속하고 있었다.

운동원은 전원이 자발적으로 참여하는 당원들로 구성되었다. 특히 광진구 내의 지역당원 친목모임인 자양동 분회와 노유동 분회의 활동력은 높았고, 건국대와 세종대 학생당원들도 45명 정도가 있었으며 이들의 활동도 두드러졌다. 특히 학생당원들은 직장인들보다 시간이 많아 선거운동에 큰 도움을 줄 수 있었다. 이들은 학내에서도 정당명부제를 알리고, 투표참여운동을 전개하기도 하였다. 따라서 진성당원의 자발적 참여에 의존하는 민주노동당의 경우에는 지구당의 폐지는 대중정당 존립 자체에 위협을 줄 우려가 있으며, 선거운동에도 결정적인 타격을 줄 수 있다. 그러나 이번 총선의 경우에는 정당법 개정이 늦게 이루어졌고, 개정 법률 발효와 동시에 선거사무소를 개소할 수 있었기 때문에 민주노동당의 지구당 폐지 효과를 경험적으로 판단하는 데에는 한계가 있었다.

5. 맺는말

지금까지 광진(을) 선거구 사례를 중심으로 지구당제도 폐지 이후의 선거운동을 조직전략 중심으로 고찰해 보았다. 지금까지의 공조직이 움직이지 않고, 합동유세와 정당유세도 없어지게 됨에 따라 선거에서의 조직동원 수요는 훨씬 줄어들었다. 여기에다 선거비용의 투명성이 강화되었고, 선거법 위반에 대한 제재가 강화되면서 돈 먹는 조직으로서의 지구당의 폐해는 일단 사라진 것으로 평가되고 있다.

대신 지금까지 정신적 유대조직으로서의 공조직이 움직이지 않게 됨으로써 후보자의 입장에서는 이익적 유대조직이나 감정적 유대조직을 통한 선거운동의 방향을 모색하지 않을 수 없게 되었다. 다시 말하면, 선거공약이나 정책을 통한 이익적 유대의 강화나 매스미디어를 통한 홍보의 강화를 통해 밴드웨곤 효과를 활용하여 감정적 유대에 기인한 부동표 흡수 쪽으로 방향을 선회하여야 할 것이다. 반면 농어촌 지역의 경우에는 지구당과 같은 공조직을 대신할 새로운 사조직 구축을 모색할 수도 있다. 그러나 광진(을) 선거구는 중소도시나 농촌지역과 같이 지연, 학연, 혈연에 얽힌 정신적 유대조직을 구축하기가 어려운 상황인 점을 고려한다면 이익적 유대조직이나 감정적 유대조직을 구축하여 자원봉사로 끌어들이는 것은 새로운 과제가 아닐 수 없다.

이러한 관점에서 본다면 이해삼 후보는 정신적 유대조직에 의존하여 진성당원에 의해 선거를 치른 사례에 속할 것이다. 한편 김형주 후보는 감정적 유대조직으로서 지역시민단체와 노사모, 국민의 힘 등의 자발적 자원봉사로 선거를 치른 사례가 될 수 있다. 이에 반해 추미애 후보와 유준상 후보는 기존의 당조직이나 호남향우회 등 정신적 유대조직의 가동이 어려워지자 이를 대신할 조직의 구축을 연고가 있는 당내 핵심 당직자 등 선거 에이전트를 활용하여 선거동원의 자원을 갖춘 조직을 이익적 유대에 기초하여 끌어들이는 패턴을 보여 왔다.

김형주 후보와 같은 자발적 참여단체의 지지를 끌어내기 위해서는 자발적인 시민단체와 같은 원칙과 이념을 중앙정치에서 구현하거나 지역운동단체들과 궤를 같이하려는 노력이 가해질 때 이들의 지지를 이끌어낼 수 있을 것이다. 그러나 이번의 김형주 후보의 경우에는 탄핵과 노사모의 반추미애 정서의 반사적 이익을 거둔 사례로 평가할 수 있을 것이다. 그리고 진성당원들에 의해 운영되는 민주노동당의 경우에는 지구당은 당원들의 지역공동체로서 기능하기 때문에 지구당의 필요성은 더욱 절실할 것이다. 그러나 지구당 제도가 없다고 하더라도 진성당원들에 의한 자발적 모임은 지속될 것이므로 지구당 폐지의 효과와는 별도의 문제가 남게 된다. 그러나 추미애 후보와 유준상 후보의 예와 같이 공조직이 가동되지 않을 경우 새로운 득표 머신(machine)을 찾게 될 것이고, 이들과의 이익적 유대 구축을 위해서는 새롭게 자금이 소요될 가능성이 높다. 시간이 갈수록 지역발전 연구소, 포럼, 동호회와 동우회, 유사 시민단체 등이 생길 것이고, 이는 차라리 공개적으로 감시·감독을 받을 수 있는 지구당 조직을 음성화하는 결과를 초래할 것이다. 이러한 경향은 중소도시와 농어촌의 경우 더욱 뚜렷하게 나타날 것으로 보인다.

선거운동에서 지구당 폐지로 인하여 발생하는 사조직 구축과 이에 따른 비용의 소요는 별도로 하더라도 몇 가지 문제점을 가져올 수 있음을 유념하여야 할 것이다. 먼저, 정당이 시민사회 내에서 자발적으로 결성된 조직이라는 점을 고려한다면 정치참여와 이익의 표출과 집약을 위한 풀뿌리 조직인 지구당을 폐지하는 것이 정당정치의 기본정신에 부합하느냐는 본질적인 문제가 제기될 수 있다. 둘째로, 모처럼 열린 정당의 공직후보선출의 민주화를 중앙당의 규모도 축소되고, 상설인원을 5명으로 제한하고 있는 시 · 도 지부에서 제대로 관리할 수 있느냐의 문제도 제기된다. 따라서 고비용구조의 혁파라는 조직운영의 측면만이 강조되고 지구당 본연의 기능적 차원의 논의가 외면되고 있는 것은 문제가 아닐 수 없다. 셋째로, 형평성 차원에서도 문제가 일어날 수 있다. 당선된 국회의원은 사무실을 유지할 수 있는 데 반하여 일반 후보자는 선거일 전 120일에서 선거일 후 30일까지 사무소를 열 수 있게 제한하고 있기 때문이다.

참고 문헌

김호열, 2002, "제16대 대통령선거의 공명선거 실현을 위한 선거개혁방안: 선거공영제 확대를 중심으로", 중앙선거관리위원회, 선거개혁방안에 관한 토론회 발표논문(7. 30).

이현출, 2004, "지구당제도와 정치개혁", 한국정치학회 춘계학술회의 발표논문.

정영국, 2000, "한국정당의 지구당조직과 기능: 문제점과 대안", 『한국과 국제정치』 제32호.

최한수, 1995, "지방자치선거에 따른 정당개혁의 과제", 나라정책연구회 제9차 심포지엄 발표논문.

春木育美, "韓國における國會議員の誕生過程: ポリティカル・リクルートメントと集票構造", 同志社大學院文學研究科 博士學位論文 (2003).

Denver, David, Gordon Hands, Justin Fisher and Iain MacAllister. 2003. "Constituency Campaigning in Britain 1992-2001: Centralization and Modernization", Party Politics Vol. 9. No. 5.

제9장 제도변화, 지역주의, 정당투표 :
경남 진주

윤성이

1. 머리말

제17대 총선의 결과 국회의 모습이 과거와 많은 변화를 갖게 되었다. 여당인 열린우리당이 원내 과반의석인 152석을 차지함으로써 1988년 13대 총선 이래 16년 만에 처음으로 여대야소 국회가 탄생했다. 또한 민주노동당은 10석을 차지하여 44년 만에 처음으로 진보정당이 원내에 진출하는 기록을 낳았다. 정치 신인의 진출과 세대교체도 과거보다 훨씬 큰 폭으로 이루어졌다. 17대 국회의원 당선자 299명 가운데 188명(63%)이 초선으로 16대의 40%보다 크게 늘었다. 또한 전체 당선자 가운데 40대 이하가 43.1%(129명)로 16대의 28.5%보다 15%가량 늘어난 반면 60대 이상은 16.4%로 16대(32.6%)의 절반으로 줄어드는 등, 전체 당선자 299명 가운데 50대 이하가 83.6%(250명)를 차지하여 세대교체 현상이 뚜렷이 나타났다.

그러나 이러한 변화에도 불구하고 유권자들의 투표행태에 있어서 지난 17대 총선은 여전히 지역주의의 높은 벽을 넘지 못하였다. 민주화 이후 지역주의는 한국의 정치 전반 특히 선거를 지배하는 가장 중요한 변인이었다.

지역주의 투표는 "유권자가 투표선택을 할 때, 후보자의 출신 지역, 후보자가 속한 정당 지도자의 출신 지역, 혹은 가장 포괄적으로는 후보자가 속한 정당이 상징하는 지역이 어디인가를 고려하여 투표하는 현상"으로 정의내릴 수 있다(김욱 2004). 이러한 지역주의 투표성향은 1987년 이래 대통령 선거, 국회의원 선거, 그리고 지방의회 선거나 보궐선거 등 사실상의 모든 선거에서 유사한 형태로 계속 확인될 만큼 안정성과 지속성을 갖고 있다(강원택 2003, 229).

지난 17대 총선의 경우 선거 한 달 전까지만 하더라도 대통령 탄핵과 개혁이 선거 국면을 지배하면서 지금까지의 정치적 지형을 허무는 중대선거(critical election)가 될 수 있는 조짐을 보였다. 그러나 선거 결과는 여전히 지역주의 구도를 탈피하지 못하였다. 다만 과거처럼 특정 정당이 한 지역을 싹쓸이하는 극심한 지역대결구도 대신, 여당인 열린우리당과 야당인 한나라당이 동서 지역을 양분하는, '여서야동(與西野東)' 형 새로운 형태의 지역구도 모습을 보였다.

한나라당은 지난 선거에서 영남 지역 68개 지역구 가운데 60곳을 차지하였다. 한편 열린우리당은 호남(31석)에서 25석, 충청(24석)에서 19석을 차지하는 등 호남·충청권 전체 의석(55석) 중 80%에 이르는 44곳을 석권했다. 전북(11석), 광주(7석), 충북(8석) 그리고 대전(6석)에선 열린우리당이 지역구를 독식하였다. 한편 정당득표율을 보면 한나라당의 영남 쏠림현상이 극명한 데 반해 열린우리당은 비교적 전국정당의 모습을 갖추었다. 한나라당은 영남 지방에서의 정당득표율이 대구 62.1%, 부산 49.4%, 경북 58.3%, 경남 47.3%인 데 비해, 호남에서는 광주 1.8%, 전북 3.4%, 전남 2.8%만 얻었을 뿐이다. 한편 열린우리당의 경우는 정당득표율에서 서울(37.7%)에 이어 부산에서 33.7%를 얻었으며, 가장 낮은 대구에서도 22.3%의 득표율을 보이는 등 지역적 편차가 비교적 적다.

진주의 경우 17대 총선에서도 지난 역대 총선과 마찬가지로 맹목적인 한나라당 정서와 지역주의를 여전히 극복하지 못하였다. 진주(갑) 선거구에서는 최구식 한나라당 후보가 51.9%의 득표율을 기록하며 이기동 열린우리당 후보(24.7%)를 압도하였고, 진주(을) 선거구에서도 김재경 한나라당 후보가 48.6%의 지지를 얻어 김헌규 열린우리당 후보(22.8%)의 2배 이상의 득표율로 당선되었다. 또한 진주 지역 정당별 득표에서도 한나라당이 54.8%를 기록하여 전국 평균득표율 35.8%보다 무려 19.9%나 높게 나타나 '한나라당 텃밭'이라는 이미지를 벗지 못하였다. 그러나 열린우리당도 24%의 정당득표율을 얻어 최소한 지지기반은 확보할 수 있었다.

이번 진주의 총선결과가 지역주의 한계를 벗어나지 못한 점에는 유권자 의식의 문제와 함께 중앙당 위주의 선거운동, 후보자에 대한 정보의 절대부족, 후보자 간 공약 차이의 부재 등 몇 가지 구조적 요인도 함께 작용하였다고 보여진다. 여기에서는 진주 지역의 선거운동 과정에서 나타난 특징과 함께 지역주의 투표성향을 가져온 구조적 요인에 대하여 살펴보고자 한다.

2. 후보선정 및 선거운동 과정

1) 후보선정 과정

　16대 총선 시 선거구 인구상한선에 걸려 한 선거구로 합쳐졌던 진주는 이번 총선에서 다시 갑·을 선거구로 분리되어 선거가 실시되었다. 전통적으로 한나라당 텃밭인 진주에서 한나라당은 4선의 중진 의원을 배제하고 40대의 두 신인을 출전시켰다. 그러나 갑과 을 선거구 모두 경선과정 없이 중앙당의 공천심사위원회에서 후보를 결정하여 공천을 둘러싼 상당한 내부 갈등이 있었다. 갑 선거구의 경우 최병렬 의원의 조카뻘인 최구식 후보가 공천을 받아 낙하산공천이라는 반발이 있었고, 이에 지구당 부위원장직을 맡고 있던 윤용근 씨가 공천의 불공정성을 항의하면서 무소속 출마를 선언하였다. 또한 을 선거구에서 공천을 받은 김재경 후보는 애초 진주(갑) 선거구에서 출마 준비를 하였으나 을 선거구로 옮겨 공천을 받게 되었다. 열린우리당은 지구당 내 경선을 통해 후보를 결정한다는 원칙에 합의하였는데, 갑 선거구의 경우 잡음은 있었지만 경선으로 후보를 선출하였으며, 을 선거구에서는 한 후보의 중도사퇴로 경선 없이 후보가 결정되었다. 갑 선거구의 경우 선거인단 명부의 공정성에 대한 문제가 제기되면서 한때 경선이 무산될 조짐이 보였으나 무사히 경선이 치러졌다. 3월 13일 진행된 열린우리당 진주(갑) 선거구 경선에서는 선거인단 721명 중 약 30%인 224명만이 참여해 저조한 투표율을 보인 가운데 이기동 후보가 199표(88.8%)를 얻어 25표에 그친 정태온 진주장애인복지센터 이사장을 제치고 공천권을 얻었다.

민주노동당은 당초 선출한 후보의 사면복권이 이루어지지 않아 후보를 재선출하는 곡절을 겪었다. 본래 강병기 지구당위원장이 후보로 선출되었으나 사면복권되지 않아, 후보 재선출 과정을 거쳐 부인인 김미영 후보가 당원들의 투표에서 92.6%의 찬성으로 후보로 발탁되었다.

진주 지역 정당공천 후보는 자민련을 제외하고 모두 40대의 신인인 반면 무소속 후보들은 전·현직 의원 등 50, 60대의 인물들이었다. 갑 선거구의 한나라당 최구식 후보는 조선일보 기자를 거쳐 한나라당 대선 경선후보 언론특보와 국회의장 공보수석을 지냈으며, 열린우리당 이기동 후보는 진주지역민주청년회 총무기획국장, 서부경남시민협의회 간사, 진주참여인권연대 사무처장 등 시민사회단체에서 활동하였다. 무소속 김재천 후보는 15대 때 당선되어 청문회와 국정감사 등 의정활동을 통하여 최우수 국회의원으로 평가받은 경력이 있다. 을 선거구의 한나라당 김재경 후보는 검사를 거쳐 진주에서 변호사로 활동해왔으며, 열린우리당 김헌규 후보 역시 지역에서 변호사 활동을 하고 있다. 진주 지역의 유일한 여성 후보인 민주노동당 김미영 후보는 가톨릭농민회 전국본부 여성부장, 전국여성농민회총연합 경남연합 부회장 등 농민운동의 경력을 갖고 있다.

2) 선거운동 특징

17대 총선에서는 선거운동 기간이 17일에서 13일로 줄어들었고, 각 정당의 후보공천이 뒤로 미뤄지면서 후보들이 자신을 알릴 수 있는 기회가 매우 제한되었다. 게다가 총선을 한 달 앞두고 터진 탄핵 사태는 총선에 필요한 후보자 인물 검증과 정책·공약 비교 대신 탄핵에 대한 찬반양론으로 선거의 본질을 왜곡시켰다.

이번 총선 기간 중 나타난 선거운동의 가장 큰 특징은 후보자의 발에 전적으로 의존할 수밖에 없었다는 점일 것이다. 많은 후보자들이 선거전략을 묻는 질문에 대해 개정된 선거법의 엄격한 규제로 인해 열심히 발로 뛰는 것 이외에 별 다른 전략이 있을 수 없다고 답하였다. 개정된 선거법에 따르면 실비가 지급되는 선거운동원은 읍·면·동별로 3명씩이다. 따라서 진주(갑) 선거구의 경우 51명, 진주(을) 선거구는 60명의 선거운동원을 둘 수 있다. 선거운동을 하는 과정에 있어서도 규제가 매우 엄격하였다. 운동원은 후보자를 포함하여 5명까지만 동행이 가능한데, 어깨띠는 후보자 한 사람만 가능하다. 또한 흩어져서 명함을 돌리는 행위도 금지되었으며, 수행원 한 사람만 명함을 나눠줄 수 있다. 바뀐 선거법에 따라 합동연설회나 정당연설회는 금지되었다. 반면 방송토론회와 인터넷, 휴대폰 문자메시지 등이 새로운 선거운동의 한 형태로 자리 잡았다. 미디어와 온라인을 중심으로 모든 선거운동이 이루어져야 하는데, 진주는 다른 대도시와 달리 인터넷이 활성화되어 있지 않고 또한 후보자 토론회 역시 낮 12시로 일정이 잡혀 있어 시청률이 낮을 수밖에 없었다. 따라서 대부분의 선거운동은 거리유세에 집중되었다. 후보자들은 새벽부터 시장, 운동장, 등산길 등 사람들이 많이 모이는 곳을 돌아다니며 유권자들과의 접촉을 넓혀갔다. 그러나 제한된 선거운동 기간과 유권자들의 무관심으로 인해 후보자와 유권자 간의 차분한 대화는 기대할 수 없었으며 얼굴 알리기에 만족하는 정도였다.

개정된 선거법은 조직 동원이 금지되어 돈을 절약할 수 있다는 점에서 긍정적이다. 또한 선거운동 분위기가 과거에 비해 매우 차분해진 것도 사실이다. 진주 선거관리위원회에 따르면 이번 총선에서 선거법 위반으로 검찰에 고발된 것과 수사의뢰된 것은 각각 3건과 2건, 그리고 경고는 10건이며, 주의촉구는 23회에 걸쳐 후보자와 선거운동원 등에 내려졌다. 이는 지난 16대 총선과 비슷한 수치이다. 그러나 이번 총선이 갑과 을로 나뉘어 치러진 것을 고려하면 과열 분위기는 16대 총선보다 한층 줄었다고 볼 수 있다. 그리고 고발과 수사의뢰 건은 대부분 선거법 개정 이전에 일어난 것이었다. 과거보다 깨끗한 선거운동이 가능하였던 것은 금품이나 음식물을 제공받은 유권자에게 받은 금액의 50배를 과태료로 물리고, 이를 신고하는 사람에게는 최고 5,000만 원의 포상금을 지급하는 개정된 선거법의 영향이 크다고 본다. 또한 선거감시단의 적극적 활동도 공명선거에 한몫하였다. 진주 선거관리위원회에는 정규 직원 외에 주부, 학생 등으로 구성된 50명의 감시단원이 4인 1조로 나뉘어 9명의 후보를 집중 감시하였다.

이번 총선에서는 지난 2000년 총선과 달리 시민단체들의 영향력이 제대로 발휘되지 못하였다. 진주 지역에서도 시민단체의 역할을 거의 찾아볼 수 없었다. 총선시민연대가 구성되고 당선운동을 하기로 계획하였으나 실행되지는 못하였다. 2003년 말부터 총선에 관한 논의가 진행되었으나 운동의 방향이 낙선운동, 당선운동, 후보추대운동 등으로 혼란을 겪었다. 후보자 방송토론회도 계획하였으나 이번 총선에서는 중앙선거관리위원회가 후보자 토론회를 주관하여 시민단체가 개입할 여지가 없었다.

3. 탄핵 폭풍과 지지율 변동

진주 지역은 여타 영남 지역과 마찬가지로 한나라당에 대한 지지가 압도적으로 우세한 지역이다. 세대교체 바람에 물려 이번 총선에서는 한나라당 공천을 받지 못한 하순봉 의원이 14대 총선 이후 연속으로 3회 당선되었다. 그러나 역대 총선결과를 보면 한나라당에 대한 무조건적 지지는 보이지 않고 있다. 하순봉 의원의 경우 14대 총선에서는 당시 민자당이 아닌 무소속으로 당선되었으며, 갑과 을 지역구로 분구되었던 15대 총선에서는 당시 신한국당 정필근 후보를 제치고 무소속 김재천 의원이 갑 지역에서 당선되었다. 한편 지난 16대 대선에서는 한나라당 이회창 후보가 전국지지율(46.6%)보다 훨씬 높은 73.8%의 지지율을 얻었으며 노무현 후보는 전국지지율(48.9%)의 절반에도 못 미치는 20.5%의 지지를 얻어 한나라당 지지성향을 뚜렷이 보여주었다.

이처럼 과거의 지역주의 투표성향을 볼 때 17대 총선에서도 한나라당의 손쉬운 승리가 예견되었다. 2004년 1월의 미디어 리서치 여론조사 결과만 보더라도 부산·울산·경남 지역의 정당지지율은 한나라당이 50.6%인데 반해 열린우리당은 12.2%에 불과하였다. 그러나 3월 12일 대통령 탄핵안 통과 사건은 선거정국을 완전히 뒤흔들어 놓았다. 3월 15일 조사에서는 한나라당이 절반 이상 낮아진 21.1%의 지지율을 보였으며 열린우리당은 3배가 증가한 36.1%의 지지율을 기록하였다.

대통령 탄핵의 후폭풍은 진주 지역에서도 뚜렷이 나타났다. 진주신문이 3월 18일에 실시한 여론조사에 따르면 시민 41.2%가 탄핵안 가결 이후 지지하는 정당을 바꾸었고, 이 중 한나라당에서 이탈한 지지

<표 1> 진주 지역 역대 총선결과

단위 : %

구분	정당별				
14대 총선 (1992. 6. 24)	민자당	민주당	국민당	신정당	무소속	
	조만후	김재천	이원근	김기한	하순봉	
	25.8	8.8	2.0	2.8	60.9	
15대 총선(갑) (1996. 4. 11)	신한국당	국민회의	자민련	무소속	무소속	
	정필근	강일만	김도철	김재천	안정원	
	45.9	1.8	1.5	48.9	1.9	
15대 총선(을) (1996. 4. 11)	신한국당	국민회의	민주당	무소속	무소속	
	하순봉	박영식	강갑중	박정희	안병호	
	64.8	2.9	16.9	1.3	14.1	
16대 총선 (2000. 4. 13)	한나라당	민주당	자민련	민국당	한국신당	무소속
	하순봉	박영식	하상규	강갑중	김창남	김재천
	52.2	2.7	1.3	3.5	1.2	39.2

자들은 전체 65.8%로 다른 정당들에 비해 월등히 높았다. 한나라당에서 이탈한 지지자 가운데 57.5%는 열린우리당으로 옮긴 것으로 나타나 탄핵 후폭풍이 진주 지역에서도 뚜렷이 나타났다. 진주 참여연대가 탄핵안 가결 다음날인 3월 13일 진주 지역 주민을 대상으로 한 여론조사에서 응답자 30.1%는 탄핵을 '매우 잘못한 일'로, 그리고 30.1%는 '잘못한 일'로 평가하여 전국 평균보다는 10% 정도 낮지만 다른 지역과 마찬가지로 진주 시민들도 탄핵에 대해 매우 부정적인 견해를 보였다. 이에 반해 '잘한 일'이라는 응답은 19.6%, 그리고 '매우 잘한 일'은 11.6%에 불과하였다. 한편 탄핵안 가결에 누구의 책임이 가장 크다고 생각하느냐는 질문에는 42.9%가 한나라당을 선택하였으며, 그 다음으로는 대통령(26.8%), 민주당(11.4%), 열린우리당(6.8%) 순으로 응

단위 : %

구분	한나라당	열린우리당	민주노동당	민주당	기타정당	없음
3월 18일	31.7	35.0	6.9	1.8	1.0	23.6
3월 26일	30.6	29.2	4.0	0.4	1.8	34.1

참고 : 3월 18일(진주신문), 3월 26일(경남신문).

답하였다. 다른 지역과 마찬가지로 탄핵에 관한 시각은 연령에 따라 극명한 차이를 보였다. 탄핵을 '매우 잘한 일'로 평가한 응답자의 연령대를 보면 20대는 6.5%, 30대는 6.3%, 40대는 12.0%, 50대는 14.3%, 그리고 60대 이상은 28.6%로 나타났다. 반면에 '매우 잘못한 일'이라는 평가는 20대가 38.0%, 30대는 45.3%, 40대는 28.6%, 50대는 13.1%, 60대 이상은 10.7%로 나타나 세대간에 큰 시각차를 드러냈다. 탄핵안 가결의 책임을 묻는 질문 역시 응답자의 연령분포에 따라 정반대의 견해로 나타났다. 20대는 한나라당 책임이라고 응답한 비율이 52.6%, 대통령의 책임이라는 응답이 20.4%인 반면, 60대 이상은 한나라당(27.3%)보다 오히려 대통령(29.3%)에게 더 많은 책임을 물었다.

그러나 진주에서 나타난 이 같은 탄핵 역풍은 그리 오래가지 못하였다. 탄핵 직후 정당지지도 조사에서 열린우리당은 35%의 지지를 얻어 한나라당(31.7%)을 근소한 차이로 앞섰다. 탄핵 전 1월의 정당지지도와 비교해 보면 탄핵 폭풍의 위력이 상당하였음을 알 수 있다. 그러나 일주일 정도 후인 3월 26일 경남신문 여론조사에서는 오차범위 내에서 한나라당이 열린우리당을 앞선 것으로 나타나 탄핵 폭풍이 상당히 수그러들었음을 알 수 있다. 탄핵 정국이 2주일 이상 계속되면서 자체적으로 거품이 제거된 한편 박근혜 의원의 한나라당 대표 선출 그리고

<표 3> 진주(갑) 후보지지율

단위 : %

구분	최구식(한)	이기동(우)	김재천(무)	기타후보	미결정
3월 18일	26.3	25.0	9.5	4.6	34.2
3월 26일	24.9	24.6	11.8	0.6	38.1

참고 : 3월 18일(진주신문), 3월 26일((KBS).

<표 4> 진주(을) 후보지지율

단위 : %

구분	김헌규(우)	김재경(한)	하순봉(무)	김미영(노)	강갑중(무)	미결정
3월 18일	28.3	19.1	9.8	6.5	4.2	31.9
3월 26일	19.8	14.1	12.8	9.8	8.7	34.6

참고 : 3월 18일(진주신문), 3월 26일(동아일보).

거대여당에 대한 유권자들의 견제심리 등이 복합적으로 작용하였다. 열린우리당의 우세가 그리 오래 지속되지 않을 것이라는 것은 앞서 살펴본 탄핵안 가결에 대한 여론조사 결과에서도 읽을 수 있었다. 우선 탄핵안 가결에 대한 비판여론이 전국 평균에 비해 10% 정도 낮게 나왔으며, 상당수의 응답자(26.8%)들이 대통령에게 탄핵에 대한 책임을 묻고 있었다.

한편 이 같은 정당지지율 변화양상과 달리 후보자 지지에서는 3월 말까지 별다른 변화를 보이지 않았다. 진주(갑)의 경우 탄핵 직후인 3월 18일과 26일의 여론조사 모두 한나라당 최구식 후보와 열린우리당 이기동 후보가 오차범위 내에서 접전인 것으로 나타났다.

진주(을)의 경우에도 격차가 절반 가까이 줄어들기는 하였으나 여전히 열린우리당 김헌규 후보가 한나라당 김재경 후보를 5% 정도 앞서고 있었다. 양 지역구 모두 부동층이 35% 전후로 전국 여론조사의 25%대보다 10% 정도 높게 나타나 부동층의 향방이 선거결과를 결정할 것이라는 전망이었다. 그러나 탄핵 이후 열린우리당에 대한 지지도가 급상승한 상황에서도 여전히 지지를 유보하고 있다는 것은 진주 민심이 여전히 한나라당에 머물고 있다는 것을 보여주었다. 탄핵반대론과 열린우리당 지지가 압도적으로 지배하는 분위기에서 보수적 목소리는 단지 침묵하고 있을 뿐이었다. 실제 투표결과에서도 부동층의 대부분이 한나라당 지지를 보였음을 알 수 있었다. 즉, '탄핵심판론'은 갈수록 힘을 잃어가고 '거여견제론'은 점차 유권자들의 호응을 얻어갔던 것이다.

4. 투표결과 분석

17대 총선 결과 진주에서는 갑과 을 선거구 모두 한나라당의 승리로 나타났다. 을 선거구의 경우 하순봉 의원의 출마 포기로 김재경 후보의 우세가 점쳐졌으나 갑 선거구는 마지막까지도 결과를 예측하기 어렵다는 전망이 다수였다. 그러나 결과는 양 지역 모두 한나라당의 압승이었다. 갑 선거구에서는 한나라당 최구식 후보가 51.9%의 지지를 얻어 열린우리당 이기동 후보(24.7%)를 두 배 이상 앞섰다. 을 선거구에서도 마찬가지로 48.6%의 득표율을 보인 한나라당 김재경 후보가 22.8% 지지에 그친 열린우리당 김헌규 후보에 압승을 거두었다. 양 지역 모두 열린우리당 후보의 득표율은 3월 말 여론조사와 크게 차이가 없었다. 한편 한나라당 후보들의 경우 당시 여론조사 결과보다 두 배

<표 5> 후보자 득표율

지역구	후보자	정당	득표수	득표율(%)
진주(갑)	최구식	한나라당	39,575	51.9
	이기동	열린우리당	18,800	24.7
	정우근	자민련	524	0.7
	김재천	무소속	9,307	12.2
	윤용근	무소속	7,994	10.5
진주(을)	김재경	한나라	37,851	48.6
	김헌규	열린우리당	17,229	22.8
	김미영	민주노동당	10,443	13.4
	강갑중	무소속	11,797	15.2

<표 6> 진주 정당별 득표율

정당	득표수	득표율(%)	정당	득표수	득표율(%)
한나라당	84,319	54.8	녹색사민당	970	0.6
열린우리당	36,961	24.0	사회당	630	0.4
민주노동당	24,565	16.0	가자희망2080	395	0.3
기독당	1,523	1.0	노년권익보호당	278	0.2
민주당	15,19	1.0	민주화합당	274	0.2
자민련	1,259	0.8	공화당	146	0.1
국민통합21	1,002	0.7	구국총연합	62	0.0

가 넘는 득표율을 보였다. 이는 앞서 살펴본 바와 같이 침묵의 나선이
론에 의해 탄핵 여론이 주도하고 있던 당시 상황에서 한나라당 지지자
들이 침묵을 지키고 있었을 뿐이었으며 대부분의 부동층이 사실상 한
나라당 지지자였음을 알 수 있다.

단위 : %

구분	부산	대구	경북	경남	진주	전국
열린우리당	33.7	22.3	23.0	31.7	24.0	38.3
한나라당	49.4	62.1	58.3	47.3	54.8	35.8
민주노동당	12.0	11.6	12	15.8	16.0	13.0

정당득표율에서도 한나라당은 54.8%를 얻어 열린우리당(24%)을 두 배 이상 앞섰다. 전국의 정당득표율과 비교해 보면 한나라당은 진주에서 전국득표율(35.8%)보다 15% 이상 높은 지지를 얻은 반면 열린우리당은 전국 38.3%보다 15% 정도 낮은 득표율을 보여 한나라당 쏠림현상을 여실히 보여주고 있다.

다른 영남권 지역과 비교해 볼 때 진주의 한나라당 정당득표율은 가장 높은 대구(62.1%)보다는 약간 낮으나 경북(58.3%)과 비슷한 수준으로 부산, 경남과 비교할 때 5% 이상 높은 수치를 보여 진주의 한나라당 지역주의가 상당히 강함을 알 수 있다. 그러나 한나라당이 호남 지역에서 5% 미만(광주 1.8%, 전북 3.4%, 전남 2.8%)의 정당득표율을 얻는 데 그친 반면 열린우리당의 경우 진주를 비롯한 영남 전역에서 20% 이상의 지지를 얻은 점으로 볼 때, 탄핵 폭풍의 영향 등으로 영남 지역의 지역주의는 과거에 비교하여 다소 약화되었다고 볼 수 있다.

5. 맺는말 : 지역주의 투표요인

이번 17대 총선에서 진주의 선거결과는 과거와 별 차이가 없이 지역주의 성향을 강하게 보였다. 단지 이번 총선 당선자들이 모두 40대 초반이라는 세대교체의 변화만 보여주었다. 선거 초반 탄핵 역풍의 영향으로 열린우리당 지지도가 급상승하면서 진주에서도 한나라당의 지지기반이 급격히 붕괴되는 양상을 보였고 지역주의가 더 이상 표를 얻는 데 유효한 동인이 될 수 없을 것으로 전망되었다. 그러나 시간이 지나면서 탄핵에 대한 열기가 식어가고 거여견제론이 힘을 얻으면서 결국 지역주의 투표라는 결과로 나타났다. 그러나 이러한 투표결과에 는 고질적으로 전이되고 있는 유권자들의 지역주의 성향과 함께 이번 선거에서 나타난 몇 가지 구조적 요인에 상당 부분 책임이 있다고 보여진다.

이번 총선에서 유권자들의 선택이 결국 지역주의에 의존할 수밖에 없었던 가장 중요한 요인은 선거운동 과정 내내 후보자들이 전혀 부각되지 못했다는 데서 찾을 수 있다. 탄핵 정국의 결과 이번 선거는 국회의원 선거라기보다는 제2의 대통령 선거의 성격을 지녔다. 따라서 후보자보다는 정당과 리더십의 성격 및 이미지가 더욱 중요한 판단요소가 되었다. 유권자들은 인물중심의 선택보다는 정당중심의 후보자 선택을 강요받았으며 이는 지역주의 투표라는 결과로 나타났다. 본격적인 선거운동이 시작된 이후 한나라당은 각종 여론조사에서 열린우리당에 크게 뒤지면서 당의 위기상황이 초래될 것이라는 부정적 전망이 지배적이었다. 이에 한나라당은 박근혜 대표 선출과 함께 거여견제론을 내세우기 시작하였다. 진주 지역 후보자들도 각종 선거유세에서 거대여당을 견제할 수 있는 힘을 실어 달라고 호소하였다. 유권자들의 입장에서는 열린우리당 압승에 대한 위기의식이 일어났다. 전국적으로 열린우리당이 압승하는 분위기이고 경남 지역에서도 열린우리당의 우세가 점쳐지는 상황에서 지역을 대변해 온 한나라당이 완패할 수 있다는 위기감이 지역주의적 투표를 하게끔 하였다.

이러한 이유와 함께 후보들에 대한 정보가 절대적으로 부족하였다는 점도 결과적으로 정당이 판단의 주요 요인이 되도록 만들었다. 특히 진주의 경우 후보자 대부분이 정치 신인들이어서 후보자에 대한 정보는 더욱 제한되었다. 개정된 선거법으로 합동연설회와 정당연설회가 금지됨으로 인해 후보자를 비교평가할 수 있는 기회는 대폭 축소되었다. 기대했던 미디어 선거는 돈 적게 드는 선거라는 면에서는 어느 정도 성과가 있었지만, 정책비교 부분에서 준비가 부족하였으며 오히려 후보자에 대한 검증기회가 줄어들었다. 금지된 연설회를 대신하여 인터넷을 통한 정보제공은 과거에 비해 매우 늘어났다. 중앙선관위도 홈페이지를 통해 후보자 정보를 제공하고 후보자와 유권자의 쌍방향 대화 그리고 후보자 간의 비교평가를 위한 많은 노력을 하였다. 지역에서 출마한 모든 후보자들이 선거운동 홈페이지를 운영하였다. 그러나 인터넷이 기존 오프라인 선거운동을 대체하기에는 많은 한계가 있다. 무엇보다 인터넷을 이용할 수 있는 유권자 층은 제한되어 있다. 진주와 같은 소도시는 디지털 디바이드(digital divide)의 문제가 더욱 심각하다.

TV토론회도 후보자에 대한 충분한 검증의 기회를 제공하지 못하였다. 이번 총선에서는 예년과 달리 선관위에서 후보자 토론회를 주관하였다. 토론회의 남발에 따른 후보들의 부담과 공정성에 대한 논란을 방지하고자 선관위가 후보자 토론회를 주관하였으나 토론회의 공정성을 기계적으로 확보하는 데 치중한 나머지 정작 후보자 간의 활발한 토론과 평가 기회를 제공하는 점에는 실패하였다. 정책 상호토론에는

<표 8> 진주 지역 후보자 주요 정책 입장

구분	진주(갑)		진주(을)	
	최구식(한)	이기동(우)	김재경(한)	김헌규(우)
이라크 파병	△	×	△	△
한·칠레 FTA	△	×	△	△
국가보안법 폐지	△	○	△	△
6·15공동선언 지속 이행	△	○	○	○
호주제 폐지	△	○	○	○
SOFA 개정	○	○	○	○
주민소환제 도입	○	○	○	○
진주 소싸움장 유치	○	○	○	○

참고 : 진주신문–진주YMCA 공동조사.

질문과 답변 시간이 1분씩으로 제한되어 모든 후보들이 공약과 정책의 나열에 치중하였으며, 정책의 내용과 실행 가능성에 대한 논의는 전혀 이루어지지 않았다. 또한 시청률이 낮은 낮 시간에 방영돼 지극히 제한된 유권자 층만이 토론회를 시청할 수 있었다.

후보자들이 내세운 공약이 거의 차이가 없었다는 점도 지역주의 투표의 한 요인이 되었다. 모든 후보자들이 깨끗한 정치인의 이미지를 앞세웠고 선거공약은 경제 살리기가 핵심을 차지하였다. 경제살리기를 위한 구체적인 정책에 있어서도 후보들 간에 뚜렷한 차이를 찾기가 어려웠다. 모든 후보들이 일자리 창출, 청년실업 해소, 재래시장 활성화 등을 앞세우고, 이를 위해 대기업 및 정부단체 유치, 바이오산업연구원 유치, 실크산업 활성화, 소싸움 경기장 유치, 한의대 유치, 지방대학 활성화 등을 약속하였다.

후보자들의 이념적 성향과 주요 정책에 대한 입장에서도 차별화는 쉽지 않았다. 진주(갑)의 경우 한나라당과 열린우리당 후보 간의 정책에 대한 입장의 차이가 어느 정도 나타났다. 한나라당 최구식 후보는 이라크 파병과 한·칠레 FTA에 대해 유보적인 입장을 보인 반면 열린우리당 이기동 후보는 이들 사안에 대해 분명한 반대를 표명하였으며, 국가보안법, 6·15 공동선언 이행, 그리고 호주제 폐지 등의 사안들에 있어서도 약간의 입장 차이를 보였다. 한편 진주(을) 선거구에 출마한 한나라당과 열린우리당 후보들에서는 주요 정책에 대한 입장 차이를 거의 찾을 수 없었다. 이러한 상황에서 유권자들에게 정책과 인물을 보고 지지 후보를 선택할 것을 요구하기는 무리가 있었다고 본다.

민주화 이후 지역주의는 한국의 선거국면을 지배하는 가장 중요한 변인으로 작용하였다. 17대 총선의 경우 선거 한 달 전까지만 하더라도 지금까지의 정치적 지형을 허무는 중대선거(critical election)가 될 수 있는 조짐을 보였으나, 결과는 여전히 지역주의 구도에서 벗어나지 못하였다. 그러나 진주 지역의 투표결과가 지역주의의 한계를 벗어나지 못한 책임을 전적으로 유권자 탓으로 돌리기에는 많은 구조적, 제도적 한계가 있었다. 탄핵 이슈가 선거국면을 주도하면서 정책과 후보자들은 전면에 부각되지 못하였으며, 무엇보다도 개정된 선거법으로 인해 후보자에 대한 정보가 절대적으로 부족한 상황에서 유권자들의 현명한 판단을 기대하기는 힘들었다.

참고 문헌

김 욱, 2004, "한국 지역주의의 지역별 특성과 변화 가능성 : 대전·충청
　　　지역을 중심으로", 『21세기 정치학회보』 14집 1호.
강원택, 2003, 『한국의 선거 정치 : 이념, 지역, 세대와 미디어』, 서울 : 푸
　　　른길.

『진주신문』
『경남신문』
『경남일보』
『동아일보』

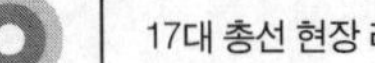

인터넷 선거운동 | 제4부

제 10 장 광주 · 전남의 인터넷 선거운동

김용철

1. 머리말

16대 총선과 비교할 때, 17대 총선은 여러 면에서 인터넷 선거운동에 대해 상대적으로 우호적인 환경이 조성된 가운데 치러졌다. 우선 2003년 12월을 지나면서 국내의 네티즌은 3천만 명을 넘어섰다. 더욱 우호적인 환경은 선거관련 정보원으로써 인터넷의 위상이 제고되고 있다는 점이다. 2000년 제16대 총선 당시, 네티즌들 사이에서 인터넷은 정치관련 정보를 얻는 매체로써 최하위를 기록하였다.[1] 그러나 2004년 제17대 총선 이전, 인터넷은 TV 및 신문 등 기존의 주요 매체들을 누르고 네티즌들 사이에서 선거관련 정보를 얻는 제1의 매체로 부상하였다.[2]

2004년 3월 개정된 선거법 역시 인터넷 선거운동에 유리한 제도적 환경을 제공하였다. 개정 선거법은 정당연설회 및 합동연설회와 같은

---

1) 김용철 · 윤성이, "인터넷의 정치적 활용과 16대 총선", 『한국정치학회보』 34집 3호 (2000 가을), p. 134.

대중집회를 금지함으로써, 후보자들의 면대면 접촉을 통한 선거운동
의 기회를 크게 축소시켰다. 그 대신 각종 미디어를 통한 선거운동을
강화하였으며, 선거운동 기간에만 허용되던 인터넷 홈페이지를 통한
선거운동을 상시화하였다. 또한 개정 선거법은 선거자금에 대한 규제
를 강화함으로써, 후보자들로 하여금 많은 비용이 요구되는 미디어 선
거운동보다는 적은 비용으로 자신을 알릴 수 있는 인터넷 선거운동에
주목하게 하였다.

더구나 중앙선거관리위원회를 비롯한 상당수의 언론기관들이 자신
의 홈페이지에 정치포털사이트를 개설하여, 후보자들의 신상정보 및
홈페이지 주소를 네티즌들에게 널리 알릴 수 있는 기회를 향상시켰
다. 그 결과, 17대 총선을 앞둔 훨씬 이전부터 인터넷은 선거운동의
특수한 수단으로써가 아니라 보편적 수단으로 자리 잡을 것으로 전망
되었다.

실제로 16대 총선에서 지역구 출마자 1,038명 가운데 49.5%인 506
명이 선거기간 동안 자신의 홈페이지를 개설·운영하였으나, 이번 17
대 총선에서는 지역구 출마자 총 1,167명(8명의 사퇴자 제외) 가운데
84.1%에 해당하는 981명이 홈페이지를 개설하였고, 실제 홈페이지를
이용한 인터넷 선거운동을 전개한 후보자는 955명으로 81.8%에 달하
였다. 이러한 추세는 인터넷이 선거운동에서 선택적 사항이 아니라 필
수적인 수단으로 변화하고 있음을 보여준다.

---

2) 2004년 1월 30일부터 2월 2일 사이에 전국의 네티즌 천 명을 대상으로 정치여론조
   사 전문기관(www.panup.com)이 실시한 서베이 결과에 의하면, 네티즌들은 선거
   관련 주요 정보원으로 인터넷을 1위, TV를 2위, 신문을 3위, 주변 사람들을 4위, 잡
   지를 5위, 라디오를 6위로 꼽았다(한겨레 2004. 2. 4.).

　이 글은 광주·전남 지역에서 출마한 후보자들의 홈페이지를 통한 선거운동의 실태를 파악하는 데 그 목적이 있다. 구체적으로 첫째, 후보자들의 홈페이지 개설 실태와 홈페이지 내용을 분석하였으며, 둘째, 각 후보자들의 선거운동 진영의 인터넷 선거운동에 대한 인식을 살펴보았고, 셋째, 네티즌들의 홈페이지 방문활동을 분석하였다. 이를 위해, 선거운동 기간(4월 2일~4월 14일) 동안 후보자의 홈페이지를 방문하여 내용분석을 시도하였고, 더불어 각 후보진영의 선거운동 관계자를 대상으로 전화 설문을 실시하였다. 그리고 선거 직후에는 네티즌을 대상으로 인터넷 설문조사를 실시하였다.

2. 인터넷과 선거운동

1) 커뮤니케이션 수단과 선거운동

　선거운동은 기본적으로 후보자나 정당과 같은 선거주체들이 선거에서의 승리를 목표로 자신의 이용 가능한 모든 인적·물적 자원을 동원하여 유권자들의 지지를 유인하고 획득하고 유지하기 위한 모든 조직적 활동을 의미한다. 구체적으로, 공직 후보자의 입장에서 볼 때 선거운동은 공직 후보자들이 유권자를 대상으로 자신을 선택해 줄 것을 호소하고 설득하는 과정이며, 유권자의 입장에서 볼 때 선거운동은 후보자들의 인품과 정견을 청취하고 자신들의 의사와 선호를 적극적으로 표현하는 정치참여의 장이다. 이렇게 볼 때, 후보자와 유권자 간의 커뮤니케이션은 선거운동 과정의 핵심 활동이다.

〈표 1〉 커뮤니케이션 수단과 선거운동의 유형

비교항목＼수단	면대면 접촉	매스미디어	인터넷
커뮤니케이션 특징	쌍방향이나 시공간적 제약을 받음	일방향이나 공간적 제약이 비교적 덜함	쌍방향이며 시공간적 제약이 비교적 없음
선거운동 전략	인간적 접촉을 통한 지지 호소 및 설득	인지도의 향상, 이미지 구축 및 쟁점 부각	구체적 메시지 섬세한 타게팅
선거운동 내용	대중집회 호별 방문 정당 미팅	방송/TV 토론 정치광고 및 선전	정보제공 쌍방향대화 상호작용
선거운동 수준	지역 수준	전국 수준	지역/전국 수준
선거운동 비용	매우 높음	높음	낮음

역사적으로 볼 때, 선거 커뮤니케이션 수단은 면대면 접촉 → 대중 매체 → 인터넷 등의 순서로 소개되고 채택되어 왔다. 구체적으로, 매스미디어가 선거전에 도입되기 이전에는 주로 면대면 접촉이 선거운동의 주축을 이루었다. 그러나 매스미디어가 출현하면서, 선거운동은 매스미디어를 활용한 선거활동과 면대면 접촉을 통한 선거운동이 결합되는 양상을 보여왔다. 그리고 최근 인터넷이 등장함에 따라, 선거전은 면대면 접촉, 매스미디어, 그리고 인터넷 선거전이 복잡하게 결합되는 양상을 보이고 있다.[3]

어떠한 유형의 선거 커뮤니케이션 수단을 활용하느냐에 따라 선거운동의 양상은 크게 달라진다(〈표 1〉 참조).

첫째, 면대면 접촉(face-to-face contact)은 가장 오래된 선거운동 커

---

3) Pippa Norris, *A Virtuous Circle : Political Communications in Postindustrial Societies,* (Cambridge, UK : Cambridge University Press, 2000), p. 143.

뮤니케이션 수단이다. 이 경우, 후보자와 유권자의 직접적인 접촉을 통한 지지 호소 및 설득이 선거운동의 주요 전략으로 채택된다. 그리고 정당조직과 조직원들의 동원을 통한 대중집회·유권자 방문·길거리 유세·정당 미팅 등이 선거활동의 주축을 이룬다. 이러한 형태의 선거운동의 커뮤니케이션은 기본적으로 쌍방향이며, 그 결과 후보자와 유권자 간의 정서적 교감을 최대화할 수 있다는 강점을 지닌다. 그러나 면대면 접촉을 통한 선거활동은 공간적 그리고 시간적 제약을 크게 받기 때문에, 지역 수준의 선거운동에 주로 활용되며 선거운동에 소요되는 시간적·인간적 비용이 매우 높다. 또한 건전한 선거운동 문화가 정착되지 않는 한, 선거운동 과정에서 부정 및 불법 선거활동이 발생할 가능성이 상대적으로 높다는 단점을 지닌다.

둘째, 라디오, 신문, TV 등과 같은 대중매체를 커뮤니케이션 수단으로 활용하는 선거운동이다. 대중매체를 이용하기 때문에 선거 커뮤니케이션은 라디오 연설, TV토론, 정치광고 등과 같이 간접적 혹은 일방향적 형태를 띠며, 이러한 활동은 주로 전국적 수준에서 중앙당의 치밀한 선거전략을 바탕으로 행해진다.[4] 그리고 간접적·일방향적 커뮤니케이션을 바탕으로 하기 때문에, 매스미디어 선거전략의 초점은 선거공약 및 정책이슈에 대한 구체적 메시지의 전달보다는 후보자의 인지도 향상, 이미지 구축, 쟁점의 부각에 모아진다.[5] 즉 매스미디어를 이용한 정치광고 및 선전은 고비용이 요구되는 까닭에, 후보자는 유권

---

4) William S. Bike, *Winning Political Campaigns : A Comprehensive Guide to Electoral Success,* (Juneau, Alaska : The Denali Press, 1998), pp. 5-9.

5) William S. Bike, Ibid., p. 6; 브라이언 맥내어(Brian McNair), 『정치커뮤니케이션의 이해』(서울 : 한울 아카데미, 2001), pp. 161-162; 최문휴, 『인터넷과 TV시대의 선거전략』(서울 : 예응, 2002), pp. 163-230.

자들에게 자신의 정치적 입장에 대해 심도 있는 정보 제공보다는 정치 광고를 통한 간결성과 요점, 반복과 압축을 통한 상징조작에 의존하는 경향이 강하다.[6] 다른 한편으로, 대중매체를 이용한 선거운동은 유권 자와의 접촉을 최소화함으로써 면대면 접촉에 의존한 선거활동 과정 에서 발생할 수 있는 탈법 및 불법을 근본적으로 차단시키는 이점을 지닌다. 그러나 주민과의 정서적 교감을 나눌 수 없으며 후보자 간의 이미지 경쟁이 중요시되어, 상대적으로 정책지향의 선거운동이 경시 되는 단점을 지닌다.

셋째, 인터넷을 선거 커뮤니케이션의 수단으로 채택하는 인터넷 선 거운동이다. 인터넷은 면대면 접촉 혹은 매스미디어와는 상이한 특성 을 지니고 있다. 따라서 인터넷 선거운동은 기존의 선거운동과는 다른 양상을 띨 것으로 예상된다. 다음은 면대면 접촉 및 매스미디어에 비 해 인터넷이 갖는 특징들이다.[7]

첫째, 인터넷은 많은 양의 정보를 빠른 속도로 유권자에게 전달할 수 있으며, 메시지를 오디오(audio), 비디오(video), 텍스트(text) 등 다 양한 포맷으로 전달할 수 있다. 따라서 역동적인 방법을 효과적으로 구사할 경우, 인터넷 선거운동은 유권자의 이목을 효과적으로 이끌어 낼 수 있을 것으로 평가된다.

둘째, 수직적이며 일방적 정보의 흐름을 기본으로 하는 기존 대중매

---

6) Dick Morris, *Vote.com*, (Los Angeles : Renaissance Books, 1999), chapter 7.

7) Richard Davis, *The Web of Politics : The Internet's Impact on the American Political System*, (Oxford : Oxford University Press, 1999), pp. 96-109 ; Rachel Gibson and Stephen Ward, "A Proposed Methodology for Studying the Function and Effectiveness of Party and Candidate Web Sites", *Social Science Computer Review* 18:3(Fall 2000), p. 302.

체와는 달리, 인터넷은 수평적이며 쌍방향적 정보의 흐름을 가능케 한다. 즉, 후보자와 유권자들은 단순한 정보의 제공자 혹은 소비자에서 벗어나 정보의 소비자이자 생산자로서 상호작용 및 대화가 가능하다. 따라서 인터넷의 쌍방향 커뮤니케이션 기능을 적절히 활용할 경우, 면대면 접촉을 통한 커뮤니케이션 못지않게 후보자와 유권자들 사이의 활발한 정서적 교감을 나눌 수 있는 것으로 평가된다.

셋째, 인터넷은 협송(narrow-casting)을 기반으로 하기 때문에, 섬세한 타게팅(targeting) 선거전이 가능하다. 즉, 인터넷의 협송 기능을 이용함으로써 후보자들은 유권자 전체를 대상으로 하는 평면적이고 반복적인 선거운동에서 벗어나, 상이한 성격과 특성을 지닌 유권자 집단들 각각에 대해서 그들의 주의와 관심을 이끌어낼 수 있는 입체적이고 특색 있는 선거운동을 전개할 수 있게 된다.

넷째, 인터넷을 통한 메시지의 전달과 수신은 외부의 간섭 없이 자유롭게 행해질 수 있다. 즉, 인터넷 홈페이지를 선거운동에 활용함으로써 후보자들은 기존의 대중매체를 우회하여 자신의 목소리를 직접 유권자에게 전달할 수 있다.

다섯째, 인터넷을 활용한 선거운동은 기존 대중매체에 비해 값이 저렴하고, 시간과 공간에 구애됨이 없이 하루 24시간 가동될 수 있다. 따라서 인터넷을 선거운동에 효과적으로 활용할 경우, 정당 및 후보자는 선거운동 비용을 현저히 줄일 수 있다.

요컨대, 효과적인 인터넷 선거운동은 면대면 접촉 및 매스미디어 선거운동이 갖는 단점들을 극복할 수 있으며, 이들이 지니는 장점들을 최대화할 수 있는 잠재력을 보유하고 있는 것으로 평가된다. 따라서 인터넷 선거전에서는 쌍방향 대화를 장려하고, 유권자의 소리에 귀를 기울이며, 그들의 의견을 정치적 행동으로 재빨리 전환시키는 능력을 보유한 후보자가 선거전의 우위를 차지할 것으로 예상된다. 그러나 이러한 상대적 강점에도 불구하고, 인터넷 선거운동의 확산이 흑색선전 및 사이버테러와 같은 부정적인 문제점들을 생산할 가능성도 함께 지니고 있음을 유의해야 할 것이다.

2) 인터넷 선거운동의 유형

인터넷을 이용한 선거운동은 이메일 및 게시판을 이용한 유권자와의 대화, 인터넷 모금(e-fundraising), 인터넷 자원봉사(e-volunteering), 인터넷 여론조사(e-polling), 당원·당간부·후보자 간의 의사소통을 위한 네트워킹(e-networking), 팬클럽 활동 및 동호인 모임 등 다양하다. 여러 형태의 인터넷 선거운동들은 활동의 제1차적 목적이 지지의 동원인가 혹은 효과적인 선거운동을 위한 전략적 활동인가에 따라, 그리고 선거운동이 갖는 전략적 적극성의 정도에 따라 몇 가지 유형으로 분류될 수 있다.

〈그림 1〉의 가로축은 인터넷 선거운동의 제1차적 목표를 의미한다.[8] 선거활동의 대부분은 유권자들을 대상으로 지지와 후원을 호소하는 것이다. 이와 더불어, 효과적으로 선거운동을 수행하기 위해서는 운동 주체(후보자 및 운동원)들의 전략을 수정 혹은 조정하는 활동도 요구된다. 예컨대, 선거운동 조직의 정비, 운동조직 간의 네트워킹

---

8) 〈그림 1〉은 다음의 논문 p. 6의 그림을 수정한 것임. 김용철, "인터넷 선거운동의 활성화 방안", 『바람직한 국회의원 선거제도와 정당정치』(2003년 9월 한국정당학회 추계학술대회 논문집).

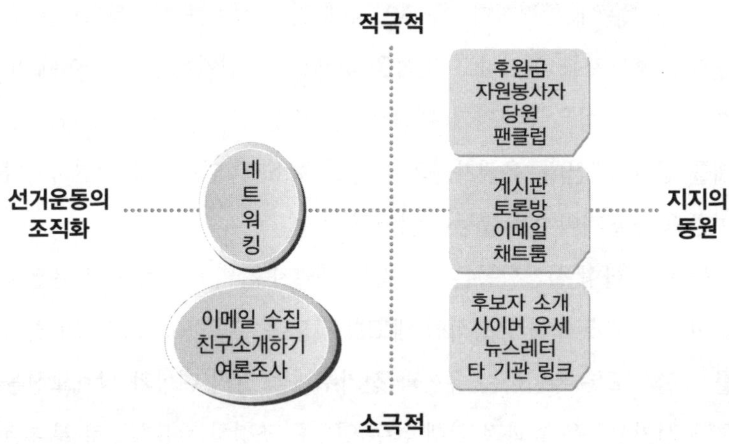

(networking), 그리고 유권자의 태도 및 지지 상황의 변화를 꾸준히 추적하고 확인하여 이를 선거운동 전략에 반영하는 여론조사 활동이 그 대표적인 예이다.

한편, 세로축은 구체적 선거운동이 갖는 전략적 적극성의 정도를 의미한다. 즉 선거운동의 핵심 활동이 정보제공 및 수집에 있는가, 후보자와 유권자 간의 대화에 있는가, 혹은 유권자의 집단적/개인적 의사결정 및 정치행동을 촉발하고 동원하는 데 있는가에 따라, 선거운동은 각각 정보형, 대화형, 정치행동형으로 분류될 수 있다.

이러한 기준에 의해 주요 인터넷 선거활동들을 분류하면 다음과 같다. 첫째, 정보형 선거활동은 정보제공형과 정보수집형으로 분류된다. 정보제공형은 후보자가 유권자에게 정보를 제공하는 형태를 띠는데, 이는 주로 직접적 혹은 간접적(예: 타 기관으로 링크 설정)인 방법을 통해 후보자의 신상정보, 후보자의 지역구정보, 그리고 후보자의 의정활동, 소속 정당, 정치적 입장, 공약사항, 선거유세 일정 등에 관한 정보를 제공하는 데 주력한다. 즉 후보자에 관한 정보를 배포함으로써 유권자가 후보자를 인지하고 관심을 갖게 하는 선거운동이다. 이에 비해, 정보수집형은 후보자가 유권자들을 대상으로 정보를 수집하는 형태를 띤다. 예컨대, 유권자들의 이메일 주소 및 연락처를 수집하거나 여론 동향을 파악하는 활동이 이에 속한다.

둘째, 대화형 선거활동은 후보자와 유권자 간의 대화를 통해 유권자들이 후보자에 대해 긍정적인 태도를 갖도록 유도하고 우호적인 견해를 표출하도록 유인하는 유형과 선거주체들 간의 대화와 상호교신을 통해 선거활동을 효과적 실행할 수 있도록 조정하는 유형으로 분류된다. 전자의 사례로 전자게시판, 채트룸, 이메일 등이 있으며, 후자의 예로는 중앙당과 지구당, 그리고 선거운동원 간의 연결망을 구축하는 네트워킹이 있다. 대화형 선거활동은 후보자, 유권자, 그리고 선거운동원들 사이의 커뮤니케이션을 수반한다는 점에서 정보형 선거활동에 비해 적극성의 정도가 상대적으로 높은 선거운동 방식이다.

셋째, 행동형 선거활동은 유권자들로 하여금 적극적으로 정치행동에 가담하도록 촉구하는 선거운동 방식이다. 그 대표적인 예로는 자원봉사자 · 후원금 · 당원 등의 모집, 그리고 팬클럽 및 동호인 모임과 같은 온라인 커뮤니티의 구축 등이 있다. 이러한 선거활동은 잠재적 지지자들로 하여금 의사결정과 실행을 요구한다는 점에서 가장 적극적이며 공세적인 형태의 선거운동이라 할 수 있다.

3. 총선 후보와 인터넷 홈페이지

1) 지역 및 정당별 홈페이지 운영 실태

광주·전남 지역에서 출마한 후보자들의 홈페이지 개설률 및 작동률은 2000년 16대 총선에 비해 크게 향상된 것으로 나타났다. 16대 총선의 경우, 광주 지역에서 26명 그리고 전남 지역에서 55명이 출마하였다. 이 가운데 홈페이지를 개설·운영한 후보자의 비율은 광주 지역이 42.3% 그리고 전남 지역이 27.3%를 기록했었다.[9] 이에 비해, 17대

〈표 2〉 지역별·정당별 홈페이지 개설 및 작동 실태

정당/지역	항목	지역구 후보	개설 작동 (a)	개설 정지 (b)	미개설 (c)	개설률(%) (a+b)÷(a+b+c) ×100	작동률(%) a÷(a+b+c)×100
지역	광주	34	27	0	7	79.4	79.4
	전남	56	37	1	18	67.9	66.1
	전체	90	64	1	25	72.2	71.1
정당	한나라당	6	1	0	5	16.7	16.7
	민주당	20	19	1	0	100	95
	열린우리당	20	20	0	0	100	100
	민주노동당	10	10	0	0	100	100
	자민련	10	1	0	9	10	10
	민주국민당	2	0	0	2	0	0
	구국총연합	1	0	0	1	0	0
	녹색사민당	2	1	0	1	50	50
	무소속	19	12	0	7	63.2	68.2
	전체	90	64	1	25	72.2	71.1

<표 3> 정당별 선거운동 관계자들의 인터넷 홈페이지의 중요성에 대한 인식

한나라당	민주당	열린 우리당	자민련	민주 노동당	민주 국민당	녹색 사민당	무소속	전체
2.0	4.1	3.4	2.0	4.6	2.0	4.0	3.3	3.6

총선 출마자는 광주 지역이 34명 그리고 전남 지역이 56명으로 총 90명이었다. 이들 가운데 광주 지역 후보자들의 홈페이지 개설률은 79.4%, 그리고 전남 지역은 67.9%로 조사되었다. 이처럼 홈페이지 개설률 및 운영률이 증가한 것은 네티즌의 지속적인 증가로 후보자들의 인터넷 선거운동에 대한 인식이 향상되었을 암시한다.

광주·전남 지역의 인터넷 홈페이지의 개설 및 작동 실태를 정당별로 살펴보면(<표 2> 참조) 열린우리당과 민주노동당이 100%로 공동 1위를 차지하였고, 민주당이 95%로 3위, 무소속이 68.2%로 4위를 기록하고 있다. 이에 비해, 한나라당과 자민련의 경우 각각 6명과 10명의 후보자들이 출마하여, 이 가운데 한나라당은 16.7%(1명) 그리고 자민련은 10%(1명)의 저조한 홈페이지 운영률을 보였다.

이러한 현상은 선거운동의 수단으로써 인터넷 홈페이지의 중요성에 대한 인식의 차이와 밀접한 관련이 있는 것으로 보인다. 선거운동 기간 동안 광주·전남 지역의 총 20곳의 지역구 가운데 10곳을 무작위 추출한 후, 45명 후보자들의 선거운동 관계자들을 대상으로 인터넷 선거운동의 중요성에 대해 물었다. <표 3>은 거리유세 혹은 미디어 선거운동의 중요성을 10점으로 가정했을 때, 인터넷 선거운동의 상대적 중

---

9) 김용철·윤성이, "인터넷과 선거운동 : 제16대 총선 후보자의 인터넷 활용 및 네티즌의 참여실태 분석", 『한국과 국제정치』 제17권 제2호(2001년 가을·겨울), p. 194.

요성에 대한 각 후보자들의 평가를 정당별로 분류한 것이다. 이에 의하면, 홈페이지의 중요성에 대한 인식의 정도가 가장 높은 정당은 민주노동당으로 평균 4.6을 기록하였다. 그 다음으로 민주당, 녹색사민당, 열린우리당, 무소속의 순이었고, 한나라당과 민주국민당이 평균 2.0으로 최하위를 나타냈다.

2) 지역구 및 후보자 특성별 홈페이지 운영 실태

지역구 특성별 홈페이지 운영 실태는 〈표 4〉와 같다. 첫째, 도시화의 정도가 높을수록 홈페이지 운영률이 높은 경향을 보였다. 조사에 의하면, 광주광역시 지역이 79.4%, 일반시 지역이 78.9%, '시와 군' 혹은 '군과 군'으로 구성된 지역구가 59.5%의 홈페이지 운영률을 보이고 있다. 이러한 현상은 도시화의 정도가 높을수록 인터넷 이용인구가 많다는 사실이 후보자들의 선거운동에 반영된 결과로 해석된다.

둘째, 접전지역으로 분류되는 지역구의 홈페이지 운영률이 비접전지역구에 비해 14%가량 높은 것으로 조사되었다.[10] 구체적으로, 접전지역의 후보들 가운데 80%가 홈페이지를 운영한 데 비해, 비접전지역의 경우 66.7%가 홈페이지를 이용한 선거활동을 전개했던 것으로 조사되었다. 이러한 현상은 접전지역일수록 한 표가 아쉬운 상황이 전개되고, 그 결과 후보자들이 모든 가능한 선거운동 수단을 동원한 결과로 해석된다.

한편, 후보자의 특성이라는 관점에서 홈페이지 운영 실태를 살펴보

---

10) 여기서 접전지역이란 선거결과 1위와 2위의 득표율 차이가 3% 이하인 지역구를 의미한다.

<표 4> 지역구 및 후보자 특성별 홈페이지 개설 및 작동 실태

특성	항목	후보자 수	개설		미개설	개설률 (%)	작동률 (%)
			작동	정지			
행정 구역	광역시	34	27	0	7	79.4	79.4
	일반시	19	15	0	4	78.9	78.9
	(시+군)지역	9	5	1	3	66.7	55.6
	(군+군)지역	28	17	0	11	60.7	60.7
	전체	90	64	1	25	72.2	71.1
접전 여부	접전지역	5	4	0	1	80.0	80.0
	비접전지역	85	60	1	24	76.3	66.7
	전체	90	64	1	25	72.2	71.1
연령	20대	0	0	0	0	–	–
	30대	8	7	0	1	87.5	87.5
	40대	36	24	0	12	75.0	75.0
	50대 이상	46	33	1	12	73.9	71.7
	전체	90	64	1	25	72.2	71.1
성별	남자	85	62	1	22	74.1	72.9
	여자	5	2	0	3	40.0	40.0
	전체	90	64	1	25	72.2	71.1
학력	고졸 이하	14	9	0	5	64.3	64.3
	대졸 이하	40	30	0	10	75.0	75.0
	대학원 이상	36	25	1	10	72.2	69.4
	전체	90	64	1	25	72.2	71.1
의원 경력	0선	72	49	0	23	68.1	68.1
	1선 이상	18	15	1	2	88.9	83.3
	전체	90	64	1	25	72.2	71.1
직업	정당인/정치인	47	32	1	14	70.2	68.1
	의·약·변호사	9	7	0	2	77.8	77.8
	기업인	3	3	0	0	100	100
	교수/교사	7	4	0	3	57.1	57.1
	시민운동가	6	6	0	0	100	100
	무직/기타	18	12	0	6	66.7	66.7
	전체	90	64	1	25	72.2	71.1

면 다음과 같다. 첫째, 후보자들을 연령별로 분류했을 때, 연령이 낮을수록 홈페이지 운영률이 높은 것으로 조사되었다. 구체적으로, 30대 후보들은 87.5%의 홈페이지 운영률을, 40대 후보들은 75%의 운영률을, 그리고 50대 이상의 후보들은 71.7%의 운영률을 기록하였다.

둘째, 후보자들을 성별로 분류했을 때, 남성 후보(72.9%)들이 여성 후보(40%)들에 비해 월등히 높은 운영률을 보였다. 이러한 차이는 성의 차이에서 기인하기보다는 여성 후보의 소속정당 및 지역구의 특성에서 비롯되는 것으로 보인다. 즉, 총 5명의 여성 후보들 가운데 2명은 '군과 군'으로 구성된 농촌 지역에서 출마하였다. 뿐만 아니라, 도시 지역에서 출마한 나머지 3명 가운데 2명은 광주 · 전남 지역에서 경쟁도가 낮은 정당 소속의 후보자로서 예비후보자 등록을 하지 않고 (따라서 제한적이나마 선거기간 전에 허용되는 선거운동을 하지 않는 상태에서) 후보등록일(3월 31일~4월 1일)에야 비로소 선거운동을 시작한 후보자들이었다.

셋째, 후보자들을 국회의원 경력의 유무로 분류했을 때, 의원 경력이 있는 후보들이 83.3%의 운영률을 보이는데 비해, 비경력 후보들은 68.1%의 운영률을 기록하였다. 이러한 현상은 국회의원 경력을 지닌 후보자들 총 18명 가운데 14명이 현직 국회의원이라는 사실에서 비롯된 것으로 파악된다. 왜냐하면 현직 의원들은 이미 자신의 홈페이지를 보유하고 있기 때문이다.

넷째, 후보자들을 학력과 직업에 따라 분류했을 때는 홈페이지 운영률과 관련하여 별다른 패턴이 발견되지 않았다.

요약하면, 지역구의 특성이라는 측면에서 볼 때, 도시화의 정도가 높은 지역구일수록, 그리고 후보자 간의 경합이 심한 지역구일수록 높

은 홈페이지 운영률을 보였다. 또한 후보자들의 특성이라는 관점에서
볼 때, 후보자의 연령이 낮을수록, 그리고 국회의원의 경력이 있는 후
보들이 높은 홈페이지 운영률을 보였다.

4. 홈페이지의 선거운동 활용 실태

1) 홈페이지 규모와 내용 구성

　홈페이지의 규모를 파악하기 위해 각 홈페이지가 제공하는 메뉴의
수를 계산하였다. 개설된 홈페이지의 평균 사이즈는 17.3으로 조사되
었다. 정당별로 홈페이지 규모를 살펴보면 민주당의 평균 사이즈가
20.3으로 가장 규모가 큰 것으로 나타났으며, 열린우리당이 18.7로 2
위를 기록하였고, 그 다음은 자민련(18), 민주노동당(14.2), 무소속
(14.1), 녹색사민당(14)의 순이며, 한나라당은 평균 5를 기록하여 최하
위를 차지하였다. 이는 광주·전남 지역에서 한나라당 후보들의 홈페
이지 중요도에 대한 인식이 최하위임을 고려할 때, 결코 우연한 현상
이 아님을 암시한다.

　홈페이지의 내용을 선거운동의 유형별로 세분해 보면(〈표 5〉 참조),
정보형 메뉴가 72.8%로 가장 많은 구성 비율을 차지하고 있으며, 그
다음이 대화형 메뉴(12.7%), 행동형 메뉴(12.2%), 그리고 기타(2.3%)의
순으로 조사되었다. 이를 정당별로 살펴보면, 한나라당과 녹색사민당
후보들은 전체 평균 72.8%보다 훨씬 많은 정보형 메뉴를 제공하였으
며, 자민련과 무소속 후보들은 전체 평균 12.7%을 상회하는 대화형 메

<표 5> 홈페이지 규모와 내용 구성

항목 정당	홈페이지 평균사이즈	홈페이지 내용 구성			
		정보형(%)	대화형(%)	행동형(%)	기타(%)
한나라	5	5(100)	0(0)	0(0)	0(0)
민주당	20.3	14.4(70.9)	2.4(11.8)	3.1(15.3)	0.4(2)
열린우리당	18.7	14.1(75.4)	2.6(13.9)	1.6(8.6)	0.4(2.1)
자민련	18	14(77.7)	3(16.7)	0(0)	1(5.6)
민주노동당	14.2	10(70.4)	1.7(12)	2.3(16.2)	0.2(1.4)
녹색사민당	14	11(78.6)	1(7.1)	2(14.3)	0(0)
무소속	14.1	10.2(72.3)	2(14.2)	1.4(9.9)	0.5(3.6)
전체	17.3	12.6(72.8)	2.2(12.7)	2.1(12.2)	0.4(2.3)

뉴를 보유하였고, 민주노동당과 민주당 후보들은 전체 평균 12.2%를 능가하는 행동형 메뉴를 개설한 것으로 조사되었다. 이에 비해 열린우리당 후보들은 전체 평균치에 근접하는 정보형·대화형·행동형 메뉴들을 제공하였다.

이러한 구성비로 비추어볼 때, 한나라당과 녹색사민당 후보들의 홈페이지는 매우 수동적이며 소극적인 성향을 보이고 있는 데 비해, 민주노동당과 민주당 후보들의 홈페이지는 매우 적극적이며 공격적인 성격을 지닌 것으로 분석된다. 그리고 자민련과 무소속 후보들의 홈페이지는 대화형의 메뉴를 선호한 것으로 볼 수 있다.

2) 정보형 선거운동

정보형은 정보제공형과 정보수집형으로 구분된다. 정보제공형은 후

〈표 6〉 정보형 선거운동

구분	메뉴	전체
정보 제공형	후보자 소개	100%
	후보자 가족 소개	23.4%
	연설문	60.9%
	연설문 모음	23.4%
	선거공약	76.6%
	정책입장	68.8%
	선거유세 일정	35.9%
	선거운동 뉴스	45.3%
	지지자의 글	50%
	후원인(금) 공개	1.6%
	타 기관으로 링크	87.5%
정보 수집형	이메일 소개하기	9.4%
	친구 소개하기	15.6%
	여론조사	35.9%

보자가 유권자들에게 정보를 전달하기 위한 메뉴이다. 〈표 6〉에 의하면, 모든 홈페이지가 빠짐없이 제공한 메뉴는 '후보자 소개'였다. 또한 조사대상 홈페이지들 가운데 87.5%가 '타 기관으로 링크'를 제공하였고, 76.6%가 '선거공약'을, 68.8%가 '정책이슈'를, 60.9%가 '연설문'을, 50%가 '지지자의 글'을, 45.3%가 '선거운동 뉴스'를, 35.9%가 '선거유세 일정'을, 23.4%가 '후보자 가족 소개'와 '연설문 모음'을 제공하였다.

정보수집형은 후보자가 유권자들로부터 새로운 정보를 획득하는 메뉴이다. 17대 총선을 앞두고 선거법 개정에 의해 인터넷 선거운동의 폭이 넓어짐에 따라, 유권자들의 이메일 주소를 수집하는 것은 인터넷 선거운동의 필수 요건으로 등장하였다. 그 일환으로 후보자 홈페이지의 9.4%가 이메일 주소를 수집하는 메뉴를 개설하였다. 이와 유사하지만 좀 더 많은 유권자의 연락처 정보(주소, 전화번호 등)를 수집하기 위한 메뉴로 '친구 소개하기'가 등장하였는데, 홈페이지의 15.6%가 이러한 메뉴를 개설하였다.

'여론조사'는 유권자의 동향을 파악하여 후보자의 선거전략 작성에 반영하기 위한 메뉴이다. 그러나 후보자 홈페이지를 통한 여론조사는 객관적 신뢰성에 문제가 있는 까닭에 유권자 동향을 파악하기 위한 목적으로 활용되기란 대단히 곤란하다. 그럼에도 불구하고 홈페이지의 35.9%가 여론조사를 실시하였다. 이들의 여론조사 내용을 살펴보면 여론동향의 파악에 그 목적이 있기보다는 매우 세련된 방법을 통해 자신에게 유리한 담론을 유포하기 위한 것임을 쉽게 눈치챌 수 있다. 예컨대, 열린우리당 후보들의 경우 "국회의 대통령 탄핵안 가결에 대해 어떻게 생각하십니까?"라는 질문을 통해 탄핵안에 적극 동조했던 민주당 후보들에 대해 비우호적인 분위기를 조성하려는 의도가 다분하였고, 민주당 후보들의 경우 "투표에 있어서 바람직한 선택 기준은 무엇이라고 생각하십니까?"라는 질문을 통해 인물론을 은근히 강조하려는 의도를 쉽게 파악할 수 있었다. 또한 민주노동당과 무소속 후보들은 "시민단체의 낙천·낙선운동에 대해 어떻게 생각하십니까?"라는 질문을 통해 경쟁자들에 대한 자신의 도덕적 우위를 간접적으로 나타내려 하였다.

3) 대화형 선거운동

대화형은 운동조직형과 지지유인형으로 구분된다. 운동조직형은 선

〈표 7〉 대화형 선거운동

구분	메뉴		전체
지지유인형	이메일		71.8%
	게시판 혹은 대화방		98.4%
운동조직형	네트워킹 (무소속 제외)	후보자 → 중앙당	86.5%
		중앙당 → 후보자	92.3%
		후보자 ↔ 중앙당	80.8%

거운동 주체들 간의 상호교신을 위한 메뉴이다. 대통령 선거의 경우 중앙당-지구당-선거운동원을 연결하는 네트워크를 의미하고, 국회의원 선거의 경우 중앙당과 후보 선거사무실을 연결하는 네트워크를 뜻한다. 조사(〈표 7〉 참조)에 의하면, 후보자의 홈페이지에서 중앙당의 홈페이지로의 연결이 가능한 곳이 86.5%였으며, 거꾸로 중앙당 홈페이지에서 후보자의 홈페이지로 연결된 곳이 92.3%였다. 이 가운데 후보자와 중앙당 홈페이지가 양방향으로 모두 연결되는 곳은 80.8%로 조사되었다.

한편, 지지유인형은 후보자와 유권자 혹은 유권자간의 대화를 통해 유권자들이 후보자에게 우호적인 감정과 태도를 갖도록 유인하는 선거운동이다. 이에 해당하는 것으로 게시판과 토론방, 그리고 이메일이 대표적이다.

토론방은 특정 이슈를 중심으로 후보자와 유권자 혹은 유권자들 간의 논의를 이끄는 메뉴인 데 비해, 게시판은 모든 이슈에 개방적인 쌍방향대화 메뉴이다. 그러나 대부분의 홈페이지는 토론방과 게시판을 구분하지 않고 있었고, 조사대상 홈페이지의 98.4%가 게시판 혹은 토

〈표 8〉 토론방 운영방식과 네티즌의 참여

구분		실명토론방	익명토론방	전체
게재된 글의 평균 파일수	선관위의 글	2.7	6.7	5.4
	시민들의 글	52.4	105.1	88.3
	후보자 측의 글	16.8	5.7	9.3
	합계	72.0	117.5	95.5
하루 평균 게재된 파일수		9.0	5.6	7.9
총 조회수		2674.9	4151.3	3681.5
파일당 평균 조회수		49.0	34.0	38.8

론방을 운용하고 있었다(〈표 7〉 참조). 이에 비해 이메일은 유권자와 후보자 간의 대화만을 허용하는 메뉴이다. 이러한 메뉴를 개설한 홈페이지는 71.8%에 달하였으나, 이 메뉴가 실제로 어느 정도 활용되었는지는 알 수 없는 상태이다.

특히 이번 17대 총선에서 눈길을 끄는 것은 게시판 및 대화방의 운영방식이다. 개정된 선거법 제82-6조의 2~4항에 의하면, 후보자가 홈페이지 게시판 혹은 토론방을 실명제로 운영할 경우 이를 위한 제반 기술적 조치를 취할 수 있다고 명시하고 있다. 그 결과 후보자의 홈페이지 게시판은 대체로 세 가지 방식, 즉 익명제, 실명제, 익명제와 실명제를 병행하는 방식으로 운영되었다. 조사에 의하면 분석대상의 58.8%가 익명제를 실시하였고, 11.8%가 실명제를, 그리고 29.4%가 실명제와 익명제의 게시판을 병행 실시하였다.

토론방 운영방식에 따른 네티즌의 참여 빈도는 상당한 차이를 보였다. 〈표 8〉에 의하면, 선거기간 동안 홈페이지 게시판에 올라온 글 수의 하루 평균이 익명토론방이 9.0인데 비해 실명토론방은 이보다 훨씬

<표 9> 토론방 운영방식과 쌍방향성의 정도

실명토론방				익명토론방			
시민들이 올린 글에 대한		후보자 측이 올린 글에 대한		시민들이 올린 글에 대한		후보자 측이 올린 글에 대한	
후보자 응답률	타 시민 응답률	시민 응답률	후보자 측 재응답률	후보자 응답률	타 시민 응답률	시민 응답률	후보자 측 재응답률
24.2%	22.4%	4.8%	2.3%	3.1%	12.3%	2.4%	2.4%

적은 5.6을 기록하였다. 이는 실명제를 실시하는 토론방에 비해 익명제의 토론방에 2배에 가까운 네티즌이 참여했음을 의미한다. 그러나 토론방에 게재된 글에 대한 네티즌들의 조회수를 보면, 상황은 역전된다. 글당 평균 조회수에서 실명토론방(49)이 익명토론방(34)을 앞서고 있다. 이는 네티즌들이 익명토론방의 글보다는 실명토론방의 글에 더욱 높은 관심을 보였음을 시사한다.

이러한 점은 토론방 운영방식에 따른 대화의 쌍방향성 정도의 비교에서도 확인된다. <표 9>는 실명토론방이 익명토론방에 비해 상대적으로 쌍방향성의 정도가 높음을 보여준다. 구체적으로, 익명토론방의 '후보자 측이 올린 글에 대한' 시민들의 응답률은 2.4%였고, 이에 대한 후보자 측의 재응답률이 2.4%였다. 이에 비해 실명토론방은 각각 4.8%와 2.3%를 기록하여, 실명토론방의 쌍방향성의 정도가 익명토론방보다 약간 높았다. 특히 '시민들이 올린 글에 대한' 후보자 응답률과 타 시민들의 응답률의 경우, 토론방 운영방식에 따라 현격한 차이를 보였다. 익명토론방의 경우 '시민들의 글에 대해' 후보자 응답률과 타 시민 응답률이 각각 3.1%와 12.3%를 기록한 반면, 실명토론방의 경우 각각 24.2%와 22.4%를 기록하였다.

항목 \ 메뉴	후원금 기부	자원봉사자 모집	당원 가입	온라인 커뮤니티 가입
홈페이지 메뉴 제공	60.3%	34.4%	6.3%	10.5%
네티즌의 온라인 활동	7.9%	4.0%	–	6.9%

4) 행동형 선거운동

행동형은 지지 성향이 강한 유권자들에게 후보의 당선을 위해 적극적으로 선거운동에 가담하도록 촉구하는 선거운동 유형이다. 〈표 10〉에 의하면 후원금 기부, 자원봉사자 모집, 당원 가입, 팬클럽 및 동호회 가입 등이 행동형 선거운동 유형으로 활용되었다. 구체적으로, 조사대상 홈페이지 가운데 60.3%가 후원금 기부 섹션을, 34.3%가 자원봉사자 모집 섹션을, 6.3%가 당원 가입 섹션을, 그리고 10.5%가 지지자 모임 섹션을 보유하고 있었다.

어느 정도의 네티즌들이 행동형 선거운동에 호응하여 그들의 의사를 실행에 옮겼는가를 파악하기 위해, 총선 직후 전국의 네티즌 1,000명을 대상으로 설문조사를 실시하였다. 설문결과에 의하면, 응답자의 6.1%인 61명이 후보자 홈페이지를 방문하여 자원봉사를 신청하였으며, 7.5%에 해당하는 75명이 후원금을 기부하였으며, 8%에 해당하는 80명이 온라인 커뮤니티(예: 동호회 혹은 팬클럽)에 가입한 것으로 조사되었다. 특히 1,000명의 응답자 중 광주·전남 지역에 거주하는 네티즌은 총 101명이었는데, 그들 가운데 후보자 홈페이지를 방문하고 자원봉사를 신청한 네티즌은 4.0%(4명)에 불과했으며, 후원금을 기부한 네티즌 역시 7.9%(8명)인 것으로 조사되었다. 그리고 후보자 홈페이지의 온라인 커뮤니티에 가입한 네티즌은 6.9%(7명)에 불과한 것으로 나타났다. 이러한 조사결과에 비추어볼 때, 인터넷 홈페이지의 행동형 선거운동은 그 효과가 미미한 것으로 보인다.

5. 맺는말 : 인터넷 선거운동의 위상

후보자의 선거운동은 크게 면대면 접촉을 통한 선거운동, TV · 라디오 · 신문 등을 이용한 미디어 선거운동, 그리고 정당 및 후보자 홈페이지를 이용한 인터넷 선거운동으로 분류된다. 제17대 총선에서 선거운동 주체들은 여러 선거운동 유형들 가운데 인터넷 선거운동의 상대적 위상을 어느 정도로 인식하였을까? 이를 위해 선거운동 기간 중에 광주 · 전남 지역에 출마한 45명 후보자들의 선거운동 관계자들을 대상으로 다음과 같은 전화설문을 시도하였다 : "3가지 선거운동 유형 가운데 스스로 가장 중요하다고 평가하는 유형을 10점으로 했을 때, 나머지 2가지 유형에 대해 중요도를 숫자로 표현해 주시기 바랍니다." 그 결과, 미디어 선거운동은 8.2, 거리유세 등의 면대면 접촉은 7.5, 그리고 인터넷 선거운동은 3.6을 기록하였다. 이는 대부분의 후보자들이 아직 인터넷 선거운동은 거리유세 및 미디어 선거운동을 보완하는 '추가적' 선거운동 방식으로 인식하고 있음을 암시한다.

네티즌들 역시 후보자 홈페이지 방문에 큰 관심을 보이지 않는 것으로 조사되었다. 총선 직후에 실시한 설문조사에 의하면, 광주 · 전남 지역에 거주하는 응답자 101명 중 14명(13.9%)만이 지역구 후보의 홈페이지에 방문한 것으로 나타났다. 인터넷 선거운동의 위상이 향상되려면 무엇보다도 네티즌들의 자발적 참여가 전제되어야 한다. 거리유세나 미디어 선거운동은 유권자들의 의지와 상관없이 그들을 선거운동에 노출시킬 수 있으나, 인터넷 선거운동은 네티즌을 결코 '급습' 할 수 없다. 따라서 인터넷 이용인구가 아무리 증가하여도, 네티즌의 자발적 홈페이지 방문이 없는 한, 인터넷 선거운동은 결코 활성화될 수 없을 것이다.

인터넷 선거운동이 활성화되기 위해서는 다음의 세 가지 요소가 절대적으로 필요하다. 첫째, 인터넷 선거운동과 관련하여 선거당국은 기존의 규제적 접근방식에서 벗어나 적극적이고 진취적으로 접근하여야 한다. 예컨대, 네티즌에 대한 후보자 홈페이지의 유인도를 높일 수 있게 선거운동 사이트가 각종 정치적 패러디를 게재할 수 있도록 허용하여야 할 것이다. 둘째, 후보자들은 홈페이지를 성실하게 관리해야 할 것이다. 즉 수준 높은 선거정보를 제공하여 네티즌들의 욕구를 충족시켜야 하며, 다양한 메뉴를 개발하여 네티즌의 방문을 이끌어낼 수 있어야 한다. 셋째, 네티즌들은 건전한 사이버 문화를 배양해야 할 것이다. 아무리 홈페이지가 훌륭하더라도, 네티즌들의 행태가 저급하다면 인터넷 홈페이지는 진지한 선거운동의 수단으로 인정받지 못할 것이기 때문이다.

제11장 후보자의 인터넷 활용과 유권자 참여

정연정

1. 머리말

인터넷 선거운동이 우리 정치과정에 본격적으로 도입된 것은 지난 2000년 16대 국회의원 선거라고 할 수 있다. 하지만 당시 선거과정에서 활용된 인터넷은 매우 기본적인 기술 장치와 내용(contents)이 결합된 것이라고 할 수 있다.

따라서 우리가 제기해 보아야 하는 문제는 선거과정에서 인터넷이 효과적으로 수행할 수 있는 역할이 무엇인가 하는 것이다. 인터넷을 만병통치약으로 평가하기보다는 오프라인의 정치 · 사회 · 문화의 발전과 맥락을 같이하는 도구로서 인식해야 하며 그러한 오프라인(off-line)에서의 총체적인 변화를 가속화할 수 있는 인터넷의 내용을 파악하는 것이 더욱더 중요하다.

필자는 인터넷의 효과는 변화하고 있는 우리 선거환경의 핵심 코드(code)인 '자발적 참여'와 관련이 있다는 것을 강조하고자 한다. 즉 유권자의 의견과 관심을 언제 어디서든지 효과적으로 표출하고, 이러한

의견과 관심으로 구성되는 정치적·사회적 아젠다(agenda)를 매개로
하여 후보자와 유권자가 의사소통을 수행하는 것이 인터넷의 효과를
극대화시킬 수 있는 지점 중의 하나인 것이다.

이와 같은 문제의식에 근거하여 17대 국회의원 선거과정에서 유권
자가 어떻게 인터넷을 통해 자신의 의견을 표출시키고 있는가에 관심
을 집중시키고자 한다. 특히 이 글에서는 선거과정에서 가장 보편적
수단으로 활용되었던 후보자 홈페이지에서 표출된 유권자의 의견과
이에 근거한 유권자의 선거참여 경향을 파악함으로써 인터넷 선거운
동의 실제를 분석하고자 한다.

이 글에서 다루고자 하는 핵심적인 내용은 크게 두 가지로 구분할
수 있다. 필자의 주요한 관심이 선거과정에서 유권자가 후보자 사이
트에서 표출하고 있는 의견의 내용이기는 하지만 이러한 논의에 직접
적으로 진입하기보다는 17대 국회의원 선거 과정에서 홈페이지를 통
한 선거운동이 어느 정도 확산되었고, 또 이러한 확산의 실제적 내용
이 무엇인가를 개괄하는 것 역시 매우 중요하다. 따라서 이 글에서 핵
심적으로 다루고자 하는 내용 중의 하나는 일종의 인터넷 선거환경의
배경으로서 후보자 홈페이지 활용현황에 대한 개괄이라고 할 수 있다.
후보자가 인터넷을 활용하는 정도나 방식은 유권자의 선거과정에서의
참여의 내용과 방식에 영향을 미치는 것이라고 할 수 있다. 유권자의
자유로운 의견표출의 기본적인 환경 제공자(provider)로서 후보자가
어떻게 인터넷을 핵심적인 수단으로 활용하였는가를 살펴봄으로써 유
권자의 참여 환경을 간접적으로 유추할 수 있다.

물론 후보자 인터넷 활용률의 양적인 증대가 설명해 줄 수 있는 내
용이 그다지 많지 않지만, 이러한 확산에 대해 개괄을 수행하는 것은

변화된 선거환경을 간접적으로 인식하는 데 유용한 지표이기 때문이
다. 예를 들어 대통령 탄핵 이슈에 근거한 양극화된 이념구도 하에서
(강원택, 2004) 이번 17대 국회의원 선거가 이루어지고, 그 과정에서
유권자들의 정치적 선택은 이미 제한된 것이라고 보는 것이 17대 국회
의원 선거의 핵심적인 내용인가의 문제가 제기될 수 있다. 이러한 인
식은 인터넷과 같은 유권자 의견교환 장치를 매개로 했을 때의 변화를
상정하지 못하고 있다. 따라서 유권자가 자신의 의견을 표출하고 다른
유권자와의 의사소통을 통해 정치적 선택을 자발적으로 확정할 수 있
는 제3의 채널의 역할과 기능이 동시에 규명되어야 한다.

따라서 이 글에서 두 번째로 다루고자 하는 내용은 바로 이러한 제
3의 채널로서 인터넷이 역할을 수행할 수 있는 가능성에 관한 것이
다. 즉 후보자 홈페이지 자유게시판에서 유권자들이 핵심적으로 제기
하는 의견 내용을 분석함으로써, 이들이 그러한 선거 아젠다를 제기
함으로써 어떠한 정치적 선택을 표출하는가를 논의하고자 한다.

앞에서 언급한 두 가지 핵심 연구내용 – 홈페이지 활용 현황과 후보
자와 유권자의 정치적 의견 표출과 소통 내용 – 은 우리 선거환경의 변
화 가능성을 탐구하는 중요한 단초가 될 수 있고, 특히 이 연구는 인터
넷이 이러한 변화에 기여하는 지점을 파악하는 데 중요한 근거자료가
될 수 있다. 물론 제3 채널의 관점에서 인터넷 공간에서 이루어지는 유
권자의 행위방식을 이론적으로 구성하는 작업이 이루어져야 함은 물
론이다.

2. 17대 국회의원 선거에서의 홈페이지 활용 개괄 및 변화

17대 국회의원 선거는 기존의 선거와는 다른 법·제도적 기반에 근거하여 수행되었다고 볼 수 있다. 예를 들어 기존의 선거관행에서 주로 활용되었던 정당연설회와 합동연설회 같은 선거운동 방법들이 금지되면서, 각종 미디어를 통한 선거운동 환경이 활발하게 조성되는 변화가 발생하였다고 볼 수 있다(윤성이, 2004). 특히 이번 선거는 선거과정에서 각종 비리의 온상이 되고 유권자들의 참여를 수동적인 것으로 만드는 선거운동이 대폭 제한됨으로써 인터넷과 같은 수단에 대한 후보자와 유권자의 관심이 확대된 선거라고 볼 수 있다.

이와 같은 변화 양상은 후보자의 홈페이지 보유와 활용 정도, 그리고 출마 후보자의 특성별로 나타나는 양적인 차이 등에서도 현저하게 나타난다. 우선 이번 국회의원 선거에서 홈페이지를 보유하고 있는 후보자의 수는 총 986명으로 전체 1,175명 출마 후보자의 약 84% 정도가 이번 선거기간 동안에 인터넷 홈페이지를 중요한 도구로 인식한 것으로 나타난다.

2000년 16대 국회의원 선거에서는 출마 후보자의 약 38% 정도가 홈페이지를 보유하고 활용한 바 있고(라도삼, 2000:10),[1] 2002년 지방선거에서 광역단체장 선거 출마 후보자의 경우 50% 이상이 홈페이지를 보유한 바 있다(정연정, 2002). 따라서 홈페이지와 같은 인터넷 선거운

---

1) 200년 국회의원 선거 당시 후보자의 인터넷 홈페이지 활용과 관련해서는 학자들마다 상이한 비율을 제시하고 있다. 예를 들어 김용철, 윤성이의 경우는 50.3%(김용철, 윤성이, 2001), 라도삼은 38%(라도삼, 2000), 박동진은 50%(박동진, 2000)인데, 이는 홈페이지 개설과 실제 활용이 혼재되어 나타났기 때문이라고 판단된다.

동에 대한 출마 후보자들의 관심은 3가지의 선거과정을 거치면서 비약적으로 증대해 왔다는 것을 알 수 있다.

최대 50% 정도를 상회하던 후보자의 인터넷 활용 정도가 이번 17대 국회의원 선거에서 비약적으로 증대한 것은 앞에서도 언급한 것처럼 선거관련법·제도의 강제적 효과도 크지만, 변화하는 유권자의 인식과 문화 역시 후보자들로 하여금 새로운 매체에 대해 관심을 갖도록 하는 데 중요하게 작용했다고 볼 수 있다. 이러한 유권자의 인식과 문화의 변화는 최근 우리 사회의 일련의 인터넷을 매개로 한 사회적 사건들에서 잘 드러나고 있다. 2002년 월드컵 과정에서의 붉은 악마의 조직과 활동, 동원, 촛불시위, 노사모와 같은 정치적 서포터즈(political supporters)의 활동 등은 유권자들의 정치참여의 방식과 내용의 변화를 파악할 수 있는 매우 중요한 근거를 제공하는 사례들이라고 할 수 있다.

우리 사회의 인터넷을 매개로 한 일련의 변화로 인해 후보자들은 결국 홈페이지와 같은 인터넷 수단을 통해 자신의 정치적 지지자를 구하는 것은 물론, 유권자들의 변화된 참여 메커니즘(mechanism)을 파악하려는 관심을 갖게 된 것이며,[2] 이러한 변화가 결국 80% 이상의 출마 후보자들이 홈페이지를 구축하도록 하는데 중요한 역할을 수행한 것이라고 볼 수 있다.

그렇다면 이러한 양적인 변화의 현실적 내용은 무엇인가를 검토하는 것이 이 절의 주요한 내용이다. 80%를 상회하는 홈페이지 구축이

---

2) Gibson 이외의 학자들은 후보자들이 인터넷 선거운동에 관심을 갖는 이유 중의 하나로 이메일 및 게시판을 통한 유권자의 상호작용을 들고 있다. 이에 대해서는 Gibson et.al., 2001 참조.

얼마만큼 실제로 활용된 것인가, 그리고 급격한 양적인 증대에도 불구하고 후보자의 특성에 따른 홈페이지 활용은 어떻게 상이하게 나타나는가의 문제가 밝혀질 때 비로소 이러한 비약적인 변화의 핵심적인 고리가 파악될 수 있는 것이다.

1) 후보자 홈페이지 활용 개괄

17대 국회의원 선거에서 인터넷은 후보자별로 어느 정도 활용되었는가? 후보자별 인터넷 활용 정도에 대한 개괄적인 분석은 두 가지 차원으로 분류될 수 있다. 우선 후보자의 인터넷 홈페이지 활용 정도는 선거관리위원회에 등록된 후보자 홈페이지 수를 통해 파악될 수 있다. 필자는 선거관리위원회에 등록된 후보자 홈페이지 수와 후보자 특성(정당, 연령, 성별,지역별, 초선/재선 이상 출마)의 관계를 통해 17대 국회의원 선거에서 인터넷이 활용된 정도를 가늠하고자 한다.

선거관리위원회에 등록된 후보자 홈페이지 수를 기반으로 하여 구성된 자료는 개별 홈페이지가 실제로 활동적(active)인 것이었는가에 대한 문제를 제기한다. 이는 등록된 홈페이지가 실제 선거과정에서 사용된 홈페이지인가와 관련된 문제이기도 하다. 그리하여 17대 국회의원 선거에서 절대다수의 후보자들이 홈페이지를 보유하고 있는 것으로 나타남에도 불구하고, 실제 활용도는 직접적으로 파악하기 힘든 것이다.

이와 같은 문제를 부분적으로 해결하기 위해서 우리는 개별 후보자의 홈페이지가 유권자의 접근(in-and-out)을 실제적으로 유도하는 것이었는가를 추적할 필요성이 있다. 따라서 개별 후보자의 홈페이지가 실제로 운영되었는가를 추정하는 지표로 최근 3개월간 유권자들의 개별 후보자 홈페이지 접근 여부를 활용하고자 한다.[3] 따라서 이 현황 부분에서는 선거관리위원회 자료를 통한 개별 수치와 Alexa의 통계자료에 대한 대조를 통해 절대적인 수와 실제적 활용에 대한 검토가 병행될 것이다.

① 정당별 후보자 홈페이지 개설 현황

〈표 1〉에 나타난 바와 같이 정당별로 후보자 홈페이지 개설수나 비율이 상대적으로 높은 후보자는 한나라당과 열린우리당 같은 주요 정당 출마 후보자들이며, 2000년 전체 출마 후보자에게 전원 홈페이지를 제공한 민주노동당의 경우는 17대 국회의원 선거에서도 거의 대부분의 후보자들이 홈페이지를 개설한 바가 있는 것으로 나타나고 있다.

2000년 16대 국회의원 선거와 비교하여 보면, 당시 한나라당 출마 후보자 중 약 40% 정도가 인터넷 홈페이지를 활용하였고, 새천년민주당의 경우는 전체 후보자의 30%가, 자민련 후보자는 약 15%, 그리고 기타 정당 후보자는 1%를 약간 상회하는 정도로 인터넷 홈페이지를 활용한 것으로 나타났다. 이러한 점을 감안한다면, 17대 국회의원 선거에서 정당별 출마 후보자의 홈페이지 개설과 활용은 2000년 국회의원 선거에 비해 현저하게 높게 나타나고 있다.

또한 2000년 국회의원 선거 당시에는 제3의 정당이었던 개혁정당의 후보자들은 다른 주요 정당들의 후보자에 비해 현저하게 많이 인터넷

---

3) 이러한 지표를 활용하여 필자는 미국의 사이트 인기도 정보를 제공하는 Alexa의 URL 검색장치를 통해 최근 3개월간 개별 후보자의 사이트에 사용자들의 traffic이 존재했었는가를 검토하였다. 이에 대해서는 http://www.alexa.com을 참조.

<표 1> 정당별 후보자 홈페이지 개설 현황

정당명	홈페이지 개설 후보자 수	비율(전체 출마 후보자 수)**
한나라당	207	95.0%(218)
새천년민주당	151	83.0%(182)
열린우리당	235	96.7%(243)
자민련	61	49.6%(123)
민주노동당	113	92.0%(123)
기타 정당*	43	69.4%(62)
무소속	176	79.0%(224)
합계	986	84.0%(1175)

* 민주국민당, 국민통합21, 공화당, 가자희망2080, 구국총연합, 사회당, 기독당, 녹색사민당, 노년권익보호당 포함.

** 정당별 전체 후보자 수 중 홈페이지 보유자 수가 차지하는 비율.

홈페이지를 활용하였는데(박동진, 2000), 17대 국회의원 선거에서는 이들 간의 격차가 오히려 반대로 벌어지고 있다는 결과(자민련 제외)를 발견할 수 있다.

결과적으로 주요 정당 후보자들이 인터넷과 같은 매체에 상대적으로 더욱더 많이 노출되어 있고, 이를 통한 유권자와의 의사소통 채널을 확보하고자 하는 정도가 상대적으로 높다는 것을 알 수 있다.

또한 무소속 출신 후보자들은 오프라인 정치에서 기존에 인지도를 확보하지 못한 상황에서 인터넷에 대한 의존도가 높은 편에 속한다고 볼 수 있다. 이러한 두 가지 측면은 인터넷이라는 새로운 선거수단이 기존의 정치질서를 정상화하는 경향과 사회적 인지도를 확보하지 못한 제3의 후보자에게 장점을 제공한다는 매우 역설적인 두 가지 상황 모두를 포함하고 있는 것이다.

〈표 1-1〉 후보자 홈페이지 활용 현황

정당명	홈페이지 개설 후보자 수	비율(전체 출마 후보자 수)*
한나라당	115	56.0%(207)
새천년민주당	118	78.1%(151)
열린우리당	153	65.1%(235)
자민련	54	88.5%(61)
민주노동당	48	42.5%(113)
기타정당	32	74.4%(43)
무소속	97	55.1%(176)
합계	617	62.6%(986)

* 정당별 개설된 후보자 홈페이지 총수 중 실제로 활용된 홈페이지의 비율.

개설된 후보자의 홈페이지가 실제로 운영된 것이었느냐 하는 점은 〈표 1-1〉에서 확인할 수 있다. 한나라당과 같은 제1야당 후보자가 홈페이지를 개설하는 비율은 매우 높은 편에 속하지만, 이러한 홈페이지가 실제로 유권자를 위해 활용된 비율은 다른 정당에 비해 현저하게 낮게 나타나고 있다.

또 한 가지 유의미한 결과는 홈페이지 개설 비율이 다른 주요 정당들에 비해 낮은 자민련 출신 후보자들이 실제로 운영되는 홈페이지의 비율은 다른 정당에 비해 현저하게 높다는 사실이다.

Alexa 자료를 통해서 보면, 전체 개설된 후보자 홈페이지의 비율이 실제로 운영되는 홈페이지 비율에 비해 대체로 높게 나타나는 경향을 발견할 수 있다. 그리고 등록된 후보자 홈페이지의 약 60% 정도만이 실제로 활용되어, 이번 17대 국회의원 선거에서는 절반을 약간 상회하는 정도만이 후보자의 실제 선거수단으로서의 의미를 확보할 수 있다.

〈표 2〉 후보자 연령별 홈페이지 개설 현황

후보자 연령	홈페이지 개설 후보자 수	비율(연령별 전체 후보자 수)
20대	9(100.0%)	100.0%(9)
30대	134(87.6%)	87.6%(153)
40대	402(85.3%)	85.3%(470)
50대	270(81.9%)	81.9%(330)
60대 이상	171(79.8%)	79.8%(213)
합계	986	1,175

② 후보자 연령별 홈페이지 개설 현황

후보자의 차이가 홈페이지 개설과 실제 활용에 어느 정도 영향을 미칠 것인가에 대한 간접적인 추론이 필요하다. 후보자는 연령별로 인터넷과 같은 새로운 기술에 대한 노출 및 친숙도를 확보하고 있기 때문에 이에 대한 차이를 발견하는 것은 매우 중요하다. 즉, 이는 어떠한 연령의 후보자들이 인터넷 홈페이지를 통해 선거운동을 전개할 가능성이 높은가의 문제에 대한 답변을 제공하는 것이기도 하다.

〈표 2〉에 나타난 것과 같이 출마한 후보자의 연령별 홈페이지 개설 정도를 살펴보면, 20대의 출마 후보자의 경우는 전원이 홈페이지를 개설한 것으로 나타나 홈페이지의 연령 효과에 대한 추론을 가능하게 한다.

연령효과에 대한 추론은 또한 〈표 2〉에 나타난 것처럼 연령대가 증대함에 따라 홈페이지 개설 비율이 점차 낮아지는 경향에서도 나타난다. 이러한 문제는 소위 후보자의 연령상의 차이가 홈페이지와 같은 새로운 선거활동 도구를 활용하는 데 중요한 차이를 생산해 낼 가능

〈표 2-1〉 후보자 연령별 홈페이지 활용 현황

후보자 연령	홈페이지 개설 후보자 수	비율(연령별 전체 후보자 수)
20대	7	78.0%(9)
30대	86	64.2%(134)
40대	249	62.0%(402)
50대	170	63.0%(270)
60대 이상	105	61.4%(171)
합계	617	62.6%(986)

성이 있고, 이는 후보자 간의 '디지털 상의 격차(digital divide)'의 문제가 유권자에게까지 영향을 미칠 수 있는 가능성을 시사하는 것이기도 하다.

〈표 2-1〉을 통해서 발견된 사항은 〈표 2〉에서와 같이 연령이 증대됨에 따라 실제 홈페이지를 활용하는 후보자의 수 역시 점차적으로 증가하는 경향을 보여 실제 인터넷 선거운동에 있어 연령효과를 강화시켜 주고 있다.

또한 20대를 제외하고는 홈페이지에 대한 실제 활용률은 기타 세대 후보자들이 심한 격차를 보이고 있지 않은 것으로 나타나고 있어, 홈페이지 활용에 있어 매우 젊은 후보자들의 주도성을 반영하고 있다.

결과적으로 후보자 연령별 홈페이지 개설 정도와 실제 활용 정도를 통해서 나타난 것은 연령효과에 근거한 후보자별 차이이며, 이것이 실제 홈페이지 운영 방법과 내용에 영향을 미쳐 유권자의 인터넷 선거운동 참여에 영향을 미칠 수 있다.

<표 3> 후보자 성별 홈페이지 개설 현황

후보자 성별	홈페이지 개설 후보자 수	비율(성별 전체 후보자 수)
여성 후보	47	77.0%(61)
남성 후보	939	84.2%(1114)
합계	986	1,175

③ 후보자 성별 홈페이지 개설 현황

후보자의 차이를 반영한 홈페이지를 통한 선거운동의 차이는 후보자의 성별에 근거해서도 발생할 수 있다. 여성 후보자의 인터넷 홈페이지 개설과 활용 정도는 선거 진입도가 상대적으로 낮은 후보자들의 효율적 선거운동의 가능성을 타진하는 근거가 될 수 있다.

17대 국회의원 선거에서 전체 출마 후보자 중 여성 후보가 차지하는 비중은 약 5% 정도로 나타난다. 이 중 인터넷 홈페이지를 개설한 후보는 총 여성 후보 61명 중 47명(77%)으로 나타나고 있다. 전체 후보자의 홈페이지 개설 비율이 약 84% 정도인데, 여성은 그 전체 비율에 약간 못 미치는 정도라고 할 수 있다. 하지만 남성 후보자 중 홈페이지를 개설하는 비율과 비교했을 때 10% 이하의 차이를 나타내고 있다.

그러나 여전히 여성 후보의 홈페이지 개설 가능성이 남성 후보보다는 낮다는 점에서 성별 차이의 문제는 여전히 남아 있고, 이러한 차이가 실제 이들의 선거운동과 유권자 참여에 영향을 미칠 수 있다. 만약에 이러한 차이가 지지도의 차이로 직결될 경우, 여성 후보의 선거 참여 가능성에 인터넷이라는 도구가 별다른 효과를 불러일으키지 못할 것이라는 가설이 성립될 수 있다.

<표 3-1>은 여성 후보의 홈페이지가 실제로 활용되고 작동하는 것이

〈표 3-1〉 후보자 성별 홈페이지 활용 현황

후보자 성별	홈페이지 개설 후보자 수	비율(성별 전체 후보자 수)
여성 후보	33	70.2%(47)
남성 후보	584	95.0%(617)
합계	617	986

었는가를 나타내고 있다.

〈표 3-1〉에 따르면 홈페이지를 개설한 여성 후보자 총수는 47명이고, 이 중 실제로 인터넷 홈페이지가 유권자의 접근을 허용하고, 실제로 운영되었다고 볼 수 있는 경우는 전체의 약 70% 정도라고 할 수 있다. 반면 남성 후보자들의 실제 홈페이지 활용 비율은 약 95% 정도로, 남성 후보자의 홈페이지가 여성 후보자의 홈페이지보다 실제로 활용될 가능성이 높은 것으로 나타나고 있다.

결과적으로 남성과 여성 후보 간의 차이는 인터넷 홈페이지를 개설하는 절대적인 양뿐만 아니라 실제로 선거과정에 활용되는 정도 모두에서 반영되어 나타나고 있고, 인터넷과 같은 정보기술이 후보자의 특성과 직접적으로 연관성이 있음을 입증하는 것이기도 하다.

인터넷 기제가 오프라인에서의 남성과 여성 후보의 자원과 배경의 차이를 정상화하는 경향이 〈표 3〉과 〈표 3-1〉에 나타나 있으며, 후보자 간의 정보격차의 문제가 여전히 존재하고 있다는 것을 알 수 있다.

④ 후보자 지역별 홈페이지 개설 현황

2000년 국회의원 선거에서 수도권과 기타 지역 출마 후보자 간의 정보격차 현상은 이미 여러 연구에서 지적된 바 있다(라도삼, 2000; 정연

<표 4> 후보자 지역별 홈페이지 개설

후보자 출마 지역	홈페이지 개설 후보자 수	비율(지역별 전체 후보자 수)
서울	220	88.0%(250)
부산	71	84.0%(85)
대구	53	84.2%(63)
인천	47	81.0%(58)
광주	29	83.0%(35)
대전	28	88.0%(32)
울산	25	93.0%(27)
경기	199	87.0%(229)
강원	29	78.4%(37)
충북	31	86.1%(36)
충남	48	84.2%(57)
전북	41	76.0%(54)
전남	39	70.0%(56)
경북	51	74.0%(69)
경남	65	86.0%(76)
제주	10	91.0%(11)
합계	986	(1,175)

정, 2001; 황용석, 김재영, 정연정, 2000). 2000년 16대 국회의원 선거 출마 전체 후보자 중 서울·경기 지역을 중심으로 하는 수도권 지역에서 출마한 후보자의 인터넷 홈페이지 활용 비율이 전체의 50% 정도를 차지하고 있다.

이는 지역 간의 경제사회적 배경의 차이가 후보자의 인터넷 활용에도 영향을 미치는 것을 의미한다. 특히 정연정의 연구에 따르면 2000년 국회의원 선거에서는 같은 서울 지역 내에서도 지역구의 사회경제적 배경에 따라 후보자의 인터넷 활용 방법과 내용이 다르게 나타나고 있다. 지역구의 정치적·사회적·경제적 조건의 차이는 후보자의 인

<표 4-1> 후보자 지역별 홈페이지 활용

후보자 출마 지역	홈페이지 활용 후보자 수	비율(홈페이지 개설 후보자 수)
서울	127	58.0%(220)
부산	58	81.7%(71)
대구	34	64.2%(53)
인천	32	68.1%(47)
광주	23	79.3%(29)
대전	22	78.6%(28)
울산	17	68.0%(25)
경기	118	59.3%(199)
강원	20	69.0%(29)
충북	15	48.4%(31)
충남	22	46.0%(48)
전북	19	46.3%(41)
전남	27	69.2%(39)
경북	35	69.0%(51)
경남	39	60.0%(65)
제주	9	90.0%(10)
합계	617	(986)

터넷 선거운동에 대한 의지와 활용방법에 직접적으로 영향을 미치며, 이것은 다시 지역 유권자의 참여에도 영향을 미칠 가능성이 높은 것이다(정연정, 2001).

17대 국회의원 선거에서 지역별 출마 후보자의 인터넷 홈페이지 개설과 실제 활용의 차이를 살펴보면 <표 4>와 <표 4-1>과 같다.

2000년 국회의원 선거 당시 후보자 홈페이지 활용에 근거한 지역별 차이 현상과는 달리 2004년 17대 국회의원 선거에서는 지역간의 차이가 뚜렷하게 발생하고 있지 않은 것으로 나타난다. 서울을 중심으로 하는 수도권, 대도시 지역과 기타 지역 후보자 간의 차이는 크게 나타나고 있지 않다.

서울과 대도시권 그리고 기타 지역간의 이러한 차이는 오히려 개별 후보자의 홈페이지 개설 비율이라는 측면에서 비교해 보면 비수도권 및 대도시 지역 후보자들이 더욱더 홈페이지를 많이 개설하는 경향이 있는 것으로 나타난다. 예를 들어 경남 지역 후보자들이 대구나 인천과 같은 대도시 지역 후보자들에 비해 홈페이지를 개설할 가능성이 높은 것으로 나타났고, 서울 지역보다 제주도 지역 출마 후보자들이 홈페이지를 더 많이 개설한 것으로 나타나고 있다.

이러한 점을 볼 때, 인터넷을 통한 후보자의 선거운동은 이제 지역적인 차이에 근거하기보다 전 지역을 통해 확산되어 가는 경향이 있으며, 인터넷이 면대면 중심의 선거운동 경향을 감소시키고 지역적 거리를 소멸시키는 데 매우 효과적으로 활용될 가능성 역시 시사한다.

개별 후보자의 홈페이지가 개설되었을 뿐만 아니라 실제로 활용되었는가를 지역별로 살펴보면, 홈페이지 개설과 관련된 결과와 비슷한 추이를 보이고 있다. 즉 서울 및 수도권을 중심으로 하는 지역에서 출마한 후보자의 홈페이지와 기타 지역에서 출마한 후보자의 홈페이지 활용 정도는 오히려 기타 지역의 비율이 상대적으로 높게 나타나는 경향이 있다.

지역 간에 존재하는 정보격차의 문제는 홈페이지를 통한 선거운동의 실제 활용에 별다른 차이를 생성하지 못하며, 지역적으로 소외되어 있는 선거구가 오히려 인터넷을 더 활발하게 활용할 가능성이 있다.

〈표 4-1〉에 나타난 바와 같이 서울, 6개 광역시, 경기도를 포함한 지역의 후보자들의 홈페이지 활용은 전체의 44% 정도에 해당하며, 기타 지역의 경우 후보들의 홈페이지 활용은 56% 정도로 상대적으로 높게

나타난다.

인터넷과 같은 정보기술은 기존의 면대면적인 선거운동의 관행을 상대적으로 축소시키는 역할을 수행하기도 하지만, 지역에 근거한 정보와 기타 자원의 차이를 절감시키는 데 효과적으로 작용하고 있다고 볼 수 있고, 이러한 변화가 17대 국회의원 선거과정에서 발생한 것이다.

⑤ 초선 출마 후보자 홈페이지 개설 현황

인터넷과 같은 새로운 기술이 기존의 선거과정에서 후보자의 동원 가능한 자원(resource)상의 격차를 해소시킬 수 있는가라는 질문은 기존의 연구들에서 제기되어온 고전적인 문제 중의 하나라고 볼 수 있다(Davis, 1999; Wayne, 1997; 정연정, 2001; 임혁백, 2001). 즉 정치 신인들이 오프라인 선거의 높은 벽을 넘어서지 못하도록 하는 요인들(물적, 인적 자원, 사회적 인지도 등)을 제거하는 데 인터넷이 도움을 줄 수 있는가 하는 점이다.

17대 국회의원 선거는 바로 이러한 정치 신인들이 선거의 장에 대거 등장한 선거이며, 이들의 물적·인적 자원의 상대적 결핍을 어느 정도 해소하기 위해 인터넷은 매우 중요한 도구로 활용되었을 가능성이 있다. 이러한 가설은 결국 개별 정치 신인으로서의 후보자들이 인터넷이라는 매체에 얼마만큼 노출되었는가의 문제를 통해 어느 정도 설명이 가능하다.

〈표 5〉에 나타난 바와 같이 홈페이지 개설과 관련해서는 초선 출마 후보자보다 재선, 3선, 4선 이상의 출마 후보자들의 홈페이지 개설이 선거기간 동안에 더 많았다는 사실을 알 수 있다. 앞에서 논의된 정치 신인들이 인터넷과 같은 홈페이지 의존도가 높다는 사실은 〈표 5〉에서

<표 5> 초선 및 기타 재선 이상 출마 후보자의 홈페이지 개설 현황

초선 및 기타 재당선 후보	홈페이지 개설 후보자 수	비율(초선/재선 이상 출마 전체 후보자 수)
초선	130	96.3%(135)
재선	51	100.0%(51)
3선	41	100.0%(41)
4선 이상	16	100.0%(16)
합계	238	243

도 나타나지만, 기타 재선 이상 출마 후보자들보다 상대적으로 낮은 개설 비율을 나타내고 있다.

홈페이지 등록 및 개설 이외에 개별 후보자의 홈페이지가 실제로 활용된 정도로 정치 신인과 비신인의 홈페이지를 통한 선거운동의 의존도를 살펴보면 <표 5-1>과 같다.

홈페이지를 실제로 활용하는 비율은 3선 출마자의 경우가 가장 높으며, 정치 신인 집단에 속하는 후보자들의 실제 홈페이지 활용률은 상대적으로 낮게 나타나고 있다. 4선 이상 출마한 후보자를 제외하고는 '정치적 seniority' 가 증대함에 따라 홈페이지를 실제로 활용하는 비율은 점차 증가하는 경향을 보이고 있다.

또한 재선과 3선 출마자의 경우가 인터넷 홈페이지에 대한 의존도가 높다는 점을 감안한다면, 이들이 기존에 정립된 자신의 사회적 인지도를 홈페이지를 통해 강화하고, 정치적 지지를 조직화하는 주요한 도구로서 인터넷을 활용할 가능성이 높은 것으로 나타난다.

<표 5>와 <표 5-1>을 통해 두 가지 중요한 사실을 확인 할 수 있다. 첫 번째는 홈페이지 개설과 관련된 부분이며, 두 번째는 홈페이지 실

<표 5-1> 초선 및 기타 재선 이상 출마 후보자의 홈페이지 활용 현황

초선 및 기타 재당선 후보	홈페이지 개설 후보자 수	비율(초선/재선 이상 출마 전체 후보자 수)
초선	103	79.2%(130)
재선	45	88.2%(51)
3선	37	90.2%(41)
4선 이상	14	88.0%(16)
합계	199	84.0%(238)

제 활용과 관련된 부분이다.

첫 번째 홈페이지 개설과 관련해서는, 정보기술이 정치 신인에게 선거운동 과정에의 진입 가능성을 감소시켜, 홍보와 의사소통과 관련된 비용을 절감시킬 가능성은 높다고 볼 수 있다. <표 5>는 바로 이러한 정치 신인들의 선거운동의 진입비용 절감 효과에 대한 인식을 반영한 것이라고 할 수 있다.

두 번째로 홈페이지를 실제로 활용하는 문제와 관련해서는, 정치 신인보다는 기존의 정치적 경험이 있고 선거에 여러 번 출마한 경험이 있는 후보자들의 경우에 오프라인에서의 자신의 정치적 인지도를 강화시키기 위해 인터넷과 같은 정보기술을 활용할 가능성이 높다는 사실을 알 수 있다. 이러한 경향은 <표 5-1>에 나타나 있는데, 결과적으로 인터넷은 진입비용과 관련해서는 정치 신인에게 도움이 될 수 있으나, 이를 실제로 활용하는 과정에서는 오프라인의 질서가 더 강력하게 작동하는 공간이 될 수 있다는 점을 상기할 필요가 있다(비용절감효과).

2) 후보자 특성과 인터넷 선거운동의 관계 : 17대 국회의원 선거운동

앞에서 논의된 17대 국회의원 선거과정에서의 홈페이지 관련 현황을 종합적으로 정리하여, 이번 국회의원 선거과정에서 후보자들의 인터넷 선거운동의 특성을 파악할 수 있다. 후보자들의 인터넷 선거운동의 특성은 결과적으로 유권자들의 선거참여에 중요한 환경을 제공하는 제공자들의 특성을 반영한 것이기도 하다. 이는 후보자들의 인터넷 활용의 유형이나 경향이 결과적으로 유권자들의 참여를 유도하고 그 내용을 결정짓는 데 한 가지 중요한 요인이 될 수 있다는 것을 의미한다.

여기서는 17대 국회의원 선거에서 후보자들의 인터넷 선거운동의 특성을 결정짓는 중요한 변수로서 이들의 출마 정당, 연령, 성별, 지역, 정치적 seniority 정도를 통해 이러한 변수들이 어떻게 홈페이지를 개설하고 구축하는 데 영향을 주는가에 집중하고, 이를 통해 17대 국회의원 선거의 인터넷 선거운동의 특성을 개괄적으로 파악한다.

이러한 과정을 통해 도출될 수 있는 특성은 크게 5가지 정도로 요약할 수 있다.

첫 번째는 전체적인 변화의 한 부분으로, 인터넷 홈페이지의 구축과 실제 활용은 2000년 국회의원 선거 당시에 비해 현저하게 높아졌다는 것이다. 이는 우리 사회의 인터넷 활용률의 증대와 직접적으로 연관이 있고, 인터넷을 매개로 한 일련의 정치적 변화 및 참여가 후보자들의 인식에 영향을 미친 것으로 볼 수 있다. 이들 간의 직접적인 연관성은 보다 경험적으로 분석되어야 하지만, 사회적이고 정치적인 변화를 인터넷이 매개하고 있다는 보편적인 환경하에서 충분히 가능한 것이라고 할 수 있다.

두 번째는 후보자들이 출마한 정당과 인터넷 선거운동 간의 관계이
다. 출마 후보자들이 어떠한 정당의 소속이었는가는 이들이 수행하는
선거운동 및 선거과정 참여에 매우 중요한 역할을 수행한다고 볼 수
있다. 인터넷 선거운동 역시 이러한 차이(variance)를 파악하는 데 유
용하다고 볼 수 있을까 하는 문제가 제기될 수 있다. 앞에서의 조사결
과에 의하면(〈표 1〉, 〈표 1-1〉), 홈페이지 개설과 관련해서는 주요 정당
후보자들이 인터넷 개설을 하는 경향성은 높으나, 이를 실제로 활용하
는 비율은 기타 정당에 비해 낮게 나타나고 있다는 점이다.

이러한 차이는 결과적으로 주요 정당 출마 후보자들이 인터넷을 통
해 수행하는 선거운동의 목적과 기타 정당 출마 후보자들의 인터넷 선
거운동의 목적이 상이할 수 있다는 것을 의미한다.

세 번째로 후보자의 연령이 홈페이지 개설과 실제 활용에 어떠한 영
향을 미칠 수 있는가의 문제이다. 이 연구 결과에 의하면 홈페이지의
개설과 실제 활용 모두에서 20~30대 연령의 후보자들이 이를 주도하
고 있는 것으로 나타나는데, 이는 연령효과가 반영된 것이다. 하지만
20대의 전적인 우위를 배제하면 30대와 40대의 차이는 2% 정도이며,
이를 실제로 활용하는 데 있어서는 30대와 50대의 차이는 1% 정도로
인터넷 선거운동의 '386 주도성'을 확정하기에는 미미한 차이이다.

네 번째로 후보자 성별과 인터넷 선거운동의 관계는 여전히 남성 후
보가 여성 후보에 비해 더 많이 홈페이지를 개설하고 활용하는 것으로
나타나고 있다. 이러한 차이는 홈페이지를 개설하는 것보다 실제 활용
하는 과정에 더 많이 발생한다. 이는 여성 후보와 같은 소수 집단의 후
보들이 인터넷 선거운동에 진입하기는 상대적으로 용이하나, 이를 실
제로 활용하는 과정에서의 차이는 극복하지 못하고 있음을 시사하는

것이다.

다섯 번째로 후보자의 출마 지역에 근거하여 인터넷 선거운동의 차이를 살펴보면, 수도권 및 대도시 중심적인 선거운동의 가능성을 어느 정도 희석시키고 있다. 이 연구 결과에 의하면 홈페이지를 개설하는 과정에서는 이러한 수도권 및 대도시 중심성의 문제가 중요한 특성으로 나타나지만, 실제로 활용하는 과정에서는 비수도권 및 소도시의 중심적인 특성이 드러난다는 것이다. 즉 후보자들은 인터넷 홈페이지를 개설함에 있어서는 지역구의 정보화 수준 및 기타 인구통계적인 요소들을 중요한 환경으로 판단하며 이것이 실제 영향을 미치나, 실제로 개설된 이후에 활용되는 부분에 있어서는 이러한 차이가 별다른 영향을 미치지 못하는 것이라고 볼 수 있다.

마지막으로 선거출마 경험과 인터넷 선거운동의 관계를 살펴보면, 인터넷 홈페이지를 개설하는 과정에서뿐만 아니라 이를 실제로 활용하는 과정에서 역시 초선 출마자보다는 재선 이상의 출마자들이 상대적으로 인터넷에 더 많이 의존하는 경향성을 나타내고 있다. 정치 신인들의 인터넷에 대한 의존도가 상대적으로 낮다는 사실은 기존의 연구결과들과는 매우 상이한 측면을 갖는 것이라고 볼 수 있다.

3. 인터넷을 통한 유권자의 선거참여 : 후보자 사이트 게시판을 중심으로

지금까지 유권자들의 인터넷 선거운동 참여의 기본적인 환경을 제공하는 제공자들의 특성이 어떻게 이러한 선거환경을 구성하는 데 영향을 미칠 수 있는가에 대해 논의했다. 이 절에서는 개별 후보자의 사이트에서 이루어지는 유권자의 참여가 어떠한 양태로 이루어지며, 또 이것이 전체 선거에 어떻게 영향을 미칠 수 있는가를 이해하기 위한 논의가 전개된다.

후보자 사이트에서 유권자의 참여를 전제로 하는 것은 사이트별 자유게시판이 대표적이다. 필자는 이러한 게시판에서의 유권자는 어떻게 이번 17대 국회의원 선거를 인식하고 있으며, 선거과정에서 유권자들 간의 의사소통은 어떻게 나타나고 있는가를 논의하기 위해 후보자 사이트 게시판에 대한 참여관찰을 수행한 바 있다.

인터넷은 과거의 어떠한 매체에 비해서 선거과정에서 쉽게 배제될 수 있는 의제들을 유권자가 발설하고 논의함으로써 유권자 중심의 선거의제를 형성하고 선거담론을 형성하는 데 매우 중요한 역할을 수행할 수 있는 것으로 인식될 수 있다(백선기, 2003 : 정연정, 2004). 예를 들어 16대 국회의원 선거 당시 이루어진 낙천·낙선운동의 경우는 기존의 선거과정에서 쉽게 배제되어온 국회의원 선거 출마 후보자 자질 문제가 유권자 사회의 새로운 의제로 등장하고, 이것이 선거의 승패에 실질적으로 영향을 미친 사례로 논의되기도 한다(진영재, 엄기홍 2002).

이러한 점을 감안한다면, 인터넷은 유권자들 간의 의사소통을 가능하게 하는 새로운 매체인 동시에 이들이 실제로 선거의제의 생성자로서의 역할까지 수행도록 하는 데 중요한 역할을 수행할 수 있다는 것이다. 기존 선거과정에서 수동적인 이슈 반응자로서의 역할만을 수행하던 유권자들이 인터넷 공간을 자유로운 의견표출의 공간으로 활용함으로써, 오프라인의 게이트 키퍼(gatekeeper)들이 생성해 낸 주요 의제들을 우회하여 선거와 관련된 새로운 의제들을 창출해 가는 데 인터넷이 효과적으로 접합될 수 있다.

이러한 문제의식에 기반하여 이번 17대 국회의원 선거에서 유권자들이 기존의 오프라인 정치과정에서 제기된 주요 선거이슈들을 우회하여 자신들의 주요한 선거쟁점을 추구하는 과정에 인터넷을 활용한 사례들을 발굴하는 것을 기본 목적으로 하여, 법정 선거운동 기간을 중심으로 후보자 사이트 게시판을 통한 유권자들의 의견을 분석해 보고자 한다.

여기에서 분석된 게시판과 관련된 내용은 크게 3가지 관점에서 전개될 것이다. 첫 번째는 오프라인에서 지배적인 선거의제가 온라인에서의 유권자 토론과 의견개진에서도 과연 중요한 맥락을 구성하며, 이러한 오프라인의 정치적 갈등구조가 온라인에서도 반영되어 나타나는가 하는 부분이다.

두 번째 부분은 기존의 오프라인 선거과정에서 중요한 쟁점이 되어 온 '지역감정'의 문제이다. 지역적인 연고주의에 근거하여 특정한 정당을 지지하는 경향이 우리 선거과정의 고질적인 문화로까지 인정되어 온 것도 사실이지만, 이러한 경향성이 온라인에까지 어떻게 연장, 확산되고 있는가의 문제를 살펴볼 필요가 있다.

세 번째로 소수자 후보의 선거과정 진입과 관련하여 인터넷이 실질적으로 중요한 도구가 될 수 있는가 하는 문제이다. 예를 들어 여성 후보자들이 선거과정에 진입하여 지지도를 확보하기 위한 수단으로 인터넷이 과연 효과적일 수 있는가의 문제이다. 즉, 이러한 여성 후보자들의 사이트 게시판에서 유권자들은 어떻게 지지와 반대, 그리고 기타 선거 관련 의견을 개진하는가의 문제를 살펴보고자 한다.

1) 올바른 정치질서 구현과 새로운 정당 후보자 지지 – 대전 서(을)

① 유권자의 전체 의견 개진의 주요 내용

대전 지역은 17대 국회의원 선거과정에서 기존의 지역적인 정당지지 패턴을 극복하고, 새로운 정당과 후보자에 대한 지지가 두드러지게 나타난 바 있다. 17대 국회의원 선거결과 6개의 전체 선거구에서 열린우리당 후보가 당선되는 새로운 결과를 초래하였다. 그리고 이 중 4명은 초선 의원에 해당한다. 대전 지역의 경우는 기존의 한국 선거과정에서 새로운 형태의 유권자 선택을 표출한 사례로 인식될 수 있다. 이러한 변화에 인터넷이 어떻게 유권자들의 의견을 반영하고 있는가를 살펴보기 위해 초선의 열린우리당 후보자와 자민련 후보자가 경쟁한 대전 서(을) 선거구의 열린우리당 후보자 사이트 게시판을 분석하고자 한다. 이 게시판에서 유권자들은 어떠한 의견을 개진하고, 오프라인에서의 주요한 선거의제인 탄핵과 관련된 문제들에 대해 어떠한 인식을 보여주는가가 주요한 분석쟁점이 된다.

이 사이트의 게시판에서 4월 1일~15일에 유권자들이 올린 의견의 핵심 코드들을 분류하면 〈표 6〉과 같다.

〈표 6〉에 나타난 바와 같이 법정 선거운동 기간에 후보자 사이트를 방문한 유권자들이 주로 개진한 의견의 핵심 내용은 후보자 자질과 관련된 문제와 공명선거운동, 현실정치에 대한 회의, 새로운 정치 구현 등의 문제가 많았다. 후보자 자질문제는 출마 후보의 군미필과 재산세 체납과 관련된 문제로서, 이 부분에 대한 강력한 비난보다는 사실 확인과 해명을 요구하는 내용의 글이 대부분을 차지했다. 이러한 부분에 대해서는 후보자가 직접 게시판에 글을 올려 해명의 과정을 거쳤고,

<표 6> 후보자 사이트 게시판 의견 핵심 코드

유권자 의견 내용	유권자 의견 개진 빈도
지역사업 및 발전	3건
현실정치 회의 및 새로운 정치구현	6건
후보자 반대 및 지지	4건
공명선거운동 및 정책선거의 중요성	7건
후보자 자질 문제	11건
정책 관련	4건
열린우리당에 대한 반대 및 지지	9건(열린우리당 지지 6건, 반대 3건)
투표참여(go to voting)	1건
지역주의 선거 극복 필요성	3건
탄핵 관련	1건
다른 유권자 의견 비판	1건
건의사항	4건
기타	2건
총 게시물 건수	62건

이로 인해 사실확인이 되었다고 인정하는 유권자의 글도 3건이나 존재했다.

결과적으로 대전 서(을) 선거구의 경우 오프라인의 주요한 선거의제인 탄핵과 이로 인한 이념적 균열을 반영한 내용의 글보다는 현실정치에 대한 반대, 후보자 자질문제 등이 중심을 이루고 있음을 알 수 있다. 그리고 이를 통해 후보자에 대한 요구는 물론 기존 선거와 결과에 대한 회의, 깨끗한 정치 구현 등에 대한 의견을 후보자에게 전달함으로써 이러한 부분이 유권자의 정치적 선택에 중요한 부분이라는 점을 간접적으로 시사하고 있다.

탄핵과 관련된 선거 아젠다들이 전국에 확산되고, 이에 근거한 주요 정당들의 선거전이 유권자들에게 얼마만큼 파급력을 갖는 것인가의 문제는 이 선거구의 사이트를 통해서도 드러나고 있다. 물론 이러한 탄핵과 관련된 안건이 게시물 등의 형태로 제기되기는 했지만, 이 사이트 내에서 기타 유권자들의 의견 개진에는 별다른 영향을 주지 못하고 있다.

후보자 자질에 대한 문제 역시 유권자가 후보자에 대해 감시하고 후보자의 정책적 실현능력을 검토하는 유권자의 권리를 표현하는 의견 개진을 반영한 것이라고 볼 수 있다. 후보자의 자질을 문제삼음으로써 후보자에 대한 인신공격과 비난 등의 방향으로 흘러가기보다는 이에 대한 객관적인 사실 요구와 해명 요구, 그리고 그것이 전체 선거결과에 미칠 결과에 대한 의견 등이 제시되고 있다는 점에서 기존의 유권자 선거참여의 관행을 초월하는 것이라고 볼 수 있다.

② 새로운 유권자 선택을 반영한 내용

앞에서 논의된 이 선거구의 유권자의 선거의제에 대한 관심이 새로운 정치적 선택으로 연결될 수 있음을 간접적으로 시사하는 내용의 글들이 존재하고 있다. 즉 기존에 자민련 중심의 정치적 선택을 수행해 16대 국회에 대한 불신, 16대 이 지역구 국회의원의 정책실행 능력에 대한 회의, 지역주의에 근거한 투표관행에 대한 회의를 통해 자신의 정치적 선택을 변경한 경우가 이에 해당한다.

이 지역구에서 출마한 초선 의원에 대한 지지는 결국 이러한 기존 선거 및 정치, 국회의원에 대한 불신의 결과라는 것을 알 수 있고, 이 지역구의 유권자는 지배적인 정치적 질서를 반대하기 위한 대안으로서 이번 국회의원 선거를 인식하고 있다.

이와 같은 내용은 다음에 인용한 게시물에 잘 나타나 있는데, 이는

전국적인 탄핵 이슈가 아닌 정치불신, 기존 지역구 국회의원의 정책실
행 능력에 대한 불신을 반영한 것이기도 하다.

제목 : 구 후보님 얼마 안 남았네요 힘내시길!!!!!!

등록일 : 2004.4.14 (17:00:12)

전 갈마동에 사는 30대 자영업자입니다.
몇 시간 안 남았네요. 선거운동할 시간도.
힘내십시오.
16대 총선에선 현역 의원인 이재선 후보에게 투표한 사람입니다.
그 당시는 자민련이었고요.
이젠 확실히 기호3번입니다.
부디 꼭 당선되시리라 보고요.
당선되시어도 꼭 초심을 잃지 말길 바랍니다.
초심 같은 생각으로 일하시면
서구을 시민들은 다음 총선에서도 결코 후보님을 버리지 않을 겁니다.
현 의원이 왜 이번에 낙선할 거 같은지 답은 보입니다.
선거운동할 땐 잘하겠다..등등..온갖 입바른 소리를 하지만
당선이 되면 국민이 바라지도 않는 탄핵이나 앞장서서 하니
어느 누가 지지를 합니까.
민심을 읽고 국정 운영하시면 많은 지지가 있을 거라 봅니다.
꼭 당선되시어 노무현 대통령의 국정운영에 힘이 되주시길 바랍니다.

제목 : 누가 당선이 되든 눈 똑바로 떠야 합니다

등록일 : 2004.4.5 (12:29:24)

도대체 국회의원이 되면 선거 때하곤 완전히 달라지는 모습에 식상해 있습니다.
어느 분이 되든 간에 선거운동할 때같이 의정활동을 해주시기 바랍니다.
요즘 다른 나라 국회의원들 의정활동 하는 거 보니 감동적이더군요.
북유럽의 작은 나라인 스위스인가? 암튼 20대 초의 여자 대학생이 학교를 갖다
온 다음에 자전거를 타고 동네 민의를 수렴하러 돌아다니고 자기 사무실에서는
아주 진지하게 민의를 정리하며 활동하는 국회의원의 모습에 감동받았습니다.

한국의 국회/시/구의원들은 당선만 되면 그때부터 모습이 달라지더군요.
지역의 유지로서 행세하려고 하고 어께에 힘만 잔뜩 들어가……
남들이 비웃는지 부러워하는지 분간을 못하는 모습에 역시 "정치꾼"에 불과하구
나하는 생각이 들더군요.
한국 정치 사람만 바뀐다고 개혁되는 게 아니라 의원들 하나하나 의식도 많이 바
뀌어야 한다고 생각합니다.
남은 기간 열심히 하셔서 좋은 결과 있기를 바랍니다.

2) 중앙정치와 유권자의 선택 – 대구 동(갑)

17대 국회의원 선거에서 대구 및 경북 지역은 한나라당의 지지자 가
장 높은 지역이다. 특히 대구 지역의 경우는 12개 선거구 모두에서 한
나라당 후보가 당선되는 결과를 나타내고 있다. 이러한 대구 지역 유
권자들의 선택은 관련 정당 후보자의 사이트에서 어떻게 반영되어 나
타나는가, 그리고 과연 이러한 유권자들의 의견이 지역감정에 근거한
투표를 유도하는 데 중요한 부분으로 작용하고 있는가가 여기서의 핵
심 내용이라고 할 수 있다. 이러한 문제를 검토하기 위해 대구 동(갑)의
한나라당 후보의 사이트 게시판을 분석하였으며, 이를 통해 게시판에
나타난 유권자들의 주요한 관심과 내용을 분석한다.

① 유권자의 전체 의견 개진의 주요 내용

대구 동(갑) 지역구의 한나라당 후보자 사이트 게시판에는 주로 중
앙정치에서 이루어지는 탄핵, 노인폄하, 박정희 우상론, 박근혜 열풍,
열린우리당 비판, MBC 선거보도 및 프로그램 파문 등의 의제가 그대
로 반영되어 나타나고 있다. 지역발전이나 지역감정 극복 등의 새로운

유권자 의견 내용	유권자 의견 개진 빈도
노인폄하 발언 및 정동영 의장 비판	21건
노사모 및 유시민 의원 등 기타 열린우리당 의원 비판	4건
박정희 지지 및 좌경	17건
열린우리당 비난 및 반대	18건
박근혜 대표 지지	6건
MBC의 열린우리당에 대한 편파보도 비판	3건
노무현 정부 비판	8건
후보자 자질 및 지지, 반대	8건(반대 1, 자질 관련 질문 2)
한나라당 정책 및 당 지지	4건
탄핵 관련 문제	1건
시민단체의 낙천,낙선 명당에 대한 반대	4건
지역개발 및 발전	1건
기존 정치 비판	1건
기타	3건
총 게시물 건수	99건

형태의 유권자 의견은 거의 찾아보기 힘들고, 열린우리당 비판에 근거한 한나라당 지지 발언이 주를 이루고 있다(〈표 7〉 참조).

이 지역구의 경우는 노인폄하 발언으로 인한 열린우리당과 의장에 대한 격렬한 비판의 글들이 다수를 이루고 있고, 박정희의 경제적 신화와 박근혜 대표에 대한 정서적·감정적 지지의 글이 주를 이루고 있다. 유권자들의 지역구에 대한 관심은 거의 찾아볼 수 없고, 후보자에 대한 판단과 관심 역시 거의 찾아볼 수 없는 것으로 나타난다. 대부분이 탄핵과 관련된 노무현 정부에 대한 비판, 이에 대한 열린우리당에 대한 강력한 비판 등이 주를 이루고 있는 것으로 나타난다. 중앙에서의 정치

적 의제들이 오히려 이 게시판에서 강화되고 있으며, 대부분의 의견개
진 형태도 개인의 의견에 근거한 상호작용이라기보다는 언론보도나 한
나라당 사이트의 내용을 그대로 가져다 올린 글이 주를 이루고 있다.

특히 〈표 7〉에 나타난 바와 같이 한나라당의 정책 및 구체적인 선거
관련 의제에 대한 객관적인 지지는 총 게시물 건수 중 4건 정도에 해당
하고, 이는 지역구 의제와 관련이 없는 '유시민 및 노사모'에 대한 비
판과 비슷한 숫자인 것이다. 노인폄하 발언 역시 열린우리당 비판이나
정동영 의장에 대한 비판과 직접적으로 관련이 있는 것이어서, 중앙정
치에서 이루어지는 선거의제에 대한 이 지역구의 폭발적인 대응을 보
여주는 것이기도 하다.

한 가지 두드러진 특성은 박정희 전 대통령의 경제발전 및 정책의
효과를 선전하는 내용과 '빨갱이' 및 좌경 등 극단적인 보수 이데올로
기를 포함한 내용이 전체 게시물에서 매우 많은 부분을 차지한다는 점
이다. 이러한 부분은 이 지역의 주요한 선거쟁점이 70년대 경제발전과
반공 이데올로기라는 점을 간접적으로 시사한다. 물론 이러한 게시판
의 주요 의견 내용이 이들의 정치적 선택에 얼마만큼 직접적인 영향을
미쳤는가는 경험적인 분석이 필요하지만 이러한 열린우리당에 대한
강력한 반대, 반북한 이데올로기, 박정희 신화, 박근혜 지지 등의 요소
등이 이들의 선택에 중요한 영향을 미칠 수 있다는 가능성을 포함하고
있다.

이러한 게시물에 나타난 의견들은 관리자들의 대응행위에 의해 더욱
더 강화되는 경향을 보이고 있다. 이 사이트의 관리자는 노인폄하 발언
파문과 열린우리당에 대한 강력한 반대의견이 게시될 때마다 이를 강
화시키는 내용의 대응 게시물을 올리고 있는 것을 발견할 수 있다.

결과적으로 이 선거구의 후보자 사이트에서의 유권자들의 의견은 인터넷을 통해 가능해지는 유권자의 선거의제 형성과는 정반대의 현상을 드러내고 있다. 중앙정치 및 오프라인 선거과정에서 대두되고 있는 문제들이 그대로 게시판 유권자 의견에 반영되어 나타나고 있으며, 새로운 선거의제는 거의 찾아볼 수 없다. 인터넷이 이러한 부분을 획기적으로 변화시킬 것이라는 가정보다는 오히려 오프라인적인 질서가 그대로 강화되는 형태의 사례가 바로 이 지역구 후보 사이트 게시판인 것이다.

3) 여성 후보 – 서울 서대문(갑)

① 유권자의 전체 의견 개진의 주요 내용

서대문(갑) 지역구는 한나라당과 열린우리당의 경합지역으로 선거 과정에서 평가되었다. 이러한 주요 정당의 경합지역에 제3의 정당 후보인 동시에 여성인 후보는 유권자들에게 어떠한 정치적 선택을 유도하게 될 것인가라는 문제가 제기될 수 있다. 이 후보의 홈페이지 자유게시판에서 이루어진 일련의 토론 및 의견개진은 이러한 조건의 여성 후보에 대해 어떠한 선거의제들을 제공하고 있으며, 또한 이를 통해 간접적으로 유추할 수 있는 유권자의 정치적 선택의 내용이 무엇인가를 함축하는 것이기도 하다. 이 지역구 후보의 게시판의 유권자 의견의 핵심 내용은 〈표 8〉과 같다.

〈표 8〉에 나타난 바와 같이 이 후보의 홈페이지 자유게시판에서 선거운동 기간 동안 유권자들이 개진한 의견의 내용은 후보자에 대한 지지와 격려가 주를 이루고 있다. 이러한 지지글에는 여성 후보에 대한

〈표 8〉 후보자 사이트 게시판 의견 핵심 코드

유권자 의견 내용	유권자 의견 개진 빈도	비고
후보자 지지 및 격려	14건	• 여성 후보에 대한 지지 : 2건 • 사표가 되더라도 소신투표 : 1건
후보자 반대	3건	• 경험 및 소질 부족
민주노동당 지지	6건	• 1건의 인용한 글
낡은 정치 청산 및 새정치 구현	3건	
후보 후원	2건	
정책 관련 및 공약사항 질의, 의견 개진	3건	
선거운동 및 기타 선거 관련 사항 제안	2건	• 선거관리위원회 준법서약서에 등록하지 않은 부분 지적 및 시정 요구
1인 2투표제에서의 선택	3건	
기타	10건	• 유시민 후보의 글/정현정 후보의 답글, 민주노동당 선거대책본부 관계자 및 당원의 글
총 게시물 건수	46건	

특별한 관심을 나타내는 여성 유권자의 의견도 포함되어 있고, 민주노동당의 후보에 대한 지지를 동시에 표출하는 경향도 발견할 수 있다. 대부분의 지지글은 후보자의 정책에 대한 지지, 후보자 자신의 오프라인 선거운동의 의미에 대한 공유 등이 포함되어 있었고, 이 중에는 열린우리당에 대한 지지를 선택했다가 인터넷 사이트에서 이 후보의 답글과 기타 관련 선거운동을 보고 이 후보에 대한 지지로 정치적 선택을 변화시키겠다는 내용의 글도 포함되어 있다.

물론 후보자에 대한 직접적인 반대를 표출하는 글들도 있었으나 감정적이거나 비방적인 내용이라기보다는 후보의 정책적인 경험 부족과 소질 부족의 문제를 객관적으로 논거하는 글들이 다수를 이루고 있다는 점에서 이 사이트에서의 민주적인 유권자 의견교환의 가능성을 발견하게 된다. 특정 후보에 대한 찬성과 반대가 논리를 중심으로 각각 올려지고 있으며, 이에 대한 무질서한 반격과 감정적인 대응은 전혀 찾아볼 수 없다.

또한 이 게시판에서 유권자가 표출하고 있는 의견 중 특이한 내용은 탄핵과 관련하여 열린우리당의 지지를 호소하는 글들에 대한 반응이라고 할 수 있다. 예를 들어 후보자는 열린우리당을 선택하고 비례대표는 민주노동당을 선택하는 것이 합리적인 선택이라는 몇몇의 글에 대해 사표가 되더라도 이 후보에 대한 선택을 수행하겠다고 하는 유권자의 대응도 다수 발견할 수 있고, 이러한 판단에 대한 강력한 부정과 반대를 표출하는 의견도 존재하고 있었다. 이는 1인 2투표제라고 하는 새로운 선거제도를 도입함으로써 유권자들이 자신의 정치적 판단을 전략적 판단으로 변경시킬 수 있는 가능성을 배제하는 것이라고 볼 수 있다. 즉 유권자들의 강력한 지지는 인터넷 공간에서 전략적 선택을 유도하고 논의하는 장이라기보다는 유권자 스스로가 이미 지지와 반대를 더욱더 강화하는 경향이 있는 것으로 나타난다.

마지막으로 이 후보자의 사이트에 나타나는 특성은 물질적인 후원에 대한 유권자 참여가 발생하고 있다는 것이다. 물론 이 게시판에서 물질적인 후원을 직접 주고받지는 않았지만 이를 표출하는 견해들도 존재하고 있었고, 이에 대한 정보를 요구하는 글도 있었다는 것을 주목할 필요가 있다. 인터넷 게시판을 통해 특정 후보에 대한 지지와 선거구도에 대한 인식을 획득한 유권자가 사이트에서 재정적 후원(소액)

을 결정하는 것은 유권자의 선거참여의 수준을 높이는 데 이 게시판이
매우 중요한 역할을 할 수 있다는 것이다.

② 새로운 유권자 선택을 반영한 내용

탄핵과 관련한 의제들이 주를 이루기보다 탄핵을 선거쟁점화시키고
있는 주요 정당들에 대한 회의를 반영하고, 이를 통해 선거에서의 선
택을 변경시키기 위해 제3의 후보를 선택하는 내용의 글이 존재하고
있다는 점은 유권자가 기존 오프라인에서의 정치적 쟁점들보다 자율
적인 선거의제를 사이트 내에서 발견하고 표출하기 원하는 경향이 반
영된 것이다.

또한 1인 2투표제에서의 전략적 판단과 지지를 호소하는 다른 유권
자에 대한 의견에 대해 자신의 소신에 근거한 선택을 강조하는 의견들
을 발견할 수 있는데, 이를 통해 유권자의 사표방지를 위한 정치적 선
택의 변화는 이 사이트에서는 전혀 찾아볼 수 없다. 오히려 유권자 자
신의 정치적 선택을 더욱더 강화시키는 경향이 나타나고 있다.

제목 : 정현정 씨 정말 잘하셨습니다! 연희동

등록일 : 2004/04/09 38

116
속이 다 시원합니다.
평소에 같은 연희동에 사는 게 짜증나게 싫었는데
간만에 속시원 뉴스를 듣게 되었습니다.
아래 글들을 신경쓰지 마십쇼.
기사거리 하나 놓친 열린우리당 쪽에서 쓴 글인 거
다 티가 납니다.
앞으로도 계속~~ 좋은 활동 기대합니다.
열린우리당 찍으려 했는데 다시 생각해 보겠습니다

제목 : 선거 하루 전 [1]　함석호

등록일 : 2004/04/14 42

167

일찌감치 민노당에서 출마한 분을 찍으리라.

그리고 비례대표도 민노당을 찍으리라. 마음 먹었었지만,

언론을 통하여 보게 되는 현 상황에

새로운 갈등 또한 없지 않네요.

1번과 3번으로 출마하신 분들이 치열한 경합중이라 하던데…….

그러나

지금 제가 던진 한 표가 비록 사표가 된다 하더라도

먼 훗날의 디딤돌이 되기를 바라며

오래 전부터 결심했던 한 표를 행사하겠습니다.

후회 없는 하루가 되시길 바라며…….

4. 맺는말

이상에서 17대 선거과정에서 후보자 및 유권자에게 동시에 활용된 인터넷 홈페이지를 중심으로 유권자의 참여양태 및 의견의 내용에 대해 고찰해 보았다. 이러한 홈페이지는 홈페이지의 공급자로서의 후보자 특성이 반영된 것으로서, 필자는 이러한 후보자의 특성과 인터넷 선거운동의 관계에 대해 개괄적으로 논의하고, 개별 게시판에서의 유권자의 의견과 이에 근거한 정치적 선택의 관계를 논의했다.

2000년 16대 국회의원 선거에 비해 후보자들의 인터넷 선거운동에 대한 인식과 대응이 비약적으로 발전되어가고 있다는 사실은 인터넷 기제에 대한 양적인 활용이 증대되었다는 점에서 찾아질 수 있을 것이다. 하지만 이러한 양적인 차이에도 불구하고 형식적인 사이트 개설과

실제 활용 사이의 괴리는 여전히 존재하는 것이며, 후보자들이 처해 있는 조건에 따라 상이하게 나타나고 있다.

정당별로는 주요 정당 후보자들의 홈페이지 개설 비율은 타 정당 후보들에 비해 상대적으로 높으나, 이를 실제 활용하는 정도는 기타 정당에 비해 낮은 경향을 보이고 있다는 점을 지적할 필요가 있다. 연령 효과에 근거해서 보면 후보자의 연령이 홈페이지를 개설하고 실제 활용하는 데 매우 중요한 영향을 미치고 있으며, 여전히 남성 후보가 여성 후보에 비해 인터넷 홈페이지를 구축하고 활용하는 비율이 높은 경향을 보이고 있다는 점 역시 후보자들 간에 존재하는 차이라고 볼 수 있다.

후보자의 출마지역과 관련해서는 기존에 지적되어 온 수도권과 기타 지역 간의 격심한 격차 현상은 이번 17대 국회의원 선거에서는 두드러지지 않고, 오히려 비수도권 지역 후보자의 인터넷 기제 활용이 상대적으로 높게 나타나는 경향이 있어 이러한 격차가 어느 정도 축소되어 가고 있다는 것을 입증한다. 정치 신인의 경우에 인터넷과 같은 저렴한 기술은 이들의 선거진입 장벽을 낮추는 데 효과적이라는 기존 논의들에 대한 반증 역시 이 논문에서 발견되고 있다. 초선 출마 후보자들의 인터넷 홈페이지 개설과 실제 활용이 3선 이상의 후보자에 비해 상대적으로 낮다는 사실은 기존의 사회적 인지도를 확보한 정치인들이 인터넷을 통해 이러한 인지도를 강화시키는 데 효과적으로 활용하고 있다는 사실을 의미한다.

이상과 같은 후보자의 인터넷 기제 활용상의 차이는 유권자들의 게시판 참여에 중요한 영향을 미칠 것이다. 이러한 직접적인 상관관계에 대해서는 보다 경험적인 연구가 필요하다고 볼 수 있다.

17대 국회의원 선거에서 유권자들은 정당 지지도나 후보자 선택에 있어 단기적인 이벤트와 탄핵 쟁점 등에 대해 더 민감하게 반응했다는 논의가 존재하고 있다(조성대, 2004). 하지만 이러한 논의들은 유권자들이 참여하는 다양한 참여의 장에서 분석될 필요가 있다고 볼 수 있는데, 인터넷 게시판의 경우 이러한 경향은 일반화할 수 없는 부분이 존재한다. 본문에서 분석된 3명의 후보자 사이트 게시판에서는 1개의 지역만을 제외하고는 정책 및 후보자에 대한 자발적인 지지가 발견되고 있다. 대전 지역의 경우 기존의 유권자들이 기존의 정치적 지지를 선회하여 새로운 정당 소속 후보를 지지하는 경향이 발견되는데, 이러한 경향은 유권자들이 기존 정치에 대한 회의, 지역발전 등과 같은 독자적인 선거의제를 인터넷 공간에서 발견·공유하고 있기 때문이라고 볼 수 있다. 물론 인터넷에 참여하는 유권자의 의견이 전체 지역 유권자의 투표 행태를 일반적으로 반영한다고 결정지을 수 없으나 숙의와 토론의 공간에서 이루어진 유권자의 의견은 유권자가 중앙정치 논리 및 의제와는 다른 형태의 의견들을 더 많이 올린다는 사실에서도 드러난다.

서울 서대문(갑)의 경우 개혁정당 소속의 여성 후보가 출마한 지역으로, 이 후보의 사이트 게시판에 올려진 글들 역시 유권자의 소신에 근거한 투표 행태 및 새로운 정치에 대한 유권자들의 건전한 토론이 이루어지는 경향을 보여준다. 이러한 경향들은 이번 국회의원 선거에서 인터넷을 매개로 나타나는 새로운 현상이라고 할 수 있는데, 유권자의 자발성과 이에 근거한 정치적 선택의 내용을 대변할 수 있는 것이다.

물론 이러한 사실은 인터넷 공간 전체에서 나타나는 일반적인 현상은 아니라고 볼 수 있다. 대구 지역의 경우에는 반공 이데올로기, 박근혜 신드롬, 탄핵, 노인폄하에 근거한 열린우리당 비판의 강도가 매우 높고 빈도 또한 많은 경우이다. 이 지역 유권자들의 정치적 선택과 이러한 게시판 유권자 의견의 경향은 어느 정도 정합적인 관계를 갖는 것으로 나타난다고 볼 수 있다.

17대 국회의원 선거가 탄핵 문제나 특정 정당 대표들에 대한 이미지에 의해 결정된 것으로 인정하는 논의들은 인터넷 공간에서의 유권자의 대응들을 통해 어떻게 일반성을 확보할 수 있는가의 문제가 남아 있으며, 이미지나 중앙정치의 논리에 수동적으로 대응하는 유권자가 아닌 스스로의 선거의제와 담론구성에 더 많이 노출된 유권자와 이들의 정치적 선택에 대한 면밀한 분석을 통해 향후 선거 관련 연구가 이루어져야 할 것이다.

참고 문헌

강원택, 2004, "탄핵정국과 17대 총선", 한국정치학회 총선분석특별회의, 2004. 4. 22.

김용철, 윤성이, 2001, "인터넷과 선거운동: 제16대 총선 후보자의 인터넷 활용 및 네티즌 참여실태 분석", 한국과 국제정치, 17권 2호.

라도삼, 2000, "16대 총선에 나타난 네트워크 활용 및 운영에 관한 연구", 한국언론정보학회 봄철정기 학술대회 발표논문.

박동진, 2000, "16대 총선에 있어 정보테크놀로지의 활용", 한국정보사회학회 창립 1주년 총회 및 기념 세미나, 한국의 e-Politics : 현재와 미래.

백선기, 2003, 『정치담론과 인터넷』, 서울: 커뮤니케이션북스.

임혁백, 2001, "정보사회의 민주주의 : 한국정치의 새로운 패러다임", 한국 정치학회, 김영래 엮음 『정보사회와 정치』, 서울 : 오름출판사.

정연정, 2001, "선거과정에서의 인터넷 활용에 관한 연구: 한국 16대 국회 의원 선거를 중심으로", 한국정치학회, 김영래 엮음 『정보사회와 정치』, 서울 : 오름출판사.

정연정, 2002, "인터넷과 지방선거", 한국정치학회춘계학술대회 발표논문, 2002. 5. 18.

정연정, 2004, "한국 선거환경의 변화와 유권자 투표 참여 증대방안: 인터 넷을 통한 유권자 참여를 중심으로", 한국정치학회 춘계학술대회, 2004. 3. 18.

조성대, 2004, "정치 이벤트, 캠페인, 그리고 17대 총선: 집합자료에 나타 난 탄핵쟁점의 영향력 분석", 한국정치학회 총선분석특별회의, 2004. 4. 22.

진영재, 엄기홍, 2002, "낙천·낙선운동의 선거적 결과—선거참여율, 득표, 당락", 진영재 편 『한국의 선거IV』, 서울: 한국사회과학데이터센터.

황용석, 김재영, 정연정, 2000, 『인터넷 시대의 새로운 정치환경』, 서울: 커 뮤니케이션북스.

Davis, Richard, 1999, *The Web of Politics : The Internet's Impact on the American Political System,* New York : Oxford University Press.

Gibson, Rachel, K., Michal Margolis, David Resnick & Stephen Ward, 2001, "Election Campaigning on the WWW in the US. and UK.: A Comparative Analysis", paper prepared for presentation at the 97th Annual Meeting of the American Political Science Association, San Francisco, Aug. 20th-Sept. 3rd.

Wayne, Rash, 1997, *Politics on the Nets : Wiring the Political Process,* New York : W.H. Freeman.

http://www.nec.go.kr

http://www.alexa.com

 17대 총선 현장 리포트

종합 정리 | 제5부

제12장 2004년 총선결과에 대한 새로운 해석

이준한

1. 머리말

일반적으로 유권자의 투표행위에 대한 연구는 두 가지 주제를 중심으로 진행된다. 첫째 주제는 "누가 왜 투표에 참가했는가?"라는 것이고, 둘째 주제는 "투표했다면 누구 또는 어느 정당에 투표를 했는가?"이다. 지난 2004년 4월 15일에 진행되었던 제17대 국회의원 선거결과가 공표된 이후 유권자뿐만 아니라 정치학도에게 많은 관심을 모은 것은 아무래도 투표율의 변화와 선거결과에 영향을 준 요인들일 것이다. 이 논문에서는 이러한 문제들에 대한 일반적 인식들이 지닌 타당성을 재검토하고자 한다.

첫째 주제인 투표참여와 관련해서 흔히 이번 선거에서 투표율이 증가했고 여기에는 20대를 포함한 젊은 세대의 투표참여 증가가 영향을 주었다고 이해되고 있다. 그리고 젊은 세대들이 투표를 예전보다 많이 했다면 그 이유는 탄핵이라는 이슈가 젊은 세대로 하여금 투표장으로 향하게 했을 것이며, 이와 더불어 네티즌들이 활발하게 인터넷을 활용하여 선거참여 운동을 벌였기 때문이라고 추정되고 있다. 탄핵이라는 이슈는 젊은 세대뿐만 아니라 탄핵에 찬성하는 5, 60대의 기성세대들로 하여금 적극적으로 투표장으로 가서 자신의 의사를 표명하게끔 했다는 관찰도 있다. 더 나아가 60대 이상의 기성세대들은 정동영의 실언에 반발하여 투표를 많이 했을 것이라고 추측되었다. 박근혜와 추미애 등의 여풍(女風)도 여성 유권자들을 예전에 비해 투표장으로 더 많이 유인한 요소일 수 있다.

둘째 주제와 관련하여 이번 선거에서는 과거와 달리 지역주의가 완화되고 세대차이에 의한 투표행위와 이념에 따른 선택이 강해졌다는 지적이 많다. 이번 선거에서 지역주의가 완전히 사라지지는 않았을지라도 2002년 제16대 대통령 선거 이후 완화되는 경향에 가속이 붙었으며, 그러한 근거는 영남에서 열린우리당과 한나라당이 각각 확보했던 득표율의 격차가 예전 선거에서보다 줄어들었다는 것에서 찾는다. 또한 호남과 충청권에서 각각 민주당과 자민련 대신 열린우리당이 승리했던 것도 지역주의의 완화의 근거로 제시된다. 이렇게 지역주의가 완화되는 공간을 연령에 의한 선택과 이념에 따른 선택이 대신 차지했다는 것이다. 지역주의로부터 상대적으로 자유로운 젊은 세대가 열린우리당과 민주노동당을 선호했으며, 상대적으로 보수적인 기성세대는 한나라당에 지지를 표한 것으로 이해되고 있다.

이 논문은 이러한 일련의 주장들을 평가하고, 그 일부가 객관적 사실에 비추어 근거가 약하다는 것을 밝힘으로써 이번 선거결과에 대한 보다 정확한 이해를 도모한다. 이하에서는 우선 투표율의 변동과 그 요인에 관한 몇 가지 해석에 대하여 평가한다. 그리고 선거결과에 영향을 미친 지역주의, 세대 및 이념적 균열 요인들의 효과를 분석한다.

이 논문에서 사용되는 데이터는 주로 선거 후에 언론매체와 여론조사 기관에 의해 발표된 설문조사 자료들이다.

2. 투표율 증가 및 그 요인

1) 투표율의 증가

제17대 국회의원 선거에서 가장 두드러진 특징 가운데 하나는 4년 전 제16대 총선과 비교하여 투표율이 증가했다는 사실이다. 1987년 민주화 이후 한국의 투표율은 계속 하락하고 있는데, 국회의원 선거에서는 75.7%(1988년), 71.9%(1992년), 63.9%(1996년)로 낮아진 후, 급기야 2000년 총선에서는 역대 최하인 57.2%로 떨어진 바 있다. 대통령 선거 투표율도 89.2%(1987년), 81.9%(1992년), 80.6%(1997년), 70.8%(2002년)로 계속 떨어져왔다. 그러나 2004년 선거에서는 이러한 투표율의 전반적 하강추세에 반등이 일어났다. 제17대 선거의 공식 투표율이 60.6%이니 지난 2000년 선거의 투표율(57.2%)에 비해 3.4%포인트가 오른 셈이다.

사실 60.6%의 투표율이라면 국회의원 선거의 투표율 하강추세에 비추어 예측되었던 투표율인 50~55%에 견주어 대략 5.6%~10.6%포인트 증가했다고 할 수 있다. 많은 여론조사가들은 다른 조건들을 고정시켜 놓았다고 가정할 때 52% 내외가 2004년의 투표율이 될 것이라고 예측한 바 있는데, 이와 비교하면 2004년의 투표율은 크게 증가한 셈이다.

그러나 실제로는 다른 조건들이 고정될 수 없는 현실을 감안해 다른 예측값들이 등장하기도 했다. 중앙선거관리위원회는 공식 선거운동이 시작되기 약 1주일 전인 3월 23~24일 유권자 의식을 조사하기 위한 설문을 실시했는데, 그 결과에 따르면 "이번 선거에서 반드시 투표하겠다"는 대답을 밝힌 유권자는 61.5%였다. 이 유권자 의식 설문조사에서는 84.3%에 달하는 유권자가 "투표의향이 있다"고 밝혔다. 어쨌든 이때 적극적 투표의사를 밝힌 61.5%에 비한다면 최종결과인 60.6%는 기대치에 못 미친 셈이다. 공식 선거운동이 시작되기 1주일 전의 여론조사에서는 유권자들의 투표율에 대한 거의 정확한 예측값이 나오는 경향이 있다(한겨레신문 2004. 3. 17.). 2000년 제16대 총선의 공식 선거운동이 시작되기 전 같은 시점에 같은 중앙선거관리위원회에 의해 실시된 똑같은 여론조사에서는 "이번 선거에서 반드시 투표하겠다"라고 대답한 유권자가 57.3%이었는데 2000년 국회의원 선거의 공식 투표율은 57.2%로 거의 비슷한 결과가 나온 바 있다.

공식 선거운동 기간 동안에 실시되는 여론조사는 실제상황과 거의 흡사하나 선거운동의 직접적인 영향 속에 있기 때문에 예상 투표율이 부풀려지는 경향이 있다. 선거에 대한 관심이 증폭되고 유세도 이루어지며 선거운동원을 만나게 되기 때문이다. 2004년 공식 선거운동 기간인 지난 4월 8~9일 중앙선거관리위원회가 전국 유권자 1500명을 대상으로 벌인 여론조사에서는 "반드시 투표하겠다"는 적극 투표층이 77.2%에 육박했다. 그러나 불과 1주일 만의 국회의원 선거에서는 60.6%만 투표했다. 탄핵을 비롯한 여러 가지 선거의 중요한 이슈가 있음에도 불구하고 77.2%가 아니라 불과 60.6%만 투표했다면 크게 증가한 것이 아니다. 다시 말해 2000년 국회의원 선거와 비교해서 2004년

선거에서는 탄핵 국면과 각종 바람(風)들이 투표율의 전반적 하강 추
세를 어느 정도 반전시켰다는 측면과 더불어 실제상황에서 예측되었
던 61.5%와 77.2%에 못 미쳤다는 측면을 모두 감안해야 될 것이다.

2) 투표율의 증가요인

투표율의 증가라는 현상에 대한 입체적인 평가가 부족한 것보다도
투표율의 증가를 이끌었던 요인에 대한 부정확한 이해는 더욱 문제가
될 수 있다. 윤성이(2004)와 이현우(2004)의 글에는 2, 30대의 투표율
이 이번 투표율의 증가에 크게 기여했다고 지적한다. 특히 윤성이의
글에서는 네티즌들이 인터넷을 통하여 새로운 형태의 정치참여를 활
발히 벌였으며, 선거참여 운동이 젊은 세대의 투표율을 높인 데 영향
을 주었다고 추정한다. 사실 이러한 관찰은 전문가들이나 일반인 모두
에게 상당히 지배적인 견해로 자리잡고 있다.

그러나 디지털 조선일보 4월 20일자에 따르면 여론조사 전문기관인
미디 어리서치가 투표 당일 17만 명을 대상으로 한 출구조사에서 추정
한 연령별 투표율이 20대가 37.1%, 30대가 56.9%, 40대가 68.8%, 50
대가 82.6%, 60대 이상이 68.7%로 보고되었다. 물론 중앙선거관리위
원회의 최종 집계가 공식 발표될 경우 차이가 생길 수도 있지만, 20대
의 투표율은 지난 2000년 제16대 국회의원 선거 공식 결과와 비교할
때 36.8%에서 2004년 제17대 국회의원 선거의 37.1%로 변화해서 불
과 0.3%포인트만 올랐음을 확인할 수 있다. 따라서 이번 선거에서 투
표율의 증가가 20대의 투표참여로 인해 상승했다는 분석은 틀렸다고
하겠다. 동시에 이렇게 미미한 증가폭을 고려하면, 이번 선거의 주요

쟁점 가운데 하나인 탄핵이 20대로 하여금 투표장으로 나서는 데 긍정적인 영향을 주었다고 보기는 쉽지 않다.

사실 20대의 투표참여를 비롯한 여러 가지 투표행태는 2000년대에 들어서 매우 가늠하기 어려운 대상이다. 이번 선거에서 20대 유권자는 일반적으로 탄핵 가결로 투표의사에 가장 크게 영향을 받았을 것으로 꼽혔다. 하지만 이와 관련해서 4월 17일자 한겨레신문은 일반적인 기대에 상반되는 매우 흥미로운 여론조사 결과를 발표했다. 탄핵이 가결되기 전인 3월 6일과 탄핵이 가결된 후인 3월 16일에 각각 조사한 여론조사 결과를 보면 "반드시 투표하겠다"는 유권자가 48.4%에서 67.9%로 19.5%포인트가 증가했음을 알 수 있다. 그러나 20대는 겨우 14.6%포인트(40.7%~55.3%)만 증가함으로써 탄핵 가결이 20대로 하여금 새롭게 적극적 투표의사를 갖게 했던 증가폭이 평균상승률에도 못 미쳤을 뿐 아니라 20대는 탄핵 가결 전이나 후에도 가장 낮은 적극 참여자로 구성되었음이 밝혀졌다. 반면 30대는 23.9%포인트(44.0%~67.9%), 40대는 21.3%포인트(50.0%~71.3%), 50대는 18.7%포인트(58.9%~77.6%), 60대 이상은 17.9%포인트(59.1%~77.0%)씩 증가했다. 1990년대 후반 이후 각종 선거에서 20대의 투표율이 다른 연령대에 비해 가장 낮은 추세인 데에는 변동이 없는 셈이다.

그리고 만약 네티즌이 젊은 세대 가운데 특히 10대 후반과 20대 초반에 많이 몰려 있다고 이해한다면 그들이 벌인 투표참여 독려운동은 실질적인 투표율 상승에 영향을 주었다기보다는 그 반대였다고 결론짓는 것이 타당하다. 앞에서 살펴보았듯이 2004년 총선에서 네티즌의 주력부대인 20대의 투표율조차 주의를 끌 만큼 상승하지 않았다. 실제로 네티즌 투표 참여운동의 실효성은 매우 의심받을 만하다. 인터넷을 통한 선거운동이 1997년부터 시작되었는데, 이번 선거를 제외하고 가장 활발하게 이루어진 것은 2002년 제16대 대통령 선거를 예로 들 수 있다. "노무현을 사랑하는 모임"(노사모)이 주축이 되어 인터넷을 통한 젊은 세대의 동원과 투표 당일 투표독려 메신저나 문자전송은 현재까지 노무현의 선거승리에 큰 역할을 한 것으로 알려져 있지만 투표율에 대한 영향에 있어서는 확인될 수 없는 주장같이 보인다. 다시 말해 1997년 대통령 선거에서 20대는 68.2%가 투표했는데 노사모가 활동을 했던 2002년 대통령 선거에서는 20대의 투표율이 상승하기는커녕 오히려 56.5%만 투표하는 등 11.7%포인트의 큰 폭으로 줄어들었기 때문이다. 따라서 적어도 투표율과 관련하여 인터넷의 효과에 대해서는 유보적이거나 다소 부정적인 결론만을 유추할 수 있다. 이러한 결론은 분석대상을 젊은 연령층에 한정하지 않고 전 연령층을 포함할 때 더욱 극명해진다. 인터넷에 친숙하지 않은 연령대로 간주되는 50대 이상의 유권자에게도 영향이 없는 것이 분명한데 투표율에 관한 인터넷의 효과가 20대에도 크게 미치지 못했다면, 인터넷의 전체적인 효과는 극히 제한적인 것이 된다.

5, 60대 이상 기성세대의 투표율에 영향을 줄 수 있는 이슈로는 먼저 탄핵 문제를 들 수 있다. 이미 지적했듯이 탄핵에 찬성의사를 표하기 위하여 고연령층의 기성세대는 투표장에 적극적으로 갔을 것이다. 그 다음 이슈로는 정동영의 실언을 들 수 있는데 6, 70대 이상의 연령대는 노인폄하 발언에 자극을 받아 적극적으로 투표를 행사했을 것이다. 하지만 지난 2000년 국회의원 선거와 비교해서 이번 선거에서 50대만 평균투표율 상승(3.4%포인트)보다 조금 높은 5.0%포인트 폭으로 투표율이 상승했을 뿐 60대 이상에서는 오히려 6.5%포인트 하락한 것

으로 드러났다. 따라서 정동영의 실언은 기대와 달리 60대 이상의 세대를 투표장으로 동원하는 데 실패했다고 추론할 수 있다. 그리고 이 것은 동시에 탄핵이라는 이슈가 50대를 포함한 전체 기성세대의 투표 참여에 큰 영향력을 행사했을 것이라는 추론을 재고하게끔 한다. 전체 적으로 2000년 국회의원 선거와 비교해서 평균상승률(3.4%포인트)보 다 투표율이 오른 연령대는 30대(6.3%포인트)와 50대(5.0%포인트)에 불과하다. 40대는 2.0%포인트만 증가했고 20대가 소폭(0.3%포인트) 증가했으며 60대 이상의 유권자의 참여는 대폭(6.5%포인트) 감소했다 는 현상 등을 염두에 두면, 일반적인 기대와는 달리 전체적으로 탄핵 이라는 거대 이슈가 유권자들의 투표율 상승에 일관성 있고 뚜렷한 효 과를 주었다는 것을 확인하기가 쉽지 않다. 이러한 실제투표율 분포는 앞에서 인용했던 한겨레신문의 여론조사에서 탄핵 이슈가 그 전후에 모든 연령대에 걸쳐 일관성 있고 뚜렷한 변화를 주었던 것과도 큰 차 이가 있다.

이 외에 투표율의 상승에 영향을 주었을 것이라고 확인해 봐야 할 사항으로는 이번 선거에 처음 도입되었던 1인 2투표제의 효과이다. 비 례대표제의 도입이 다른 어떤 요인들보다 2004년 투표율의 향상에 크 게 기여했을 것이라는 가설도 가능하다. 일반적으로 새로운 제도의 도 입은 투표율의 향상에 영향을 준다. 물론 다른 나라에서 1인 2투표제 가 도입된 후 투표율이 모두 상승했던 것은 아니지만 1인 2투표제가 한국의 맥락에서 반드시 투표율의 상승에 연관성이 없다고 하기는 어 렵기 때문이다.

그리고 지역별로 살펴보면 이번 투표율의 변동에 대한 재미있는 특 징이 나타난다. 서울이 60.9%(55.1%: 이하 2000년), 부산이

61.7%(55.8%), 대구가 58.9%(54.6%), 인천이 57.1%(50.9%), 광주가 60.2%(54.5%), 대전이 58.7%(52.6%), 울산이 62.0%로 수도권과 대도시의 투표율이 2000년 선거와 비교하여 2%~6%포인트 차이로 증가했다. 반면에 경기가 58.0%(54.6%), 강원이 59.4%(61.0%), 충북이 58.2%(58.6%), 충남이 55.7%(57.5%), 전북이 61.0%(61.5%), 전남이 63.4%(65.3%), 경북이 61.3%(63.7%), 경남이 62.3%(61.4%), 제주가 61.3%(65.7%)로 변화하여 경기와 경남을 제외한 모든 도단위에서는 2000년 선거와 비교하여 조금씩 떨어졌다(www.donga.com 2004. 4. 16.). 이러한 결과가 나온 데에는 여러 가지 이유가 있을 수 있겠지만, 앞에서의 설명과 관련지어 생각하면 아무래도 대도시에 거주하는 30대와 50대의 투표율 증가와 관련이 있을 것이라는 정도의 추론만이 가능하다.

마지막으로 선거 막바지에 이르러 박근혜의 선거유세와 추미애의 3보1배는 여성들이 정당의 대표가 되어 선거운동의 전면에 등장한 유래 없는 현상을 가장 드라마틱하게 보여준 것이다. 이러한 광경은 여성 유권자들로 하여금 선거에 관심을 갖게 만들고 투표에 참여하도록 촉진하기에 충분한 유인요소가 되었을 것이다. 하지만 앞서 인용했던 미디어 리서치의 17만 명을 대상으로 한 출구조사에 따르면 2004년 총선에서 남성과 여성의 투표율은 63.6% : 57.8%로 추정된다. 이러한 투표율은 2004년에 여성의 투표율이 의미 있게 증가했다고 결론 내리기 어렵게 만든다. 1996년 총선에서는 남성과 여성의 투표율이 65.3% : 62.0%이었고 2000년 총선에서는 58.7% : 56.5%이었다. 2004년 총선에서의 여성 유권자 투표율은 2000년에 비해서는 겨우 1.3%포인트 증가했을 뿐이며 1996년에 비하면 이보다 더 큰 격차(4.2%포인트)로 낮아졌기 때문이다.

3. 유권자 투표 결정 요인

1) 지역주의

제17대 국회의원 선거에서 가장 논란을 빚을 수 있는 것은 아마 지역주의에 관련된 주제가 될 것이다. 과연 지역주의가 완화되었는가? 지역주의가 완화되었다면 그러한 주장의 근거가 구체적으로 확인되어야 한다. 나아가서 흔히들 지적하듯이 과거와 다른 내용과 형태의 지역주의로 대체되고 있다면 정말 그러한가에 대한 근거도 제시되어야 한다. 이렇게 지역주의가 완화되었다는 증거가 실증적으로 제시되었을 때만 그 반론과 제대로 비교하여 평가할 수 있을 것이다.

지역주의의 변화를 논하기에 앞서 지역주의에 대한 정확한 개념규정이 필요하다. 적어도 이 논문이 일컫는 지역주의란 선거라는 장에 국한한다. 논자에 따라서 지역주의 정의가 다를 수 있으며 지역주의란 정치, 경제, 사회, 문화에 중첩되어 발전된 역사적으로 오래된 개념이기 때문이다. 논의 전개를 쉽게 하기 위하여 선거에서의 지역주의란 한 지역의 유권자들이 그 지역의 정치 지도자가 소속된 정당에 대하여 배타적으로 지지를 표시하는 것으로 정의한다. 여기에서 지역은 전통적으로 지역갈등이 심한 호남과 영남을 지칭하며, 정치 지도자는 호남의 김대중과 영남의 박정희, 전두환, 노태우, 김영삼을 의미한다. 이러한 지역주의는 애초에 박정희의 정권창출에 이용되었으며 향후에는 영남 지역의 경제적 발전과 복합적으로 결합되어 확대재생산 되어왔다. 박정희 정권부터 3, 40년 동안 영남 지역의 정치 지도자들이 계속 선거에서 이김에 따라서 호남 지역은 영남 지역에 비해 장기간 동안 정치적 혜택이 적었고 경제적 발전이 더뎠다.

　한 세대 이상 한국 사회에 깊게 뿌리내렸던 선거에서의 지역주의가 사라지고 있다는 주장이 2002년부터 제기되기 시작했다. 2002년 제16대 대통령 선거를 끝으로 양김시대가 막을 내리고 노무현과 이회창이 예전과 다른 리더십을 바탕으로 선거를 치렀기 때문에 전통적인 지역주의가 약화된 것으로 이해되었다. 특히 노무현이 호남 출신이 아니었기 때문에 호남 유권자의 노무현에 대한 배타적 지지가 과거와 다른 '전략적' 지역주의라고 일컬어졌다(손호철 2003). 이 글의 선거에서의 지역주의 정의에 의하면 정치 지도자(노무현)가 그 해당 지역 출신이 아니기 때문에 2002년 선거가 그 개념에 꼭 맞게 적용되는 것은 아닐지 모르지만, 설문자료를 통한 분석결과로는 예전에 비해 2002년 선거에서 호남 유권자가 호남 정당에 대한 지지나 영남 유권자가 영남에 기초한 정당에 대한 지지가 약화되었다는 것은 확인되기 어렵다(이준한 2003). 이러한 차원에서 선거에서의 지역주의가 변하고 있다는 것이 매우 유보적이라고 하겠다.

　이번 선거에서 지역주의가 약화되거나 또는 사라져가는 증거로 제시되는 것은 먼저 영남 지역에서 한나라당의 득표율과 열린우리당의 득표율의 차이가 예전보다 적어졌다는 사실이다. 양당의 득표율 차이는 〈표 1〉과 같이 대구에서는 35.7%포인트, 경북에서는 28.8%포인트이다. 부산에서는 13.6%포인트, 경남에서는 13.3%포인트이며 특히 울산에서는 양당의 득표율 차이가 겨우 8.2%포인트로 드러났다. 그러나

<표 1> 제17대 국회의원 선거

구분	정당득표율				지역차			
	한나라당		열린우리당		영남-호남		호남-영남	
	지역구	비례	지역구	비례	지역구	비례	지역구	비례
서울	41.3%	36.7%	42.8%	37.7%				
부산	52.5 (94.4%)	49.4	38.9 (5.6%)	33.7			13.6% (88.8%)	15.7%
대구	62.4 (100)	62.1	26.7 (0)	22.3			35.7 (100)	39.8
인천	38.9	34.6	44.7	39.5				
광주	0.1 (0)	1.8	54.0 (100)	51.6	53.9 (100)	49.8		
대전	22.4	24.3	45.8	43.8				
울산	36.3 (50.0)	36.4	28.1 (16.7)	31.2			8.2 (33.3)	5.2
경기	40.7	35.4	45.7	40.2				
강원	43.3	40.6	38.8	38.1				
충북	32.6	30.3	50.5	44.7				
충남	15.8	21.1	38.9	38.0				
전북	0.1 (0)	3.4	64.6 (100)	67.3	64.5 (100)	63.9		
전남	0.8 (0)	2.9	46.9 (53.8)	46.7	46.1 (53.8)	43.8		
경북	54.6 (93.3)	58.3	25.8 (0)	23.0			28.8 (93.3)	35.3
경남	47.7 (82.4)	47.3	34.4 (11.8)	31.7			13.3 (70.6)	15.6
제주	40.2	30.8	49.4	46.0				

보기 : 득표율차(의석점유율차).

열린우리당과 한나라당의 득표율 차이는 광주에서 53.9%포인트, 전남
에서는 46.1%포인트, 전북에서는 64.5%포인트로 상당히 큰 것으로 드

<표 2> 제16대 국회의원 선거

구분	정당득표율		지역차	
	한나라당	새천년민주당	영남-호남	호남-영남
서울	43.3%	45.1		
부산	60.3 (100%)	15.0 (0)		45.3% (100%)
대구	62.9 (100)	10.9 (0)		52.0 (100)
인천	41.7	40.6		
광주	3.3 (0)	69.9 (83.3)	66.6% (83.3)	
대전	23.3	28.5		
울산	41.7 (80)	9.6 (0)		32.1 (80)
경기	39.1	40.9		
강원	38.6	36.5		
충북	30.6	31.3		
충남	17.4	30.0		
전북	3.6 (0)	65.4 (90)	61.8 (90)	
전남	4.1 (0)	66.4 (84.6)	62.3 (84.6)	
경북	52.5 (100)	14.7 (0)		37.8 (100)
경남	53.7 (100)	11.8 (0)		41.9 (100)
제주	44.2	49.4		

출처 : 중앙선거관리위원회, 『제16대 국회의원선거 총람』.

보기 : 득표율차(의석점유율차).

러났다.

이러한 정당 간 득표율 차이를 예전 선거의 경우와 비교해 보자.

〈표 3〉 제15대 국회의원 선거

구분	정당득표율		지역차	
	신한국당	새정치국민회의	영남-호남	호남-영남
서울	36.5%	35.2%		
부산	55.8 (100%)	6.4 (0)		49.4% (100%)
대구	24.5 (15.4%)	1.4 (0)		21.1 (15.4)
인천	38.2	29.5		
광주	7.5 (0)	86.2 (100)	78.7 (100)	
대전	21.5	11.4		
경기	33.2	27.4		
강원	37.3	6.7		
충북	31.5	8.9		
충남	28.9	6.1		
전북	23.5 (7.1)	63.7 (92.9)	40.2 (85.8)	
전남	17.7 (0)	70.9 (100)	63.2 (100)	
경북	34.9 (57.9)	4.2 (5.3)		33.3 (52.6)
경남	34.9 (73.9)	4.2 (8.7)		30.7 (65.2)
제주	46.6	29.4		

출처 : 중앙선거관리위원회, 『제15대 국회의원선거 총람』.
보기 : 득표율차(의석점유율차).

4(8)년 전 제16(15)대 국회의원 선거와 비교해 보면 〈표 2(3)〉에서 볼 수 있듯이 영남당과 호남당의 득표율 차이가 대구에서 52.0(21.1)%포인트, 경북에서 37.8(33.3)%포인트였고, 부산에서 45.3(49.4)%포인트,

경남에서 41.9(30.7)%포인트, 울산에서는 32.1%포인트였다. 또한 지난 두 번의 총선에서 양 지역당의 득표율의 차이는 광주에서 66.6(78.7)%포인트, 전남에서 62.3(63.2)%포인트, 전북에서 61.8(40.2)%포인트였다. 따라서 지난 선거들과 비교해서 의미 있는 변화가 있는 곳은 부산, 경남, 울산 지역으로 보인다. 이번 선거에서 광주와 전남의 득표율 차이가 예년 선거와 비교하여 변화된 것으로 보일 수 있으나 이번 선거에서 민주당의 득표율까지 감안하면 별 차이가 없다고 이해하는 것이 옳다.

양 지역정당의 득표율의 차이와 달리 양 지역정당의 의석점유율의 차이는 조금 다른 스토리를 말해 준다. 〈표 1〉을 보면 2004년 한나라당과 열린우리당의 의석점유율의 차이는 대구에서 100%포인트, 경북에서 93.3%포인트, 부산에서 88.8%포인트, 경남에서 70.6%포인트이다. 겨우 울산 지역에서만 33.3%포인트로 차이를 보일 뿐이다. 2004년의 의석점유율의 차이와 제16(15)대 국회의원 선거의 의석점유율의 변화를 살펴보면 대구에서 100(15.4)%포인트, 경북에서 100(52.6)%포인트, 부산에서 100(100)%포인트, 경남에서 100(65.2)%포인트, 울산에서 80%포인트로 울산을 제외하고는 거의 두드러지는 차이를 발견하기 어렵다.

반면 열린우리당과 한나라당의 의석점유율의 차이는 광주와 전북에서 100%포인트였다. 전남에서만 53.8%포인트 차이였다. 제16대 국회의원 선거에서 호남당과 영남당의 의석점유율의 차이는 광주에서 83.3%포인트, 전남에서 84.6%포인트, 전북에서 90.0%포인트였다. 그리고 제15대 국회의원 선거에서 각 지역당의 의석점유율의 차이는 광주와 전남에서 100%포인트, 전북에서 85.8%포인트였다. 여기에서도 제17대 선거에서 민주당의 전남 의석을 열린우리당의 의석과 합하면 제17대 선거결과 각 지역당의 호남 의석점유율은 오히려 제15대 수준으로 지역성이 강화되었음을 확인할 수 있다. 결론적으로 각 지역당의 득표율 차이와 의석점유율 차이를 최근 세 차례의 국회의원 선거에서 흐름을 찾아볼 때 지역주의가 완화되거나 또는 약화된 것으로 보이는 지역은 겨우 울산을 정점으로 부산과 경남 지역으로 파악된다.

이와 더불어 전통적인 관점에서 지역주의가 약화되고 있다고 결론짓기가 매우 제한적이라는 이유는 새로운 지역 지도자들의 등장이라는 측면 때문이다. 양김의 퇴장으로 인한 공백을 메우기 위하여 열린우리당에서는 전라도의 정동영이 등장했고 한나라당에서는 경상도의 박근혜가 등장했다. 이들이 양김 또는 기존의 지역 정치 지도자들이 장기간 형성했던 리더십을 대체할 수 있는가는 논외로 하고, 그들이 이번 선거에서 자신의 지역에서 자신이 속한 정당의 지지를 배타적으로 획득해 나가는 과정과 그 결과가 전통적인 지역주의와 매우 유사하다. 다시 말해 민주당에서 분당한 열린우리당의 의장으로 정동영이 선출된 후 불과 3개월 남짓 만에 전북 유권자들은 열린우리당에 배타적인 지지를 표하게 되었다. 정동영의 열린우리당은 자신의 출신지인 전북에서 최근 세 차례의 국회의원 선거에서 가장 높은 득표율 차이와 의석점유율 차이로 영남당을 제쳤다. 선거 막바지인 3월 말에 한나라당의 대표로 박근혜가 선출된 지 불과 한 달도 안 되어 탄핵 가결 후 위험에 빠졌던 대구와 경북 지역의 판세를 뒤집었고 전체 영남 지역에서 크게 승리했다.

지역주의와 관련하여 마지막 이슈는 충청도의 표심이다. 충청도에 아무런 지역적 연고가 없는 열린우리당이 충청도의 지역맹주인 김종 필의 자민련을 제치고 대전에서 6석 가운데 6석을, 충북에서 8석 가운 데 8석을, 충남에서 10석 가운데 5석을 각각 획득했다. 여기에는 열린 우리당의 행정수도 이전공약이 주효했다. 따라서 충청도의 지역주의 를 호남과 영남에서 보여지는 '맹목적'이고 '즉자적'이며 '직접적'인 지역주의와 구별되는 '실용주의적' 지역주의 또는 '합리적' 지역주의 라고 규정하기도 한다. 충청도는 1997년 이후 계속 그랬듯이 자기의 지역적 실리를 정치적 또는 정서적 정체성이나 효용성보다 선호했던 것으로 보인다. 지역주의 정의에 비추어 자기 지역의 정치 지도자의 소속정당에 대한 배타적 지지가 사라졌다는 점에서 충청 지역의 지역 주의는 몇 차례 선거를 거치면서 급변했다고 할 수 있다.

요약컨대, 첫째, 2004년 국회의원 선거결과는 2002년 대통령 선거 에서부터 조금씩 시작되어온 지역주의 완화의 조짐이 부분적으로 확 인된다. 득표율의 변동과 의석점유율의 변동을 통하여 보면 울산을 포 함한 영남 지역에서 매우 제한적으로 지역주의가 완화되고 있을 뿐이 다. 둘째, 2004년 국회의원 선거결과를 보면 전통적인 선거에서의 지 역주의 정의에 적용될 수 있는 요소들(영남 대 호남; 박근혜 대 정동영) 과 전통적인 선거에서의 지역주의 정의에 벗어나는 요소들(충청 지역 의 선택)이 공존하는 과도기적 상황이라는 것을 확인할 수 있다. 셋째, 한 지역에서는 배타적으로 특정 지역정당만 의석을 확보하고 다른 지 역정당은 발붙이기 어려운 현상이 재현되었다. 호남 지역에서는 한나 라당은 단 한 석도 얻지 못했다. 영남 지역에서는 역시 열린우리당이 발붙이기 어려웠다. 이러한 현상에 근본적인 변화가 생기기 전에는 지 역주의의 완화와 약화를 주저 없이 주장하기 어려워 보인다. 더구나

오랜 지역주의의 유산으로 각 당이 동원할 수 있는 인재 풀이 고갈된 경우마저 있다. 한나라당은 여전히 호남에서는 공천마저 하기 어려웠으며 공천받은 후보가 사퇴하기도 했다. 또한 이번 총선에서 획득한 자민련의 총 4석은 오직 충남에서 생겼으며, 민주당의 지역구 5석은 자신의 텃밭인 전남에서만 확보되었다는 사실도 감안해야 한다. 이러한 선거에서의 배타성이 엄존하다면 지역주의의 완화를 논하기 어렵지 않은가?

2) 세대 균열

이번 선거에서도 연령에 따라서 선호하는 정당이 서로 다른 경향이 재현되었다. 다시 말해 2002년 대통령 선거와 같이 젊은 세대가 열린우리당에 대하여 지지하는 경향이 컸고, 기성세대가 한나라당을 지지하는 경향이 컸다. 이러한 현상은 조선일보와 갤럽의 여론조사 결과가 담긴 〈표 4〉를 참고하면 확인된다(www.chosun.com 2004. 4. 21.). 〈표 4〉에서와 같이 20세부터 44세까지의 유권자는 열린우리당에 대한 지지를 확실하게 보인다. 그러나 45세부터 59세까지는 약 38%포인트에서 41%포인트 사이의 좁은 벨트 안에서 열린우리당에 대한 선호가 한나라당에 대한 지지와 거의 차이가 나지 않은 상태로 점점 격차가 좁아진다. 마지막으로 그 이상의 연령층부터는 한나라당에 대한 지지가 급격히 증가한다.

그리고 이 여론조사 결과를 세부적으로 살펴보면 20대 유권자의 투표성향과 관련하여 더 재미있는 현상이 발견된다. 25~29세 유권자들은 열린우리당에 47.9%, 한나라당에 26.2%의 지지를 표명하는 등

<표 4> 연령대별 정당지지율(조선일보와 갤럽 2004년 4월 21일 여론조사)

구분	한나라당	열린우리당
20~24세	38.9%	41.3%
25~29세	26.2	47.9
30~34세	24.2	53.9
35~39세	28.2	51.4
40~44세	36.4	44.3
45~49세	37.6	41.2
50~54세	38.3	40.2
55~59세	39.0	38.6
60~64세	44.1	35.5
65세 이상	54.9	39.2

정당지지율에 있어서 매우 큰 격차(21.7%포인트)를 보인 반면, 20~24세의 유권자들은 열린우리당을 41.3%, 한나라당을 38.9%씩 각각 지지하는 등 지지율의 차이가 겨우 2.4%포인트에 그쳤다. 20대 초반의 유권자들은 40대 후반 50대 초반 유권자의 후보자 선호와 비슷한 모습을 드러낸 셈이다. 다른 한편 같은 386세대 안에서도 분화가 일어났다. 35~39세의 소위 '젊은' 386세대는 열린우리당 51.4%, 한나라당 28.2%로 압도적인 차이(23.2%포인트)가 보이나 40~44세에 들어선 소위 '나이 든' 386세대는 열린우리당 44.3%, 한나라당 36.4%로 지지율의 차이(7.9%)가 현저히 줄어든다. 따라서 세대별 또는 연령별로 유권자의 투표행위를 분석할 때 20, 30대의 투표 성향은 앞으로도 관심의 대상이 될 것이다. 특히 20대 초반의 유권자들은 인터넷이나 패러디 등 유행에 민감한 형태의 정치참여에는 관심을 갖지만, 선거

나 투표 등 제도화된 실질적 정치참여에 적극적이지 않다. 향후 이 연령대가 기성세대로 편입되면 어떠한 투표행태를 보일지 큰 관심이 되지 않을 수 없다.

세대에 의한 투표행태는 사실 2000년대에 등장한 새로운 현상이 결코 아니다. 1997년 정권교체가 이루어지기 전까지는 젊은 세대는 야당을 선호했으며 기성세대는 여당을 선호해 왔다(정진민 1992). 1997년 이후부터는 반대로 젊은 세대는 여당을 선호했으며 기성세대는 야당을 지지했다(정진민 · 황아란 1999). 1997년의 정권교체가 세대에 의한 지지정당을 반대로 만든 것이다.

그러나 2000년대 이전에 존재했던 세대에 의한 투표행위가 제대로 평가를 받지 못했던 이유는 몇 가지 생각해 볼 수 있다. 첫째, 2000년대 이전의 선거에는 뚜렷한 구분선이 존재하지 않았다. 다시 말해 기존의 선거가 3자 구도였기 때문에 선거구도가 복잡했다. 이에 따라 젊은 유권자들의 선호도 두 야당으로 갈렸다. 둘째, 젊은 세대가 상대적으로 더 선호했던 후보나 기성세대가 상대적으로 더 선호했던 후보가 모두 나이가 많았다. 경우에 따라서는 젊은 세대가 지지했던 정당 지도자가 기성세대가 지지했던 정당 지도자보다 나이가 더 많았다. 그러나 2002년 대통령 선거에서는 대결구도가 양자구도로 단순해졌으며 젊은 후보-젊은 세대의 지지, 나이 든 후보-기성세대의 지지로 결합이 이루어졌다. 이러한 현상은 기존에 유래가 없었던 현상으로 언론이 지나치게 크게 '세대갈등'이라고 선정적으로 부각시킨 감이 있다. 열린우리당과 한나라당의 대표들이 이제 모두 세대교체가 이루어진 상태에서 세대에 의한 투표양상은 다시 교란될 가능성이 있다.

3) 이념적 균열

이번 선거에서 이념에 의한 투표행위가 주목을 받는 것은 본격 좌파 정당인 민주노동당이 원내에 진입하는 데 성공했기 때문이다. 한겨레신문과 미디어 리서치의 4월 16일 전국적 설문조사 결과(N=1000)가 담긴 〈표 5〉를 살펴보면 한국에서의 이념에 의한 투표행위의 단면을 확인할 수 있다.

〈표 5〉는 한나라당, 열린우리당, 민주노동당 세 당에 대한 유권자의 선택을 담고 있는데 열린우리당과 민주노동당에 대한 지지는 25세부터 34세까지의 연령대에서 정점을 이루고 이 연령대를 전후로 유권자의 나이가 멀어지면서 열린우리당과 민주노동당에 대한 지지가 점차 줄어들었다. 반대로 한나라당에 대한 지지는 45세부터 점점 증가하기 시작했다. 〈표 5〉에서 두드러지는 특징은 이념적으로 가장 진보적인 민주노동당에 대한 지지가 연령대가 높아질수록 뚜렷하게 감소하지만

〈표 5〉 연령대별 정당지지율(한겨레신문과 미디어리서치 2004년 4월 16일 여론조사)

구분	한나라당	열린우리당	민주노동당
20~24세	23.2%	44.4%	21.4%
25~29세	16.8	47.7	27.3
30~34세	12.7	48.1	28.0
35~39세	26.6	45.3	21.2
40~44세	21.5	41.6	18.6
45~49세	32.0	36.2	14.9
50~59세	36.9	40.9	8.2
60세 이상	37.5	37.8	5.2

이념적으로 가장 보수적인 한나라당에 대한 지지는 연령대가 높아질수록 뚜렷하게 증가한다는 사실일 것이다. 반면 이념적으로 가장 중도적인 열린우리당에 대한 지지는 젊은 세대가 조금 높지만 전 연령대에 고르게 분포되어 있다. 한국에서는 이념과 세대의 균열이 중첩되어 있는 셈이다. 이러한 경향은 본격 이념정당을 표방하는 민주노동당의 원내진입 성공으로 인해 향후 계속될 국회의원 선거에서 점차 확산될 것으로 보인다.

〈표 5〉도 조선일보와 갤럽이 4월 21일자로 보도했던 여론조사의 결과(〈표 4〉)와 유사한 패턴을 보여준다. 20대 초반에서는 20대 후반을 포함한 젊은 세대와 달리 한나라당에 대한 지지가 높다. 20대 초반의 세대는 전체적으로는 전교조 세대로 구분되어 전교조의 진보성향에 영향을 받았을지도 모르지만 동시에 사회의 물질적 토대가 발전하면서 탈정치화와 보수화가 역시 동시에 진행되었다고 진단할 수 있다. 20대 초반의 유권자들은 그들의 성장기를 한국 사회의 물질적 토대 발전의 전성기 동안에 보냄으로써 오히려 보수화가 동시에 진행되었을지도 모른다. 따라서 앞으로 젊은 세대가 기성세대보다 더 진보적이라는 명제가 위협받는 시기가 올 것인지 주목된다.[1]

그리고 나이가 많아짐에 따라 보수화되는 경향(life-cycle effect)의 일단도 드러난다. 조선일보와 갤럽의 4월 21일자로 보도된 여론조사 결과는 35~39세의 젊은 386세대가 열린우리당을 한나라당과 큰 격차

---

1) 이와 관련하여 송호근(2003)은 이 젊은 세대들이 탈물질주의(post-materialism)적인 성향을 내비치는 것이라고 주장한다. 한국과 대만은 탈물질주의적 가치관에 가장 많이 그리고 가장 빠른 속도로 노출되는 예인데 개인의 인권, 자유, 문화, 삶의 질 등이 개인의 생존과 경제보다 더 중시된다.

로 지지하나 40~44세에 들어선 나이든 386세대는 좁은 격차로 각각 지지했다고 알려준다. 한겨레신문과 미디어 리서치의 여론조사 결과도 젊은 386세대에서 열린우리당과 민주노동당에 대한 지지가 한나라당에 대한 지지보다 더 많지만 점차 나이 든 386세대에 이르면 그 격차가 조금 줄어든다.

4. 맺는말

이 글은 2004년 제17대 국회의원 선거에서 나타난 투표율의 변화와 선거결과에 영향을 미친 요인에 대하여 분석하였다. 먼저 투표율의 변동과 관련하여 이번의 투표율은 제16대 국회의원 선거와 비교하여 3.4%포인트 증가함으로써 투표율의 전반적이고 심각한 하강추세에서 반등이 일어났다는 점에서 특기할 만하다. 하지만 3.4%포인트 증가 수치는 한국 역사상 초유의 사태인 탄핵이라는 거대이슈 등이 파생시킨 효과와 중앙 선거관리위원회 유권자조사 결과 예측치에 비추어 오히려 상당히 낮은 편이라고 봐야 한다. 그리고 투표율의 증가에 기여한 요인으로서는 일반적인 이해와 달리 20대와 네티즌의 영향, 인터넷 효과, 정동영의 실언, 박근혜와 추미애의 여풍 등이 크게 효력을 발휘하지 못했던 것으로 드러났다. 대신 이번에 처음 도입된 1인 2투표제가 투표율에 어떠한 영향을 미쳤는지 앞으로 분석해 볼 필요가 있다.

선거결과에 영향을 미친 요인 가운데 첫째로 지역주의를 꼽을 수 있다. 지역주의는 아직도 상당히 잔존하고 있으며 2002년 제16대 대통령 선거부터 조금씩 완화되어 2004년 국회의원 선거에서도 계속적으로 완화되는 징후가 제한적이나마 관찰된다. 둘째, 세대에 따른 투표 행위가 반복되어 젊은 세대가 열린우리당, 기성세대가 한나라당을 각각 보다 더 많이 지지하는 경향이 보였다. 세대에 의한 투표행위에서 20대 초반의 독특한 투표성향과 연령에 따라 보수화되는 경향(life-cycle effect)도 확인되었다. 마지막으로 이번 선거에서는 예전에 찾아지기 어려울 정도로 이념에 의한 투표결정이 확연했고, 이념에 의한 투표는 세대에 의한 선택과 중첩되어 있는 것이 드러났다. 젊은 세대가 좀 더 진보적이고 따라서 탄핵에 반대하고 자유주의적인 열린우리당과 민주노동당을 지지했으나, 기성세대는 좀 더 보수적이고 따라서 탄핵에 찬성하면서 보수적인 한나라당을 지지했다. 선거에서뿐만 아니라 한국 사회에서 지역주의 갈등이 완화되어가고 대신 세대와 이념 등의 중첩된 갈등구조가 정착될 것이라는 진단은 이미 제시된 바 있다(마인섭 2003). 다만 이 글에서는 선거결과에 영향을 주었던 다른 요소 가운데 탄핵 이슈, 정동영의 실언, 박근혜의 유세 등에 대하여 이미 많은 연구에 의해 확인되었기 때문에 재론할 필요가 없었다.

대신 마지막으로 이 글에서 검토하고 싶은 것은 과연 2004년 제17대 국회의원 선거가 '중대선거(critical election)'가 될 수 있는가이다. 중대선거란 국내외에서 V. O. Key(1955)의 유명한 논문에서 많이 인용되고 있으나, 결론부터 말하자면 현재로서는 이번 선거가 V. O. Key의 정의에 따르자면 중대선거로서의 조건을 충족시키지 못한다고 하겠다. V. O. Key는 중대선거란 정당 간의 '뚜렷하고 지속성' 있는 재편성이라고 정의했지만 이번 선거에서 드러난 정당과 유권자의 지지 관계상 변화가 뚜렷하지도 않고 지속적이라고 하기에는 아직 시기상조이기 때문이다.[2]

먼저 V. O. Key는 중대선거가 이미 존재했던 갈등구조에서 '뚜렷한' 탈피에 의한 재편성(a *sharp* alteration of the pre-existing cleavage within the electorate p. 4. 이탤릭체에 의한 강조는 필자의 것임)이어야 한다고 주장했다. 하지만 한국의 2004년 선거에서는 기존의 지역주의로부터 완화중인 지역이 앞에서 살펴보았듯이 매우 제한적이었다. 그리고 세대에 의한 투표에 있어서 예전과 뚜렷이 새로운 변화가 거의 없었다. 또한 이념에 의한 투표도 유권자의 연령에 중첩되어 있는 정도이다.

둘째로 V. O. Key는 한 선거가 중대선거가 되려면 날카로운 변화가 상당기간 '지속적' 이어야 한다고 주장했다. 따라서 V. O. Key 이후의 후속연구들은 최소한 한 세대 정도를 기다리면서 관찰하고 1820년대부터 거의 한 세대를 단위로 중대선거를 찾아내기도 했다(Carmines and Stimson 1989; Chambers and Burnhan 1967 ; Swain, Borrelli, Reed, and Evans 2000). 물론 미국의 연구와 마찬가지로 똑같이 꼭 한 세대를 단위로 한국의 중대선거를 찾아야 하는지는 논란의 여지가

---

2) V. O. Key는 중대선거라는 개념의 중심에는 유권자인구의 날카롭고 지속성이 있는 재편성이라는 것이 놓여 있다고 지적했다("Central to our concept of critical elections is a realignment within the electorate both sharp and durable." p. 11). 그가 스스로 지적했듯이 이러한 개념에 적합한 이상형(ideal type)을 찾기란 쉽지 않다(p. 11). 날카로운 재편성의 예는 상대적으로 많지만 거의 대부분 그 재편성이 단기간에 그쳤고 장기간 지속되지 않는 경우가 많았다. 따라서 이러한 차별성이 큰 재편성이 미국의 경우 1828년 이후 성립되어 이후 몇 번의 선거에 지속적으로 반복되었던 것과 같은 선거를 제외하고는 중대선거가 될 수 없다고 규정했다(pp. 8-16). 그가 이러한 조건을 매우 중요하게 생각했던 사실은 15페이지의 짧은 논문에 '날카롭고 지속적인' 이라는 용어에 해당하는 단어들(sharp and durable, persist, lasting)을 15차례가 넘게 적어 강조했다는 사실에서 드러난다.

있겠지만 적어도 V. O. Key가 정식화했던 중대선거를 한국에서 찾기 위해서라면 유권자와 정당구조에 있어서 뚜렷한 변화가 일어나서 그 변화된 상태가 상당기간 지속되는 시발점의 선거를 찾을 필요가 있다. 따라서 향후 한국에서 일정 정도의 시간이 경과하고 나서 한국에서 중대선거를 찾는다면 현재로서는 2004년 총선보다도 오히려 2002년 대통령 선거 또는 그보다 앞선 1997년 대통령 선거가 V. O. Key의 중대선거와 더 가깝다는 평가가 나올 가능성이 크다. 선거에서의 전통적인 지역주의의 완화는 2002년에도 감지되었지만, 2002년과 2004년에 지속적으로 유지되었던 충청도와 전라도 유권자의 선거연합(a new coalition)이 1997년부터 시작되었기 때문이다.

참고 문헌

마인섭, 2003, "정당과 사회균열구조", 『현대정당정치의 이해』, 서울 : 백
    산서당.
손호철, 2003, "16대 대선과 한국사회의 발전진로", 『16대 대선의 선거과
    정과 의의』, 서울대학교 출판부.
송호근, 2003, 『한국, 무슨 일이 일어나고 있나 : 세대, 그 갈등과 조화의 미
    학』, 서울: 삼성경제연구소.
윤성이, 2003, "인터넷과 17대 총선", 『17대 총선분석: 대통령 탄핵과 향후
    정국의 전망』, 2004 한국정치학회 총선분석특별학술회의.
이준한, 2003, "16대 대선의 주요쟁점과 유권자의 선택", 『16대 대선의 선
    거과정과 의의』, 서울대학교 출판부.
이현우, 2004, "정당투표제 도입의 정치적 효과", 『17대 총선분석 : 대통령
    탄핵과 향후 정국의 전망』, 2004 한국정치학회 총선분석특별학술
    회의.
정진민, 1992, "한국선거에서의 세대요인", 『한국정치학회보』, 제26집 제2
    권 1145-68.
정진민 · 황아란, 1999, "민주화 이후 한국의 선거정치 : 세대요인을 중심
    으로", 『한국정치학회보』, 제33집 제2권 115-35.
중앙선거관리위원회, 2001, 『제16대 총선 투표율분석』.
중앙선거관리위원회, 1997, 『제15대 총선 투표율분석』.
중앙선거관리위원회, 1993, 『제14대 총선 투표율분석』.
중앙선거관리위원회, 1989, 『제13대 총선 투표율분석』.
Key, V. O. 1955, "A Theory of Critical Elections", Journal of Politics
    Vol. 17. 3-18.

제13장 2004년 총선 과정과 결과에 대한 종합적인 분석[1]

김용호

1. 머리말

이 글의 목적은 2004년 4월 15일에 실시된 17대 국회의원 선거를 중심으로 우리나라 정당정치와 선거가 어떻게 변모하고 있는지를 분석하는 데 있다.[2] 지금까지 많은 전문가들이 여러 측면에서 4·15 총선을 심층적으로 분석하였기 때문에 이 글의 초점은 2004년 총선과

---

1) 이 연구는 2004년도 인하대 교내연구비 지원에 의해 이루어진 것이다.
2) "민주주의 공고화(democratic consolidation)"에 대한 정의는 다양하지만 여기서는 법적, 제도적으로 보장된 민주적 제도가 효과적으로 작동함으로써 국민 대다수의 지지를 받고 있는 상태를 의미한다. 민주주의 공고화의 의미에 대한 자세한 논의는 다음을 참조. J. Samuel Valenzuela, "Democratic Consolidation in Post-Transitional Settings: Notion, Process, and Facilitating Conditions", in Scott Mainwaring, Guillermo O'Donnell and J. Samuel Valenzuela(eds.), *Issues in Democratic Consolidation : The New South American Democracies in Comparative Perspective,* (Notre Dame : University of Notre Dame Press, 1992), pp. 57-104.

1987년 민주화이후 실시된 4번의 총선(1988년, 1992년, 1996년, 2000년 총선)을 비교 분석하여 정당의 공천 및 선거운동 행태와 유권자의 투표행태에서 무엇이 변하지 않고 반복적으로 나타나고 있으며, 무엇이 변하고 있는지를 알아보고자 한다. 정당과 유권자 행태의 지속성과 변화를 분석하는 궁극적인 목적은 우리나라 정당정치와 선거가 민주주의 공고화에 얼마나 기여하고 있는지를 평가해 보고, 나아가 우리나라 민주주의의 장래를 전망해 보려는 것이다.[3] 이와 관련된 기존의 주장을 단순화시켜 보면 '민주주의 공고화 기여론' 과 '민주주의 공고화 지연론' 으로 나누어볼 수 있다. 후자는 최근까지 우리나라 정당과 선거가 민주주의를 퇴보시키고 있다고 주장한다.[4] 1987년 민주화 이래 우리나라 선거는 대표성이 약하여 노동자나 농민 등 아직도 대표되지 못하고 있는 유권자가 너무 많아 정치적 불안의 요소가 되고 있으며, 보수 일색의 지역정당들이 대기업이나 보수언론과 함께 기득권 유지에 급급하는 바람에 정치적 위기를 초래하고 있다고 주장한다. 비록 2004년 총선에서 처음으로 상향식 공천제도가 도입되었으나 일부 선거구에 국한되었고, 경선에서 표의 매수 등 불공정성이 여전하고, 선거과정에서 정책대결보다 상대 정당이나 후보의 비방에 몰두하는 정치인들의 네거티브(negative) 선거운동 방식이 사라지지 않고 있으며, 정치인들이 교묘하게 지역감정을 부추기고 지연, 혈연, 학연 등을 이용한 연고주의 선거운동이 지속되어, 유권자의 무관심이나

---

3) 신생 민주국가의 정당정치와 선거를 평가하는 기준은 대표성(representativeness), 통치력(governability), 안정성(stability), 경쟁성(competitiveness) 등이 있고 이러한 기준을 적용하여 실증적으로 평가하려면 다양한 지표(indicator)가 필요한데, 이 글에서는 주로 필자의 관찰과 통계에 의존해서 평가하고자 한다.
4) 최장집, 『민주화 이후의 민주주의』(후마니타스, 2002), pp. 17-40.

불신, 냉소주의 등이 강하다는 점 등을 지적하고 있다. 이들은 우리나라 정당과 선거는 과거 권위주의 시기의 유산에서 여전히 벗어나지 못하고 있다고 주장하면서 우리나라 민주주의의 장래에 대해 상당히 비관적인 견해를 가지고 있다.

이와 대조적으로 민주주의 공고화 기여론자들은 2004년 총선을 앞두고 선거법을 비롯한 정치 관련법의 획기적인 개정을 통해 공명선거를 위한 제도적 장치 마련, 3김의 퇴진 이후 낙하산 공천이나 밀실 공천이 사라지고 있고, 후보의 병역이나 납세 기록 등을 포함한 신상 공개에 따른 자질 검증, 여러 시민단체의 공명선거 운동, 최근 지역주의 투표 행태의 약화, 진보정당의 의회 진출로 인한 대표성의 증대, 신진 인사와 여성의 대거 국회 진출 등을 강조한다. 이들은 우리나라 정당 정치와 선거문화가 점차 개선되고 있다는 평가를 토대로 우리나라 민주주의의 장래에 대해서도 비교적 낙관적으로 보는 견해이다.[5] 이러한 매우 대조적인 두 가지 견해 중 어느 것이 타당한 것인지를 검토해 보기 위해 2004년 총선을 중심으로 민주화 이후 정당 및 유권자 행태의 변화와 지속을 분석하고자 한다.

---

5) 김영래 교수는 17대 총선을 앞두고 각 정당이 자체적으로 개혁하려고 노력하였고 또 탄핵 사태에도 불구하고 전반적으로 공명선거가 이루어졌다는 점 등을 들면서 조심스럽게 17대 총선이 한국 민주주의의 공고화에 기여한 것으로 평가하였다. "17대 총선과 17대 국회의 과제", 선거학회 주최 세미나, 이화여대, 2004년 7월 2일.

2. 정당 공천행태의 변화와 지속

1) 공천방식의 다양화

2004년 총선을 앞두고 각 정당은 과거와 달리 하향식 밀실공천 대신 상향식 공천방식을 포함한 다양한 공천 제도를 도입하였다. 이번 총선에서도 과거처럼 지역구와 전국구비례대표 후보 선정과정이 별도로 진행되었다. 먼저 지역구 후보 선출방식을 보면 각 정당은 내부 사정이나 지역구 사정 등을 고려하여 일반 유권자가 참여하는 경선방식, 당원만이 참여하는 경선방식, 공천심사위가 후보를 공개적으로 심사하는 방식, 여론조사를 통한 선정방식, 그리고 일부 선거구에서 전략지역이라는 명분 아래 과거처럼 하향식 공천 등을 실시하였다. 한나라당이 채택한 방식은 주로 외부 및 내부 인사들이 참여하는 공천심사위에서 여론조사 등을 기초로 복수의 후보를 선정한 후 이들을 상대로 공개토론을 벌인 후 후보를 선정하는 방식을 많이 채택하였다. 그런데 공천심사위에서 후보를 결정하기 어려운 경우 경선을 채택하였다.[6] 이와 대조적으로 열린우리당은 신당이었기 때문에 현역 국회의원이 많지 않아서 경선방식을 채택하는 데 어려움이 적었다. 그리고 선거전략의 일환으로 전체 지역구 중 3분의 1 정도를 일반 유권자가 참여하는 개방식 경선제도를 채택하였고, 나머지 지역구는 전략지역으로 선정

---

6) 한나라당은 후보를 낸 228개 선거구 중에서 15개(6.6%) 지역에서 경선을 실시하였다. 한나라당은 당원 10%, 일반 유권자 90%가 참여하는 2000명 정도의 선거인단을 구성하고, 단순다수대표제 방식을 채택하였다. 정진민, "상향식 공천제도와 예비후보 등록제", 한국정당학회 주최 「정당 및 선거제도 개선의 효과」 세미나, 2004년 5월 12일, 프레스센터.

하여 중앙당에서 영입 인사를 공천하는 경우가 많았다.[7] 한편 민주당은 경선 대신 주로 여론조사를 기초로 후보를 선정한 결과 인지도가 높은 현역 국회의원이 유리하였기 때문에 다른 정당에 비해 인물교체가 비교적 적은 편이었다. 그러나 전남 목포를 비롯한 일부 지역에서는 자체적으로 경선을 실시하였다. 그리고 민노당은 다른 정당과 달리 당원만이 참여하는 경선방식을 채택하였다. 한편 자민련의 경우 과거처럼 중앙당 지도부에서 후보를 공천하는 경향이 강하였다.

그런데 한나라당과 열린우리당 경선의 투표율을 보면 평균 50% 정도였고, 20%의 낮은 투표율도 있었기 때문에 경선에서 선출된 후보의 대표성이 매우 낮은 편이다. 한편 열린우리당 경선후보의 경쟁력을 보면 경선후보 84명 중 51명이 당선되어 61%의 당선율을 보였고, 비경선후보의 경우 159명 중 78명으로 49%의 당선율을 보여주었는바, 경선후보의 경쟁력이 약간 높았다.[8]

2004년 총선에서 우리나라 선거사상 처음으로 유권자가 1구 1인을 선출하는 지역구 후보에게 1표를 던지고, 동시에 각 정당의 비례대표 후보 명단을 보고 정당에게 투표하는 1인 2투표제를 채택하였기 때문에 각 정당의 비례대표 후보 선정방식에도 관심이 많았다.[9] 또 개정된 선거법은 각 정당의 비례대표 후보의 2분의 1을 여성 후보에게 할당해야 하고, 더욱이 주요 정당들은 유권자의 절반에 해당하는 여성 표

---

7) 열린우리당은 243개 지역구 중에서 35.6%에 해당하는 84개 지역에서 경선을 치렀다. 열린우리당은 해당 선거구 유권자의 0.5%가 참여하는 1000명 정도의 선거인단을 구성하였고, 전자투표 방식을 도입하여 유효표수의 과반수 득표자가 나올 때까지 반복해서 최하위 후보자를 탈락시키는 선호투표제를 실시했다. 그리고 여성 후보에게 20%의 가산점을 주었다. 정진민, 앞의 논문.

8) 정진민, 위의 논문.

를 얻기 위해 이들 여성 후보들을 하위순번이 아닌 1, 3, 5, …순으로
번갈아 배치할 것을 약속하였다. 그 결과 자민련 외에 모든 주요 정당
이 여성 후보를 1번부터 번갈아 공천하여 여성들의 국회진출이 많아
졌다. 비례대표 선정과정을 보면 열린우리당은 비례대표 후보 선정위
원회에서 12번까지 공천한 후 나머지 후보 40여 명을 대상으로 순위
선정위원회에서 순위를 결정하였다. 한편 한나라당의 경우 박근혜 신
임 당대표와 박세일 공천심사위원장이 현역 의원 전원 교체 원칙에
따라 정책능력 위주의 인사를 공천한 결과 대학교수 등 전문가 그룹
의 대거 진출이 이루어졌다. 민노당은 비례대표 후보를 상대로 당원
들의 인터넷 투표를 통해 순위를 결정한 후 여성 후보 득표순으로 1,
3, 5, …번에 배치하고, 남성 후보 중 득표순으로 2, 4, 6, …번에 공천
하였다.

2004년 총선을 계기로 각 정당이 이처럼 종래의 하향식 공천방식을
변화시킨 배경에는 다음과 같은 요인들이 작용하였다. 첫째, 패권적
정당 지도자인 김대중, 이회창 등의 퇴진으로 공천권을 독점할 수 있
는 정당 지도자가 부재한 상태였기 때문에 경선이나 공개토론 등을 통
한 투명한 방식으로 여러 경쟁자 중에서 1명을 선출할 수밖에 없었다.
다시 말해 당내 권력이 분산되어 있을수록 경선방식을 채택하는 경향
이 있었다. 자민련의 공천방식을 보면 이를 알 수 있다. 지역패권 지도
자가 있었던 자민련의 경우 김종필 당대표가 비례대표 1번을 차지하였
고, 다른 정당은 모두 여성 후보를 비례대표 1, 3, 5, …번에 배치했으

---

9) 박찬욱은 '1인 2투표제' 대신 '2표 병립제'가 더 정확한 표현이라고 주장한다. "제
   17대 총선에서 2표 병립제와 유권자의 분할투표", 서울대 한국정치연구소 세미나,
   2004년 9월 24일, 서울대 호암교수회관.

나 자민련은 여성 후보 우대제도를 도입하지 않는 등 종래의 방식대로 공천하였다. 둘째, 노무현 대통령이 2003년 10월 민주당을 탈당한 후 당적을 가지지 않았고, 또 당정분리 원칙이 만들어져 대통령 지지당인 열린우리당의 공천과정에 직접 개입할 여지가 적었다. 마지막으로 지적할 것은 학계, 여성계, 시민단체, 언론 등이 당내 민주화를 위해 하향식 공천제도 대신 상향식 공천제도를 채택하라는 사회적 압력이 있었기 때문이다.

2) 각 정당의 공천결과 분석

2004년 총선에 나타난 각 정당의 공천결과를 민주화 이후 다른 총선과 비교해 보면 다음과 같은 특징이 있다, 첫째, 다른 총선에 비해 공천 후유증이 상대적으로 적었다. 열린우리당의 경선 초기에 현역 의원이 경선에서 패배했으나 깨끗이 승복한 후 공정성 시비가 줄어들어 경선 패배자들의 반발이 비교적 적은 편이었다. 한편 가장 심각한 경선 후유증을 겪은 정당은 민주당이었다. 노무현 대통령 탄핵소추안 결의 후 추미애 의원이 선대위원장에 임명된 후 '호남 물갈이론'을 앞세워 일부 공천자를 바꾸려고 시도했으나 조순형 당대표의 반대로 무산되었다. 한나라당의 경우 비례대표 후보 선정결과 당내 인사보다 외부 인사가 많아서 전자의 반발이 있었으나 탄핵 사태 후 당 지지도가 바닥으로 떨어져 위기의식이 있었고, 곧 바로 선거전에 돌입하면서 후유증이 가라앉았다. 과거에 정치권이 상향식 공천제도의 도입에 반대하는 주요 이유가 경선 불복이었는데, 2004년 총선은 이러한 우려는 사실이 아니라는 것을 증명해 준다. 2000년 이회창 총재가 밀실공천을 통해 김윤환, 이기택, 한승수 등을 탈락시키자 이들이 반발하여 민국당을 창당한 점과 비교해 보면 2004년 총선의 공천파동은 예상외로 적었다고 할 수 있다. 과연 이것이 탄핵 사태로 인해 각 정당의 탈락자들이 자제한 결과인지, 앞으로도 계속될 추세인지는 다음 총선에서 알 수 있을 것이다. 민주당의 공천파동은 탄핵이라는 외부요인보다 당내 사정이 더 중요한 요인으로 보인다.

둘째, 이번 공천결과를 보면 현역의 탈락률이 높고 신인의 진출이 두드러졌다. 이것은 2003년 가을부터 시작된 불법 대선자금 수사결과 12명의 국회의원들이 불법 정치자금 수수 등 비리에 연루되어 구속되는 바람에 현역 의원에 대한 국민들의 불신이 강하게 작용한 것으로 볼 수 있다. 각 정당은 신인들을 대거 등용하여 이미지 쇄신을 통해 유권자의 지지를 얻으려고 노력한 결과, 현역 국회의원들이 자발적으로 또는 타의에 의해 후보로 나서지 않았다. 각 정당은 선거전략상 국민들의 인지도가 높은 방송인이나 전문가들을 영입하기 위해 경쟁하였다. 또 장애인을 비롯한 사회적 약자를 배려한다는 것을 과시하기 위해 열린우리당과 한나라당이 장애인을 비례대표 후보로 선정한 것은 과거 총선에서 볼 수 없었던 정치현상이다.

셋째, 2004년 공천결과 여성 후보들이 대거 진출하였다. 이미 설명한 것처럼 개정 선거법은 비례대표 후보의 절반을 반드시 여성 후보를 공천해야 한다는 조항을 신설한 결과 과거에 비해 여성 후보가 많아졌다. 더욱이 여성단체들이 여성들의 국회진출을 위해 비례대표뿐만 아니라 지역구에도 많은 여성들이 공천되도록 노력한 결과이다. 이처럼 여성, 장애인, 노조운동가 등 과거에 상대적으로 국회진출이 적었던 사회 분야 출신의 인사들이 후보로 나선 결과, 과거에는 국민 중에서 정치권에 대표되지 못하는 유권자가 많았으나 이번 총선을 계기로 정치적 대표성이 나아졌다.

마지막으로 지적할 점은 2004년 총선을 앞두고 여러 시민단체들이 다양한 기준에서 낙천, 낙선 대상자들을 발표했으나 2000년 총선에 비해 영향력이 줄어들었다. 그 이유는 2000년에는 진보적인 시민단체만이 낙천 대상자를 발표했으나 이번에는 보수적인 시민단체에서도 낙천 대상자를 발표하여 낙천낙선운동이 일목요연하게 추진되지 못하였다. 그리고 국회의 탄핵 소추 결의 후 많은 시민단체들이 탄핵 반대와 찬성 시위에 나서는 바람에 낙천낙선운동 자체는 약화되었다.

3. 정당과 후보의 선거운동 행태 : 변화와 지속

1) 정당 및 선거제도 개혁의 효과

2004년 총선은 과거에 비해 정당 및 선거제도가 크게 변화된 상태에서 치러졌다. 정당 및 선거제도 변경사항을 요약해 보면 국회의원 정수를 273명에서 299명으로 늘리면서 지역대표를 227명에서 243명으로, 비례대표를 46명에서 56명으로 증원하였다. 그리고 유권자들이 지역구 후보와 정당에게 각각 1표씩을 던지는 1인 2투표제를 채택하였다. 그리고 우리나라 선거 사상 처음으로 예비후보 등록제가 도입되었다. 과거에는 현역 국회의원들은 의정보고 활동이라는 명목 아래 선거운동 기간 이전에 유권자를 접촉할 수 있었으나 비현역들은 후보등록 이후에만 선거운동을 할 수 있어서 매우 불리하였는데, 이를 시정하기 위해 선거일 120일 전부터 국회의원 출마의사가 있는 인사들이 선관위에 등록한 후 선거운동을 할 수 있는 것이 예비후보등록제다. 예비후보자들은 유권자를 상대로 명함을 돌리거나 접촉을 할 수 있고, 1회에 한해 선거구 내 유권자들에게 홍보물을 우편으로만 보낼 수 있으며, 후원회를 조직할 수 있도록 하였다. 그리고 돈 선거를 방지하기 위해 대규모 후보 합동유세나 정당유세를 폐지하는 대신 후보자와 홍보요원 1명이 거리에서 유권자를 상대로 연설하거나 대담할 수 있도록 하였다. 이렇게 종래의 조직과 동원 위주의 선거운동을 폐지하고 인터넷, 방송토론과 연설 등을 통한 미디어 선거운동을 장려하는 방안을 마련하였다. 그리고 정당법을 개정하여 정당의 등록요건이었던 법정지구당을 폐지함으로써 정당 대신 후보 중심의 선거운동이 이루어지도록 하였다. 그리고 선거법 위반자에 대한 제재를 강화하는 여러 조치들을 마련하였다.

새로운 정당 및 선거제도의 효과를 분석해 보면 긍정적인 면이 많지만, 의도했던 효과를 얻지 못하거나 예상하지 않았던 점이 나타난 경우도 있다. 첫째, 1인 2투표제가 투표율을 증가시키고 인물경쟁 대신 정당간의 정책대결을 유도할 것으로 예상했으나 부분적인 성과에 그쳤다. 예를 들어 과거에는 어느 유권자가 특정 후보를 지지하지만 그 후보가 소속된 정당을 지지하지 않는 경우 기권할 가능성이 높지만 1인 2투표제에서는 이 유권자가 2표를 행사하기 때문에 그 후보에게 1표, 자신이 지지하는 정당에게 1표를 던질 수 있으므로 투표장에 갈 가능성이 높아진다. 이렇게 2표를 나누어 투표하는 소위 분리투표(split voting)가 2004년 총선에서 현저하게 나타난 점에서 알 수 있듯이 1인 2투표제가 투표율 증가에 기여한 것으로 보인다.[10] 한편 1인 2투표제가 소선거구에서 흔히 나타나는 후보들 간의 인물경쟁 대신 정당간의 정책대결을 유도할 것이라는 기대는 제한적으로 실현되었다. 민노당이 TV토론 등에서 부유세 신설을 비롯한 사회주의적인 새로운 국가정책을 제시함으로써 다른 정당도 이에 대응하기 위해 노력한 결과 이념이나 노선경쟁의 필요성이 제기되었다. 그러나 탄핵 사태로 인해 열린우리당의 '탄핵 세력 심판론'과 이에 맞선 한나라당의 '거대여당 견제론' 등에 묻혀 실질적인 정책경쟁은 매우 제한적이었다. 그리고 비례대표 의석이 전체 의석의 18% 정도밖에 되지 않아서 주요 정당이 지역현안이나 인물론 등을 내세워 지역구 선거에 몰두하는 바람에 전국구 후보를 중심으로 한 국가정책 대결이 이루어지지 못하는 경향을 보여주었다.

둘째, 예비후보 등록제는 선거법 개정이 늦어져 선거일 보름 전에 비로소 발효되는 바람에 실질적인 효과를 보지 못하였다. 그러나 과거에는 지구당 위원장이 아닌 비현역의 경우 사전 선거운동으로 적발되지 않기 위해 후보등록 이전에는 선거운동을 전혀 할 수 없었으나 이번 선거부터 일부 후보들이 이 제도를 통해 명함 돌리기, 후원금 모금, 홍보물 우송 등을 실시하였다.

셋째, 이번 선거법 개정의 최대 효과는 선거법 위반자에 대한 제재 강화로 거의 모든 후보와 운동원들이 과거의 '당선되고 보자'는 식의 사고방식에서 벗어나 최대한 선거법을 위반하지 않아야 한다는 인식

---

10) 이현우는 1인 2투표제가 투표율 증가에 기여한 것으로 추정하지만, 김왕식은 뚜렷한 증거를 발견할 수 없다고 주장한다. 이현우, "정당투표제 도입의 정치적 효과", 한국정치학회 세미나, 2004년 4월 22일, 프레스센터; 김왕식, "1인 2표제 도입의 정치적 효과", 한국선거학회 세미나, 2004년 7월 2일, 이화여대.

이 널리 퍼진 점이다. 그리고 금품이나 향응을 제공하는 선거법 위반자를 신고하는 경우 50배를 포상하는 제도, 향응을 제공받은 유권자에게 50배의 벌금을 물리는 제도 등이 효과를 발휘하여 금권선거가 과거에 비해 현저하게 개선된 것으로 평가되고 있다.[11]

마지막으로 지적할 점은 합동유세, 정당유세 폐지와 함께 후보만이 어깨띠를 두르고 선거운동을 할 수 있고 배우자나 다른 운동원은 일체의 표지를 할 수 없도록 되었으며, 거리 유세나 대담의 경우 후보가 있는 경우 5인, 없는 경우 2인만이 같이 다닐 수 있고, 연호 등을 외칠 수 없도록 규제하는 바람에 후보나 공약을 알리는 데 많은 제약이 있었다. 특히 지역구에서 TV 토론이나 연설이 1회에 그쳐 유권자가 후보를 알 수 있는 기회가 많지 않았고, 이런 미디어 선거운동 방식 외에 다른 선거운동 방식을 상당히 규제하는 바람에 유권자들이 후보에 대한 정보를 얻는 데 어려움이 있었다.

2) 선거운동의 주요 특징

2004년 총선의 선거운동은 과거와 다른 양상을 보여 주었는데, 특히 정치자금 비리 관련 수많은 현역 의원에 대한 수사와 구속, 정당 및 선거제도의 변화, 과거에 볼 수 없었던 대통령에 대한 탄핵 소추라는 선거쟁점 등이 등장했기 때문이다. 2004년 총선은 탄핵 역풍으로 시작되었다. 총선 전부터 열린우리당이 탄핵을 반대하는 광화문 촛불시위를 전개하면서 처음에는 유권자의 70%의 지지를 확보하여 국회 의석의 3

---

11) 백창제, "정치자금제도 개선의 효과와 정치적 경과", 서울대 한국정치연구소 세미나, 2004년 9월 24일, 서울대 호암교수회관.

분의 2 이상을 차지할 것으로 예상되었다. 이에 맞서 한나라당이 박근혜 의원을 새로운 당대표로 선출하고 '거대여당 견제론'을 내세워 유권자의 지지를 조금씩 회복하는 가운데 공식 선거운동 초반에 정동영 열린우리당 당의장의 노인폄하 발언이 터지는 바람에 반사이익을 얻어서 지지율을 회복하였다. 이처럼 이번 총선은 이벤트 중심의 선거운동이 전개되었다. 열린우리당의 탄핵 반대 촛불시위, 한나라당의 천막당사 입주, 추미애 민주당 선대위원장의 3보 1배, 정의장의 의장직 사퇴와 단식 등으로 이어졌다.

선거운동 초반에는 우리나라 선거운동의 전형적인 방식인 지역주의, 연고주의 등이 사라지는 것처럼 보였으나 후반 들어 점차 고개를 들기 시작하였다. 지연, 혈연, 학연 등을 이용한 동원 선거운동 양상이 많이 줄어들었지만 아직도 우리나라 정당들은 진성당원이나 자발적인 자원봉사나 재정후원이 적어서 후보들이 연고에 의존하는 경향을 완전히 버리지 못하였다. 예를 들면 정당 지도자나 후보들이 친지들을 동원하여 선거운동을 전개하였다. 그리고 각 후보들은 재래식 시장이나 상가, 백화점, 성당, 교회, 절, 약수터 등을 비롯해서 유권자들이 많이 모이는 곳을 찾아가 유권자들과 악수를 하는 전통적인 선거운동 방식에 의존하였다. 한편 과거처럼 노골적인 지역감정을 부추기는 발언이나 행사는 없었지만 선거결과를 보면 우리나라 정당과 후보와 유권자들이 아직도 지역주의에서 완전히 자유롭지 못하다는 것이 증명되었다.

지난 2000년 총선에 이어 이번 총선에서도 선거과정의 정보화 추세는 계속되었다. 2000년 총선에서는 수만 명의 네티즌들이 총선시민연대의 홈페이지에 접속하여 낙천낙선운동에 관심을 보였고, 2002년 대선에서는 노사모(노무현을 사랑하는 사람들의 모임)가 온라인과 오프라인 활동을 통해 노 후보의 당선에 기여하였다. 이번 총선에서는 시민단체니 정치인 팬클럽 대신 기존의 인터넷 커뮤니티에서 탄핵과 총선 관련 게시판이 활성화되고, 사이버 공간에서 패러디 문화가 확산되는 새로운 정치현상이 등장하였다. 디씨인사이드가 대표적인 사례다. 이처럼 인터넷이나 핸드폰 문자서비스 등을 활용한 선거운동이 과거에 볼 수 없었던 것이지만 그 효과는 여전히 제한적이라고 할 수 있다. 예를 들면 인터넷이 투표참여를 확대하거나 지지후보 결정에 미치는 영향은 아직도 상당히 약한 것으로 나타났다. 일반적으로 기존의 지지자들이 인터넷 토론을 통해 지지를 강화하는 효과가 있고, 인터넷의 담론이 정책토론보다 지지와 반대의 일방적인 주장에 그치는 경향이 있었다.

이번 총선에서 처음으로 도입된 각 정당 대표와 후보들의 TV 토론은 비례대표 후보를 위한 두 차례의 토론회는 성공적이었으나 각 선거구별로 실시되는 TV 토론이나 연설의 경우 지역마다 편차가 있었다. 예를 들어 일부 지역에서는 TV 토론 대신 연설로 대체하는 경우가 있었고, 일부 후보의 불참으로 TV 토론이 무산되는 경우도 있었다. 특히 지방의 선거방송토론위원회의 인력이나 전문성이 부족하여 사전준비가 철저하지 못한 경우가 발견되었다. 이러한 문제점에도 불구하고 과거에는 대선에서만 미디어 선거가 가능했으나 이번 총선은 대선 이외의 선거에서도 미디어 선거가 가능하다는 것을 보여주었다는 점에서 의의가 있다.

4. 유권자 투표행태의 변화와 지속

1) 민주화 이후 하강추세의 투표율 반전

2004년 총선의 투표율은 60.6%로 지난 총선의 투표율 57.2%보다 3.4% 정도 증가하였다. 더욱이 민주화 이래 대선과 총선의 투표율이 지속적으로 하락하던 추세를 반전시켰다.[12] 이미 지적한 것처럼 탄핵 사태와 1인 2투표제가 투표율 증가에 기여한 것으로 보인다. 그런데 이번 총선의 투표율에서 과거와 다른 두 가지 현상이 발견된다. 첫째, 과거에는 대도시의 투표율이 낮았으나 이번 총선에서는 대도시의 평균 투표율이 61.6%로 전국 평균 60.6%보다 높았다.[13] 이것은 대도시 유권자들의 참여의식 성장과 탄핵에 따른 참여의 열망이 과거보다 높았기 때문으로 보인다. 둘째, 2000년 총선에 비해 2004년 총선에서 20대부터 50대까지의 투표율은 높아졌으나 60대의 투표율은 75.2%에서 68.7%로 낮아졌다.[14] 정동영 의장의 노인폄하 발언에 반발하여 60대 이상의 고령층이 더 많이 투표할 것으로 예상하였으나 결과는 다르게

---

12) 민주화 이후 총선과 대선의 투표율 하강추세

총선거	75.8%(1988년)	71.9%(1992년)	63.9%(1996년)	57.2%(2000년)
대통령 선거	89.2%(1987년)	81.9%(1992년)	80.7%(1997년)	70.8%(2002년)

13) Kim Hyung Joon and Kim Dohjong, "The Analysis of the 17th National Assembly Election in Korea", a paper presented at the 4th South Korea-Thai Political Scientists' Dialogue organized by the Korean Political Science Association on June 19-21 at the Training Center of Cheju National University, p. 41.

14) 위의 논문, p. 41.

나타났다. 앞으로 노인층의 투표율이 낮아진 원인을 정밀하게 분석해야 하겠지만 노인층을 결집시킬 수 있는 정당이나 정치참여의 통로가 매우 제한되어 있기 때문이 아닌가 생각된다. 한나라당의 경우 정 의장의 노인폄하 발언에도 불구하고 상대방의 잘못을 악용하지 않겠다는 뜻으로 노인층을 적극적으로 공략하려는 선거전략이 부족하였다. 더욱이 노인층은 인터넷이나 핸드폰 문자 메시지 대신 전통적인 정치참여의 수단밖에 없고 적극성이 적기 때문에 투표에 적극적으로 참여하지 않았던 것으로 보인다.

2) 탄핵 사태로 정당투표 행태가 두드러짐

탄핵 사태로 인해 이번 총선이 대선처럼 치러졌고, 또 선거 직전에 선거법이 대폭 개정되어 정당, 후보, 운동원 등이 새로운 선거환경에 효과적으로 적응하지 못한 결과 후보자와 정책 등을 알리는 데 한계가 있어서 인물이나 정책보다 정당투표 경향이 강하게 나타난 것으로 분석된다. 이번 총선을 앞두고 국회가 예비후보자 등록제도, 합동유세와 정당유세 대신 미디어 · 인터넷 위주의 선거운동, 지구당 없는 후보 중심의 선거운동, 선거법 위반자 제재강화(50배의 과태료와 포상제도 등), 선거비용 공개제도를 도입하는 등 선거법을 대폭 개정하였다. 그러나 새 선거법이 후보 등록일 21일 전에 통과되어 각 정당과 후보들이 새로운 선거환경에 적응할 시간이 부족하였고, 선거 직전 탄핵 사태와 정당 지도부 교체 등으로 인해 선거운동 준비가 매우 부족한 상태에서 출발한 결과 탄핵 심판론, 거여견제론, 정동영 의장의 노인폄하 발언, 거야 부활론 등이 선거의 최대 쟁점이 되었다.

3) 지역주의와 세대 투표현상의 변화와 지속

총선 결과 영남과 호남에서의 특정 정당에 대한 표 쏠림 현상은 여전한데, 특히 한나라당은 영남과 강원을 석권하고, 열린우리당은 호남과 충청을 석권하여 기본적으로 영호남간의 지역경쟁 구도는 사라지지 않았다. 총선 이후 호남 정당인 열린우리당이 영남에 의석을 가진 최초의 전국정당이라는 점을 강조하면서 지역주의가 약화되고 있다는 주장이 있으나, 열린우리당이 부산·경남에서 겨우 3석을 확보하여 대통령 출신 지역이라는 특수성에 따른 일시적인 지지기반이 아닌가 생각된다.

이번 총선에서는 두 가지 측면에서 지역주의 양상이 변하였다. 첫째, 3김 시기에는 지역패권 지도자를 매개로 지역연합이 이루어졌으나, 이번 총선에서는 지난 대선에 이어 행정수도 충청권 이전이라는 정책을 매개로 호남-충청 간의 연합이 지속되었다. 둘째, 3김 시기에는 대선의 지역연합이 총선에서는 깨어졌으나 이번 총선에서는 유지되었다. 3당 합당으로 1992 대선에서는 영남-충청 간 연합이 형성되었으나 96년 총선을 앞두고 충청이 이탈하였다. 1997년 대선에서는 DJP 후보 단일화를 통해 호남-충청 연합이 이루어졌으나 2000년 총선을 앞두고 충청이 이탈하였다. 그런데 이번 총선에서는 지난 대선의 호남-충청연합이 지속된 결과 열린우리당이 과반수 이상의 의석을 차지하여 민주화 이후 최초로 총선을 통해 단점정부(unified government), 즉 여대야소 정부가 등장하였다.

한편 민주화 이후 대선과 총선마다 유권자가 지지 정당이나 후보를 결정하는 최대변수가 지역에 불과하였는데, 2002년 대선에서 처음으로 지역 외에 세대가 두 번째 중요한 변수로 등장하였으며, 이번 총선에서 열린우리당이 수도권에서 압승을 한 것은 세대요인에 기인하는 바가 큰 것으로 추정된다. 새로운 사회균열구조(social cleavage structure)인 세대갈등과 대북정책이나 대미정책 등을 둘러싼 이념갈등이 2002년 대선 이후 새로 등장하여 과거의 지역 단일균열구조가 중층적인 균열구조로 변화하였지만, 유권자의 후보 선택기준으로 지역이 여전히 최대의 변수라는 점을 부인하기 어렵다.

그런데 젊은 세대들의 투표성향을 보면 정치에 대한 개념이 바뀌고 있는 것 같다. 과거에는 정치를 권력투쟁이나 이익추구 행위로 보았으나 이제 젊은이들은 정치를 '놀이(play)'로 보고 있다. 이들은 다른 사람과 대화하고 같이 행동하는 것에서 보람을 느끼는 탈물질주의적, 자유주의적 성향을 보여주고 있다. 특히 미디어의 정치적 영향력 강화, 그리고 정보화 추세와 더불어 우리의 정치문화가 급속한 속도로 변하고 있다.

5. 선거결과에 대한 비교분석

1) 정당정치의 지형변화를 가져온 중대선거

2004년 총선결과는 3가지 측면에서 '중대선거(critical elections)'라고 할 수 있다.[15] 첫째, 이번 총선은 1987년 민주화 이후에 형성된 소위 '권위주의 계승정당체제'의 종말을 가져왔다는 점에서 중대선거라고 할 수 있다.[16] 둘째, 이번 총선결과 민주화 이래 지속되어온 대통령당이 총선에서 국회 과반수 의석을 차지하지 못하여 반대당이 국회를 장악하는 소위 분점정부(divided government)가 종식되고 총선을 통해 단점정부(unified government)가 등장했다는 점에서 중대선거라고 볼 수 있다. 마지막으로 지금까지 우리나라 국회는 보수정당 일색이었으나 이번 총선결과 노동자당인 민주노동당이 의회진출에 성공하였기 때문에 중대선거라고 할 수 있다.

먼저 권위주의 계승정당체제의 종식이 의미하는 바는 민주화 이래 소위 3김이 만들었던 정당정치의 틀이 사라지고 있다는 것을 의미한다. 이번 총선에서 김대중 전 대통령이 만들었던 새천년민주당이 겨우 9석을 차지하여 국회 원내교섭단체를 구성하지 못하는 사태가 벌어졌다. 그리고 3김 시대의 한 축을 이루었던 김종필과 자민련의 몰락은 3김 시대의 종말을 의미한다. 이것은 2002년 대선부터 시작되었는데 이번 총선에서 한 번 더 확인되었다. 3김 정치는 흔히 지역주의, 사당(私黨), 가신, 권력남용, 부정부패 등으로 얼룩졌다. 이로써 우리나라 정당은 이러한 3김 시대의 유산을 청산하고 새로운 정치세력으로 변모해가고 있다. 아직 분명한 방향성이 보이는 것은 아니지만 과거의 사당이나 머신정당(political machine-type party)적 성격이 약화되고 대중정당, 미디어 정당, 지지자 정당, 선거전문 정당으로 변신 중이며 정당 지

---

15) '중대선거' 란 정당정치의 기본 틀이 바뀔 정도로 유권자의 투표성향이 크게 변화하여 기성정당의 지지기반이 현저히 달라지거나 새로운 정당이 제도권 정치에 진입하는 경우를 의미한다. 한편 중대선거가 아닌 것은 '정상선거(normal election)' 라고 한다.

16) 권위주의 계승정당체제에 대한 자세한 설명은 다음을 참조. 장훈, "카르텔 정당체제의 형성과 발전: 민주화 이후 한국의 경우", 『한국과 국제정치』, 19권 4호(통권43호), 2003년, pp. 31-60.

도부와 엘리트의 역할이 약화되는 대신 일반 대중의 정치적 활동이 늘어나고 있으며, 보수정당 외에 진보정당이 등장하여 정당정치의 변화가 예상된다.

한편 이번 총선을 통해 보수정당체제가 마감되었다. 1961년 이래 제도권 정치 밖에서 활동해 온 소위 진보 정치세력이 40년 만에 처음으로 국회에 진출하여 보수 일색의 정당정치가 새로운 국면을 맞게 되었다. 그런데 민노당의 이념적 성향은 분명한데 비해 열린우리당과 한나라당의 정체성은 불분명하여 이념과 정책상의 경쟁보다 정치이념과 정책노선의 혼란이 있지 않을까 우려된다. 그리고 향후 민주노동당의 정치적 역할이 무엇이 될 것인지에 대해서는 불분명하며, 특히 진보세력의 국회진출이 노사갈등을 비롯한 소위 보혁갈등을 더욱 악화시킬 것인지, 보혁간의 공존 속에 선의의 경쟁으로 갈 것인지 여부가 불확실하다.

2004년 총선결과 민주화 이후 처음으로 선거를 통한 단점정부가 출현하였다. 대통령 지지당인 열린우리당이 152석으로 과반수보다 2석이 많은 의석을 확보한 것이다. 민주화 이후 총선마다 대통령당이 과반수를 얻지 못하는 분점정부, 즉 여소야대 정부가 탄생했으나 이번에 단점정부의 출현으로 노 대통령이 국회의 협력을 얻기가 과거에 비해 쉬워졌다.

2) 정치세력의 교체

2004년 총선에서 현역 국회의원의 대거 탈락, 한글세대 정당 지도자의 등장, 여성과 운동권의 국회진출 증대 등으로 말미암아 정치세력의 교체가 이루어졌다. 총선결과 현역 의원의 재선율은 29%인 88명에 불과하여 국회 사상 최대의 교체율(turnover rate)을 보여주었고, 초선 의원이 188명(63%)이나 되었다 그리고 세대교체도 이루어졌는데 특히 60대 이상의 비율이 과거에 비해 현저히 낮아지고 50대와 40대가 증가한 결과, 민주화 이후 국회의원 평균연령이 증가하던 현상이 역전되었다.[17] 그리고 이번 총선을 전후하여 각 정당의 지도자(박근혜, 정동영, 김근태, 신기남, 천정배, 추미애 등)가 모두 50대와 40대의 해방 이후 출생한 소위 한글세대이자, 1987년 민주화 이후 정계에 입문한 인사들로 교체되었다. 이들은 유권자의 여론과 비판에 민감한 '쌍방향' 지도자라는 장점이 있으나 감성에 호소하는 경향이 강하다는 비판을 받고 있다. 전후세대 지도자들은 국민의 인기와 여론, 대중매체, 자원봉사자와 지지자 등에 의존하는 경향이 강하여, 과거 3김의 지역주의, 카리스마, 계보, 가신, 머신정당 등과 매우 대조적이다.

그리고 70년대와 80년대의 운동권 출신이 대거 국회에 진출함으로써 의정활동이 달라질 것으로 전망된다. 이들은 권위주의 시대와 3김 시대의 정치적 관행에 익숙하지 않기 때문에 자율적인 의정활동을 할 것으로 기대된다. 더욱이 여성의 국회진출이 증가하였는바, 여성 의원이 지역구에서 10명, 비례대표에서 29명이 당선되어 전체의 13%로서 16대의 지역구 5명, 비례대표 11명, 전체의 5.9%에 비해 2배 이상이 증가하였고, 여성 의원 비율은 세계평균 15.2%에 근접했다. 여성 의원들은 앞으로 남성 중심의 정치문화 개선, 양성평등 외에 유아, 보육,

---

17) 민주화 이후 13대, 14대, 15대 국회의원의 평균연령이 각각 52.5세, 54.9세, 55.3세 등으로 증가하던 추세였다. 김용호, "국회의원 충원제도와 사회적 배경 분석", 『의정연구』, 7호, 1998, pp. 66-67.

노동, 빈민 문제 등 생활정치 개선에 앞장설 것으로 보이는데, 이들이
초당적 연대를 구축하고 의정활동의 경험부족 등을 해결하는 것이 최
대의 과제가 되었다.

4. 맺는말 : 총선에 대한 종합적인 평가

지금까지 논의를 종합해 보면 민주화 이후 우리나라 정당과 선거는
아직도 여러 가지 문제점을 지니고 있지만 전반적으로 개선되고 있다
고 평가할 수 있다. 특히 2004년 총선은 과거의 선거행태를 벗어나 여
러 가지 점에서 새로운 양상을 보여주었다. 첫째, 정당의 후보 공천방
식이 과거의 하향식에서 벗어나 상향식을 비롯한 다양한 방식으로 이
루어졌다. 이로써 1954년 자유당이 우리나라 정당사상 처음으로 정당
공천제도를 도입하면서 일반 유권자는 물론 당원이나 지방정당의 역
할 없이 중앙당의 보스들이 공천권을 행사했던 지난 50년간의 공천관
행이 깨어졌다.[18] 물론 2004년 총선에 나타난 정당 공천방식이 완벽했
다는 것을 의미하지는 않는다. 전체 선거구 중 겨우 3분의 1정도가 당
원이나 일반 유권자가 참여하는 경선방식을 적용하는 정당이 등장한
데 불과하고, 또 선거인단의 참여도가 대체로 낮았으며 이들의 의사를
반영하는 방식에 비합리적인 요소가 있었다. 이제 대선의 국민참여 경
선제도에 이어 새로운 국회의원 공천제도나 관행이 마련되었고, 이 제
도를 실시하는 과정에서 큰 문제점이 없었기 때문에 앞으로 각 정당이

---

18) 김용호, "한국 정당의 국회의원 공천제도: 지속과 변화", 『의정연구』, 9권 1호,
   2003, pp. 6-28.

이 제도를 더 많이 활용하는 가운데 이번에 나타난 문제점을 점차 개선시켜 나갈 것으로 본다. 그런데 각 정당이 이 제도를 도입한 취지를 살리지 못해 아쉽다. 그것은 각 정당이 일반 유권자나 당원을 공천과정에 참여시킴으로써 정당의 지지기반을 더욱 확대해 나가는 계기로 삼아야 하는데, 이들을 확고한 지지자로 만들려는 노력이 부족해 보인다. 각 정당이 경선에 참여한 일반 유권자나 당원들이 비선거기간에도 정당활동에 자발적이고 적극적으로 참여할 수 있도록 독려하고 많은 정치참여의 길을 마련해야 한다. 각 정당이 이들을 경선 때 1회용으로 활용한 후 다음 선거 때까지 외면하는 경우, 정당에 대한 불신을 더욱 불러일으킬 우려가 있다.

둘째, 유권자 행태에 있어서 민주화 이래 계속되고 있는 지역주의 투표현상이 이번 선거에서도 영·호남에서 그대로 나타나 국민화합을 저해하고 있다. 열린우리당과 한나라당이 각각 호남·충청, 영남·강원에서 거의 독식을 한 것은 과거의 영남-호남-충청의 지역주의가 재편된 것에 불과하다. 이번 총선에서 지역주의 정치에 두 가지 변화가 일어났다. 과거에는 지역정당간의 정치연합이 지역패권 지도자를 중심으로 이루어졌으나 2002년 대선에 이어 이번 총선에서도 신행정수도 이전이라는 정책을 매개로 호남과 충청 간의 연합이 이루어져 열린우리당이 이 양대 지역을 거의 석권하였다. 그리고 민주화 이래 대선의 지역연합이 다음 총선에서는 깨어졌으나 이번 총선에서는 과거와 달리 2002년 대선의 호남-충청연합이 지속되어 민주화 이래 선거를 통한 최초의 단점정부 출현을 가능하게 하였다. 1992년 대선의 영남-충청연합이 96년 총선에서는 깨어졌고, 1997년 대선의 호남-충청연합이 2000년 총선에서는 깨어졌으나 이번 총선에서는 과거의 패턴에서 벗어나는 양상이 나타났다.

한편 지난 대선부터 유권자의 지지후보 결정요인을 분석해 보면 지역 외에 세대나 이념 등이 두 번째 중요한 변수로 등장한 것은 중요한 정치적 변화이다. 이번 총선에서도 수도권에서 열린우리당의 지지가 높은 이유는 젊은 세대의 지지에 기인한 것으로 분석된다. 이렇게 과거의 지역을 중심으로 한 단일 사회균열구조가 지역·세대·이념을 축으로 한 중층적 사회균열구조로 변화하고 있기 때문에 지역주의가 상대적으로 약화될 가능성이 있다.

셋째, 이번 총선을 앞두고 정당 및 선거제도를 대폭 개혁한 결과 이번 선거가 다른 총선에 비해 훨씬 공정하고 깨끗하게 이루어졌다. 이미 지적한 것처럼 선거법 위반자에 대한 제재강화, 선거비용 공개제도, 법정 지구당 폐지에 따라 정당 대신 후보 중심의 선거운동, 유세 대신 TV 토론 등 미디어와 인터넷 중심의 선거운동 방식 도입, 1인 2투표제, 예비후보 등록제 등이 선거문화를 크게 바꾸어 놓았다. 앞으로 이번 총선에 나타난 문제점들을 개선해 나갈 수 있는 제도 보완과 새로운 관행과 인식의 정착이 필요하다.

넷째, 그 동안 선거문화를 개선하는 데 있어서 선관위와 시민단체의 역할이 컸다는 점을 지적할 수 있다. 그간 시민단체의 공명선거운동과 낙천낙선운동, 선관위의 제도개선과 독립성 유지 노력과 선거관리의 효율성 제고 등이 선거문화 개선에 이바지하였다. 이번 총선을 앞두고 선관위는 새로운 선거제도 도입에 성공하였다. 그리고 지난 총선에 이어 이번에도 후보의 신상공개 확대, 선거관리의 정보화 작업, 선거방송토론위원회와 인터넷선거보도 심의위원회의 신설 등을 계속해 나갔다. 앞으로 선관위는 철저한 선거자금 실사, 선거법 위반자 엄단, 선거에서 정당의 정책대결 유도 등을 과제로 남겨 놓았다.

다섯째, 언론매체가 선거보도의 공정성과 정확성을 높이기 위해 노력하고 있으나 아직도 부족한 점이 많다. 아직도 논쟁이 끝나지 않은 KBS와 MBC의 탄핵 보도의 불공정성, 그리고 1996년과 2000년에 이어 이번 총선에서도 TV 방송국의 출구조사 결과가 실제와 크게 어긋난 점은 시정해 나가야 할 것이다. 일부 신문의 불공정한 보도도 여전히 해결해야 할 과제로 남아 있다.

여섯째, 이번 총선에서 진보정당과 여성의 국회 진출로 우리나라 대의기구의 대표성이 높아지고, 특히 국회의원을 비롯한 정치권의 세력교체가 현저하게 이루어진 점이다. 이번 총선에서는 현역 의원이 대거 탈락하고 신인의 진출이 두드러졌다. 또한 이번 총선에서는 전국구 후보 50%를 여성에게 할당하는 제도가 도입되어 여성의 국회진출이 늘어났다. 과거 국회의원 충원에서 주요한 위치를 차지했던 군부와 민간 관료 출신이 현저히 줄어들고 재야인사, 운동권 출신, 법조계 인사, 지방의원과 지방자치단체장 출신의 진출이 늘어나고 있다. 그리고 3김의 퇴진과 더불어 정당 지도자들도 해방 이후에 태어난 한글세대로 교체되었다. 특히 이들은 모두 1987년 민주화 이후 정계에 입문한 인사들로서, 권위주의적 정치관행에 오랫동안 물들지 않았다는 장점이 있다.

일곱째, 이번 총선에서 민주화 이후 처음으로 단점정부가 출현하여 과거에 비해 대통령제 민주주의의 통치력(governability)을 증대시킬 수 있는 기회가 마련되었다. 민주화 이후 네 차례에 걸친 총선에서 대통령당은 예외 없이 다수 의석을 차지하지 못하여 분점정부가 탄생하는 바람에 국정운영에 어려움이 많았다. 이번 총선이 민주화 이후 처음으로 단점정부를 만들었으나 과거에 비해 대통령의 소속당에 대한 통제력이 약해져서 앞으로 대통령–국회 간의 협력이 얼마나 이루어질지는 미지수이다. 노 대통령의 경우 전임 김영삼, 김대중 대통령에 비해 카리스마나 지역패권 기반, 그리고 가신 등이 없어서 소속당에 대해 과거 '3김식' 통제가 쉽지 않다. 더욱이 노 대통령이 당정분리 원칙을 지나치게 경직적으로 해석하여 일체의 소속당에 대한 간섭을 배제하는 바람에 당을 이끌어가는 리더십이 부족하다.[19] 일반적으로 대통령은 소속당을 비롯한 국회의 협력을 얻기 위해 정치적 명분과 상징을 만들어내고 공천권, 인사권, 예산집행권 등을 사용하여 끊임없이 국회의원들을 설득해야 하는데, 우리 나라는 아직도 이러한 메커니즘이 만들어지지 않아 대통령–국회 간의 협력이 매우 제한적이다. 앞으로 노 대통령이 이번 총선에서 출현한 단점정부를 어떻게 활용하여 국회의 협력을 얻어서 효과적으로 국정을 운영하느냐의 여부가 민주주의 공고화에 결정적인 변수로 작용할 것으로 보인다.

마지막으로 한국의 선거문화는 점차 개선되어 나가고 있으나 정당정치는 여전히 유동적이라는 점이다. 특히 새 대통령이 집권한 후 새로운 대통령당이 창당되는 현상이 없어지지 않고 있다. 이렇게 새로운 대통령이 나올 때마다 신당을 창당하는 행태가 반복적으로 일어나 정당정치의 제도화에 역행하고 있다.[20] 더욱이 이런 정당들이 지역주의 타파를 명분으로 내세우고 나왔지만, 지역주의에서 벗어나지는 못하

---

19) 김용호, "17대 총선과 대통령–국회관계에 대한 전망: 제도적 접근법", 한국정치학회 춘계학술대회 발표 논문, 외교안보연구원, 2004년 3월 19일.
20) 김용호, "정당구조 개혁방안", 박세일, 장훈 편, 『정치개혁의 성공조건』(서울: 동아시아연구원, 2003), pp. 143-178.

고 있다. 앞으로 국민의 의사를 올바르게 대표할 수 있는 안정된 정당
체제가 확립되어야 이 땅에 민주주의가 공고화될 수 있다.

한국정당학회 학자가 본 17대 총선

한국정당학회 현장 관찰 참여교수 : 김용호(학회장, 인하대)
장   훈(중앙대), 유재일(대전대), 김용철(전남대), 김영태(목포대)
송기도(전북대), 윤성이(경상대), 강경태(신라대), 하세헌(경북대)
이준한(인천대), 박명호(동국대), 윤종빈(명지대), 정연정(배재대)
이현출(국회도서관)

4 · 15 현장 관찰

1. 어떻게 기획했나

중앙일보와 한국정당학회(회장 김용호, 인하대 교수)는 지난달 중순부터 '정치학자 총선현장 관찰' 보도를 공동으로 기획했다.

정당학회 소속 중견학자 14명이 주제별, 지역별로 선거쟁점의 현장에 달려가 총선의 흐름을 깊이 있는 분석과 함께 전달하자는 취지다. 독자들에게 아카데미즘과 저널리즘이 함께 작동하는 고품격 심층 현장기사를 제공하기 위한 것임은 물론이다. 이를 위해 중앙일보와 정당학회는 두 차례 합동세미나를 가졌다.

특히 전국 주요 지역의 대학교수들이 참여해 중앙 정치적 관점에서 놓치기 쉬운 지방의 생생한 움직임과 이슈를 함께 퍼 올릴 수 있게 했다. 기획 시리즈는 4.15선거 때까지 게재된다.

2004년 03월 17일자

1. 탄핵 찬반 두 진영 속에서

찬 탄파 "친노 對 반노"…반 탄파 "민주 對 반민주"

총선 29일 전. 선거전이 뜨겁다. 이번 국회의원 선거는 사실상 대통령의 진퇴가 걸려 있다는 점이 특징이다. 선거 성격이 이렇게 달라진 것은 대통령 탄핵안이 국회에서 가결됐기 때문이다. 탄핵정국을 좌우할 민심의 현장을 두 교수가 달려갔다. 광화문과 신도시다. 광화문에선 거시적으로, 신도시 고양의 덕양 · 일산에선 미시적인 방법론으로 민심에 접근했다. [편집자]

2004년 3월 14일 오후 7시 서울 광화문. 이미 수 만 명의 시민이 일요일 저녁 쌀쌀한 바람 속에 촛불을 들고 모여들었다. 그들은 "탄~핵 무효" "민~주 수호"를 월드컵 때의 "대~한민국" 박자에 맞춰 외치고 있다.

삽시간에 수 만 명이 모일 수 있었던 것은 1987년 6월 이후 시민운동의 축적 때문이었다고 이들은 주장했다. 2002년 미군 장갑차 사건 때의 촛불시위도 몇 달 동안의 소규모 집회를 거쳐 시청 앞 광장을 메울 수 있었다.

현장에서 만난 '탄핵무효, 부패정치 척결을 위한 범국민행동' (이하 범국민행동)준비모임의 민만기(40.녹색교통 사무처장)위원. 그는 "과반수 국민의 의사를 무시하고 부패한 국회의원들이 통과시킨 탄핵을 무효로 만들기 위해 이렇게 많은 시민이 모였다"고 말했다. 그는 "범국민행동은 헌법재판소의 결정에 영향을 주려는 의도보다 국회의 야당 연합이 추진할 가능성이 있는 거국 중립내각 요구, 총선 연기, 3야 합당, 종국적으로 내각제 개헌을 저지하기 위한 것"이라고 주장했다.

연단에선 개그맨인 한 연사가 "음주운전에 걸려도 알코올 도수에 따라 조치가 다른 것 아니냐. 어디 선거법 문제로 대통령을 탄핵할 수 있느냐"고 외쳤다.

같은 시간 범국민행동 측과 정반대의 생각을 가진 노장층 세대 두 명이 촛불집회장을 한바퀴 죽 둘러보고 있었다. '노무현 대통령 탄핵촉구 국민연대' (이하 국민연대) 공동대표인 박찬성(49)씨와 이경식(65)씨다. 이들을 근처 코리아나 호텔에서 만났다. 朴씨는 '북핵 저지 시민연대' 대표고, 李씨는 '자유언론수호 국민포럼' 대표이기도 하다. 朴대표는 앉자마자 "수 만 명은 무슨 수 만 명이

냐”고 촛불집회 규모를 평가 절하했다. 그는 “우리는 훨씬 대규모로 청와대 앞에서 남상국씨의 시신을 메고 시위할 것”이라며 “보수 세력이 총궐기하는 날이 조만간 온다”고 주장했다. 남상국씨는 전 대우건설 사장으로 노무현 대통령의 기자회견 때 공개적으로 거론되는 바람에 한강에 투신했다.

이경식 대표는 “盧대통령은 대한민국의 정통성을 부인하는 친북정책을 펴온 만큼 진작 물러났어야 했다”고 말했다.

◇ 친노–반노냐, 민주–반민주냐=탄핵 정국을 ‘친노 대 반노’ 구도로 끌고 가느냐, ‘민주 대 반민주’ 로 끌고 가느냐는 이 두 세력엔 4 · 15총선 결과를 좌우하는 가장 중요한 변수 중 하나로 인식되고 있었다. 슬로건의 국민 정서적 효과상 친노–반노로 가면 야당에 유리하고, 민주–반민주로 가면 열린우리당에 유리하다는 판단이었다.

범국민행동 김민영 참여연대 시민감시국장은 “국회 쿠데타가 조성한 현 정국은 87년 이후 한국 민주주의의 최대 위기 국면”이라며 “이 때문에 노무현 정부에 반감을 갖던 민중운동 진영도 탄핵 무효 운동에 참여하게 됐다”고 했다. 반노 쪽은 “이번 탄핵안은 노무현 정권의 무능과 실정을 심판한 것인 만큼 총선민심

도 친노냐 반노냐로 갈릴 것이며 이럴 경우 우리가 유리하다”고 말했다.

탄핵 정국이 투표율 변화에 영향을 미칠지도 관심거리였다. 범국민행동 하승창(44.함께하는 시민행동 사무처장)위원은 “갑자기 부상한 탄핵 이슈는 국민으로 하여금 투표에 참여해야 할 이유를 제공해 줄 것”이라고 조심스럽게 진단했다.

이 대목에 대해선 국민연대 박찬성 대표도 같은 전망을 했다. 그러나 범국민행동 측은 투표율 상승이 젊은 세대의 참여를 의미할 것이기에 야3당에 불리할 것으로 봤다. 반면 탄핵을 지지하는 국민연대 측은 침묵하던 보수적 유권자의 적극적 참여로 열린우리당이 패배할 것이라고 주장했다.

◇ 투표율에 변화 있을까=그러나 87년 이후 투표율을 면밀히 분석해 보면 이번 선거에서 투표율이 올라갈 이유는 별로 없어 보인다. 첫째, 88년 총선에서 75.7%로 절정을 기록한 투표율은 71.9% (92년), 63.9% (96년)를 거쳐 2000년 총선에선 57.2%로 확 떨어졌다. 둘째, 2002년 대선에서 노사모 등이 20, 30대를 투표장으로 동원하기 위해 장기간 캠페인을 했음에도 불구하고 20대의 투표율은 이전 대통령 선거에 비해 하락했다.

따라서 아무리 ‘탄핵 풍’ 이 불고,

범국민행동. 국민연대. 정치권이 유권자를 독려해도 투표율 감소 경향을 막기는 어려울 것이다.

과거의 여론조사 추이를 보면 선거일에서 한 달 전쯤 형성된 선거구도는 선거일까지 유지되는 경향이 있었다. 그리고 여론조사 발표가 금지되는 공식 선거운동기간 직전의 정당 지지율 순위는 선거결과와 언제나 일치했다.

이번 선거에서도 탄핵 풍 선거구도가 투표일 한달을 남기고 조성됐다. 따라서 이 여론이 앞으로 2주일 남은 공식 선거운동 개시일 전까지 유지될 것인가가 선거 결과 예측의 중대 변수라 할 것이다.

익명을 요구한 여론조사 전문가는 "탄핵안 가결 후 고건 대통령 권한대행 체제에 대해 잘할 것이란 응답이 62%로 나타난 만큼 지지율 교차현상이 발생할 수 있다"고 지적하기도 했다.

◇ 충돌하는 두 갈래 목소리=총선 이후의 정치권 질서는 어떻게 변할까. 탄핵 반대쪽의 민만기 위원은 "한나라당과 손잡은 민주당은 자민련의 전철을 밟을 것이며, 열린우리당과 한나라당의 양당 구도로 바뀔 것"으로 보았다. 반면 탄핵 지지 측 박찬성 대표는 "盧대통령이 퇴진하고 열린우리당이 소멸할 것"이라고 했다.

오후 11시. 버스를 타고 귀가하는 길에 "너무 어이없는 일을 당해 끊었던 담배를 1년 만에 다시 피우기 시작했다"는 촛불시위에 참여한 어느 시민 연사의 목소리와 "의회민주주의를 끝까지 거부하고 멀쩡한 사람을 희생시킨 盧대통령은 즉각 퇴진해야 한다"고 열변을 토한 탄핵 찬성 쪽 사람의 목소리가 겹쳐 귀를 때렸다.

이준한 〈인천대 정외과 교수〉
2004년 03월 17일자

---

1. 고양시 지역구 가보니…

초반 민심 '與 순풍 野 역풍'
여당 "표심 변화 실감"…2野 "바람 잦아들면…"

'대통령 탄핵 정국'으로 총선 민심에 변화가 일고 있다. 열린우리당에 대한 지지가 가파르게 상승하면서 한나라당에 대한 지지는 약화되고 있다. 민주당은 더 몰리고 있다. 지역구엔 이런 분위기가 어떻게 투영되고 있을까. 경기도 고양시를 찾아가 봤다. 이곳은 탄핵 현장을 지휘한 홍사덕(한나라당·일산갑) 의원과 탄핵 반대의 선봉장격인 유시민(열린우리당·덕양갑) 의원이 출마해 탄핵 민심의 민감한 흐름이 읽혀질 것으로 봤기 때문이다. 이 지역들은 아파트촌이 밀집한 신도시 중 하나다. 수도권 중산층 민심의 바로미터라고 할 수 있다.

덕양갑의 유시민 의원 선거사무소 건물엔 "저지하자 탄핵 쿠데타"라는 격문이 붙어 있었다. 사무실에서 만난 관계자는 "표심(票心)의 변화를 짜릿하게 느끼고 있다. 중간지대에 있던 주민들이 우리 쪽으로 결집하는 양상이 뚜렷하다"고 주장했다. 유시민 의원은 신중한 반응이었다. "전국적 쟁점의 영향이 없진 않겠지만 기본적으로 지역선거"라고 했다.

한나라당 사람들은 다소 당혹스러운 표정이었다. 한나라당 선거사무소 관계자는 "감성을 자극하는 방송의 편향보도가 상황을 악화시켰다"고 주장했다. 조선일보 기자 출신인 조희천 후보는 "열린우리당의 세 결집에 위기감을 느낀 한나라당 쪽 지지자들도 결집되고 있다"며 "이번 선거가 친노 대 반노 세력의 대결임을 부각 하겠다"고 했다.

민주당은 이 선거구에서 아직 후보가 확정되지 않았다. 지역구 관계자는 "밖에 나가 민주당 얘기를 꺼내기가 어려운 상황"이라고 어려움을 토로했다. 그는 특히 호남 출신 표심의 향배를 걱정했다.

열린우리당 쪽은 당장이라도 선거를 했으면 하는 마음이었고, 야당 쪽은 탄핵 바람이 빨리 지나가기를 바라는 눈치였다.

일산 갑 후보 진영들의 반응은 엇갈렸다. 이 지역에 첫 출마하는 한나라당 홍사덕 의원 측은 "중앙정치 때문에 이제 겨우 지역선거 사무실을 차리고 있는 중"이라며 "탄핵 사태 전 여론조사에선 우리가 앞서고 있었는데 지금은 지역사정을 몰라 어떤 판단도 할 수 없다"고 조심스러워했다. 열린우리당 후보인 한명숙 전 환경부 장관은 "우리 지역엔 지식인과 중산층이 많이 살아 비상식적인 탄핵에 대한 거부감이 어느 곳 못지 않게 높다"며 "자신감을 갖고 선거전에 임할 수 있게 됐다"고 고무됐다.

민주당의 박태우 후보는 "정치권의 분열과 혼란상을 질타하는 소리는 많아도 민주당을 비난하는 얘기는 듣지 못했다"며 "오히려 촛불시위가 장기화하는 것에 대한 우려의 목소리가 크다"고 대수롭지 않다는 반응이었다.

거리의 민심은 열린우리당이 약

간 유리한 것으로 감지됐다. 50대 초반의 자영업자는 "촛불시위에 참여하겠다"고 했고, 30 대 중반의 주부는 "지지정당을 한나라당에서 열린우리당으로 바꿨다"고 했다. 하지만 퇴근길의 40대 교사는 "노무현 대통령이 기자회견을 통해 탄핵을 유도한 것 아닌가"라며 "열린우리당이 싫다"고 냉소적으로 얘기했다.

박명호 〈동국대 정외과 교수〉

2. 돈 선거, 밥 선거 사라지나

"전엔 이기고 나면 그만, 이젠 당선무효까지 염두"

'50배 포상금, 50배 과태료' 가 대한민국 선거문화를 송두리째 뒤흔들고 있다. 6000원짜리 초콜릿과 9250원짜리 식사 대접을 받고 76만 2500원을 토해내야 하는 초강력 부메랑이 요즘 예비 후보자와 유권자 주변을 맴돌고 있다. 이 부메랑은 중앙선관위. 경찰의 행정방침이 떠올렸고, 지난 12일 국회에서 개정된 정치개혁 3법의 바람을 받아 선거운동 현장을 훨훨 날아다니고 있다.

◇ 포상금제, 위력 발휘=과연 '돈 선거' 와 '밥 선거' 가 사라질까. 지난 주말 단속의 현장인 서울 중랑구선관위를 찾았다.

오장문 지도담당관이 반갑게 필자를 맞았다. 중랑구선관위는 이날 잡혀 있던 경찰서, 구청, 소방서, 교육청, 전화국 등 관계자들과 투·개표 선거관리 및 불법 선거 단속을 위한 협조 회의를 준비하느라 분주했다. 뭇담당관은 "보름 전까지 거의 매일 돈 봉투 사건이 신고 됐으나 최근에는 거의 없다"고 말했다. 포상금 효과가 위력을 발휘하고 있기 때문이라고 한다. 후보자 측이 뿌린 돈이나 향응을 유권자가 증거와 함께 신고할 경우 5000만원 범위 내에서 받은 돈의 50배까지 포상금으로 받을 수 있게 한 제도다. 그는 "유권자의 신고로 후보자가 당선 무효 판결을 받을 경우엔 최대 1억원을 지급 한다"고 강조했다. 뭇담당관은 "후보자는 유권자가 언제 '선(選)파라치' ('불법 선거 신고꾼' 을 뜻하는 선거판의 은어)로 돌변할지 몰라 돈 뿌리기에 몸을 사리고 있는 것 같다"고 했다.

그러나 돈 유통 구조가 더 은밀한

점조직 방식으로 지하화 할 가능성까지 배제하진 않았다. 단속의 가장 큰 어려움이 무엇인가를 묻는 질문에 뭇담당관은 "돈 봉투를 후보자가 직접 전달하지 않고 하수인의 하수인, 또 다른 하수인을 내세우는 경우"라며 "적발된 하수인들이 자기 돈이며 후보자와 상관없는 돈이라고 주장하면 현실적으로 인과관계를 밝혀내기 어렵다"고 했다.

선거 감시가 이렇게 강화된 것에 대해 예비 후보자들은 어떤 반응일까. 한 정당의 선거 참모는 "예전엔 선거에 이기면 그만 이라는 생각이 었는데 이번엔 당선 무효 문제까지 염두에 두고 선거 캠페인을 하고 있다"고 말했다.

◇ **교묘해진 선거 브로커**=다른 선거사무소의 핵심 참모는 "내 손에 수백 명의 표가 있다며 입당원서와 돈을 맞바꾸자는 선거 브로커가 여전히 활개치고 있다" "밥 사 달라, 술 사달라고 찾아오는 유권자가 아직도 많다"고 토로했다. 실제로 최근 중앙선관위엔 '다단계 판매원 200명'을 거느리고 있다며 한 명당 하루 13만원(3만원은 브로커 소개료)을 받기로 하고 이들을 선거운동원으로 동원해주겠다는 선거 전문 브로커가 적발된 사례가 보고된 바 있다.

정치관계법의 개정으로 지구당은 없어지게 된다. 설사 지구당을 유지하고 싶어도 후원회 모금 한도가 대폭 줄고, 법인의 후원이 금지됨에 따라 불법 음성 정치자금이 아니고선 지구당을 운영할 수 없다는 게 선거사무소 관계자들의 얘기다.

세 과시와 상대 후보 기죽이기, 막말 충돌의 현장인 합동유세와 정당연설회도 이번부터 없어졌다.

◇ **규제 일변도 선거제도 부작용도**= 우선 유권자와의 접촉 공간이 절대적으로 줄어듦에 따라 후보자들이 이들을 파고들기 위한 두더지 조직 선거 운동의 유혹을 뿌리치기 힘들다는 점이다.

제도적으로 고비용 정치를 추방했다곤 하지만 정치현장은 돈을 필요로 한다. 정치자금 수요의 규모 적정성을 면밀히 따지지 않은 일방적인 공급의 차단은 예기치 못한 새로운 불법을 양산할 가능성이 있다. 2000년 16대 총선의 지구당 평균 법정 선거운동 비용은 1억2000만 원대였다. 그때 선관위에 회계 보고된 평균 지출액은 6000만원 정도였다. 이렇게 터무니없이 작은 신고액은 의정활동 보고회 비용 등 상시적인 정당 활동비, 당내 경선비 등을 선거 비용에서 제외하기 때문이다. 이런 '눈 가리고 아웅' 하는 식의 회계 보고 제도도 개선돼야 할 것이다.

공명선거는 유권자가 주도해야 한다. 최근 한 여론조사(KSDC.한국

사회과학데이터센터)에 따르면 '공명선거를 위해 가장 중요한 것이 무엇이냐'는 질문에 "후보자나 정당의 선거법 준수"라는 응답은 30%였지만, "유권자의 의식이 변화해야 한다"는 응답은 40% 이상이었다.

이 같은 유권자 의식 변화는 흥미롭다. 정치권의 변화를 국회의원이나 후보자들에게 맡길 게 아니라 유권자들 스스로 이뤄내야 한다는 의식이 뿌리내리고 있는 것 같다.

정치개혁법의 이상이 선거현장에서 실효성을 발휘하려면 설렁탕과 돈봉투를 거부하고 불법 행위를 적극 신고하는 유권자의 의식혁명이 가장 중요하다는 게 선거 관련자들의 한결같은 얘기였다.

윤종빈 〈명지대 정외과 교수〉
2004년 03월 23일자

3. 첫 걸음 뗀 총선후보 경선

헐뜯기 드물고 결과엔 깨끗이 승복

**국회 요동쳤지만 지방 현장은 차분
후보 간 뚜렷한 차별성 없어 아쉬워**

지난 3월 12일 오후 1시 목포 실내체육관에서는 민주당 목포지구당 후보경선(당선자 이상열)이 실시됐다.

이보다 한 시간쯤 앞선 오전 11시 56분, 한국 정치의 요람인 서울 여의도 국회에서는 여야 의원들 간의 치열한 몸싸움과 국회의장의 경호권 발동 등 우여곡절 끝에 노무현 대통령 탄핵소추안이 가결됐다. 탄핵소추안 표결 결과에 촉각을 곤두세우던 시민의 관심을 반영하듯 라디오에는 연신 탄핵안 통과를 알리는 박관용 국회의장의 목소리가 울려 퍼지고 있었다.

그러나 탄핵소추안을 주도했던 민주당, 그것도 민주당의 뿌리를 자처하는 목포 지구당의 경선 현장에서는 아무런 반응도 찾을 수 없었다. 후보들은 전국적 이슈보다 지역문제, 중앙당의 쟁점보다 지역구의 관심거리가 더 중요했다.

제각기 자신이 지역발전의 적임자임을 주장하는 경선후보들의 연설이 경선이 진행되고 있음을 알릴 뿐이었다. 그동안 두 차례의 토론회에서 지역주민들에게 익숙해진 주장만 반복되고 있었다.

이에 앞서 지난 7일 서울에서 실시된 열린우리당 마포 을 후보경선(정청래)은 목포와는 사뭇 다른 분위기였다. 마포 경선에서는 대통령의 탄핵을 시도하고 있는 한나라당과 민주당을 17대 총선에서 심판해야 한다거나, 부패정치와 지역감정을 타파해야 한다는 등의 목소리가 울려 퍼졌다. 이보다 하루 전에 있었던 한나라당 덕양 을 경선(김용수)에서도 노무현 대통령의 실정을 비판하는 후보의 연설이 청중의 귀를 따갑게 했다.

중앙과 지방의 정치의식 수준 차이일까? 서울·수도권과 달리 지방에선 주민의 지역발전에 대한 욕구를 후보들이 대신해 줘야 하기 때문일까? 아니면 타당 후보들과 치열한 경쟁을 벌여야 하기에 본선 경쟁력을 입증해야 하는 서울·수도권과 민주당 텃밭이기에 당 공천만 받으면 금배지는 따놓은 거나 마찬가지라는 의식이 퍼져 있는 목포의 차이일까? 여러 가지 의문이 꼬리에 꼬리를 물고 이어졌다.

물론 서울·수도권과 목포 경선이 천양지차만은 아니었다. 민주당 목포 경선이나, 열린우리당 마포 을 경선이나, 한나라당의 고양시 덕양 을 경선이나 모두 비교적 차분하게 진행됐다. 고질적 병폐로 알려진 후보들 간의 상호비방도 거의 없었다. 또 일부 경선보도에서 알려진 바와 달리 패자는 경선 결과에 깨끗이 승복했다. 오히려 "경선이 너무 요식적으로 치러진 것 같다"는 얘기까지 나올 정도였다.

그렇다고 아쉬움이 없는 것도 아니었다. 후보 선택에 도움이 될 후보들 간의 차별성이 뚜렷이 부각되지 못했다. 경선 장 안팎에서 동원된 듯한 인상을 풍기는 선거운동원들의 선거운동이 전개됐고, 심지어 투표 과정에서도 후보들의 지지 호소와 운동원들의 선거운동은 계속됐다. 열린우리당 마포 을 경선에는 880명의 선거인단 가운데 516명(58.6%)이 참여했으며, 한나라당 고양 덕양 을 경선에는 2000명의 선거인단 가운데 621명(31.0%)만이 참여했다. 2980명의 경선 선거인단을 구성한 목포에선 2911명(97.7%)이 한 표를 행사했다. 규모와 투표율에서 차이를 보이지만 "동원 가능한 수만큼 선거인단을 구성했다"는 관계자의 이야기가 귓전을 맴돈다.

신문지상에서 경선의 뒷소식이 전해져 온다. 차분하게 진행된 경선 결과는 대부분 귀퉁이를 차지하거나, 공천결과 목록 가운데 한 부분을 차지할 뿐이다. 반면 경선 과정에서 발생한 잡음이나 불복종은 커다란 지면을 차지한다. 현역 의원이나 중앙의 유명 인사가 경선에서 탈락하면 대서특필감이다. 정치개혁과 정당개혁을 명분으로 시도된 상향식 공천에 대한 비판의 목소리도 커져 간다.

경선을 통한 상향식 공천은 우리에게 이상에 불과한 것일까? 조직과 동원 능력이 경선 결과를 좌우하고, 정치적 불만이 팽배한 우리의 정치 현실에서 경선은 이상에 불과하다는 지적도 있다.

그러나 상향식 공천은 이제 첫걸음을 뗐을 뿐이다. 그리고 상향식 공천의 알파요 오메가인 시민들의 정치참여도 겨우 시작됐다. 그래서 상향식 경선제도에 대해 희망을 거둘 이유는 없다고 본다.

김영태 〈목포대 정외과 교수〉
2004년 03월 25일자

3. '하향식 공천' 요소 아직 남아

공천심사委에 경선 여부 결정권
실시 지역 비율도 낮아

17대 총선 과정에서 주목을 끄는 것 가운데 하나는 각 당 공천 방식의 다양성이다. 지금까지 하향식. 밀실 공천은 유권자의 후보자 선택 폭을 제한하고 정당 개혁의 발목을 잡아 왔다는 비판을 받았다.

정치개혁을 요구하는 국민의 열망에 부응하듯 정당들은 상향식. 개방 공천 방식을 제시했다. 당원 직접 경선부터 당원과 국민이 참여하는 소위 국민 참여 경선, 당원과 시민을 아예 구분하지 않는 완전 개방형 국민경선, 유권자 여론조사, 심지어 인터넷 공모까지 여러 가지였다.

그러나 이런 과정을 주도하고 관리하는 공천심사위는 국회의원이나 당직자, 일부 민간인 등 소수로 구성돼 배타성을 띠었다. 즉 특정 지역구

주요 정당 공천 현황 (3월 22일 현재)

구분	한나라	민주	열린 우리
전체	228	217	229
단일후보공천지역	213	144	143
경선(예정)지역	15	73	86
경선비율	6.6%	33.6%	37.6%

※각 당 자료 참조

에서 경선을 할 것인가 여부가 전적으로 공천심사위의 손에 달려 있었다. 이에 따라 각 당의 지배적인 공천 방식은 상향식이 아니라 하향식 공천이었다.

한나라당의 경우 228개 공천지역 가운데 단지 15곳에서만 경선을 했다. 열린우리당과 민주당은 경선을 실시한 지역이 한나라당에 비해서는 훨씬 많지만 비율은 전체의 40%에 못 미친다. 현역 의원이 출마한 선거구에서 경선이 실시된 곳은 더욱 드물었다. 예컨대 비교적 경선을 많이 한 열린우리당의 경우 현역 의원 지역은 세 곳에 불과했다. 상향식 공천 선전은 요란했지만 내용은 빈약하다는 얘기다.

경선 선거인단의 규모도 천차만별이다. 3000여명에 이르는 곳도 있지만 500명밖에 되지 않은 곳도 있다. 실제 투표에 참여한 선거인단은 적은 경우 150명에 불과했다. 이에 따라 100표도 못 미치는 득표로 당선이 결정된 곳도 있다. 물론 규모가 작다고 반드시 문제가 되는 것은 아니다. 그러나 대표성이 보장되지 않은 상황에서 선거인단의 규모가 작으면 공정성에 대한 불만이 제기될 수밖에 없다.

하향식 공천에 대한 반발이 많았던 것에 비해 경선 불복종 사태는 그리 많지 않았다. 불복종보다 경선 과정에서 나타난 불 · 탈법 선거운동이 문제였으며 경선 방식을 둘러싼 갈등이 비교적 많았다. 조직 · 동원에 능한 후보자가 경선에 승리한 경우도 있지만 공무원 출신 같은 신진 인사의 승리도 많았다. 결국 상향식 공천 자체가 문제라기보다 유권자나 당원의 자발적 경선 참여 같은 기술적인 사안이 문제인 것으로 보인다.

김영태 〈목포대 정외과 교수〉
2004년 03월 25일자

---

4. 지역주의가 무너지고 있다

17대 총선 유권자 수 3560만6832명

행자부, 선관위에 통보

17대 총선을 보름 남겨둔 현재까지 각 정당들은 탄핵정국에서 헤어나지 못하고 있다. 탄핵반대 여론에 힘입어 열린우리당 지지도는 역대 어느 정당도 오르지 못했던 50% 선을 넘나들고 있다.

탄핵 역풍을 맞은 한나라당은 '박근혜 대표 카드'를 내세워 반전을 모색하고 있으나 힘이 달리는 양상이다. 탄핵의 직격탄을 맞은 민주당은 추미애 선대위원장 체제를 겨우 출범시켰으나 텃밭인 호남에서조차 맥을 못 추고 있다.

그러나 필자가 관찰한 경남 진주 지역은 탄핵찬반 자체가 선거판을 끌어가는 이슈가 아니었다. 전통적인 지역주의 분위기도 좀처럼 찾아볼 수 없었다. 인물. 정책이 중시되는 것 같아 반가운 마음이 일었다.

우선 진주참여연대의 최근 유권자 여론조사에 따르면 탄핵안 가결이 잘못됐다는 응답이 60%지만, 잘됐다는 응답도 31%로 다른 지역에 비해 높게 나타났다. 정당지지도에서는 열린우리당이 35.7%, 한나라당이 31.7%를 얻었다. 진주시내 차 없는 거리에서 열렸던 촛불시위에는 200여명이 참여했으나 열기는

떨어졌다.

언론사들의 여론조사 결과를 보면 진주 갑 지역은 한나라당(최구식)과 열린우리당(이기동) 후보 간의 오차범위 내 접전으로, 진주 을 지역에서는 열린우리당 김헌규 후보와 한나라당 김재경 후보, 무소속 하순봉 의원이 혼전상태다.

이처럼 진주는 더 이상 한나라당의 아성이 아니다. 그렇다고 열린우리당에 대한 표 쏠림 현상도 없다. 이런 정서로 인해 후보들의 선거 전략도 소속 정당이나 탄핵문제보다는 인물론과 공약에 초점을 두고 있다.

한나라당 김재경 후보는 "과거에는 '기호1번 한나라당입니다'라고 외치면 됐지만 지금은 가급적 한나라당을 언급하지 않고 후보자의 인물홍보에 초점을 두고 있다"고 설명한다.

열린우리당 김헌규 후보 역시 전국적. 논쟁적 이슈보다 개인의 자질을 알리는 것을 중시하고 있다. 그는 "탄핵에 대해선 대통령과 한나라당이 모두 잘못이라는 양비론이 많기 때문에 유권자들과 접촉할 때 이 문제는 거론하지 않고 있다"고 했다.

한나라당 공천을 받지 못해 무소속으로 출마하는 하순봉

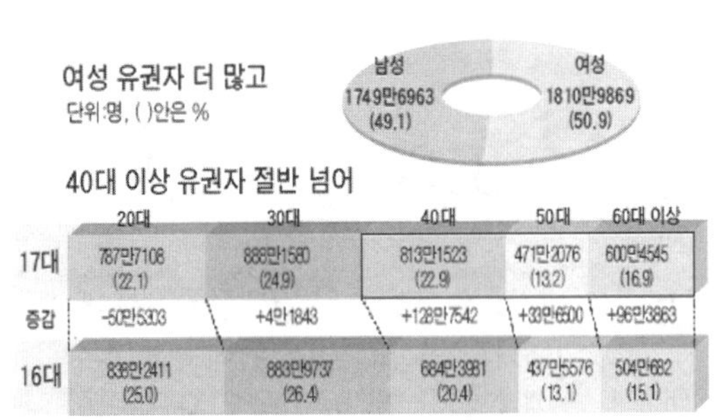

	20대	30대	40대	50대	60대 이상
17대	787만7106 (22.1)	888만1580 (24.9)	813만1523 (22.9)	471만2076 (13.2)	600만4545 (16.9)
증감	-50만5303	+4만1843	+128만7542	+33만6500	+96만3863
16대	836만2411 (25.0)	883만9737 (26.4)	684만3981 (20.4)	437만5576 (13.1)	504만682 (15.1)

의원은 "지역에 봉사할 수 있는 마지막 기회를 달라고 호소하고 있다"고 말했다.

민주노동당의 김미영 후보는 노동정책. 자유무역협정(FTA)문제 이라크 파병 등에서 열린우리당과의 정책 차별성을 강조한다.

지역대표를 뽑는 국회의원 선거가 탄핵심판과 대통령 재신임을 묻는 선거로 왜곡되고 있다는 지적이 많다. 그러나 진주의 상황을 보면 이번 탄핵정국이 오히려 유권자들의 합리적 선택을 돕는 긍정적 효과를 가져오고 있다.

고질적인 '묻지마 지역투표' 성향은 없어졌다고 봐도 될 것 같다. 그렇다고 감성투표 가능성이 우려되는 '탄핵반대=열린우리당 후보 지지'의 등식도 성립하는 것 같지 않았다.

탄핵정국의 혼돈 속에 유권자의 합리적 선택경향을 발견한 것은 큰 소득이었다.

윤성이 〈경상대 정치행정학부 교수〉
2004년 03월 30일자

5. 광주에서 만난 후보들

청중 동원 사라졌다

선거법이 많이 바뀌었다. 17대 총선은 새로운 규칙에 따라 진행된다. 선거현장에선 조직적인 청중동원이 사라졌다. 2002년 대선 때까지 보았던 집단적 선거운동은 찾아 볼 수 없다. 법이 엄격하고 걸리면 당선무효에 이를 가능성이 크기 때문이다. 선거운동 문화가 근본적으로 바뀌는 것이다.

광주시 북구 갑의 선거현장은 썰렁해 보였다. 4년 전 총선 때 거리를 누볐던 골목의 어깨띠가 싹 사라졌다. 2일부턴 후보자 한 명만 어깨띠를 착용할 수 있다. 선거운동원이 3명 이상 무리를 지어 행진하면서 꾸벅 인사하는 모습도 볼 수 없다. 그것 역시 금지됐다. 그뿐만이 아니다. 합동연설회도, 정당연설회도 없어졌다. 거리는 차분하다. 그만큼 후보들 입장에선 돈을 쓸 곳이 줄어들었다. 선거운동원들은 "할 일이 없다" "캠페인 할 기분이 안 난다"고 푸념했다.

정치 초년병들은 좋아한다. 예비후보자 등록제 때문이다. 선거 120일 전부터 현역 의원과 비슷한 선거운동을 할 수 있다. 다만 민주노동 당 김용진 후보는 "현역 의원들이 기득권을 유지하기 위해 너무 늦게 법을 개정(3월 12일)한 관계로 이번 선거에선 별 도움이 못됐다"고 아쉬워했다.

문제는 미디어 선거다. 연설회 등을 없애는 대신 만든 새 제도다. 이 부분에 대한 후보들의 반응은 엇갈린다. 선거방송토론위원회 주관의 대담 토론회가 있다. 주요 정당의 후보들은 대체로 만족한다. 그러나 무소속 후보는 다르다. 주성식 후보는 "대단히 편파적"이라고 했다. 토론회 참석 자격에 제한을 뒀기 때문이다. 5인 이상 국회의원을 보유한 정당의 후보여야 한다. 아니면 여론조사에서 5% 이상의 지지율을 기록해야 한다. 결국 지명도 낮은 신인 무소속은 참여할 수 없다.

문제는 또 있다. TV와 라디오 연설회다. 선거운동기간 중 각 2회씩 할 수 있다. 전보다 기회가 늘어난 것이다. 민주당 김상현 후보와 열린우리당 강기정 후보는 이를 적극 활용할 계획이다. 많은 것이 제한돼 있는 마당에 아주 유효한 선거운동이란다. 그러나 민주노동당 김용진 후보는 하고 싶어도 할 수가 없다고 했다. 돈 때문이다. 광주의 경우 TV 10분 연설에는 1000만~1200만원이 든다. 라디오(10분)도 100만~120만원을 내야 한다.

이번 선거는 거리유세와 미디어 홍보의 결합이다. 유세와 조직 동원 일변도의 선거운동이 크게 바뀌었다. 미디어 홍보의 중요성이 그만큼 높아졌다. 미디어 홍보는 후보의 이미지 구축에 결정적 역할을 한다. 일방적이고 주입적이다. 감성적이다. 돈도 많이 든다. 그래서 돈 없는 군소 후보들은 인터넷을 파고든다. 미디어 홍보가 일방적이라면 인터넷 선거는 쌍방향이다. 타기팅(특정 유권자 접근)도 가능하다. 거리유세의 장점인 면대면 접촉의 효과도 볼 수 있다. 문제는 아직 자발적으로 홈페이지를 찾는 방문자가 적다는 점이다. 그래서 그 효과가 크지 않을 걸로 본다. 그럼에도 불구하고 돈 없는 후보들의 큰 희망이기도 하다. 그들이 인터넷 선거운동의 실명 의무화를 반대하는 것도 이 때문이다. 실명화는 근거 없는 비방에서 후보를 보호하는 측면이 있다. 지명도 높은 후보일수록 많은 보호를 받을 것이다.

민주당 김상현 후보와 열린우리당 강기정 후보는 그 때문인지 실명화를 찬성했다. 그러나 민주노동당 김용진 후보와 무소속 주성식 후보는 "인터넷 실명화는 유권자의 표현의 자유를 막는 악법"이라고 했다. 가뜩이나 적은 홈페이지 방문자를 더 줄일 것이기 때문이란 주장이다. 이들은 "그나마 인터넷 선거운동에 기대를 걸고 있다"고 했다. 다음 선

거 때는 인터넷 선거를 보다 활성화
할 수 있는 제도적 뒷받침이 필요하
다. 돈 선거를 없애는 지름길이 바로
그것이다.

김용철 〈전남대 정외과 교수〉
2004년 04월 02일자

6. 경기 고양서 만난 후보

여성이 정치판 바꾼다

돈 · 조직 대신 '번개유세' 등 새바람
"경험 적고 감성에만 호소" 비판도

고양시 덕양구 행신동에서 자영
업을 하는 40대 강경한씨. 그는 남성
이면서도 남성 국회의원들이 영 못
마땅하다. "남자 국회의원들이 그동
안 싸움질밖에 더 했나요. 이제 여성
이 바뀌야 합니다."

어찌 보면 이분법적 논리지만 그
는 여성을 변화의 동력으로 여겼다.
구태 정치는 남성의 책임으로 돌렸
다. 그 같은 시각은 비단 姜씨만이
아니다. 상당수의 남성이 그렇게 생
각한다. 여성 파워가 알게 모르게
50년 된 가부장적 선거문화를 바꾸
고 있다. 그 같은 흐름은 각 당의 간
판급 얼굴에도 그대로 나타난다. 한
나라당 대표와 민주당 선대위원장,
열린우리당 공동선대위원장이 그들
이다. 3당 대변인도 모두 여성이다.
비례대표 후보자의 절반도 여성이

다. 243개 지역구에선 66명의 여성
후보가 뛰고 있다. 지난 총선의 두
배다.

선거운동 방식도 다르다. 한국정
치를 지배하다시피 한 연고주의에
여성들은 의존하지 않는다. 상대적
으로 혈연 · 지연 · 학연의 끈이 약
하기 때문이다. 비방. 폭로 흑색선전
에도 익숙하지 않다. 그러다 보니 뛰
는 것밖에 없다.

김영선(일산을 · 한나라당)후보는
선거구를 신속하게 다니면서 1~2분
단위의 거리연설을 한다. 이름 하여
'번개 유세' 다. 사람이 모이든 안 모
이든 상관하지 않는다. 남성 후보들
은 좀처럼 시도하지 못하는 방식이
다. 개정 선거법도 여성에게 유리하
다. 이번부터 늘어난 TV · 라디오 연
설은 감성적 접근이 가능하다는 점

에서 여성 후보들이 반긴다.

그뿐이 아니다. 남성에게 유리한 돈과 조직 위주 선거가 사실상 제도적으로 차단됐다. 한명숙(일산 갑. 열린우리당)후보는 "그 같은 제도적 변화 때문에 여성 후보들이 나설 수 있었다"고 했다. 사실 여성 후보에 대한 유권자의 의식 변화는 어느 날 갑자기 이뤄진 게 아니다. 여성 금기 영역이 차례로 무너져 온 결과다. 남성 스포츠 종목과 경찰 간부, 영화감독, 전투기 조종사, 공안검사, 헌법재판관 등에 여성의 진출이 활발하다.

정치권에선 불법 정치자금 사건과 탄핵사태로 인한 남성 위주 정치에 대한 실망 등이 어우러져 17대 총선의 전면에 여성 파워가 등장했다. 하지만 준비 부족, 경험 미숙으로 유권자의 깊은 곳을 파고드는 데 한계를 느낀다는 여성 후보들도 있다. 익명을 요구한 수도권의 한 여성 후보는 "암탉이 울면 집안이 망한다'는 통념은 사라졌으나 '암탉이 알을 낳으려면 시간이 걸리는 것 아니냐'는 얘기를 듣기도 한다"고 했다.

여성 후보에 대한 유권자들의 평가는 다양하다. 여성 정치인이 모성애를 발휘해 세대, 이념, 계층, 지역을 뛰어넘는 통합의 정치를 하지 않겠느냐는 기대가 있다. 또 남성 정치인과 비교해 힘겨루기 · 패거리에 휩쓸리지 않을 것을 기대하기도 한다.

여성 파워를 비판하는 시각이 없는 것은 아니다. 한나라당 박근혜 대표의 눈물 TV연설, 민주당 추미애 선대위원장의 3보1배 등에 대해 20대 여성인 임수경(민노당 강남 갑 선거운동원)씨는 "위기에 몰린 각 당이 여성을 내세워 유권자의 감성을 자극하려는 수법"이라고 꼬집었다.

김용호 〈인하대 정외과 교수〉

2004년 04월 05일자

7. 부산서 본 표심

反 탄핵에 非 노무현

탄핵동정 對 巨與견제…
판세 가를 최대 변수

"한나라당 지지는 소수지만 결집도가 강하고, 열린우리당 지지는 다수지만 응집력이 약하다."

지난 4일 호프집을 운영하는 정진

섭(40)씨는 부산의 선거 초반 민심을 이렇게 전했다.

한나라당은 졸지에 소수세력이 됐다. 하지만 전통적인 핵심 조직은 살아 움직이고 있다. 여론조사 상 열린우리당 지지율은 한나라당보다 높다. 그러나 이 지지율이 투표날의 선택으로 이어질지는 가 봐야 안다. 1, 2위 간 불안한 접전이 벌어지고 있는 곳이 부산이다. 이곳이 정치적 고향인 노무현 대통령은 어떤 영향을 미칠까.

2000년 총선 때 盧대통령이 출마했던 부산 북-강서 을을 찾아가 봤다. 당시 북-강서 을은 호남지역당인 민주당의 영남 진출과 영남지역당인 한나라당의 방어 의지가 충돌하는 대표적인 곳이었다. 요미우리. 아사히. 니혼게자이 등 일본 최대 신문들이 노무현(당시 민주당). 허태열(한나라당). 문정수(민국당)후보를 집중적으로 인터뷰했다.

4년 뒤 오늘. 선거 열기는 별로 느껴지지 않았다. 거리의 홍보 벽보도 없었다. 유세트럭이 번화가에 잠시 세워져 있으나 차만 있고 후보나 운동원들은 보이지 않았다. 화명동 금정산 등산로 입구의 이발소와 금곡동 주공아파트 노인정에 들렀다. '노무현 효과'를 물어보았다. 노무현 효과는 이들에게 두가지 뜻으로 받아들여졌다. 우선 지난 16대 국회의원 선거에 출마해 실패했으나 대선에

서 당선된 盧대통령에 대한 지지가 이번 총선에서 열린우리당 후보에게 유리하게 작용할 것인가 하는 문제다. 둘째는 20여일 전 탄핵정국으로 불기 시작한 반(反)한나라당 바람이 어느 정도 열린우리당 후보에게 도움이 되느냐.

필자가 만나 본 유권자들은 첫째 효과를 인정하지 않았다. 화명동 호프집의 정진섭 사장은 "盧대통령과 북-강서을 혹은 부산과의 인연 때문에 열린우리당이 유리할 것이란 얘기를 하는 사람은 거의 없다"고 말했다. 그는 대신 "체감경기가 나쁜 속에서 밀어붙인 탄핵으로 반 한나라당 정서가 휘몰아쳤다"고 했다. 한마디로 반(反)탄핵. 비(非)노무현 흐름이다. 반 탄핵이 열린우리당의 지지율을 높였다. 한나라당의 탄핵에 화를 내면서도 盧대통령에 대해 호감을 갖는 데는 인색한 것이다.

강서구 대저2동에서 개인사업을 하는 30대 崔모씨 부부는 "盧대통령은 YS와 다르다. 盧대통령은 북-강서 을에서 한번밖에 출마하지 않았다. 우리와 연관성이 없다"고 했다. 그들은 "하지만 盧대통령에 대한 동정심은 이번 선거에서 역할을 할 것"이라고 말한다. 그러나 한나라당이 제기하는 '거여(巨與) 견제론'이 동정심을 얼마만큼 상쇄할지가 새로운 관심거리다.

결국 투표율이 변수다. 높은 투표

율은 지지층이 넓은 열린우리당에 유리하고, 낮은 투표율은 지지층이 깊은 한나라당에 유리할 것이기 때문이다. 대저2동에서 주차장을 관리하고 있는 50대의 서정숙.덕희씨 자매는 "후보 이름도 잘 몰라 누구를 찍어야 할지 아직 정하지 못했지만 투표는 아무튼 할 것"이라고 했다. 30% 가까운 부동층의 투표 참여와 선택이 부산의 승부를 가를 것 같다.

강경태 〈신라대 국제관계학과 교수〉
2004년 04월 06일자

8. 대구서 본 世代별 표 쏠림

5060엔 지역 바람
2030엔 탄핵 역풍

1987년 6.29선언 이후 유권자 투표행태를 결정한 가장 중요한 요인은 지역주의였다. 그것은 '묻지마 투표'로 이어졌다. 대구는 묻지마 지역주의 정서가 선명하게 드러났던 곳 중 하나다. 이번엔 어떨까. 대표적 재래시장인 서문시장은 서민의 마음을 읽기에 좋은 장소다. 분위기는 한나라당 지지가 압도적이다. 나이가 많을수록 지역주의적인 지지자가 많았다. 여기에 여야를 통틀어 12년 만에 대구 · 경북 출신 당대표가 된 한나라당 박근혜 대표에 대한 대견함도 묻어 있었다.

50대 후반의 건어물전 주인은 "대구 사람은 당연히 한나라당을 찍어야제, 다른 당 찍을 수 있나"라고 했다. 앞산 등산로에서 만난 연세 지긋하신 분들의 '묻지마 지지' 태도는 이미 체질화돼 있었다.

열린우리당 정동영 의장의 '노인 폄하 발언 파장'도 대구 유권자들의 지역주의 의식에 불을 붙였다. "정동영이 미워서도 그쪽 당엔 투표 안 한다"(60대 중반 여성)는 식이었다. 두 시간 동안 등산로를 돌아다녔지만 지역주의의 벽만 실감했을 뿐이다.

이런 느낌은 젊은 사람들이 많이

모이는 시내 상점가와 대학가에서 뒤집혔다. 20~30대 젊은 층에겐 지역주의라는 정서 자체가 거의 없는 듯했다."지역감정은 정치인들이 정권을 잡기 위해서 이용한 것일 뿐이다. 광주든 대구든 같은 대한민국 국민 아이가"(30대 중반 남성·기술직종 종사), "선거가 또 지역주의로 갈리는 것은 안 된다"(20대 초반·경북대 여학생)는 의견이 주류였다. 이들의 선택기준은 오직 탄핵반대였다. 열린우리당 지지가 대부분이었다.

다른 한편 40대들에게선 '거여(巨與) 견제론'이 어느 정도 먹혀들었다. 탄핵안 가결 후 열린우리당을 지지했다가 최근 한나라당으로 표심이동이 일어나는 인구집단이 이들 계층이다. 표심의 변화를 일으킨 40대의 상당수는 "한 정당이 국회를 독점하는 것은 좋지 않다"고 했다. 지역주의의 발동보다는 여야 균형감각의 회복으로 해석됐다.

수성 갑 구에서 민주당 조순형 대표의 지지세는 강하지 않았다. 여론조사도 그것을 뒷받침하고 있다. 유권자들의 지역주의적 성향 때문은 아니다. 선거구도가 재편됨에 따라 민주당의 존재감이 엷어진 결과라고 봐야할 것이다.

대구는 세 가지 쟁점을 중심으로 선거구도가 형성됐다. 지역주의와 탄핵안에 대한 입장, 거여 견제론이 그것이다. 어느 쟁점이 우위인가는 현재로선 가늠하기 어렵다. 다만 세대 간 차이는 분명히 드러난다. 50~60대 이상에서는 지역주의가, 20~30대에서는 탄핵반대론의 입장에서 한나라당 심판론이 우세를 보인다. 그 틈새에서 40대를 중심으로 일당 독주에 대한 견제론이 세를 얻어 가고 있다.

이렇게 볼 때 기존의 지역변수는 특정 세대에 국한되는 경향이 있다. 대구의 전반적인 분위기는 지난 선거들과 달리 지역주의에서 비교적 자유로워졌다. 이번 총선에서 대구 유권자들의 투표행태는 이전의 지역주의적 일괄투표 양식보다는 세대(世代)별로 각기 다른 투표양상을 보일 것으로 예측된다.

지역주의는 상대성을 가졌다. 호남 표심의 열린우리당 쏠림현상이 일어날 경우 그 역작용으로 대구에서 한나라당 지지 세력의 급속한 결집도 가능하다. 대구 지역주의의 변화는 특히 호남 지역주의의 변화와 함수관계에 있다.

하세헌 〈경북대 정외과 교수〉

2004년 04월 07일자

9. 세대 교체된 리더십

눈물… 제스쳐… 3보1배
475 감성 리더십 시험대

17대 총선의 리더들은 이미지와 감성이 넘친다. 1952년생인 한나라당 박근혜 대표, 53년생인 열린우리당 정동영 당의장, 58년생인 민주당 추미애 선대위원장. 그들이 정치 리더십의 세대교체를 주도하고 있다.

40~50대인 이들은 70년대에 대학을 다녔다. 40대 나이에 50년 대생이다. 이른바 '475세대' 다. 이들은 젊은 시절 박정희 시대를 온 몸으로 겪었다. 한국전쟁 뒤 태어난 베이비붐 세대다. 색깔은 다르지만 이들은 공통된 경험·의식·행동양식을 갖고 있다.

선거기간 잠시 서울에 들른 미 로스앤젤레스에 거주하는 이원영(43·언론인)씨는 "선거 분위기가 과거에 비해 차분해졌지만 젊고 새로운 리더의 등장으로 어느 때보다 활력이 넘쳐 보인다"고 했다.

그는 "박근혜 대표의 눈물광고, 탄핵안 가결 때 울부짖는 정동영 의장의 표정광고, 추미애 위원장의 3보1배 이벤트는 제왕적·권위주의적인 3김 시대에선 상상할 수 없었던 변화인 것 같다"고 했다.

각 당은 이들 뉴리더의 역할과 인기에 절대적으로 의존하고 있다. 열린우리당은 지난 1월 정동영 의장을 선출하면서 바닥을 헤매던 정당 지지율이 껑충 뛰어올랐다. 탄핵 후폭풍의 와중에서 비틀거리던 한나라당이 박근혜 대표를 선출한 것은 무엇보다도 '박근혜 효과' 를 겨냥한 것이었다.

朴대표의 감성정치는 위력을 발휘했다. 절체절명의 위기에 처한 민주당이 마지막으로 기대하고 있는 것은 강단과 감성을 갖춘 '추미애 효과' 뿐이다.

새 리더십의 역할은 늘어나고 더 많은 조명을 받고 있지만 그렇다고 그들의 능력과 권위도 함께 늘어난 것은 아니라는 점은 흥미롭다. 달리 말해 이번 선거를 통해 우리 정당들의 리더십은 과거의 카리스마 리더십에서 스타덤 리더십으로 바뀌어가고 있는 것이다. 3김의 카리스마 리더십은 열렬하고 충성스러운 지지층에 기반하고 있었다. 3金은 당내 자금과 공천권을 장악했다.

스타덤 리더십은 이런 사치를 누리지 못한다. 새 리더들이 의존하고 있는 자원은 TV나 매스미디어에서 잘 통할 수 있는 이미지, 감성, 외모와 언변으로 이뤄진 스타성이다.

박근혜. 추미애. 정동영은 누구도 맹목적인 지지층을 거느리고 있지 않다. 당내에서 막강한 권력을 행사할 수도 없다. 이들이 의존하는 것은 오직 리더 개인의 인기와 이미지다. 인기에 따라 명멸하는 연예계 스타들같이 불안정한 리더십이기도 하다.

스타덤 리더십의 등장은 시대변화의 불가피한 현상이다. 우리의 희망은 이번 선거의 리더들이 속이 꽉 찬 지도자로 성장해 주길 바라는 것이다.

영국의 블레어, 미국의 클린턴, 일본의 고이즈미는 이런 리더십의 대표적인 사례들이다. 특히 블레어나 클린턴은 이미지 정치의 귀재들이긴 했지만 철저한 준비와 분명한 철학을 통해 개혁에 성공한 지도자들이었다.

장훈 〈중앙대 정외과 교수〉

10. 정치권 바꿀 1인2표제

정당 몫의 한 표 어디로

진보세력 "후보와 분리" 기대

"진보정당이 50년 만에 국회에 진출하게 됐다." 이번 선거에 처음 도입된 1인2표 정당투표제에 민주노동당은 큰 기대를 걸고 있다.

민노당의 최순영(비례대표 5번)후보는 자기 당 비례대표 후보들의 국회 진출을 기정사실화했다. 민노당이 정당투표에서 3% 이상 득표하면

비례대표 의원이 탄생한다. 그는 "보수와 진보 정당들이 정책 대안을 놓고 폭넓게 경쟁하면서 17대 국회의 품질이 바뀔 것"이라고 주장했다.

실제로 독일의 경우 1인2표제로 의회에 첫 진출한 녹색당이 기성 정당들의 정책을 수정하도록 만들어 정치권의 변화를 이끌었다. 1인2표

제는 유권자들이 자기가 선호하는 후보와 정당이 다를 때 양쪽에 나눠 투표할 수 있게 하는 제도다.

각 정당은 정당투표제의 등장으로 유권자의 투표행태가 어떻게 나타날지에 촉각을 곤두세우고 있다. 유권자가 후보와 정당을 분리해 뽑는 '분할투표 행태'를 보일 것이냐, 후보와 정당의 선택을 같은 당으로 하는' 연동투표 행태'를 드러내느냐에 따라 판세가 달라질 것이기 때문이다.

열린우리당의 신기남 선거대책본부장은 "선거가 민주 대 반민주 세력의 대결구도로 전개되고 있어 선거전이 과거의 후보 위주에서 정당 위주로 바뀌었다"고 주장했다. 그는 "결과적으로 유권자가 자기의 두 표를 같은 당에 투표할 것"이라고 봤다. 연동투표가 열린우리당의 우세를 굳혀줄 것이란 기대다.

한나라당은 박근혜 대표의 인물론을 정당 지지로 연결시킨다는 구상이다. 그동안 朴대표의 참회와 반성, 자기 혁신 노력이 '차떼기 당'이미지를 상쇄하는 역할을 한 것으로 분석했다. 윤여준 선대위 상임부본부장도 연동투표가 있을 것으로 전망했다.

그는 "유권자들은 이때까지 후보와 정당을 분리해 생각해 본 경험이 없다"며 "인물 경쟁력에서 한나라당이 나으므로 정당 득표도 우리가 유리할 것"이라고 주장했다.

정당 지지율에 자신이 있는 열린우리당과 인물 우위론을 내세우는 한나라당이 모두 자기들 유리한 쪽으로 유권자가 연동투표를 하리란 전망을 하고 있는 셈이다.

반면 양강 구도에서 밀려나 있는 다른 정당들은 유권자들이 분할투표를 할 것이라는 주장과 기대를 했다. 민주당 박준영 선거대책본부장은 "선거판의 비이성적인 바람이 잦아들면 민주주의와 남북관계, IMF 위기를 극복한 민주당을 버릴 수 없을 것"이라고 했다. 자민련의 김한선 선대위 행정실장은 "나라 안위를 걱정하는 안보세력이 비례대표 투표에선 자민련을 찍을 것"이라고 했다.

민노당의 노회찬 선거대책본부장은 "2002년 지방선거에서 나타났듯이 유권자들이 한 표는 사표(死票)를 막기 위해 기성 정당의 후보에게, 나머지 한 표는 정책에 대한 기대 때문에 민노당을 선택할 것"이라고 했다.

1인2표제는 진보정치 세력의 제도권 진입 문턱을 낮추는 효과 외에 지역주의 정치도 완화할 것이다. 지역주의는 1인1표 소선거구제에서 맹위를 떨쳤다.

유권자는 두개의 표로 지역적 선택과 정책적 선택을 각각 할 수 있다. 비례대표 후보에서 여성이 반수를 차지하는 것도 우리 정치 문화를 바꿀 계기가 된다.

한나라당 이계경 비례대표 후보
는 "사회적 소수인 여성들의 의회 진
출로 정책 전반의 남성 중심적 시각
이 교정될 것"이라고 했다.

이현출 〈정치학 박사, 국회도서관〉
2004년 04월 09일자

11. 충청권 표심 흐름

首都이전 흔들까 '朴風' '老風' 다 주춤

"표 달라는 사람도 없고, 선거 얘기하는 사람도 없고. 그렇지만 뭔가 바뀌긴 바뀔 것 같네유."

지난 9일 대전시 중구 은행동에서 20여 년간 식당을 운영하고 있는 50대 후반 여주인의 선거 촌평이다. 선거운동이 시작된 뒤 각 당 지도부가 한두 차례 내려오긴 했지만 충청권의 열기는 좀처럼 달아오르지 않는다. 속내를 드러내지 않는 지역 유권자의 기질 때문일 수도 있다.

하지만 유권자의 마음을 한 꺼풀 두 꺼풀 벗겨 들어가면 다른 지역에서 느낄 수 없는 강렬한 이슈가 그들을 흔들고 있다. '신행정수도 건설'이라는 변수다. 청주시 흥덕구 가경동에서 개인 사업을 하는 40대 중반의 남성. 그는"대통령이 탄핵되면 행정수도 건설도 물거품이 되는 것 아니냐"며 걱정스러운 표정을 지었다.

행정수도 건설 이슈는 지난 대선 때도 위력을 발휘했다. 이회창 후보와 노무현 후보의 득표율은 대전 39%대55%, 충남 41%대50%, 충북 42%대50%였다. 두 후보의 득표 차 (57만표) 중 25만표가 충청권 유권자에게서 나왔다.

대선 결과로 보면 유권자들은 '연고투표' 대신 '이익투표'를 한 셈이다. 이번 총선에서 이익투표 행태는 어느 정도 나타날까. 충청권 선거의 관전 포인트다. 행정수도 건설 현안의 파급력에 대해 한나라당의 한 관계자는 "한나라당도 앞장서 찬성하고 있다"고 했다. 그는 "열린우리당이 수도 이전 이슈의 열매를 독식하지 못하고 있다"고 했다.

그러나 현실에선 곤혹스러운 면이 있다. 한나라당이 다수를 차지하는 서울(이명박), 경기도(손학규) 등 수도권 자치단체장과 지방의원들이 행정수도 건설을 반대하기 때문이다.

한나라당 강창희(57.대전 중구)후보는 TV토론회에서 "나를 6선으로

당선시켜 주면 한나라당 사람들을 설득해 수도 이전을 반드시 관철하겠다”고 강조했다. ‘충청권 지역정당’ 임을 숨기지 않는 자민련도 행정수도 건설에 적극적이다. 한 관계자는 “우리가 대통령 탄핵에 찬성했다고 해서 행정수도를 반대하는 것은 아니다. 행정수도가 완성되려면 자민련의 도움이 있어야한다”고 주장했다. 탄핵과 행정수도는 별개라는 것이다.

열린우리당은 지난해부터 행정수도 이슈를 저변에서 확산시키고 있다. 당의 관계자는 “탄핵 역풍이 다른 지역에서는 ‘박근혜 효과’ ‘노풍(老風)’ 등으로 소강상태에 접어들었지만 충청권에선 행정수도 정책 이슈가 워낙 견고해 열린우리당 우위가 지속되고 있다”고 주장한다. 열린우리당 권선택(49.대전 중구)후보는 “행정수도 건설은 참여정부 국가 균형발전 전략의 핵심 사업이다. 대

통령과 집권당을 밀어 달라. 공약대로 한다”고 말했다.

재미있는 것은 이런 행정수도 문제가 여야 격돌의 현장에선 크게 부각되지 않고 있다는 점이다. 이 문제로 인한 정책 공방전도 별로 없다. 구전(口傳)홍보와 비공식 유권자 접촉 차원에서 소곤소곤 이뤄지고 있다. 행정수도 이슈가 ‘지역 이기주의’ 의 한 형태임을 서로 알기 때문일 것이다.

행정수도라는 메가톤급 정책 이슈의 등장으로 ‘지역 연고투표’ 는 사라질 것 같다. 그 빈 자리를 ‘지역 이익투표’ 가 메울 가능성이 있다. 충청권 표밭의 고공엔 탄핵, 박근혜, 노풍 변수가 떠다니고 있지만 저변엔 행정수도 이슈가 흐르고 있다. 잠복했지만 드러난 어떤 것보다 강한 변수, 그것이 지역이익 이슈인 행정수도 건설이다.

유재일 〈대전대 정외과 교수〉

12. 전주에서 본 전북 표심

DJ 없는 민주에 시큰둥

‘秋風’ 뚜렷한 효과 못내

2002년 대선 전까지 전북의 유권자들은 민주당 후보에게 평균 65% 의 높은 지지를 보여줬다. 대선 때는 그 수치가 92%에 달했다. 광주전남

역시 마찬가지였다. 호남은 하나였다. 그리고 이러한 호남의 표 집중현상은 결과적으로 영남에서의 표 쏠림현상과 같은' 지역주의' 로 간주됐다. 지난 대선 때 영남 출신인 노무현 후보에게 압도적 지지를 보냈다. 그건 盧후보가 김대중(DJ)전 대통령 당의 후보였기 때문이다. 그런데 2년이 채 안돼 DJ당은 민주당과 노무현 대통령의 당(열린우리당)으로 분리됐다. 두 당은 그저 분리된 정도가 아니라 적대적이다. 그래서인지 호남 표심에도 미묘한 균열이 감지된다.

탄핵 역풍이 거세게 불 때 두 지역의 정서는 "민주당이 한나라당과 공조한 것은 용서할 수 없다" 는 것이었다. 그러다 민주당 추미애 선대위원장이 광주. 전남지역에 살다시피 하면서 3보1배로 용서를 빌자 민주당에 대한 동정심이 살아나고 있다. 반면 전북에선 추풍(秋風 · 추미애 바람)은 미풍 수준이다.

국회에서 탄핵안이 가결되기 전만 해도 전북의 쟁점 이슈는' 분당(分黨)책임론' 이었다. 민주당과 열린우리당 중 어느 쪽이 분당에 더 큰 책임이 있느냐는 것이다. 따라서 유권자들은 88년 이래 처음으로 선택다운 선택을 할 기회를 얻는가 했다. 그러나 3월 12일 탄핵가결이 이런 가능성을 완전히 없애버렸다.

盧대통령에 대한 탄핵은 전북 유권자들에게 충격이었다. 탄핵의 분노에 관한 한 세대. 지역. 남녀의 차이가 없었다. 한나라당 박근혜 대표의 '거여 견제론' 이나 민주당 추미애 위원장의 'DJ계승 정통 야당론' 은 탄핵 역풍을 꺾기에 역부족인 것처럼 보였다. 한나라당 출마자는 11개 선거구 중 한명뿐이다. 인물. 자질에서 빠질 것 없는 민주당의 일부 후보가 여론조사와 판세 분석에서 고전하고 있다.

전북이 광주. 전남과 달리 탄핵의 바람을 탄탄하게 유지하며, 추풍에도 별로 흔들리지 않는 이유는 뭘까? 일부에서 '정동영 효과' 를 거론하기도 한다. 그러나 일반적으로 회자하는 '정동영 효과' 는 정작 鄭의장의 정치적 고향인 전주와 전북에서 별로 거론되지 않는다. "좀 더 두고 봐야한다" 는 것이 일반적인 평가다.

최근 선거를 앞두고 보이는 전남북의 차이는 민주당 분당과정에서 열린우리당에 참여한 의원 수에서 찾을 수 있다. 전북은 10명 의원 중 6명이 열린우리당에 합세했다. 반면 광주. 전남은 20명의 의원 중 3명만이 참여했다. 17명은 민주당에 잔류했다. 분당 과정에서 전남북 의원들의 당에 대한 선호도가 명확히 드러났듯이, 최근 추미애 위원장의 민주당 되살리기가 전남북에서 다르게 나타나는 것이다. 전북의 정서는 "정동영이 있기 때문에 '열린우리당' 을 지지하는 것이 아니라 '열린우리당'

이 개혁적이기 때문에 정동영을 지지 한다"는 김은혜(30)방송작가의 말이 잘 대변하고 있다.

지난 4월 8일 남원에서 있었던 언론사 주최 후보 토론회. 후보 간 경쟁이 팽팽한 탓인지 200여명의 주민이 토론회장을 가득 메웠다. 주변엔 경찰 100여명이 경비를 섰다. 이용호(민주당)후보는"추미애 위원장의 3보1배 뒤 국민이 마음의 문을 열었다"며 "50년 전통의 민주당을 지켜 달라. 정당보다 인물을 보고 선택해 달라"고 부탁했다. 반면 이강래(열린우리당)후보는 "열린우리당이 의석수가 적어 의회쿠데타(탄핵)를 막지 못했다"며 압도적 지지를 호소했다.

열린우리당이 탄핵 역풍에 무임 승차하는 것 아니냐는 불만도 있다. 말만 국민경선. 상향식 공천을 주장해 놓고 군산을 제외한 모든 지역에서 현역의원을 단수 공천한 점 때문이다. 한 중견 지역 언론인은 "열린우리당이 탄핵 역풍만 믿고 오만해진 것 같다"고 했다.

송기도 〈전북대 정외과 교수〉

---

13. 국민 수준이 정치 수준이다

흰 용지엔 후보 찍고 연두색엔 정당 찍고
15일은 투표하는 날

한 표 행사 잘못하면 책임과 고통은 결국 국민들에게

투표일이다. 299명의 17대 국회의원을 뽑는 날이다. 13일의 열전은 끝났다. 1358명의 후보자가 뛰고 달렸다. 전국을 누볐다. 시간이 아쉬운 후보자도 있을 것이다. 가야 할 길이 더 남은 후보자도 있을 것이다. 그러나 깨끗한 승부였다. 돈 선거, 흑색 선전, 조직 동원이 확 줄었다. 17대 총선은 선거문화 혁신의 기원을 이뤘다.

오늘은 유권자가 승리할 차례다. 투표장에 나가는 일이다. 투표는 권리이자 의무다. 민주주의는 국민의 사랑과 관심을 먹고 자란다. 투표자 수가 많아야 의원의 국민 대표성이 높아진다. 대표성이 높아야 책임의식도 올라간다. 유감스럽게도 전국 선거의 투표율은 회를 거듭할수록 하락했다. 1987년 이후 하강, 하강, 또 하강이었다. 대통령선거에서는 89.2%(87년) 81.9%(92년) 80.6%(97년) 70.8%(2002년)로 낮아졌다. 국회의원 선거는 75.7%(88년) 71.9%(92년) 63.9%(96년)로 떨어졌다. 급기야 2000년 16대 총선에선 역대 최저인 57.2%로 떨어졌다.

흔히 16대 국회는 최악이란 평가가 있다. 혹시 유권자가 탄생부터 참여와 관심을 쏟지 않았기 때문은 아닐까 생각된다. 국민이 선거를 외면하니 국회가 국민을 무시하는 사례를 보여준 것은 아닐까. 책임과 고통은 결국 국민에게 돌아온다. 부메랑 효과다. 유권자의 참여 수준이 국회의 수준이다.

다행히 중앙선관위의 유권자 의식조사에 따르면 이번 선거에 '반드시 투표 하겠다' 는 응답이 77%라고 한다. 16대의 46.1%보다 훨씬 높은 수치다. 기대를 갖게 한다. 초유의 탄핵사태와 노인폄하 발언 등이 유권자의 관심을 높인 것 같다.

비운동권 대학총학생회 조직인 '학생연대21' 소속 이진한 한양대 총학생회 정책국장은 "이번 선거는 탄핵 문제에 대해 관심이 크고 민주노동당의 약진 등 정당의 선택 폭이 넓어져 대학생과 20~30대가 투표를 많이 할 것으로 본다"고 했다. 이

들은 '깨끗한 손으로 깨끗한 정치를 하자' 는 뜻에서 물수건을 배포하거나 '(민주주의)꽃씨 나누어주기' 이벤트를 벌였다.

14일 찾은 인천시 남구 소재 한 경로당의 할머니 10여명. 일부는 노인 폄하 발언에 분노했고, 다른 일부는 그 쟁점에 무관심했다. 그래도 모두 투표장에 나가겠다고 했다.

통상 여성의 투표율은 남성보다 낮다. 그러나 이번 선거전에서 두드러졌던 여성 파워가 여성 유권자들에게 투표 의욕을 자극하는 면이 있다. 인천시청 여성정책과 관계자는 "각종 여론조사 등을 성별로 분석해 보면 여성들이 과거에 비해 선거 쟁점에 높은 관심을 보이고 있다"고 말했다. 중립적인 입장의 일부 시민단체와 네티즌들의 투표 참여 캠페인도 활발하다.

여행업계에 따르면 총선 다음날인 금요일 휴가를 내 황금연휴를 즐긴다는 이른바 '총선 특수' 는 없다고 한다. 이런저런 요소들을 보면 수십 년래 투표율 하락 추세가 이번에 처음으로 멈출지 모른다는 기대를 갖게 한다.

사실 국회의원 선거의 50%대 투표율은 통념과 달리 선진국에선 일반적인 현상이 아니다. 미국이나 스위스 정도가 그런 수준이다. 미국의 낮은 투표율은 나름대로 이유가 있다. 유권자 등록제도 등 선거 절차가

복잡하고 투표일은 공휴일이 아니다. 그나마 출퇴근길이나 점심시간을 쪼개 투표하는 유권자들에 의해 미국 의회는 국민의 기관으로 지탱되고 있다.

이제 수준 높은 한국 국민이 수준 높은 국회를 선택할 수 있다는 것을 보여야 할 때다. 구름이 있으나 초여름 같은 날씨가 예상되는 선거일에 유권자들이 씩씩하게 투표장으로 향할 것을 기대해본다. 국민의 수준이 정치의 수준이다.

이준한 〈인천대 정외과 교수〉
2004년 04월 15일자

이 책을 기획하고 쓴 사람들

김용호
서울대학교 정치학과 졸업
미국 펜실베이니아대학교 정치학 박사
현 인하대학교 정치외교학과 교수

박명호
동국대학교 정치외교학과 졸업
미국 미시간주립대학교 정치학 박사
현 동국대학교 정치외교학과 교수

송기도
한국외국어대학교 서반아어과 졸업
스페인 마드리드대학교 정치학 석사, 박사
현 전북대학교 정치외교학과 교수

김영태
고려대학교 정치외교학과 졸업
독일 베를린자유대학 정치학 박사
현 목포대학교 정치미디어학과 교수

유재일
고려대학교 정치외교학과 졸업
고려대학교 정치학 박사
현 대전대학교 정치외교학과 교수

하세헌
경북대학교 정치외교학과 졸업
일본 동북대학 정치학 박사
현 경북대학교 정치외교학과 교수

강경태
부산대학교 정치외교학과 졸업
미국 노스텍사스대학교 정치학 박사
현 신라대학교 국제관계학과 교수

윤종빈
한양대학교 정치외교학과 졸업
미국 미주리대학교 정치학 박사
현 명지대학교 정치외교학과 교수

이현출
건국대학교 정법대 졸업
건국대학교 정치학 박사
현 국회도서관 입법정보연구관

윤성이
연세대학교 정치외교학과 졸업
미국 오하이오주립대학교 정치학 박사
현 경상대학교 정치행정학부 교수

김용철
연세대학교 정치외교학과 졸업
미국 오하이오주립대학교 정치학 박사
현 전남대학교 정치외교학과 교수

정연정
숙명여자대학교 정치외교학과 졸업
서강대학교 정치외교학과 석사
미국 일리노이주립대학교(시카고) 정치학 박사
현 배재대학교 행정학과 교수

이준한
서울대학교 고고미술사학과
서울대학교 정치학과 석사
미국 미시간주립대학교 정치학 박사
현 인천대학교 정치외교학과 교수

17대 총선 현장 리포트 :
13인 정치학자의 참여관찰

발행일 : 2004년 11월 15일
지은이 : 한국정당학회
          김용호 · 박명호 · 송기도 · 김영태 · 유재일 · 하세헌 ·
          강경태 · 윤종빈 · 이현출 · 윤성이 · 김용철 · 정연정 ·
          이준한
펴낸이 : 김선기
펴낸곳 : 주식회사 푸른길
등   록 : 1996년 4월 12일 제16-1292호
주   소 : 137-060 서울시 서초구 방배동 1001-9 우진빌딩 3층
전   화 : 523-2009   팩스 : 523-2951
e-mail : pur456@kornet.net
홈페이지 : www.purungil.com

값 : 18,000
ISBN : 89-87691-51-9 93340

* 잘못된 책은 바꿔 드립니다.